GESCHAFFEN
UM SEINE

ZU SEIN

Entdecke, wie Gott deine Ehe wunderschön machen kann

Geschaffen um seine Gehilfin zu sein

Originale Überschrift im Englischen:
Created to Be His Help Meet
2004 von Michael und Debi Pearl

Information der Originalausgabe
No Greater Joy Ministries Inc.
1000 Pearl Road
Pleasantville, TN 37033 USA
www.nogreaterjoy.org
ngj@nogreaterjoy.org

Oktober 2021 Druck - 5,000

Erste Übersetzung ins Deutsche 2013
Bibelzitierungen sind nach der Neuen Luther Bibel 2009

Umschlaggestaltung: Clint Cearley, Lynne Hopewood
Umschlagbilder: Erin Harrison
Satz und Entwurf der zweiten deutschen Ausgabe: Aaron Aprile
Model fürs Umschlagfoto, Shoshanna (Pearl) Easling, Pearls jüngste Tochter.

Übersetzung von Englisch ins Deutsche: und Herausgabe von Mervin & Leni Dueck.

Widmung

Es gibt keinen einzigen Tag in meinem Leben, an dem ich, nachdem ich aufgewacht bin, Gott nicht dafür danke, dass Er mir die wundervolle Aufgabe als Michael Pearls Gehilfin gegeben hat. Ich weiß, dass Gott diesen Mann gebraucht hat, um mich zu unterrichten, zu formen und als die Frau mit der Fähigkeit zu lieben ausstattete, die ich heute bin. Dieses Buch ist ebenfalls sein Produkt. Er spornte mich bei meinen mühsamen Anfängen an, überarbeitete meine zweiten halbherzigen Versuche, munterte mich auf, als ich müde wurde und aufgeben wollte und machte mich dann für ein paar Wochen frei von meinen Verantwortungen als seine Gehilfin, damit ich diese Arbeit beenden konnte.

Mein Schwiegersohn Gabriel Anast und meine Tochter Rebekah Joy Anast gaben mir die Idee, einen Abschnitt über die drei verschiedenen Typen von Männern zu verfassen, wozu sie mir auch einige Informationen zukommen ließen. Dieser Teil des Buches macht es uns Frauen viel einfacher, Männer zu verstehen. Von Rebekah stammen auch einige Beispiele, Ideen und Abschnitte in anderen Teilen dieses Buches. Ich sehe sie deshalb als Mitverfasserin des vorliegenden Werkes an.

Durch die täglichen Briefe, die ich in den letzten paar Jahren erhalten habe, habe ich viele Sorgen und Nöte kennen gelernt. Sie entfachten in mir das Verlangen, das Angesicht Gottes zu suchen, um für die verschiedenen Lebenslagen Antworten zu finden. Nachdem ich das Herzeleid oder auch den Triumph tausender Frauen gesehen habe, konnte ich für Erfolg und Niederlage je ein Muster wahrnehmen. Das Hören von so vielen leidenden Frauen hat in mir auch den Wunsch entfacht, alles mitzuteilen, was Gott mir gesagt hat. Ein großes „Dankeschön" an alle, deren Briefe ich beim Schreiben dieses Buches benutzt habe.

Einführung

Dieses Buch hat einen 10-jährigen Werdegang – davon sind vier Jahre dem Schreiben gewidmet worden. Meine Frau hat es mit meiner Ermutigung geschrieben. Als sie sich des Öfteren Vers für Vers durch die Schrift las, sagte sie zu mir: „Diese Verse werde ich nicht mit einbeziehen, denn wenn ich es mache, werden die Frauen von __________ (irgendeiner religiösen Gruppe) mein Buch nicht mögen oder weiterempfehlen." Darauf antwortete ich ihr: „Wenn sie Gott wichtig genug erschienen, um sie in die Bibel zu schreiben, dann solltest du sie auch nicht auslassen." So unterordnete sie sich und fügte ein umstrittenes Thema nach dem anderen hinzu. Ich bin stolz auf die großartige Arbeit, die sie getan hat.

Schon lange war es mir ein Anliegen, dass andere Frauen einen Nutzen aus ihrer tiefgründigen Weisheit und Gnade zögen, und dass andere Männer den Segen erfahren mögen, mit einer vom Himmel geschenkten Braut verheiratet zu sein. Debi ist mein Schatz und die beste Kameradin, meine beste Freundin und einzige Vertraute. Sie ist nicht von Natur aus eine passive „sich hinlegende und umdrehende" Frau. Schon früh in unserer Ehe forderte sie meine Autorität heraus und stellte sich hin und wieder gegen mich – manchmal aus verständlichen Gründen – und manchmal nur wegen ihrer Trotzköpfigkeit. Zugegeben – wir fingen nicht mit einer vollkommenen Ehe an; wir wuchsen zusammen hinein. Debi hat eigene Meinungen, an die sie festhält, aber sie hat gelernt, ihrem Mann eine Hilfe zu sein und zwar dort, wo ein Mann die Unterstützung einer Frau braucht.

Meiner Meinung nach ist keine Verfasserin so geeignet wie sie, um aus Lebenserfahrungen ein Buch an Frauen zu schreiben, in dem beschrieben wird, wie man eine Gehilfin Gottes werden kann. Meine Frau ist ein lebendes Beispiel für alles, was sie geschrieben hat. Jedes Wort in diesem Buch steht unter meinem Segen und bekommt meine aufrichtige Zustimmung.

-Michael Pearl – Ehemann und gesegneter Liebhaber ♥

Inhaltsverzeichnis

Zweiter Teil – Titus 2

Es war einmal ein unerfahrenes junges Mädchen, das aufwuchs, um zu lernen, was es bedeutet, eine *Gehilfin* zu sein – Gottes Geheimnis für eine himmlische Ehe. Ich fange dieses Buch mit den Worten *„Es war einmal"* an, denn es ist wirklich eine wundervolle Geschichte in Erfüllung gegangen. Es sollte und könnte auch deine Geschichte sein. Es ist Gottes Geschenk für jede Frau.

Meine „Ehefrau-Geschichte" begann vor 34 Jahren mit dem Klingeln des Telefons. Ich saß am Tisch, an dem ich arbeitete, als mein Pastor anrief und mich bat, am Abend mit ihm zusammen zu einer Evangelisation zu fahren. Ich sollte ihn begleiten, um mit den Mädchen zu sprechen, während er mit den Männern reden würde. Ich war ein lediges, 20 jähriges Mädchen, und mein Pastor war ein lediger, 25 jähriger Mann. Selbstverständlich, mit Vergnügen würde ich mitgehen und helfen. Als ich 13 Jahre alt war, *hatte ich mir schon Hoffnungen auf ihn gemacht.* Obwohl ich oft glaubte, seine gelegentlichen Blicke auf mich gerichtet zu sehen, hatte ich die Hoffnung auf die Erwiderung meiner Liebe schon aufgegeben. Durch einen einfachen Telefonanruf wechselte meine Verzweiflung wieder in Hoffnung.

Ein paar Stunden später brummte mein alter VW-Käfer auf den Parkplatz der Kirche.

Ich nahm meine Bibel und stieg in seinen großen, überwältigenden Kombiwagen, und los ging es zu einem Bibelstudium mit einer Gruppe Hippies. Es war die Zeit des Höhepunktes der Hippie-Revolution und der Jesus-Bewegung. Die Verhütungspille war ein neues und berauschendes Mittel, das die Hippies in ein Zeitalter der Verantwortungslosigkeit trieb. Von AIDS war damals noch keine Rede. Das Motto in den Sechzigerjahren war: „Wenn es Spaß macht, tu es!" Man sah junge Menschen in Parks und an Straßenrändern schlafen, die ihre Partner im Laufe der Nacht wechselten. Rauschgift stumpfte ihr Gewissen ab und zerstörte ihre Würde, aber inmitten all dieser Sünde und Schamlosigkeit wirkte Gott durch seinen Geist, und tausende dieser todunglücklichen Kinder fingen an, Gott zu suchen. In einer Zeit zu leben, in der der Geist Gottes so gewaltig wirkte, war für mich ein besonderes Vorrecht. Die Bibel sagt uns in Römer 5,20: **„Wo aber die Sünde mächtig geworden ist, da ist die Gnade noch viel mächtiger geworden."**

An diesem Abend hatten wir unsere Evangelisation in einer Etagenwohnung im oberen Stockwerk, wo eine Gruppe verbrauchter Drogensüchtige sich versammelt hatte. Der Raum war überfüllt von jungen Hippies, gekleidet in abgenutzten Jeans und bunten T-Shirts. Mein Pastor begann, das Evangelium von Jesus Christus mitzuteilen und sie hörten auf jedes Wort, als käme es direkt von Gott. Es war eine schlichte, stille, aussagekräftige Botschaft über Vergebung und Hoffnung. Pastor Pearl machte nie einen Aufruf zu Buße, denn er wollte nicht, dass jemand sich ihm zuwenden sollte, sondern nur Jesus Christus. Aber er sagte ihnen, dass, wenn jemand beten wolle, dürfe er sich ihm anschließen. An diesem Abend fielen alle übereinstimmend auf ihre Knie und begannen zu beten. Der Geist Gottes fing an zu wirken, und ich hörte einige junge Männer um Gnade flehen. Inmitten dieses Wirkens von Gott spürte ich, wie mein Pastor meine Hand ergriff. Es traf mich wie ein Stromschlag! Ich wusste, dass etwas Neues und Wundervolles geschah, denn er war üblicherweise ziemlich prüde! Er ließ nicht einmal die alten Damen nach dem Gottesdienst sonntagmorgens seine Hand schütteln. Jetzt hielt er meine während einer Gebetsversammlung! Ich wusste genau, dass meine Zeit gekommen war!

Während der einstündigen Heimfahrt sprach er kein Wort und ich konnte den Mund nicht halten. Wenn ich nervös bin, plappere ich ununterbrochen, und ich war wirklich nervös. Da Schweigen für ihn so ungewöhnlich war, meinte ich zu wissen, was er auf dem Herzen hatte.

Mich! Schließlich erreichten wir das Pfarrhaus, in dem er wohnte und wo mein VW-Käfer stand. Ich saß in der Finsternis, wartete, aber … nichts … Schließlich sagte ich: „Erinnerst du dich an den Jungen, den du am Sonntagabend getauft hast, den kleinen Kerl, der kaum über das Taufbecken blicken konnte? Nun, dir würde ich gerne eines Tages genau so einen kleinen Jungen schenken!" Man würde denken, ein Mann könnte diesen Wink annehmen, aber innerhalb von zwei Sekunden sprang er aus dem Auto und lief fort. Ich stieg aus, ging auf mein Auto zu und dachte, ich hätte wohl etwas zu kühn gesprochen. Ich sah ihn, als er zum ersten Mal hinter seinem Haus hervor kam und schaute zu, wie er wieder um die Ecke verschwand. Er machte drei volle Runden um das große Pfarrhaus, bevor er endlich zu einem Entschluss kam. Er stürzte auf mich zu, hob mich auf und warf mich in die Luft. In diesem Moment begann ich, an meiner Weisheit und an seiner Vernunft zu zweifeln. Dann sagte er mit lauter selbstsicherer Stimme: „Heiraten wir doch." Und so taten wir es auch. Acht Tage später, an einem Sonntagabend, schritt ich den Mittelgang der Kirche entlang, die neu-bekehrten Ex-Hippies umgehend, die in dem überfüllten Gang auf dem Fußboden saßen, um meinem Pastor-Bräutigam zur heiligen Ehe die Hand zu reichen. So fing unsere Reise an.

Gottes Plan

Dieses Buch offenbart Gottes Plan, wie man zu einer himmlischen Ehe gelangt. Es ist die vereinte Stimme von tausenden Frauen, die mir ihre Geschichten von zerbrochenen Herzen oder vom Glück einer zurückeroberten Liebe geschrieben haben. Die folgenden Seiten sind gefüllt mit einfachen Anweisungen, Beispielen und vielen Briefen von Frauen, von denen einige falsch gehandelt haben und bittere Frucht ernten mussten, und andere gottgefällig wandelten und von der Quelle des Lebens trinken durften.

> Weil das, was ich genossen habe, zu gut ist, um es nur meinen Töchtern zu hinterlassen.

Ich bin keine ausgebildete, professionelle Schriftstellerin, die von anderen Verfassern und Rednern Material gesammelt und zusammengetragen hat, sondern eine glückliche, schöpferische Ehefrau. Ich bin eine zu Hause unterrichtende Mutter und eine Großmutter, die vor vielen Jahren durch Gottes Gnade und S ein geschriebenes Wort, durch die Anweisungen ihres Gatten und das Vorbild ihrer Mutter, Gottes Willen erkannte.

Ich folgte seinem Plan und habe die gesegneten Früchte der Liebe für viele Jahre genossen. Ich schreibe dir, weil das, was ich genossen habe, zu gut ist, um es nur meinen Töchtern und den paar Frauen, die ich einzeln erreiche, zu hinterlassen.

Gott gebietet älteren Frauen, die jüngeren Frauen in dem Wunder des Frauseins zu unterrichten. Ich weiß von keinem besseren Weg, diesem Gebot zu gehorchen, als den, dir von Gottes schönem Liebesplan zu schreiben. Egal was für eine Person du in der Vergangenheit gewesen bist, mit den Anweisungen aus dem Worte Gottes kannst du eine vom Himmel geschenkte Braut werden. Du kannst heute noch die Erfüllung der Träume deines Mannes werden, und im Laufe der Zeit werden auch deine Träume sich erfüllen.

Du darfst darüber entscheiden, wie dein Leben verläuft. Einige von euch kämpfen mit der gegenwärtigen Lage und machen nicht mehr Fortschritte, als jemand, der im Treibsand kämpft. Du kämpfst gegen deinen Mann, und jeder mündliche Faustschlag, den du verabreichst, hinterlässt auch bei dir einen blauen Fleck. Es ist Zeit, mit dem Ringen in Streit, Verbitterung, Frustration und Enttäuschungen aufzuhören. Du bist im Begriff, Gottes Plan für eine freudvolle Ehe zu erfahren. Er funktioniert für mich, für meine Töchter, für meine Mutter, meine Großmutter und Urgroßmutter. Er gilt auch für viele andere junge und ältere Frauen. Wir sind nicht einfach auf eine vollkommene Ehe gestoßen oder eben auf gläubige Männer, aber wir haben alle gelernt, unseren Männern eine Gehilfin zu sein, die die Ehe himmlisch macht.

Du wirst Gottes Absicht für Frauen erfahren, den Platz der Erfüllung als völlig geeignete Helferin kennen lernen. Wir werden darüber nachdenken, was Gottes Wort von einer *Gehilfin* sagt; was sie tut, was sie nicht tun sollte, und welche Belohnungen sie erwarten darf. Jeder Tag ist eine Entscheidung, jede Stunde eine Herausforderung, und jede Reaktion bringt dich entweder in den Treibsand der Scheidung oder auf den festen Grund als gesegnete **„Miterbin der Gnade des Lebens“.**

Wie ich oben geschildert habe, trat ich ziemlich spontan in die Ehe, aber sie fing nicht in Vollkommenheit an. In unseren ersten Jahren erlebte ich eine beträchtliche Menge an Niederlagen. Bei einer Gelegenheit warf ich sogar Steine nach meinem Mann. Schließlich hörte ich damit auf, aber von Zeit zu Zeit warf ich spitze Sprüche – und mit viel größerer Genauigkeit, größerem Schmerz und größerer Wirksamkeit. Durch Gottes Gnade entdeckte ich endlich Seinen Weg zu einer himmlischen Ehe. Ich habe ihn nicht selbst gefunden, Gott bahnte mir gnädig den Weg. Es war jedes Opfer wert. Es ist mein dringendes Verlangen, diese herrlichen Kenntnisse mit allen jungen Frauen zu teilen. Wenn du dich Gott zuwendest und Ihn bittest, dir die Augen für Seine Anweisungen als Frau zu öffnen, so wird Er dir Sein Wort offenbaren, genauso wie Er es für mich vor vielen Jahren tat. Wie meine Mutter mich unterrichtete, so unterrichte ich euch.

-Debi

Bevor du dieses Buch liest

Notiere dir zehn Dinge, die du in deiner Ehe ändern willst. Bewahre diese Notizen auf, so dass du auf sie zurückgreifen kannst.

Erster Teil
Die Gehilfin

Am Anfang …

„Und Gott der Herr sagte: ‚Es ist nicht gut, dass der Mann allein ist; ich will ihm eine Gehilfin machen … Da ließ Gott der Herr einen tiefen Schlaf auf den Menschen fallen … Und er nahm eine seiner Rippen … Und Gott der Herr formte eine Frau aus der Rippe, die er von dem Menschen nahm, und brachte sie zu ihm"

(1. Mose 2,18.21.22)

Was bedeutet es, eine *Gehilfin* zu sein?
Was lehrt Gott bezüglich meiner Rolle als *Gehilfin*?

Kapitel 1

Gottes Geschenk

Eine weise Frau betrachtet nichts als selbstverständlich. Sie ist dankbar dafür, dass sie geliebt wird und versucht, sich selbst liebenswerter zu machen.

Er liebt mich

> *Meine Lieben, Mike und Debi,*
>
> *ich will euch beiden danken, dass ihr mir erklärt habt, was ich meinem Mann angetan habe. Ich war bestimmt wie eine Isebel, aber ich habe mich geändert. Ich fühlte mich innerlich zerbrochen, als ich euer Schreiben las. Ich bat Gott, mir zu helfen, zu lernen, was seine Ansichten über die Ehe sind und wie Er will, dass ich mit meinem Mann umgehe. Zuerst änderte sich nur wenig in dem, was ich für ihn tat, aber zumindest war meine Einstellung schon eine andere. Die Wahrheit hat mich frei gemacht.*
>
> *Ich möchte euch wissen lassen, wie erstaunt ich über die Veränderungen in*

mir war – und genauso mein Mann! Genauso haben auch die Veränderungen in ihm mich sprachlos gemacht. Er ist achtsamer, bemüht, mich zu erfreuen, verbringt mehr Zeit mit den Töchtern und mir, und unsere Beziehung auf sexueller Ebene ist wunderbar. Ich habe mich jahrelang am Kopf gekratzt und mich gewundert, warum er in der Familie nicht die Leitung übernehmen wollte. Ich sah nicht ein, dass ich in vielen Situationen den Ton angab, weil ich fürchtete, mein Mann würde sie nicht richtig bewältigen. Wir wurden beide verbittert, das Intimleben war nicht Liebe; es war notgedrungener Geschlechtsverkehr – wenn er schon unvermeidlich war. Gleich zu Beginn unserer Ehe fing ich mit dem Unsinn an, den Gänseblümchen-Reim aufzusagen, wenn wir uns gestritten hatten: „... Er liebt mich nicht". Und wenn wir vergnügt miteinander waren, dann sagte ich: „Er liebt mich". Nach einigen Jahren kam ich zur Erkenntnis, dass ich aufgehört hatte, „Er liebt mich" zu sagen und fast täglich sagen musste: „Er liebt mich nicht".

Schuldgefühle überkommen mich, wenn ich der verschwendeten Jahre gedenke und mir bewusst wird, wie blind ich hinsichtlich meiner eigenen Fehler war. Es fiel mir schwer, mir meine Schuld einzugestehen. Ich bin jetzt so dankbar, den Platz als Gehilfin und Freundin meines Mannes eingenommen zu haben. Gestern schlich sich mein Mann an mich heran und ergriff mich von hinten. Ich fühlte seinen flüsternden Atem an meinem Ohr und erkannte, dass er immer wieder sagte: „Er liebt mich, Er liebt mich, Er liebt mich." Tränen der Dankbarkeit strömten über mein Gesicht und, geborgen in seinen Armen, nahm ich den Gesang auf: „Er liebt mich, Er liebt mich, Er liebt mich." Man ist sich der Kostbarkeit dieser Worte nicht bewusst, bevor man sie nicht beinahe verloren hat. Ich danke Gott, dass Er mir half, die Wahrheit zu erkennen, bevor ich meine einzige wahre Liebe völlig verlor. Lernend, die Gehilfin zu sein, zu welcher Gott sie erschaffen hat, schreibt euch

Liz

Also, er ist nicht „Herr Richtig"!

Wie du wahrscheinlich bereits gemerkt hast, heiratest du nicht einfach „den richtigen Mann" und lebst froh für immer. Jeder Mann, den ich kenne, ist ein Sünder. Wenn wir aber in Betracht ziehen, dass auch du ein selbstsüchtiges, gefallenes Geschöpf bist, wird es echte Anstrengung brauchen, um eine himmlische Ehe zu führen. Eine schöne Ehe erfordert, ebenso wie alles Wertvolle, jeden Tag ... jede Stunde ... jeden Augenblick das Richtige zu tun.

Gottes Geschenk für den Mann

Gott gab Adam das allerkostbarste Geschenk, dass ein Mann empfangen kann – eine Frau. Ich weiß, dass es so ist, denn mein Mann sagt es mir ziemlich oft. Für ihn bin ich unentbehrlich. Er sagt, ich sei seine beste Kameradin, seine liebste Helferin. **„Und Gott der Herr sagte: ‚Es ist nicht gut, dass der Mann allein ist; ich will ihm eine <u>Gehilfin</u> machen' "** (1. Mose 2,18). Und Gott **„brachte sie zu ihm"** (1. Mose 2,22). Später sagt er uns: **„Wer eine Frau findet, findet etwas <u>Gutes</u> und kann guter Dinge sein im Herrn"** (Sprüche 18, 22). Verstehst du, was damit gemeint ist? Gott sagt, es sei nicht gut, dass der Mann allein ist, und die Erfüllung seines Bedürfnisses ist eine Frau – genannt **„etwas Gutes"**. Außerdem erlangt ein Mann Gottes **Gunst**, wenn er eine Ehefrau findet.

Eine Frau, die wie ein Mann zu funktionieren versucht, ist ebenso lächerlich wie ein Mann, der versucht, wie eine Frau zu sein. Eine Unisex-Gesellschaft ist eine sinnlose Gesellschaft – eine Gesellschaft in gefährlichem Durcheinander.

Wenn du eine Ehefrau bist, bist du dazu erschaffen, ein Bedürfnis zu erfüllen und in dieser Stellung bist du **„etwas Gutes"**, eine geeignete Helferin, die angepasst ist an die Bedürfnisse deines Mannes. So hat Gott dich erschaffen und dies ist der Zweck deines Lebens. Du bist von Natur aus dazu ausgerüstet, deines Mannes Helferin in jeder Hinsicht zu sein. Solange du in deiner erschaffenen Natur funktionierst, bist du keinem unterlegen, denn kein Mann kann deine Stelle einnehmen, und kein Mann ist ohne seine Frau vollständig. Du bist erschaffen, um ihn vollständig zu machen und nicht, um für dich selbst persönliche Erfüllung zu suchen. Eine Frau, die wie ein Mann zu funktionieren versucht, ist ebenso lächerlich wie ein Mann, der versucht, wie eine Frau zu sein. Eine Unisex-Gesellschaft ist eine sinnlose Gesellschaft – eine Gesellschaft in gefährlichem Durcheinander.

Das empfangene Geschenk

Adam muss aufgeregt gewesen sein, als er von seinem von Gott herbeigeführten Schlaf mit einer fehlenden Rippe erwachte, und zum ersten Mal seine Augen auf sein Geburtstagsgeschenk von ihm richtete. Mein Mann, der gelehrter Student des Wortes Gottes ist, versicherte mir, dass Eva in der Tat ein Geburtstaggeschenk gewesen sei, da sie beide ihre Geburtstagsanzüge trugen.

Falls Gott eine besondere Frau schuf, die als Helferin deines Mannes ideal geeignet wäre, würdest du dann diese Frau sein?

Falls Gott eine besondere Frau schuf, die als Helferin deines Mannes ideal geeignet wäre, würdest du dann diese Frau sein? Stell dir einmal deinen trägen Mann vor, wie er eines Morgens aufwacht, ein müdes Auge öffnet, und auf seinem Bett einen großen, wunderschön verpackten Karton erblickt. Herr Träge ist schockiert, überrascht und völlig neugierig, streckt seinen Arm aus und zieht vorsichtig an der leuchtend roten Schleife. Voilà! Dies ist dein Zeichen, du schiebst den Deckel zurück, springst mit einladendem Lächeln und verlockendem Körper heraus. Seine Geschenk-Braut direkt aus der Hand Gottes. Mein lieber Mann! Wie unträge Herr Träge sein würde!

Genau das, abgesehen von dem Karton, erlebte Adam. Ich bin mir sicher, Adam war alles andere als träge, als er von seinem tiefen Schlaf erwachte und die wunderschöne, nackt dasitzende und ihn anschauende Eva entdeckte.

Teilt dein Mann Adams Gefühle der Entzückung, wenn er dich ansieht? Erwachst du jeden Morgen mit der Bereitschaft, deinen Mann glücklich und gesegnet zu machen, ihm mit deinen besten Fähigkeiten zu dienen – seine Helferin zu sein? Hegst du ständig Gedanken des Wohlwollens deinem Mann gegenüber in dir? Das ist Gottes vollkommener Wille für dich.

Wenn du deinem Mann eine Gehilfin bist, bist du Christi Helferin. Gott gab dem Mann einen Auftrag und eine Frau, die ihn dabei unterstützen sollte, diesen göttlichen Auftrag auszuführen. Wenn du deinem Mann Ehre erweist, erweist du Gott Ehre. Wenn du deinem Mann gehorchst, gehorchst du Gott. Das Maß deiner Ehrfurcht deinem Mann gegenüber ist das Maß deiner Ehrfurcht deinem Schöpfer gegenüber. So, wie wir unseren Männern dienen, dienen wir Gott. Aber umgekehrt gilt auch, dass, wenn du deinen Mann entehrst, du damit auch Gott entehrst.

In einigen Situationen scheint es aber unmöglich zu sein, den Ehemann und gleichzeitig Gott zu ehren.

„Wie kann ich meines Mannes Helferin sein, wenn er Steuerhinterziehung begeht?"

„Wie kann ich meinen Mann ehren, wenn er wünscht, dass ich mir mit ihm zusammen Pornographie anschaue?" Wir werden später auf solche Ausnahmefälle zu sprechen kommen, aber verfehle nicht das Wesentliche, indem du eilig zu dem Kapitel über die Verdrehten und Perversen vorblätterst. Frauen, die bezüglich ihrer Männer nicht den Willen Gottes tun wollen, erinnern mich an Atheisten, die wegen eines geringfügigen Grundes sofort bereit sind, nicht zu glauben, aber all die Argumente, die für den Glauben sprechen, außer Acht lassen. Es liegt in deiner Natur, deines Mannes Helferin zu sein. Kämpfe nicht dagegen an.

Gott hat seine Absicht nicht geändert

„Denn der Mann kommt nicht von der Frau, sondern die Frau vom Mann. Und der Mann ist auch nicht für die Frau geschaffen, sondern die Frau für den Mann" (1.Kor. 11,8.9). Viertausend Jahre nach der Schöpfung schrieben Paulus, Timotheus und Petrus uns, dass Gottes Plan noch derselbe sei wie am Anfang, als Adam und Eva lernten, Eheleute zu sein. Heute, zweitausend Jahre nach

Paulus' Lehre, hat Gott Seine Absicht immer noch nicht geändert, so sonderbar es uns auch scheinen mag. Egal wer du bist und was für Talente du hast; Gott will, dass du eine geeignete Helferin für deinen Ehemann bist. Paulus sagt: **„... die Verheiratete aber sorgt für die Dinge der Welt, damit sie dem Mann gefällt"** (1.Kor. 7,34).

Ich weiß, dass sich dies für dich fast wie eine Gotteslästerung anhört, weil du versucht bist zu denken, dass dein Mann dich als **Gehilfin** verdient hat. Doch wer sagt, dass er sie verdient hat? Du kannst deine Weiblichkeit nur dann zum Ausdruck bringen, wenn du deiner von Gott geschaffenen Natur gemäß funktionierst. Nach seiner Führungsposition zu verlangen, ist etwas, das weder Gott noch dich oder deinen Mann glücklich machen würde. Es geht nicht darum, ob du etwas schlechter oder besser kannst, als er; es geht darum, dass du das tun musst, wozu du geschaffen worden bist. Wenn du auch erfolgreich deine Familie anleiten könntest, würdest du dennoch keine Erfüllung darin finden. **Es ist viel besser, dass die Arbeit, wenn auch *schlecht*, von ihm getan wird, als dass sie gut von dir getan wird.** Es ist von Gott geplant, dass deine Leistung als deines Mannes Gehilfin dessen Rolle als Leiter der Familie verbessern soll. Aber die weibliche Natur kann nicht die männliche Rolle ersetzen, ohne dem ursprünglichen Muster dauerhaften Schaden zuzufügen.

Deine göttliche Berufung

Die Rolle als vollkommen geeignete Helferin macht uns um nichts minderwertiger, als den Leiter. In unserem Bürogebäude haben wir jede Menge Angestellten. Jeder Arbeiter im Büro ist im Rechtschreiben besser, als ich; die meisten kennen den Computer besser, und ganz bestimmt kennen sich alle mit den Finanzen besser aus. Aber wenn ich ins Büro komme, kann ich ihnen sagen, wie ich alles getan haben will und sie tun es alle mit *Freuden*, auch die Männer. Wenn ich auch die Autorität habe, bedeutet es nicht, dass ich besser bin; es bedeutet nur, dass sie da sind, um mir zu helfen, meine Arbeit besser zu machen.

Die Männer wurden erschaffen, um Gottes Helfer zu sein. Jesus war ein williger Helfer seines Vaters. Der Heilige Geist war der Helfer des Sohnes. Die menschliche Gesellschaft ist so aufgebaut, dass Männer sowie Frauen sich der Autorität unterordnen müssen: sei es dem Staat, den Arbeitgebern, der Polizei, dem Finanzamt, den Kinderschutzbehörden, dem Gericht usw. Man verliert seine Würde nicht, wenn man sich unterordnet, solange es einem höheren Zweck dient. Gott erschuf dich als **Gehilfin** für deinen Mann, damit du ihn unterstützen kannst und er produktiver und wirksamer in allem ist, was er tut. Du bist nicht im Präsidium und hast genauso viel Sagen wie die Vorstandsvorsitzenden. Du hast keine Berechtigung, das Programm festzulegen. Wenn er dir aber vertrauen kann, wird er dich nach seinem Ermessen zu seinem nächsten Ratgeber, seiner Vertrauten, seiner Sekretärin, seiner Vizepräsidentin, seiner Botschafterin, seiner Expertin in Beziehungspflege und vielleicht sogar zur Verfasserin seiner Reden machen.

Eine vollkommene **Gehilfin** braucht keine Liste mit Aufgaben wie ein Kind. Ihre Bereitschaft zu dienen veranlasst sie dazu, sich umzusehen und das zu tun, was ihr Mann gerne getan haben möchte. Sie benutzt keine faulen Ausreden, um der Arbeit auszuweichen. Ein Mann wüsste, dass er eine gute Frau hätte, wenn sie eine solche **Helferin** wäre. So ein gesegneter Mann bekäme Ehre von anderen Männern, dadurch, dass sie seine geschickte Frau bewunderten und lobten. **„Eine tüchtige Frau ist eine Krone ihres Mannes“** (Sprüche 12,4). Es ist unsere Aufgabe zu lernen, wie wir unseren Männern in allen Hinsichten helfen können. Die Tatsache, dass du dieses Buch liest, beweist, dass es deines Herzens Verlangen ist, Gott zu ehren, indem du eine wahre Gehilfin für deinen Mann werden möchtest.

Das Wort **Gehilfin** kommt nur zweimal in der Bibel vor – in 1. Mose 2,18 und 2,20. Dennoch ist es die Übersetzung eines hebräischen Wortes – *ayzer* – das einmal in der hebräischen Bibel zu finden ist. Die hebräische Sprachlehre sagt uns, dass es *Hilfe*, *Beistand* oder *einer, der hilft* bedeutet. In diesem Buch habe ich es genau so geschrieben, wie es im Worte Gottes steht – Gehilfin – das heißt, dass Eva als Helferin erschaffen wurde, die an Adams Bedürfnisse angepasst war.

Ich will eine Gehilfin für meinen Mann sein, die geeignet, passend, nützlich und gut ausgerüstet ist.

Zeit zum Nachdenken

Die Studienseiten sind bereitgestellt für dich,
um sie während deiner Stillen Zeit mit Gott zu benutzen.

Gottes vollkommener Wille für mein Leben ist, dass ich eine Gehilfin für meinen Mann bin. Ich kann darüber entscheiden, wie gut meine Ehe sein soll. **„Denn der Mann kommt nicht von der Frau, sondern die Frau vom Mann. Und der Mann ist auch nicht für die Frau geschaffen, sondern die Frau für den Mann“** (1.Kor. 11,8.9).

➢ *Schaffe eine neue Gewohnheit*

Überlege dir, wie du deinem Mann eine Gehilfin sein kannst. Fange heute damit an!

➢ *Werde stille vor Gott*

Schlage in der Heiligen Schrift (Martin Luther 2009) die folgenden Charakterzüge nach, die sich auf eine gottesfürchtige Frau beziehen. Schreibe die jeweiligen Verse in dein Tagebuch und bitte Gott, dass Er dir alle diese Charaktereigenschaften gibt.

1. **Tugendhaftigkeit**
2. **Barmherzigkeit**
3. **Weisheit**
4. **Klugheit**
5. **Gütigkeit**

➢ *Eine gute Gehilfin hat eine Leidenschaft für das Dienen*

Unter dem Wort „Gehilfin“ stelle ich mir eine Frau vor, die anderen dient. Ihre erste Aufgabe ist, ihrem Mann zu dienen, dann ihren Kindern, und wenn die Zeit es erlaubt, wird ihre Leidenschaft für das Dienen auch andere betreffen.

Kapitel 2

Ein fröhliches Herz

„Die Freude im Herrn ist meine Stärke."

D**ie Bibel sagt uns,** dass die **Freude** im Herrn unsere Stärke ist. Auf deiner Studienreise durch die Ehe wirst du alle Kraft, die die Freude im Herrn dir gewährt, nötig haben.

Gott sagt in Spr. 17,22: **„Ein fröhliches Herz macht das Leben gesund ..."**. Ein fröhliches Herz ist das Fundament für Gesundheit und Glück. Und der Tag, an dem du ein fröhliches Herz hast, wird der erste Tag sein, wo deine Ehe erneuert wird zu dem himmlischen Geschenk, zu welchem sie bestimmt ist.

Als er sich in dich verliebte, warst du ein süßes kleines Ding, voller Fröhlichkeit und Spaß.

Ich habe Frauen mit den längsten Gesichtern zugehört, die mich davon zu überzeugen versuchten, dass sie tatsächlich die Freude im Herrn besäßen. Ich hörte zu und überlegte, wo in aller Welt sie die wohl versteckt hätten. Der letzte Teil des obigen Verses sagt: **„... aber ein betrübtes Gemüt trocknet den Körper aus."** Wie steht es um deinen Körper? Ich meine deinen Körper. Die Bibel ist weit buchstäblicher, als du denken magst. Eine verzagte Seele und ein ausgetrockneter Körper sind Folgen eines betrübten Herzens. Ein fröhliches Herz ist ein sehr wirksames Medikament. Es ist ein Liebestrank.

Als er sich in dich verliebte, warst du ein süßes kleines Ding, voller Fröhlichkeit und Spaß. Vom Grund deiner Seele warst du von ihm ergriffen. Jeden Tag wachtest du auf und fingst sofort an, etwas zu planen, was ihr beide zusammen unternehmen könntet. Ist er noch immer mit demselben süßen kleinen Ding verheiratet oder bist du inzwischen ein kränklicher Kläger mit langem Gesicht geworden? Liebe ist wie eine Blume: Du kannst nicht erwarten, dass sie ohne Sonnenschein wächst. Hat dein Geliebter in letzter Zeit den Sonnenschein gesehen? Ist er noch dein Geliebter? Was würde er sagen?

In Spr. 15,13 steht: **„Ein <u>fröhliches</u> Herz macht das Gesicht heiter ...“** Ein Lächeln wirkt auf jedermann anziehend. Wer und was du bist widerspiegelt sich in deinem Gesicht. Sieht dein Mann dich als eine **glückliche**, dankbare Frau? Lächelt er, wenn er dich ansieht, belustigt über das **vergnügte, kleine Grinsen** auf deinem Gesicht und die gänzlich entzückenden Dinge, die du denkst und sagst – sogar über das Dumme? Lerne, ihn mit deinem neckischen „Nur für ihn“-Grinsen zu entzücken.

Eine hässliche Hinterwäldlerin!

Vor einigen Jahren arbeitete in unserem örtlichen Kaufladen eine pummelige Frau, die ziemlich hinterwäldlerisch aussah. Jedes Mal, wenn wir in das Geschäft hinein gingen, standen mehrere Männer um den Ladentisch, die amüsiert mit ihr plauderten. Wir mussten uns meistens durch die fröhliche Menge drängeln und die Unterhaltung unterbrechen, um bedient zu werden. Die Menge ihrer Verehrer erinnerte mich an einen Schwarm Bienen, die um den Honig herumschwirren. Das Merkwürdige war, dass diese Frau *hässlich* aussah. Eines Tages, als wir den Laden verließen, brachte ich lachend meines Mannes Aufmerksamkeit auf all die Männer, die da um die Verkäuferin

> Männer fühlen sich sehr von einem <u>Lächeln</u> angezogen. Das gilt auch für deinen Mann.

standen und mit ihr plauderten. Ich war tatsächlich erstaunt über seine Erwiderung: „Oh, du meinst die kleine süße Dame?" Lebe und lerne! Und scheinbar hatte ich noch etwas Wichtiges zu lernen. In seinen Augen war die Dame süß! In Wirklichkeit war sie nicht klein, nicht süß und auch nicht jung. Aber sie **lächelte, lachte und kicherte,** und war immer aufgelegt zu einem guten, sauberen Witz. Ich ging gerne in den Laden, um mich mit ihr zu unterhalten. Sie war reizend. Einige Wochen später trafen wir sie in einem Lebensmittelgeschäft. Sie war wütend über ihre sehr übergewichtige Tochter, weil diese sich eine Handvoll Süßigkeiten genommen hatte. Verschwunden war das Lächeln, Kichern und Freudestrahlen, das einen jeden im Geschäft so gefangen hielt. Seine Stelle wurde durch ein bitteres, gemeines Schimpfen ersetzt. Mein Mann bemerkte, als wir das Lebensmittelgeschäft verließen: „Haben wir diese Frau nicht schon mal irgendwo gesehen? Sie scheint mir bekannt zu sein, aber ich kann mich nicht genau erinnern." Als ich ihm sagte, wer sie sei, war er verblüfft. „Nein, das ist nicht möglich; es kann einfach nicht die Frau sein. Die Frau im Kaufladen sah nicht so aus." Ich konnte sehen, wie ihm die Wahrheit begann klar zu werden, und er war so enttäuscht. Das Merkwürdige war, dass die Frau genauso wie immer aussah. Sie war von derselben Größe, hatte dieselbe Frisur, denselben Kleidungsstil, alles genau so, wie wir sie im Kaufladen sahen. Ihr fehlte nur ihr **glorreiches Lächeln**. Es war ihr kostbarstes Vermögen. Ihr Antlitz war immer so **strahlend**, ihr **Lächeln** so ansteckend, ihr **Lachen** so süß und ihre Augen so **aufrichtig**, dass die Leute sie einfach süß fanden. Ich weiß nicht, ob sie einen Mann hatte, aber ich bin mir sicher, sie hätte ein halbes Dutzend Männer aus der kleinen Stadt haben können – solange sie sie nicht im Lebensmittelgeschäft wütend auf ihre Tochter sahen.

Für jedermann ist ein Lächeln anziehend und alle möchten Freunde haben, die überreich an guten Eigenschaften sind. Männer fühlen sich sehr von einem Lächeln angezogen. Das gilt auch für deinen Mann. Möchtest du, dass dein Mann mehr zuhause ist? Ein **fröhliches** Herz und ein lustiges **Kichern** haben eine starke Anziehungskraft. **„Ein fröhliches Herz macht das Leben gesund; aber ein betrübtes Gemüt trocknet den Körper aus"** (Spr. 17,22). Du bist vielleicht nicht eine hässliche Hinterwäldlerin, aber es gibt andere Hässlichkeiten. Frauen geben jedes Jahr Billionen Dollar aus, um sich attraktiver zu machen, aber die wirksamste Schönheitshilfe ist kostenlos – **ein fröhliches Lächeln**.

Die verzweifelte Ehefrau

Hier ist ein Brief von einer Frau, die es dringend nötig hat zu lernen, wie sie gewinnen kann.

> *Liebe Frau Pearl,*
>
> *ich werde verrückt. Mein Mann hat ein Verhältnis mit seiner Sekretärin gehabt. Er sagt, es sei jetzt vorbei, aber ich traue ihm nicht. Er schenkte ihr eine kleine Schachtel Pralinen zum Valentinstag. Er hat sich nie meiner erinnert am Valentinstag. Er geht oft mit ihr und seinen anderen Arbeitskollegen zum Essen aus. Sie hat sich meinem Mann schon zweimal über Probleme in ihrer Ehe anvertraut. Ich weiß, von mir wird verlangt, dass ich ihn ehre, ihm vergebe, nicht bitter werde und so weiter. Dies ist das Schwerste, das ich je durchgemacht habe, sogar den Tod meiner Mutter vor 3 Monaten mit eingeschlossen. Ich glaube, er ist töricht, dass er sich selbst in ihre Gesellschaft begibt, wenn es nicht sein müsste, nachdem er schon bewiesen hat, dass er damit nicht fertig wird. Wir sind in einer Sackgasse. Wo finden wir Hilfe? Ich bin bis auf den Boden zerstört, kann nicht schlafen und so weiter. Ich bin verzweifelt, gebe aber nicht auf und warte mit Sehnsucht auf eine Nachricht von euch,*
>
> *Beth.*

Liebe Beth,

dein Mann liegt ohne Zweifel falsch. Es wäre wunderbar, wenn er weise und gottesfürchtig wäre, aber er ist es nicht. Gott hat für eine vollkommene Heiligung und Befreiung von der Versuchung für deinen Mann gesorgt durch dich, seine Frau. Dein Mann, wie viele Männer vor ihm, ist ein Narr, dass er der Sünde zublinzelt und mit der Versuchung spielt. Aber das weißt du ja schon. Das ist, warum du in Eifersucht und Zorn reagierst. **„... Denn Liebe ist stark wie der Tod, und Eifersucht ist fest wie das Totenreich. Ihre Glut ist feurig und eine Flamme des Herrn"** (Hohelied 8,6).

Du stehst jetzt da, wo Millionen von Frauen gestanden haben. Deine Reaktionen sind die Norm, und wenn du an der Norm festhältst und auf deinem Recht beharrst und dich selbst zurückhältst, bis er seine Treue zu dir allein beweist, wirst du das übliche Ende erleben – die Ehescheidung.

Du musst dich damit abfinden – das Leben ist nicht gerecht. Das Eheleben ist nicht gerecht. Besonders die Arbeitskollegin deines Mannes spielt nicht fair. Und dein Mann spielt nicht nach ***deinen*** Regeln. Offensichtlich hat er nicht solches Schamgefühl wie du. Er wird durch niedere Instinkte und Triebe motiviert.

Ja, er ist im Unrecht, aber deine Reaktion darauf, wenn auch gerechtfertigt, wird zweifellos zur Zerstörung deiner Ehe führen. Du kannst dich in Zorn und Empörung aufbäumen; du kannst auf deine Rechte und auf die Wahrheit bestehen, aber damit wirst du deine Ehe nicht retten. Wenn du erst deinen Mann verloren hast und allein bist, die Kinder in der Kindertagesstätte oder in der staatlichen Schule sind, versuchst, die Miete für das einfache Doppelhaus zu bezahlen und das Essen auf den Tisch zu bringen, dann kannst du stets wissen, dass du auf deinem Prinzip beharrt hast, du hast ihn zur Buße aufgefordert und ihm nicht erlaubt, dich zu erniedrigen und selbst den Heuchler zu spielen. Du verlangtest nach seiner Umkehr. Da wird er mit der anderen Frau in Sünde leben und du, die Gerechte, wirst immer noch auf dein Recht bestehen – aber alleine schlafen. Falls du einen anderen Mann bekommst, wird er wie dein erster sein, vertrieben von einer anderen Frau. Es ist wie ein Karussell, in dem das Bild von der Umgebung bei jeder Runde schlimmer wird.

Ich behaupte nicht, dass dies deine Schuld ist, dass du die Ursache für deines Mannes Sünde bist. Ich möchte dir nur nahe legen, dass, **wenn du wirklich aufrichtig deinen Mann für dich zurückgewinnen willst, du dann dein Vorgehen ändern musst.** Sei ehrlich: Du hast eine Konkurrentin. Sie ist deine Gegnerin, die Feindin deines Herzens Verlangens. Deine negativen Erwiderungen werden deinen fleischlichen Mann nicht plötzlich zu einem gereiften Mann werden lassen, der das tut, was er tun soll. Mein Mann sagt: „Kein Mann ist je aus der Kritik seiner Frau als ein besserer Mann hervorgekrochen – es spielt keine Rolle, wie gerechtfertigt ihre Verurteilung auch sein mag."

Dein Mann kann nicht gezwungen werden, dich zu lieben, auch wenn du seine Frau bist. Er wird nie freiwillig eine lächelnde Sekretärin verlassen, um zu einer finster dreinblickenden Frau nach Hause zu kommen. **Du kannst nicht so mitleiderregend sein, dass er sich gezwungen fühlt, dich zu lieben.** Du kannst ihm sagen, was für einen Schaden er den Kindern zufügt, dass er seinen Ruf verdirbt, dass er Gott und die Gemeinde im Stich lässt, und er wird darauf damit reagieren, dass er seine Sekretärin zum Essen einlädt, um ein Lächeln zu bekommen, das ohne Bedingungen ist. Es ist grausam. Aber das ist der Weg eines fleischlichen Mannes. Das ist der Weg der Menschheit. Er funktioniert nicht auf der Ebene der moralischen Pflicht. **Er ist ein einsamer Mann, der seine Persönlichkeit in *der Anerkennung und der Bewunderung einer Frau sucht.***

Fordere nie, dass dein Mann dich liebt und schätzt, weil er es eigentlich tun soll. Erwirb dir jedes Lächeln und jedes Beisammensein.

Dir ist klar, dass, wenn er ein gottesfürchtiger Mann wäre, er dann seine eigenen Bedürfnisse nicht beachten würde; so wie Daniel würde er trotzdem tun, was recht ist. Du weißt auch, dass er Buße tun und Gott lieben soll. Du weißt aber nicht, dass Männer einer zornigen, tadelsüchtigen Frau zuliebe keine Buße tun. Du kannst Buße verlangen und dabei sehr wahrscheinlich deinen Mann verlieren, du kannst aber auch deinen Mann „umwerben" und seine Gunst zurückgewinnen. Erkenne, dass du um die Erhaltung Gottes edelster Stiftung auf Erden kämpfst – die Familie, *deine Familie*! Mache dich selber anziehender, als die Sekretärin. Du kannst gewinnen, wenn du willig bist, deinen Stolz zu verlieren.

Wenn du deinen Mann und den Vater deiner Kinder behalten willst, wirst du deine Rechte als Frau und seine christlichen Verpflichtungen seinem Eheversprechen gegenüber vergessen müssen. Du musst so vorgehen, als stünden du und die Sekretärin um diesen Mann im freien Wettbewerb miteinander. **Dein Mann wird sich angezogen fühlen von dem, was lieblich zu ihm ist.** Du musst reizender sein, als sie. Du musst sie in ihrem eigenen Spiel besiegen. Ein Mann wird angelockt von der Verletzbarkeit einer Frau – dem Erröten, den Bedürfnissen, der Abhängigkeit.

Wenn sie seiner körperlich gewahr ist, von ihm beeindruckt ist, seine Gegenwart sie emotional erregt, ist auch er in ihrer Nähe aufgeregt. Wenn eine Frau es einen Mann wissen lässt, dass sie sich in seiner Gegenwart geborgen fühlt, wird er reagieren. Ich glaube, die Sekretärin weiß dies und nutzt es zu ihrem Vorteil. Sie hat an ihm appelliert, ihr zu helfen, wenn sie verletzt und am Boden ist. Sie schaut ihn bewundernd an und bestimmt hat sie bei mehr als einer Gelegenheit gesagt: „Oh, warum ist mein Mann nicht so wie du?" Ich vermute, wenn dein Mann ihr nicht zu Füßen liegen würde, würde schnell ein anderer Mann im Büro seine Stelle einnehmen und sie würde denselben Trick bei ihm anwenden. Am liebsten würdest du ihr den Hals umdrehen – und ich würde gerne helfen – aber vergiss nicht das heruntergekommene Doppelhaus! Lass dich herab auf die emotionale Ebene deines Mannes, mache dich selber anziehender, als die Büro-Dirne, und tue es jetzt, heute!

Es ist ein Fehler, wenn eine Ehefrau ihre Position für selbstverständlich hält und annimmt, dass Liebe und Zufriedenheit existieren, weil „wir Mann und Frau sind". In einer perfekten Welt, mit einem perfekten Mann verheiratet, würde euer Eheversprechen heilig sein. Fordere nie, dass dein Mann dich liebt und schätzt, weil er es eigentlich tun soll. **Erwirb dir jedes Lächeln und jedes Beisammensein. Pflege seine Liebe zu dir.** Bete, dass du ihn an die Schönheit und Lieblichkeit, die ihn einst zu dir hinzogen hat, erinnern könntest.

Es ist zu deinem besten Vorteil zu lernen, weibliche Tricks anzuwenden. Eine Frau hält ihren Mann mit den dünnen Fäden der Bewunderung, Dankbarkeit, Freude und des Spaßes. Er muss Freude und Anerkennung in deiner Stimme hören können, wenn du zu ihm sprichst, auch wenn ihr euch über alltägliche Dinge unterhaltet. Er braucht dies genauso oder vielleicht sogar noch mehr, als sexuelle Befriedigung.

Also schüttle deine Empfindlichkeit ab und kämpfe für das, was dein ist. Wenn ich einen solchen Brief wie den deinen hier lese, und ich habe schon viele solche gelesen, denke ich oft an das alte Lied von Loretta Lynn: „Du bist nicht Frau genug, um mir meinen Mann zu nehmen." Als sie das Lied schrieb, wurde ihr Mann von einer billigen Hure versucht. Loretta zog sich nicht in Empörung und Selbstmitleid zurück, sondern kämpfte um ihren Mann. Sie schlug zurück, wie eine Frau es sollte. Die Worte ihres Liedes sind etwa so: „Frauen deinesgleichen gibt's ein Dutzend für einen Groschen; sie gibt es immer irgendwo zu kaufen. Damit du ihn bekommst, müsste ich gehen, aber ich bleibe genau da, wo ich bin." Loretta gewann ihren Mann zurück und behielt ihn.

Denke daran, du kämpfst mit einer Frau von der „Dutzend für'n Groschen"-Klasse. Sie sind überall, bereit das Herz eines Mannes zu stehlen, der sich ungeachtet und vernachlässigt fühlt. **Die Waffe für deinen Kampf ist dein liebevolles, freundliches, entzückendes, strahlendes und bewundernswertes Selbst.**

Wenn du dich in einer Eifersucht hervorrufenden Situation befindest, ist es angemessen, wütend zu werden und zu drohen, ihm seinen Hals umzudrehen. Es gibt einen **göttlichen Eifer** (2.Kor. 11,2). Einer von Gottes Namen ist **Eiferer** (2. Mose 34,14). Du kannst drohen, zum Büro zu gehen und dem Frauenzimmer zu befehlen, die Finger von ihm zu lassen. Tue es, wenn du möchtest; erniedrige nur nicht deinen Mann. Ein Mann wird eine Frau schätzen und sich zu ihr hingezogen fühlen, wenn sie ihn genug liebt, um für ihn zu kämpfen. Aber dein Zorn muss sich gelegt haben, bevor die Sonne untergeht und ihr zu Bett geht. Schreibe ihm Liebesbriefchen, die er findet, wenn er ins Büro kommt. Quäle ihn nicht mit Verdächtigungen. Spiele nicht die Geheimdetektivin und verfolge ihn nicht. Aber rufe ihn auf der Arbeit an mit fröhlicher Stimme, gib ihm eine frühzeitige Warnung, dass du „etwas Liebes" erwartest, wenn er nach Hause kommt, kichere dann und frage ihn, ob er errötet. Ein- oder zweimal im Monat überrasche ihn in der Mittagspause mit einem kurzen, unerwarteten Besuch auf der Arbeit. Geh sicher, dass du strahlend und wunderbar verliebt aussiehst. Dein süßes Verhalten und deine Dankbarkeit deinem Mann gegenüber wird bewirken, dass das billige Büroflittchen sich dir unterlegen fühlt. Und deine „Unschuld" und dein Vertrauen werden dazu beitragen, dass all die Männer im Büro sich aufregen über „die Frau" wegen ihrer hinterlistigen Annäherungsversuche. Es wird deines Mannes Seele stärken.

Sei kreativ und draufgängerisch in euren privaten, intimen Zeiten. Halte ihn zuhause stets befriedigt und er wird auf der Arbeit keine sexuellen Bedürfnisse verspüren. Wenn du ihn emotional und geschlechtlich gut versorgst, wird ihre Freundlichkeit ihn nicht versuchen. **Gott ist auf deiner Seite. Kämpfe und gewinne!**

-Debi

Geschätzt werden

Viele Frauen denken, ihre Männer seien dieser Mühe nicht wert. Sie fühlen sich gezwungen, sich selbst zu erniedrigen, um ihn zu lieben, während er der Schuldige ist. Täusche dich nicht. Wenn eine Frau willig ist, zu vergeben und ihres Mannes Zuneigung zurückzugewinnen, gewinnt sie mehr, als nur seine Zuneigung. Wenn ein Mann erst zur Besinnung kommt und sich dessen bewusst wird, dass er beinahe alles, was ihm teuer ist, verloren hätte, wird er der guten Frau, die ihn in seiner Torheit geliebt hat, zutiefst dankbar sein. Sie wird seine Achtung wie auch seine Liebe gewinnen, denn er weiß, dass sie eine Frau ist, die **zu ihrem Mann steht**. Wenige Frauen wissen, was es bedeutet, von ihren Männern geschätzt zu werden, aber wenn du ihn während dieser ganzen Zeit der Schwierigkeiten hindurch liebst, wirst du geschätzt werden. Geschätzt werden ist weit, weit mehr, als geliebt zu werden. Es wird all deiner Mühe wert sein.

> Gott steht zu dir, wenn du zu deinem Mann stehst.

Gott steht zu dir, wenn du zu deinem Mann stehst, aber du wirst allein stehen, wenn du auf deinen Rechten bestehst. Vergiss nicht, dass der Tag, an dem du zu lächeln aufhörst, der Tag ist, der zur Zerstörung deiner Ehe führen kann.

Stehe zu deinem Mann.

Zeit zum Nachdenken

Gottes vollkommener Wille ist, dass ich lerne, die möglichst beste Gehilfin zu sein.

Mein Mann fühlt sich sehr von meinem Lächeln angezogen. Ich will, dass mein Mann mich liebt.

„Ein fröhliches Herz macht das Gesicht heiter; aber wenn das Herz bekümmert ist, dann sinkt auch der Mut“ (Spr. 15,13).

Mitleidserregend, verletzlich, entmutigt oder sogar kränklich zu sein, ist eine Seite einer „schlechten-Ehe“-Münze. Männer im Allgemeinen (dein Mann insbesondere) weisen Frauen, die ein solches Bild von sich geben, ab. Eines Mannes Verstand sagt ihm, dass seine Frau ihn ablehnen und zurechtweisen wird, wenn sie beständig eine kranke Seele aufweist, und er wird mit Ärger darauf reagieren. Die andere Seite dieser Münze ist ein bitterer, zorniger und übel nehmender Geist.

Wirf die alte, zerstörende Münze zur Tür hinaus, ehe sie dir eine Scheidung kauft. Gottes Wille für eine Frau ist, dass sie ein fröhliches Herz, ein heiteres Angesicht und einen Glanz besitzt, der den bedrücktesten und müdesten Mann auf dieser Erde erfrischen kann. Übersprudelnder Beifall reicht weit, um eine Ehe aufrecht zu erhalten oder wieder herzustellen. Fasse jetzt den Entschluss, die „Ich Arme“-Einstellung beiseitezulegen. Lege sie heute als Sünde und Rebellion ab, und dann erwache morgen mit Freude in deinem Herzen und Heim.

➢ *Schaffe eine neue Gewohnheit*

Womit kann ich ihn heute zum Lächeln bringen?

➢ *Werde stille vor Gott*

Studiere sorgfältig das Wort FREUDE. Du wirst herausfinden, dass das Wort *Freude* 118 mal im Worte Gottes zu finden ist. Das Wort *Freude* kommt oft in Verbindung mit Rufen, Musik, dem Spielen von Instrumenten, Tanzen,

Fröhlichkeit und Rühmen vor. Schreibe deine Lieblingsverse über Freude auf und lerne sie auswendig. Gottes Wort ist wirksam. Während du liest und dir die Verse über *Freude* einprägst und über das Wort Freude gemäß dem Worte Gottes nachsinnst, wird wahre Freude in deinem Herzen entstehen.

Lass jeden Morgen das Erste, was dein Mann auf deinem Angesicht sieht, ein sanftes Lächeln sein, sogar wenn deine Augen noch geschlossen sind. Jedes Mal, wenn eure Augen sich treffen und eure Hände sich berühren, soll es für dich ein Zeichen für ein Lächeln und ein fröhliches Wort sein. Zeige auch beim Essen deine Dankbarkeit durch ein Lächeln und ein fröhliches Gemüt.

Tagsüber singe, spiele und tanze bei deiner Hausarbeit. Deine Kinder werden hocherfreut sein, wenn du mit dem Besen oder dem Wischlappen in der Hand im Hause herumtanzt und diese fröhliche Stimmung (sichtbare Freude ist die Freude, die die Kinder verstehen) wird auch eine Ermutigung für deine Kinder sein. Die Heiterkeit in deiner Seele wird dazu beitragen, dass du in guter Gemütstimmung bist, wenn dein Mann nach Hause kommt. Wenn du einen Grund hast, gekränkt oder entmutigt zu sein, und du jedoch mit Dankbarkeit singst, ist das ein echtes Opfer der Anbetung Gottes.

„Und Dankopfer bringen und mit Freuden seine Taten erzählen“ (Ps. 107,22).

Überlege dir auch andere Möglichkeiten, wie du während des Tages Freude, Lobpreis und Dankbarkeit zeigen kannst. Schreibe sie auf, stelle dir vor, wie du sie ausführst, und dann übe diese neuen und wunderschönen Gewohnheiten den ganzen Tag lang.

„Jauchzt dem Herrn, alle Welt! Dient dem Herrn mit Freuden; kommt mit Jubel vor sein Angesicht! Erkennt, dass der Herr Gott ist! Er hat uns gemacht – und nicht wir selbst – zu seinem Volk und zu Schafen seiner Weide. Geht zu seinen Toren ein mit Danken, zu seinen Vorhöfen mit Loben; dankt ihm, lobt seinen Namen! Denn der Herr ist freundlich, seine Gnade währt ewig und seine Treue durch alle Generationen“ (Ps. 100).

Kapitel 3

Ein dankbarer Geist

Eine weise Frau lässt eine freudige Stimmung in ihrem Hause entstehen. Durch Lachen, Musik und frohe Zeiten bewirkt sie eine positive Einstellung in ihren Kindern. Sie weiß, dass ein fröhliches Heim ihren Mann vom Stress befreit.

Ein fröhliches Herz im Vergleich zu einer „Ich-Arme"-Einstellung

„Ein Betrübter hat nie einen guten Tag; aber ein guter Mut hat täglich ein Festmahl“ (Spr. 15,15).

Vielleicht bist du eine der Frauen, die sich oft über die schwierige finanzielle Lage ihrer Familie beklagt und sich darüber beschwert, wie viel sie „entbehren“ muss, weil ihr Mann „die Familie nicht vernünftig unterhalten kann." **Diese niedergeschlagene, undankbare Einstellung ist eine Unehre Gott gegenüber** und ein Angriff auf das Ego deines Mannes. Falls du je diese Einstellung hattest: Jetzt ist es Zeit zu sagen, „nie wieder".

Ich kenne Frauen, die fortwährend unzufrieden sind, weil sie mit beflecktem Teppich und beschädigten Möbeln leben müssen. Einige Frauen meinen, dass sich ihre Familie in einer verzweifelten Notlage befindet, wenn sie sich frischen Brokkoli und Salat nicht mehr leisten können. Anspannung regiert in ihrem Heim. Ihre traurigen zurückgezogenen Gesichter reflektieren ihr Leiden. Sie benutzen Ausdrücke des Trauerns, die, wie sie annehmen, das Herz Gottes, das mit ihnen mit trauert, widerspiegeln.

Einige Frauen lernen ihre gegenwärtige Lage zu akzeptieren. Sie wollen nicht fleischlich gesinnt sein. Sie leben nur für das Ewige. Also bewahren sie ihre missbilligenden Äußerungen für solche Zeiten auf, in denen sie es für notwendig halten, ihren Mann daran zu erinnern, wie traurig sie sind, dass er vor dem Fernseher sitzt, Videospiele spielt oder andere fleischliche Tätigkeiten ausübt. Sie üben anhaltend Druck aus – so, wie es der Heilige Geist täte. Zumindest ist das ihre Rechtfertigung dessen, dass sie den Mann so „treu" an seine Fehler erinnern.

Unzufriedenheit ist kein Produkt der Umstände; es ist der Zustand der Seele.

Einige Frauen sind der Meinung, dass, wenn ihre Familie nur aufs Land ziehen würde, sie dann froh sein und ihre Kinder sich keine sündigen Angewohnheiten aneignen würden. Oder wenn sie in der Nähe der Kirche wohnen würden, andere Nachbarn hätten, mehr Zeit mit Familienandachten verbringen würden oder andere Falls, Unds oder Abers, dann würde das Leben besser sein. Das ist ein sicheres Rezept für das Unglück. Unzufriedenheit ist kein Produkt der Umstände; es ist der Zustand der Seele. Bedenke: **„Ein Betrübter hat nie einen guten Tag; aber ein guter Mut hat täglich ein Festmahl"** (Spr. 15,15). Paulus sagt: **„... denn ich habe gelernt, genügsam zu sein, worin ich bin"** (Phil. 4,11). Der Schreiber des Hebräerbriefes sagt: **„... und begnügt euch**

mit dem, was da ist" (Heb. 13,5). In 1.Timotheus lesen wir: **„Es ist aber ein großer Gewinn, wenn man gottesfürchtig und bescheiden ist. Denn wir haben nichts in die Welt gebracht; darum ist es sicher, dass wir auch nichts hinausbringen können. Wenn wir aber Nahrung und Kleidung haben, so wollen wir uns damit begnügen"** (1.Tim. 6,6-8).

Zufriedenheit

Vor kurzem besuchte ich eine Familie, die kein fließendes Wasser und kein Badezimmer hatte. Auch Dinge, die wir heute als notwendig betrachten, wie Waschmaschine, Trockner und Küchenschränke, fehlten. Ein Überbleibsel von einem alten Teppich bedeckte den halben Fußboden. Trotzdem lächelte die süße, junge Frau bis über beide Ohren und sagte mir, wie dankbar sie sei, dass sie ihre eigene Bleibe habe. Immer wieder erzählte sie mir, wie ihr Mann dieses Wandbrett gemacht und jene Stelle eingerichtet habe, wo sie ihre Sachen abstellen konnte, und wie er ihr später noch einen Küchenschrank bauen würde. *Dankbare Menschen haben eine Lebenseinstellung, die irgendwo tief in ihrer Seele fest verwurzelt ist,* und äußere Umstände können ihnen die Freude nicht nehmen. Für sie ist das Leben ein wundervoller, bleibender, sich erfüllender Traum. Das ganze Leben ist gesegnet und sie sehen sich selbst als auf einem fortwährenden Fest.

Zugegeben, diese junge Braut fängt das Eheleben gerade erst an, und sie ist mit dem Optimismus und der Energie der Jugend erfüllt. Aber wir können von ihr eine Lektion lernen. Freude beginnt mit Dankbarkeit. Unsere Einstellung ist entscheidend. Wir müssen bewusst eine Wahl treffen; entweder wir verfallen in eine dunkle Stimmung des Klagens oder in Dankbarkeit und Lob. Es ist erstaunlich, wie sehr dein Mund deine Seele kontrolliert. Du kannst mit deinem Mund lächeln und sagen: „Danke, Gott; danke, Ehemann; danke, Kinder" und dein Geist wird zur Dankbarkeit gelenkt, und die Freude folgt. Dankbarkeit entsteht durch dein Denken; Freude die Fülle entsteht durch Dankbarkeit.

Übung macht den Meister

Übung macht den Meister. Übe dich darin, ein fröhliches und dankbares Herz zu haben. Ich kenne Menschen, die, obwohl sie keine angeborene Gabe für Musik hatten, mit Klavierunterricht begannen und jeden Tag übten. Nach zwei oder drei Jahren flogen ihre Finger über die Tasten und jedes Mal, wenn ich sie hörte, tönte ihre Musik süßer und fließender. Wenn ich sie frage: „Wie schaffst du es, alle Noten zu treffen?", antworten sie: „Übung. Ich habe so lange geübt, bis ich gar nicht mehr darüber nachdachte. Es passiert einfach." So ist das Leben. Viele Menschen haben das Treffen der Tasten des Bitter-, Mürrisch-, Gekränkt- und Verdrießlichseins so lange geübt, bis dass ihre Seelen die disharmonischen Tasten fast ohne zu überlegen fanden. Aber du brauchst nicht dabei bleiben; du kannst genauso leicht Freude und Dankbarkeit üben und das sicherlich mit mehr Vergnügen. Mit jedem Tag und jeder richtigen Reaktion finden die Finger deiner Seele die Tasten der Freude und Dankbarkeit immer leichter und leichter, bis es so natürlich erscheint, dass Menschen zu dir sagen werden: „Ich bin nicht so wie du; ich habe nicht diese sprudelnde Art. Ich bin keine fröhliche Person. Wie kann ich diese Freude bekommen?" Und du wirst ihnen antworten dürfen: „Übung macht den Meister." Lerne, dich am Leben zu erfreuen! ***Sei dankbar! Lächle!*** Wenn du dich selbst dabei ertappst, wie du aufgrund von Umständen ärgerlich oder unruhig wirst, halte an und verlache die kleinen Dinge, die dir den Frieden rauben. ***Zähle deine Segnungen auf*** und lerne, an ihnen Gefallen zu finden. Meine Tochter schrieb einmal ein Lied mit den Worten: „Danksagen ist gut; Dankleben ist besser." Kol. 3,15 rät: **„Und der Friede Gottes regiere in euren Herzen, zu dem ihr auch berufen seid in einem Leib; und seid dankbar!"**

> Du kannst Freude und Dankbarkeit üben. Mit jedem Tag und jeder richtigen Reaktion finden die Finger deiner Seele die Tasten der Freude und Dankbarkeit immer leichter und leichter.

Die Königin seines Herzens

Liebe Debi,

eines Tages kam mein Mann ins Haus, als ich gerade dein Schreiben über Freude las und er fragte mich, ob ich etwas für ihn tun würde. Freudig, mit einem Lächeln im Gesicht, tat ich, wonach er fragte und, war er überrascht! Dies war der Anfang unseres neuen Lebens.

Je freundlicher ich zu ihm bin, desto mehr liebt er mich und desto mehr achte ich mich selbst. Ich weiß, dass meine Depression größtenteils durch mein Verhalten meinem Mann gegenüber ausgelöst wurde. Ich hasste mich selbst dafür, wie ich mit ihm umging und wie er darauf reagierte. Wie einfältig wir doch sein können! Wir machen das Leben so kompliziert mit unserem Verlangen danach, anständig behandelt zu werden. Du kennst die Einstellung: „Du tust das, und wenn du es gut machst, dann mache ich jenes; und wenn du das nicht machst, dann kannst du alles selber machen, ich werde bestimmt nicht auch noch deinen Teil erledigen." Bin ich froh, dass ich mit dieser Dummheit abgeschlossen habe! Jetzt ***versuche ich immer, meinen Mann zu erfreuen,*** *ganz egal wie die Umstände sind. Ich verstehe nicht, warum ich von ihm erwartete, mich „gern zu haben", wenn ich doch so unsympathisch und gemein war. Ich will, dass mein Gesicht Freude und Dankbarkeit widerspiegelt.*

Immerhin, er hat mich wie eine Prinzessin behandelt. Sein Gesicht leuchtet auf, wenn er mich sieht. Er hält meine Hand, umarmt mich, lächelt mich immer an, versucht bei jeder Gelegenheit, mir zu helfen und unterhält sich gerne mit mir. Ich bin die Königin seines Herzens und schließlich auch das Feuer in seinem Bett.

Marie

Zeit zum Nachdenken

„Die Frucht aber des Geistes ist Liebe, Freude, Friede, Geduld, Freundlichkeit, Güte, Treue, Sanftmut, Selbstbeherrschung. Gegen all das ist das Gesetzt nicht“ (Gal. 5,22.23).

Freude ist eine Frucht des Geistes. Wenn du ein Kind Gottes bist, wird Freude eine sichtbare Wirklichkeit in deinem Leben sein.

1. Wo fängt Freude an?
2. Bin ich mit meinem Los im Leben unzufrieden gewesen? Bin ich manchmal eine „Ich-Arme“-Person?
3. Bringe ich jeden Tag mit Worten meine Dankbarkeit zum Ausdruck?
4. Denke ich täglich daran, Gott für meinen Mann zu danken?
5. Würden meine Freundinnen mich als fröhlich, dankbar und zufrieden bezeichnen?
6. Wie kann ich Freude und Dankbarkeit üben und sie zu einem Teil meines Lebens machen?
7. Bin ich bereit, meine Unzufriedenheit über meinen Mann abzulegen, um die Hoffnung auf eine himmlische Ehe zu bekommen?

„Brüder, ich schätze mich selbst nicht so ein, dass ich es ergriffen habe. Eines aber sage ich: Ich vergesse, was hinter mir liegt, und strecke mich aus nach dem, was vorn ist, und jage nach dem vorgestreckten Ziel, nach dem Siegespreis der himmlischen Berufung durch Gott in Christus Jesus“ (Phil. 3,13.14).

➢ *Werde stille vor Gott*

Das Buch Philipper ist voller Anweisungen, die uns helfen, eine gottgefällige Frau zu werden. In Phil. 4,6 sagt Paulus zu uns: **„Sorgt euch um nichts ...“** Das soll heißen: Bestehe nicht darauf, dass alles perfekt ist, sondern sei zufrieden mit dem, was du hast. Paulus sagt uns in Kapitel eins, dass er jedes Mal, wenn er an seine Freunde denkt, für sie betet. Der Brief an die Philipper hat nur vier kurze Kapitel. Anstatt eines Romans, lies heute lieber das Buch Philipper und bitte Gott, dir Sein Wort zu offenbaren.

Kapitel 4

Danksagung erzeugt Freude

Lebe mit Dankbarkeit, Vergebung und Freude und genieße jeden Augenblick, als wäre es dein letzter.

Mein lustiger Spielkamerad

Es liegt in deiner Hand, ob du und dein Mann gemeinsam **„Miterben der Gnade des Lebens“** (1.Petr. 3,7) seid oder ob ihr ein Leben in Anspannung und unter gegenseitigem Druck lebt. **Du hast viel mehr in deiner Hand, als du glaubst.**

Normalerweise trägt mein Mann den Abfall nicht hinaus. Ich könnte mich ärgern, oder ich könnte lernen, meine Freude daran zu haben, den Abfall selbst hinauszutragen. Ich bin klug; ich habe gelernt, mit echter Freude den Abfall hinauszutragen. Eines Tages sah mein Mann, wie ich mich mit einem großen Sack Müll in der einen und ein paar leeren Dosen in der anderen Hand abmühte. Weil er in dieselbe Richtung ging, bot er mir an, den schweren Sack zu tragen. Er ging ungefähr drei Meter vor mir und hielt den Sack mit einem ausgestreckten Arm vom Körper weg. Ich wusste, dass er mir nur zeigen wollte, wie stark er sei. Wie gewöhnlich, war ich belustigt darüber, wie er seine Männlichkeit zur Schau stellte. Nach fast 35 Jahren, in denen ich seine Muskeln bewundert habe, könnte man meinen, er sei schon müde von seiner Angeberei, aber er weiß auch, dass ich nicht müde werde zu sehen, was er alles leisten kann. Als er bis zu der großen Abfalltonne kam, war er am Höhepunkt seiner Vorführung angelangt. Mit großem Tamtam warf er (ich würde sagen *schleuderte*, aber es war eher ein seitlicher Katapult) die große Abfalltüte, als wäre sie ein Zementblock, nicht ein dünner Plastikbeutel, der zu schwer beladen für seine eigene Stärke war, in die Tonne. Doch es kam, wie es kommen musste: Die Schnur riss, der Beutel traf die Seite des Anhängers, platzte auf und der Abfall verteilte sich überall auf dem Boden. Ich sah, dass er etwas verlegen war, als ich dorthin eilte, um seine Unordnung zu beseitigen, aber er ging seinen Weg weiter, als sei nichts gewesen. Ich erinnere mich an eine Zeit, wo ich mich über so einen Vorfall bis zur Bitterkeit geärgert hätte. Ich hätte mich so verhalten, dass er meinen Ärger auch wirklich spüren würde, und unsere Beziehung wäre belastet gewesen, nur wegen eines Müllsacks. So eine unsinnige Verschwendung unseres Lebens.

Jetzt aber, als ich beobachtete, wie er demütig davon schlich, musste ich grinsen. Ich glaube, ich habe endlich die männliche Psyche zu verstehen gelernt, zumindest die meines Mannes. Ich weiß, dass der verschüttete Müll für diesen alten Jungen zu viel war. Es ist komisch, dass Männer denken, Frauen seien so schwer zu verstehen, aber kannst du dir eine Frau vorstellen, die, um zu beweisen, wie stark sie ist, einen schweren Müllsack schleudert und dann, wenn der Müll überall auf dem Boden verteilt ist, die Unordnung von jemand anderem beseitigen lässt? Da ich zu dieser erhabenen Einsicht über das männliche Ego gekommen bin, wusste ich, dass der große Papa von nun an jede Gelegenheit nutzen würde, den Abfall hinauszutragen und es immer schön ordentlich machen würde. Seine Gelegenheit kam ungefähr zwei Wochen später, als ich zur Hintertür hinausging, wieder mit einem schweren Sack beladen. Ich dankte ihm freundlich, als er anbot, den Sack hinauszutragen. Als er zur Tür hinaustrat, lief ich ans Fenster im Waschzimmer. Schnell öffnete ich das Fenster und wartete, bis er an der Mülltonne angekommen war, die genau vor dem Waschzimmerfenster steht. Diesmal warf er den Sack ganz vorsichtig, und ich war bereit. In dem Augenblick, als der Sack seine Hand verließ, stieß ich einen markerschütternden Schrei aus. Man würde doch denken, dass er sich nach all diesen Jahren schon an meine Streiche gewöhnt haben müsste, aber ich hatte ihn wieder überrascht. Ich wünschte du hättest seine Reaktion gesehen. Sein T-Shirt flatterte, als wehte ein starker Wind, und jeder Zentimeter seines Körpers bebte vor Schreck. Ich konnte nur mit Mühe mein wildes Gelächter unterdrücken. Er brauchte ein oder zwei Sekunden, bis er erkannte, dass der Sack sicher gelandet war und dass der Schrei in keinem Fall mit dem Sack, den er eben geworfen hatte, zu tun hatte. Ich hatte seine Nerven so angespannt mit meinem wilden Kriegsgeschrei, dass er eine Sekunde zu brauchen schien, bis er erkannte, dass *ich es wieder war*. Oh, war das ein großartiger Moment – bis er sich umdrehte und seine Augen meine lachenden Augen trafen und ich wusste, dass ich für meinen Spaß würde büßen müssen. Sein verwirrter Verstand kam plötzlich in die Gegenwart zurück, und er rannte auf das Haus zu mit einer solcher Geschwindigkeit, die ich ihm schon längst nicht mehr zugetraut hätte. Ich wusste, dass es jetzt keinen Sinn machte, sich zu verstecken, da er mich sowieso früher oder später finden würde, also entschloss ich mich, meinen „ich bin unschuldig"- Trick anzuwenden. Ich trat an das Spülbecken und begann, das Geschirr zu spülen, wobei ich mein Gelächter nur mit großer Mühe zurückhalten konnte. Es hörte sich wie ein großer Lkw an, als er zur Tür hereinkam, aber ich drehte mich nicht um und spülte weiter das Geschirr. Meine nüchterne Haltung hielt ihn nicht auf. Er packte mich beim Arm und fing an, mich ins Schlafzimmer zu schleppen. Da er mich mit hundert Kilogramm überwiegt, war es kein Kampf, obwohl er mich den ganzen Weg über zerren musste. Ich konnte mir nur vorstellen, was die Büromitarbeiter (gleich nebenan) denken würden, sollte gerade in diesem Moment jemand eintreten. Ich war für einen anderen Schrei bereit, sollte unser sehr zurückhaltender Geschäftsführer erscheinen. Es wäre wirklich komisch ge-

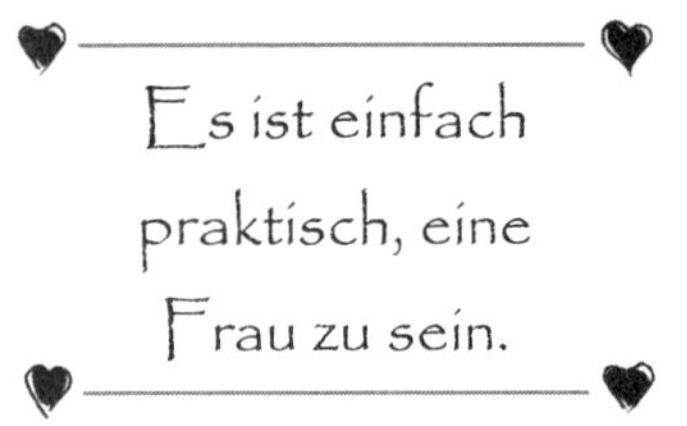

wesen, das Gesicht des Leiters zu sehen. Ich kann mir vorstellen, wie er mit Schrecken denken würde: „Und DIE unterrichten über eheliche Verhältnisse."

Mike dachte, er würde mich erschrecken mit der Demonstration seiner Macht, aber er zog mich zu meiner liebsten Siegesstätte: das Schlafzimmer. Während er die Tür verschloss, nahm ich geschwind eine einladende, verlockende Haltung ein. Damit kriege ich ihn jedes Mal rum. Es ist einfach praktisch, eine Frau zu sein. So fing er an, mit mir zu schmusen und ich kicherte noch ein bisschen weiter. Er schmust nämlich besser, als er Abfallsäcke wirft. Nun, genug zu dieser Geschichte. Aber erkennst du jetzt, wie viel besser ein fröhliches Herz ist, als beleidigte Gefühle?

Liebe kann Spaß machen

Mike ist mein **Spielkamerad**. Er braucht jeden Tag jemanden zum Spielen. Ich bin seine **Gehilfin**, das heißt, seine Helferin, geschaffen für seine Bedürfnisse. Ich erfülle seine Bedürfnisse nach Gesprächen, Gemeinschaft, und einer Spielgefährtin. Jedes Mal, wenn wir einen Spaziergang machen, beenden wir ihn mit einem Wettlauf. Wenn wir bergauf gehen, ergreife ich seinen Gürtel und er zieht spaßeshalber daran. Ein anderes Mal stiegen wir einen steilen Berg hinauf und waren beide ganz außer Puste. Er schaute sich nach mir um und fragte: „Brauchst du jemanden, der dich zieht?" „Nein, ich schaffe es schon", antwortete ich. Keuchend drehte er mir sein Hinterteil zu und sagte: „Dann schieb!" Wir lachten, bis wir oben ankamen. Es machte das Ersteigen des Berges nicht leichter, *aber Lachen macht es einfacher, das Leben zu bewältigen*.

Fast jeden Morgen starten wir den Tag mit einer „Wälzerei", wie wir es nennen. Wir rollen im Bett herum, kuscheln oder kitzeln uns gegenseitig und machen einen Umarmungs-Ringkampf, der gelegentlich in einem wirklichen Ringkampf oder einem König-im-Bett-Spiel endet, indem ich versuche, ihn herunter zu schieben. Wenn er genug gekitzelt wird, verliert er seine Kraft, und so kann ich manchmal gegen ihn gewinnen.

Ich bin seine **Spielkameradin**. Er denkt, ich sei vollkommen wunderbar, aber nicht, weil ich eine hübsche Frau bin. Jene Tage sind schon länger her, als ich es mir wünschen würde. Unsere Freude aneinander haben wir nicht, weil er ein vollkommener Mann ist, oder weil er „mich liebt wie Christus die Gemeinde", oder weil er „alle meine Bedürfnisse stillt". Wir haben sie auch nicht, weil er den Müll hinausträgt, hinter sich aufräumt oder immer ein gutes Gehalt bekommen hat, das mich mit allen Dingen versorgt hätte, die andere Frauen für selbstverständlich hielten. Die Freude kam und kommt auch nicht dadurch, weil er ein starker, geistlicher Leiter ist und immer das Richtige tut. Wir hatten und haben sie noch infolge der Entscheidungen, die ich jeden Tag treffe. Ich bin nie in gereizter Stimmung, egal wie sehr ich ein Recht darauf hätte, verletzt zu sein – und ich hätte regelmäßig Ursachen, beleidigt zu sein. Jeden Tag muss ich mir in Erinnerung rufen, dass ich mich als die Frau zu sehen habe, die Gott diesem Mann gab. Diese Einstellung hilft mir, genau das zu sein: ***ein Geschenk, eine Spielkameradin und eine Helferin.***

Weil ich diese Liebe und Nähe mit meinem Mann erfahren habe, ist mein Verständnis von Gott und meine Anerkennung für ihn viel tiefer geworden.

Zu Beginn unserer Ehe nahmen wir uns beide (unabhängig voneinander) etwas vor: Wir wollten dem jeweils anderen gefallen und ihm vergeben, ganz gleich wie schmerzlich die Handlung oder die ausgesprochenen Worte auch sein mochten. Irgendwann ist es für uns dann so natürlich geworden, auf das Wohlwollen des anderen bedacht zu sein, wie das Atmen natürlich ist. Wir haben gelernt, dass alles im Leben wertvoll ist und mit unserem besten ***Freund, Spielkameraden und Geliebten*** geteilt werden muss. Das also ist das Lebensmotto für Ehefrauen: Lebe in Dankbarkeit, Vergebung und Freude und genieße jeden Augenblick, als wäre es dein letzter. Eines Tages, viel zu früh, wird es vorbei sein.

Das wunderbare an meiner Geschichte ist, dass sie sich jetzt schon beinahe fünfunddreißig Jahre abgespielt hat. Niemand würde je darauf kommen, dass die zwei alten Leute, die im Restaurant in der Ecke am Tisch sitzen und ihren Senioren-Rabatt bekommen, noch so viel Spaß miteinander haben. Trotzdem hören wir nicht damit auf, uns aneinander zu erfreuen, zu spielen, zu lachen, zu lieben und zu teilen. Wir sind zusammen Erben der Gnade des Lebens gewesen und haben kein Eheleben in Stress und Bitterkeit geführt.

Unsere Beziehung zueinander ist ein lebendiges Zeugnis für Christus und die Gemeinde gewesen. Mein Mann ist mein *Haupt*, und ich bin sein *Körper*. Er erinnert mich gerne daran, dass ich DER Körper bin. In meinem Alter ist dies nicht nur komisch für mich, sondern sollte auch in dir ein Schmunzeln hervorrufen. Gott wollte, dass die Ehe zwischen einem Mann und seiner Frau genauso sein sollte. Es ist das große Geheimnis, von dem die Schrift spricht. Websters Wörterbuch sagt, dass ein Geheimnis etwas ist, das ein Gefühl der Ehrfurcht in uns hervorrufen sollte; ein Rätsel. Wenn zwei irdische Wesen in dieser verdorbenen Welt ihre ganze Ehe hindurch eine friedevolle Beziehung zueinander gehabt haben, ist es wahrhaftig Ehrfurcht erregend.

Weil ich diese Liebe und Nähe mit meinem Mann erfahren habe, ist mein Verständnis von Gott und meine Anerkennung für Ihn viel tiefer geworden. Eine Beziehung gegründet auf Gesetzen, Regeln, vorgetäuschter Demut und Förmlichkeit ist der Tod. Ich habe gelernt, mich Gott genauso zu nahen, wie ich mich meinem Mann nahe: mit Liebe, Freude und Wonne.

> Ich möchte dir etwas Wundervolles über Jesus sagen: Bei Ihm spielt es keine Rolle, wo oder mit wem du deine Zeit verbracht hast, da seine Liebe und Vergebung ausreichen, dich zu lieben und dich zu seiner Braut zu machen, so wie du bist.

Von diesem Tag an

Nun, ich weiß was einige von euch denken. Du denkst, es ist zu spät für dich. Du ringst in deiner zweiten oder dritten Ehe mit einem pornosüchtigen Ungläubigen oder leidest infolge emotionaler Narben deiner gottlosen Jugend. Ich möchte dir etwas Wundervolles über Jesus sagen: Bei Ihm spielt es keine Rolle, wo oder mit wem du deine Zeit verbracht hast, weil Seine Liebe und Vergebung dir Heilung schenken können. Er ist bereit, dich zu lieben und dich zu Seiner Braut zu machen, so wie du bist. Und Er gebietet dir, die Braut deines Mannes zu sein, so wie dieser ist. Wenn eine schwächliche Schwester ihren von Gott bestimmten Zweck als treue Gehilfin erfüllt, ist es eine große Ehre und Freude für Gott.

Erinnerst du dich an die großartige Geschichte aus Lukas 7,38, in der die sündige Frau das Festessen im Hause des Pharisäers unterbrach? Sie eilte zu Jesus und fiel weinend zu Seinen staubigen Füssen nieder. Sie wollte Seine Füße mit der köstlichen Salbe einsalben, aber ihre Tränen der Buße und Dankbarkeit fielen auf Seine Füße. Ich glaube sie war erschrocken zu sehen, dass sie Ihn mit ihren Tränen verunreinigt hatte. Da sie nichts zur Hand hatte, um die Füße abzutrocknen und somit ihren Fehler zu beheben, band sie ihr langes Haar los und benutzte es, um ihre unwürdigen Tränen abzutrocknen. Die Pharisäer waren überzeugt davon, dass, wenn Jesus wüsste, wer und was sie war, Er ihre Ergebenheit nicht entgegennehmen würde. Aber sie kannten Jesus nicht. Jesus wandte sich zu der Frau und sagte zu allen, die anwesend waren: **„ ‚Deshalb sage ich dir: Ihre vielen Sünden sind ihr vergeben, denn sie hat viel geliebt; wem aber wenig vergeben ist, der liebt wenig‘. Und er sagte zu ihr: ‚Dir sind deine Sünden vergeben ... Dein Glaube hat dich gerettet; geh hin in Frieden‘ “** (Lukas 7,47.48.50)!

Wenn eine schwächliche Schwester ihren von Gott bestimmten Zweck als treue Gehilfin erfüllt, ist es eine große Ehre und Freude für Gott.

Dankbarkeit

Liebe Debi,

ich möchte dir mein Zeugnis senden, weil du mich so sehr ermutigt hast. Ich schicke es mit der Genehmigung meines Mannes.

Als junges Kind wurde ich von Familienmitgliedern sowie auch von Nicht-Familienmitgliedern missbraucht. Ich kann mich nicht erinnern, mich je rein gefühlt zu haben. Als ich 4 Jahre alt war, ließen meine Eltern sich scheiden und meine Mutter bekam das Sorgerecht für uns. Ich glaube, meine Mutter hat sich einfach hängenlassen, nachdem sie geschieden wurde. Sie sorgte nicht für uns. Meistens waren wir uns selbst überlassen. Wir waren schmutzig und verwahrlost. Weil diese Dinge in meinem Herzen Wurzeln schlugen, wusste ich nie wirklich, was es bedeutet, geliebt zu werden. Gott konnte mich mit Sicherheit nicht lieben, denn ich war so schmutzig, innerlich wie auch äußerlich. Diese Gedanken kreisten nicht nur in meinem Kopf herum, sondern ich lebte mit einer solchen Einstellung.

Nachdem ich geheiratet hatte, erlitt ich tiefen persönlichen Schmerz in meiner ehelichen Beziehung – der Ehebruch meines Mannes. Es war furchtbar. Ich verhielt mich schrecklich ihm gegenüber. Ich verachtete ihn, nutzte diese Situation aus, um meinen eigenen Willen zu bekommen und quälte ihn damit. Ich tat alles, was man sich nur denken könnte. Das einzige, was ich nicht tat, war, ihn zu verlassen. Wir gingen durch viel Schmerz, Ärger und Bitterkeit. Ich hatte große Schwierigkeiten, etwas oder jemandem, einschließlich Gott, zu vertrauen.

Ich bat Gott, mir in irgendeiner Weise zu zeigen, dass Er mich liebt. Ich fühlte mich zwar zu schlecht, um etwas von Ihm erbeten zu können, da Er Seinen einzigen Sohn gesandt hatte, auf dass Er für mich sterben sollte. Aber ich betete zu Gott und Er antwortete mir. An jenem Abend ging ich aus dem Wohnzimmer, um zu beten, und Gott erinnerte mich an etwas, das mir wie ein Stückchen Himmel erschien. Er erinnerte mich daran, dass Er mich liebte, auch wenn ich das schmutzige, ungezogene und missbrauchte Kind war.

Er tat es folgendermaßen. In unserer Nachbarschaft lebte eine Frau, die eine Christin war. Als ich 5 Jahre alt war, ging ich einmal an ihrem Haus vorbei, mit einem schmutzigen Plätzchen in der Hand. Ich bot ihr das Plätzchen an und sie nahm es, setzte mich auf ihren Schoß und erzählte mir alles über Jesus, die Schöpfung, und wie Jesus für uns auf diese Erde kam. ***Es war Gottes Schoß, auf dem ich an jenem Tag saß; aber es dauerte Jahre, bis ich das erkannte.*** *Doch* *weil Gott ein schmutziges, kleines Mädchen liebte, glaubte ich in all den Jahren, in denen ich in eine staatliche Schule ging, nicht an die Evolution. Ich hatte ein Grundbild von Jesus Christus, der Sünde, der Hölle und dem Himmel. Gott hatte meinem Leben ein Fundament gegeben, als ich ein verstoßenes, einsames Kind war, das mich eines Tages zu meiner Erlösung durch den Glauben an Jesus Christus und Sein vollbrachtes Werk auf Golgatha führen würde. Diese liebe Frau nahm mich in den nächsten 5 Jahren auch mit in die Kirche. Sie war ein wahres Gefäß der Liebe Gottes.*

Froh und Dankbar sein ist der Schlüssel zum geistlichen Sieg.

Es kam die Zeit unserer Ehe-Probleme, in der ich erkannte, dass ich blind war. Ich fiel auf meine Knie und begann zu beten. ***Ich bat Gott, mich dankbar zu machen.*** *An jenem Sonntag waren die Frauen von den „Roloff-Homes" in unserer Kirche (die „Roloff-Homes" nehmen, Menschen die in Schwierigkeiten stecken, Drogensüchtige und Prostituierte, die nach Hilfe suchen, auf). Gott begann, mich zu erinnern, wohin Er mich gebracht hatte und woraus Er mich gerettet hatte. Ungefähr zu derselben Zeit, als Gott dies in mir bewirkte, lud unser Pastor die Frauen unserer Gemeinde ein, zu den „Roloff-Frauen" zu gehen, denn eigentlich sei es nur die Gnade Gottes, dass wir nicht da waren, wo diese Frauen waren. Ich ging zu ihnen und wir fingen alle an zu singen: „An dem Kreuz". Ich begann zu weinen, als ich an die schlammige Grube dachte, aus der Gott mich befreit hatte. Die „Roloff-Frauen" umarmten mich, um mich zu trösten – mich, die ich sie hätte trösten sollen! Im Stillen dankte ich Gott, dass Er mich dankbar gemacht hatte, und das auf so sanfte Art.*

Froh und dankbar zu sein, ist der Schlüssel zum geistlichen Sieg.

Das war der Augenblick, ab dem der Kampf in die andere Richtung ging. Es kam eine Zeit, in der Gott mir meine Bitterkeit ihm gegenüber zeigte. Ich hegte sie ihm gegenüber, weil er mich als Kind nicht beschützt hatte. Ich dachte, er hätte es tun sollen. Er zeigte mir, dass Er Jesus auch nicht beschützt hatte. Es war ein Kampf, die Bitterkeit abzulegen und zu vertrauen, dass Gott alles zum Besten führen würde. Ich habe eine gute Lektion über Bitterkeit gelernt. Sie vertreibt alle Menschen. Ich war nun bereit, sie Gott zu geben. In den darauffolgenden Wochen erkannte ich, dass ich mit allem frei zu Gott gehen durfte.

Wer würde es glauben, dass ich jetzt weiter mit meinen Mann verheiratet sein möchte, *dass ich gerne mit ihm zusammen bin und dass ich es genieße, mich mit ihm zu unterhalten und mich an der Tatsache erfreue, dass er so ausgleichend auf mich wirkt. Wer würde es glauben, dass ich mich freuen würde, mehr Kinder mit ihm zu haben, so der Herr will.* ***Einige Menschen würden sagen, ich sei schwach und töricht oder äußerst wankelmütig. Was Menschen denken, ist nichts im Vergleich zu dem, was Gott denkt.*** *Ich weiß, dass Gott mich auf die andere Seite gebracht hat. Ich weiß nicht, was die Zukunft bringen wird, aber wie die Frauen der damaligen Zeit, vertraue ich auf Gott. ER ist mir jetzt ganz nahe. Ich lerne, in Ihm zu ruhen. Ich liebe Ihn. Er hat in meinem Leben nicht so gewirkt, wie ich es mir erhofft hatte, aber Er hat weit mehr getan, als ich es mir je hätte vorstellen können.*

Sara

Die Botschaft für dich ist einfach. Sei von diesem Tag an, genau ab jetzt, ab heute, eine Frau, die Jesus ehrt, Ihm gehorcht und Ihn liebt, indem du deinen Mann ehrst.

Dankbarkeit bringt Freude

Öffne deinen Mund und fange an, Gott für seine Gnade zu danken. Danke Ihm für alles Gute, das Er in deinem Leben vollbracht hat. Danke Ihm, danke Ihm und danke Ihm immer wieder. Freude ist das Resultat eines dankbaren Herzens. Ein dankbares Herz ist das Ergebnis einer Person, die sich entscheidet, zu danken. Also sage: „Danke Gott, für ..."

Zeit zum Nachdenken

➢ *Eigenschaften einer guten Gehilfin*

- Sie ist froh.
- Sie bewirkt, dass Lieben Spaß macht.
- Sie ist dankbar und zufrieden.

„Und Dankopfer bringen und mit Freuden seine Taten erzählen“ (Ps. 107,22).

„Ich aber will dir mit Lob Dankopfer bringen, meine Gelübde will ich erfüllen; denn die Rettung kommt vom Herrn“ (Jona 2,10).

➢ *Werde stille vor Gott*

Oft fehlt es einer Frau an Freude im Leben, weil sie nicht dankbar ist.

Das Wort **„Dank“** kommt in der Heiligen Schrift etwa 30-mal vor. Dankbarkeit wird oft mit Freude, Lobpreis, Wonne, Lobgesang und Opfer verbunden. Gott schätzt die Danksagung und sieht es als eine Opfergabe für Ihn an. Lies die Verse über Danksagung und bitte Gott, dir zu helfen, dankbar zu sein. Erstelle dir eine Liste mit Möglichkeiten, Dankbarkeit zu zeigen; dann fange an, nach deiner Liste zu leben und äußere Dankbarkeit. Dankbarkeit fängt beim *Danke-sagen* an, aber es bedeutet auch, dass du dich bemühen musst, alle Menschen, die Gott in deine Umgebung gestellt hat, zu schätzen. Wenn die Dankbarkeit nicht schon in deinem Herzen ist, dann musst du dich eben anstrengen, Dankbarkeit zu zeigen. Fange an, auf dem Wasser der Dankbarkeit zu gehen. Gott wird dir das Nötige geben, wenn du bereit bist, in Dankbarkeit und Freude zu wandeln.

„Denn der Herr tröstet Zion, er tröstet alle ihre Wüsten und macht ihre Wüste wie Eden und ihr dürres Land wie den Garten des Herrn, sodass man Wonne und Freude darin findet, Dank und Lobgesang“ (Jesaja 51,3).

Kapitel 5

Die Gabe der Weisheit

Hast du genug Ehrfurcht vor Gott,
um Sein Wort nicht in Frage zu stellen?

Die ewige Vision

> *Liebe Debi,*
>
> *wie kann ich ein fröhliches Herz haben, wenn mein Mann barsch mit mir umgeht? Soll ich etwa so tun, als sei er ein guter Mann, anstatt ein fauler, selbstsüchtiger Macho, der ständig vor dem Fernseher sitzt? Soll ich einfach alles über mich ergehen lassen? Wie kann ich ein fröhliches Herz haben, wenn ich nur noch Schmerz fühlen kann?*
>
> *Linda*

Liebe Linda,

du hast zwei Möglichkeiten. Du kannst an Gottes Wort zweifeln und sagen: „Ich weiß, dass Gott nicht von mir erwartet, dass ich diesen gemeinen Mann ehre." Oder du kannst beten: „Gott, ich weiß, Dein Wort lehrt mich, eine Frau zu sein, die bereit ist, ihrem Mann zu helfen, alle seine Wünsche und Träume zu erfüllen. Mache mich zu einer solchen Frau." Gott hat dich erschaffen, um diese ewige Vision zu erfüllen. Wenn du Gottes Plan für dein Leben nicht annimmst, wird dein Leben keinen Sinn haben. Du wirst immer kämpfen. Wenn du endlich loslässt und Gott glauben wirst, wird dein Leben so leicht werden, dass du nicht einmal überlegen musst, was du zu tun hast. Du wirst es wissen. Diese ewige Vision wird deine Einstellung ändern, wodurch sich auch dein Verhalten ändern wird und letztendlich auch deine Reaktion. Bitte Gott um Weisheit, damit du die beste Gehilfin werden kannst.

-Debi

Es braucht kein guter, und auch nicht einmal ein gläubiger Mann sein, damit eine Frau eine himmlische Ehe haben kann, aber es muss eine Frau sein, die bereit ist, Gott zu ehren, indem sie die Frau ist, zu der Gott sie bestimmt hat. Es erfordert eine Frau, die bereit ist, eine Gehilfin zu sein – eine geeignete Helferin. Wenn du dir deinen Mann anschaust und keinen Grund findest, ihm helfen zu wollen – und ich weiß, einige von euch sind mit solchen Männern verheiratet – dann schaue auf Christus und denke daran, dass Er dich als Gehilfin geschaffen hat. Du dienst Christus, indem du deinem Mann dienst, ob er es nun verdient hat oder nicht.

Manche Frauen, die dieses lesen, werden ein Wunder brauchen, um ein frohes Herz zu haben und fröhlich und voller Dank zu sein. Denke daran: Gott vollbringt ein Wunder in dir! Die Herausforderung ist größer, als du. Du wirst eine ewige Vision brauchen. Du wirst Gott beim Wort nehmen müssen und Ihm zuliebe eine Gehilfin werden, in der Gewissheit, dass du deine Mission hier auf Erden erfüllst. Du bist Gottes Helferin auf Erden.

Frauen, die in der Ehe Schwierigkeiten haben, lassen sich meistens nur von ihren Gefühlen leiten. Aber du musst aufhören, deinen verletzten Gefühlen oder den Ratschlägen, die du von der Welt erhältst, zu vertrauen, denn auch die angeblich beste

Weltanschauung, die die Medien heutzutage vermitteln, ist verdreht. Du denkst nicht aus Gottes Perspektive heraus, aber die gute Nachricht ist, dass Gott bereit ist, dir Seine göttliche Weisheit zu schenken, wenn du nur danach fragst. **„Wenn aber jemandem unter euch Weisheit mangelt, der bitte Gott darum, der jedem gern gibt** (auch Frauen) **und nichts vorenthält, so wird sie ihm gegeben werden"** (Jak. 1,5). Es ist ein Geschenk, aber du kannst es nicht bekommen, wenn du nicht danach fragst. Überlege einmal, wie viel Weisheit christliche Frauen haben könnten, wenn sie nur fragen würden!

Die Aufgabe einer Frau ist nicht einfach. Einem anderen zu erlauben, dein Leben zu steuern, ist viel schwerer, als dein Leben selbst zu bestimmen. Es kann auch für erfahrene Frauen eine Herausforderung sein. Gib die Hoffnung nicht auf. Mit Weisheit von oben kannst du die Frau sein, die Gott braucht. Wenn dein Mann dadurch auch nicht zu einem wundervollen Gefährten wird, dann wird es aber wenigstens deine eigene Last erleichtern und dir helfen, die himmlische Braut zu werden, die für den Sohn Gottes selbst geeignet ist. Gott hat uns deutlich gesagt, was Er von uns Ehefrauen erwartet. Sein Plan ist von ewigem Bestand. Es beinhaltet mehr, als nur unser Verhältnis zu unserem Ehemann. Gott gebraucht die Ehe als irdisches Beispiel von der göttlichen Ehe von Christus und der Gemeinde. In Gottes Plan spielen wir die Hauptrolle. Deshalb ließ Gott keinen Spielraum für Fehler und Missverständnisse. Sein Wort spricht viel und deutlich bezüglich unserer Rolle.

Was sagt die Bibel?

Bevor wir weiter gehen, müssen wir einige Dinge klären. Tatsache ist, dass deine Einstellung zu diesem Thema von Bibellehrern beeinflusst worden ist, die selbst nie das Geschenk einer himmlischen Ehe geschmeckt haben.

Es gibt viele Bücher von „gebildeten" Männern, die die Schönheit der Stellung der Frau als Gehilfin untergraben. Sie tun es, indem sie die Bibel selbst infrage stellen. Sie sprechen in komplizierten und „gebildeten" Formulierungen von „den Originalsprachen" und den „kulturellen Hintergründen" der Zeit der Niederschrift. Selbstverständlich gibt es zahlreiche Gelehrte, die der Bibel glauben, so, wie sie geschrieben ist. Können wir, als gewöhnliche Hausfrauen und Mütter, mit den „Gelehrten" konkurrieren und bestimmen, welchen Versen der Bibel geglaubt und welchen, aus was für Gründen auch immer, nicht geglaubt werden soll? Das ist nichts für mich.

Aber ich habe eine Lösung. Es gibt einen Vers, den man noch nicht angefochten hat: **„... den alten Frauen ... dass sie die jungen Frauen lehren [züchtig sein], ihren Mann und die Kinder zu lieben, besonnen zu sein, rein, häuslich, gütig, ihren Männern untergeordnet, damit das Wort Gottes nicht verlästert wird“** (Titus 2,3-5) [Luther Bibel 1912]. So steht es in allen meinen englischen Übersetzungen. Und mein Mann sagt, dass es in seinen vier griechischen Bibeln auch so steht wie in der King James Übersetzung. Dem Worte Gottes gemäß, welches dem Apostel Paulus (einem Mann!) geoffenbart wurde, sollen ältere Frauen die jüngeren Frauen lehren, ihren eigenen Männer zu gehorchen. Gottes Plan ist eindeutig.

Der folgende Brief ist ein typisches Beispiel der Vielen, die ich zu diesem Thema bekommen habe. Jemand versucht, die Frau, die den Brief geschrieben hat, dazu zu bringen, seine Meinung über Gottes Wort zu teilen. Und dadurch wird der Weg zum Brunnen des lebendigen Wassers, der zur himmlischen Ehe führt, blockiert.

> *Liebe Frau Pearl,*
>
> *ich möchte Sie bitten, für mich für eine Sache Nachforschungen anzustellen und hoffe, dass Sie viele Mittel dazu benutzen werden, und dass Sie es so tun werden, wie die von Beröa, in Apostelgeschichte 17,11, es taten. Ich wurde katholisch erzogen, wo in der Messe immer noch Wein serviert wird. Als Erwachsene habe ich mich der „Christlichen Kirche“ angeschlossen und war bestürzt, dass man dort nur Weintraubensaft benutzte. Schließlich hat mir jemand gesagt, dass in der Schrift „Wein“ stehe, aber es bedeute so viel wie „ein Getränk aus Weintrauben“. Da wurde mir klar, dass ein Problem, das viele Jahre mein Herz bedrückt hatte, auf dieselbe Weise gelöst werden sollte. Ich bin tief gesegnet worden von Frauen, die auf dem Podium standen. Ich kann mir nicht vorstellen, wie Gott durch Frauen, die nicht nach seinem Willen handeln, so gewaltig reden konnte.*
>
> *Es gibt ein Buch geschrieben von H..., welcher die Bibelverse auslegt, die die Frauen jahrzehntelang gebunden hielten, und er versteht sie richtig und erklärt, dass Gottes Plan für Männer genau derselbe ist wie Sein Plan für Frauen. Er zeigt, dass es in den Originalsprachen nur ein Wort für Frauen gibt (keines für*

Ehefrauen) und eins für den Mann. Das erklärt uns, warum die Schriftstellen über die Unterordnung der Frau und dem Verbot der Frau, ihren Mann zu lehren, falsch übersetzt und aufgenommen worden sind. Die „Full Gospel"-Anhänger haben den Frauen nie geboten, still zu sein, sondern sie immer ermutigt, die Männer zu unterrichten.

Ihr geistliches Amt hat für unsere Familie viel bedeutet. Ich weiß, dass Ihre Lehren meine Ehe gerettet haben und uns mit unseren Kindern geholfen haben. Aber ich denke, Sie könnten einfach blind sein und diese wundervolle Wahrheit nicht erkennen, und möchte, dass Sie daran arbeiten, für Gott eine rechtschaffene und unsträfliche Dienerin zu sein.

Kristin

Liebe Kristin,

wenn Sie mich von der Wahrheit ihrer Behauptung überzeugen möchten, indem Sie mir sagen, dass die „Full Gospel"-Kirche die Frauen ermutigt, Führungspositionen einzunehmen, dann haben Sie sicher die falschen Argumente gebraucht. Überprüfen Sie die Scheidungsquote dieser Gemeinde, und Sie werden mein Erstaunen über die Wahl ihrer Argumente verstehen. Statistiken zeigen, dass die modernen Christen im Durchschnitt eine höhere Scheidungsquote haben, verglichen mit der der allgemeinen Bevölkerung.

Sie werden die große Anzahl der Bibelstellen, die wir aufführen, die uns den Willen Gottes für eine Frau offenbaren, wahrnehmen. Ich brauche die Verse nicht wieder neu definieren, Übersetzungen überarbeiten oder die Worte, so wie sie aufgeschrieben worden sind, abzulehnen. Ich glaube, Gott hat uns Sein Wort gegeben und es erhalten, so dass eine durchschnittliche Frau wissen kann, was Er meint, ohne zu einem Mann gehen zu müssen, der behauptet, klüger, als die Worte Gottes zu sein. Wenn Gottes Worte so irreführend und schwer zu übersetzen sind, dass die fünfzehn englischen Übersetzungen, die ich habe, und die vier griechischen Versionen, die mein Mann besitzt, (die alle mit diesen Versen übereinstimmen) die Wahrheit über Frauen nicht richtig wiedergeben, dann ist Er nicht der Gott, den ich all diese vielen Jahre angebetet habe. Warum würde Gott erlauben, dass Seine Worte ständig missverstanden werden und genau das Gegenteil von Seinem Willen gelehrt wird?

Wie kann es sein, dass über 1900 Jahre alle Übersetzungen in Griechisch, Syrisch, Koptisch, Deutsch, Französisch, Spanisch, Englisch und 200 andere Sprachen den Sinn verfehlten? Möchten Sie, dass ich glaube, dass in den letzten paar Jahrzehnten, in der die Welt auf die Philosophie der „Frauenemanzipation" überging, plötzlich ein paar Prediger, die im College drei Jahre lang „Griechisch studiert" haben, entdecken, dass die Welt trotz allem doch recht hat? Glauben sie, dass die Bibel immer falsch verstanden wurde, seit sie geschrieben worden ist, und dass alle Christen in den ersten neunzehn Jahrhunderten im Irrtum lebten? Wir reden nicht von zwei oder drei Versen in ein oder zwei Büchern. Sie möchten uns glaubhaft machen, dass die 500 Verse in fünfundzwanzig verschiedenen Büchern der Bibel, von 1. Mose bis Offenbarung, durchweg falsch übersetzt und missverstanden worden sind von allen Glaubensrichtungen, den Katholiken, Protestanten, Juden und Baptisten?

> Ich brauche die Verse nicht wieder neu definieren, Übersetzungen überarbeiten oder die Worte, so wie sie aufgeschrieben worden sind, abzulehnen.

Sie werden schon zu einem „Pop-Fernsehevangelisten" oder einem Tagungs-Redner gehen müssen, der von Geldgeschenken von Frauen abhängig ist, um eine moderne Auffassung, wie sie von Männern wie von H... gelehrt wird, zu bekommen. Es gibt Gründe dafür, warum solche Menschen der modernen Frau gefallen wollen. Neun von zehn Spenden an ein solches Ministerium und neun von zehn Büchern und Aufnahmen, die gekauft werden, sind von Frauen. **Frauen, die nicht mit ihren Männern vertraut sein können, haben eine Neigung, eine egozentrische, geistliche Intimität mit geistlichen Leitern zu entwickeln – seien es Männer oder Frauen.**

Vor vierzig Jahren fing mein Mann an, Griechisch zu studieren. (Er benutzt täglich drei verschiedene griechische Bibeln, um die Lehren, die die Bibel mit dem Griechischen zu korrigieren versuchen, zu korrigieren.) Wenn mein Mann, der ein Bibelgelehrter, und auch schon seit vielen Jahren ein Student des Griechischen ist, wissen will, was Gott sagt, öffnet er zuerst seine KJV-Bibel.

Sie bitten mich, eine Philosophie anzunehmen, die der Bibel widerspricht, zahllose Heime zerstört, tausende Frauen an Fluctin (Medikament gegen Depressivität) bindet und Männer zu Pornographie verführt hat, um sie gegen etwas einzutauschen, das in den letzten fünfunddreißig Jahren in meiner Ehe perfekt funktioniert hat. Ich bin eine überaus glückliche und zufriedene Frau, ihrem Mann untertänig, aber nicht völlig leichtgläubig. Ich möchte Ihnen raten: Glauben Sie an Gott und lassen sie die listige Schlange eine andere einfältige Dame täuschen (genauso wie sie Eva im Garten Eden täuschte).

-Debi

Jetzt wollen wir schauen, was *Gott* sagt, genauso, wie Er es sagt.

Gottes Plan für die Ehe

> **„Ihr Frauen, ordnet euch euren Männern unter wie dem Herrn. Denn der Mann ist das Haupt der Frau, wie auch Christus das Haupt der Gemeinde ist, und er ist der Retter des Leibes. Aber wie die Gemeinde Christus untergeordnet ist, so auch die Frauen ihren Männern in allen Dingen“** (Eph. 5,22-24).
>
> **„Ihr Frauen, ordnet euch euren Männern unter, wie es sich im Herrn gebührt“** (Kol. 3,18).
>
> **„Ich will euch aber wissen lassen, dass Christus das Haupt jedes Mannes ist; der Mann aber ist das Haupt der Frau; Gott aber ist das Haupt Christi“** (1.Kor. 11,3).

1. Gott befiehlt den Frauen, ihren EIGENEN Männern zu gehorchen.
2. Gott informiert die Männer darüber, dass sie das Haupt der Frau sind.
3. Gott sagt den Frauen, dass sie ihren Männern in allem untertan sein sollen: in jeder Entscheidung, jedem Schritt, jedem Plan und in allen alltäglichen Angelegenheiten.

Es wird Zeiten in deiner Ehe geben, wo Glauben und Weisheit nötig sein werden, um zu glauben, dass Gott gut, freundlich und gerecht ist in Seinem Gebot, dass du deinem Mann in allem untertan sein sollst. Denke daran: Was Gott einer Frau gebietet, hängt nicht davon ab, ob der Mann seine Frau so liebt wie Christus die Gemeinde, oder nicht.

Wäre es davon abhängig, würde nicht ein einziger Mann, der je gelebt und geatmet hat, der Untertänigkeit und Verehrung seiner Frau würdig sein. Jedem von ihnen, dem Mann und der Frau, ist seine persönliche Anweisung von Gott gegeben, mit einem Beispiel oder Vorbild, woran er sich halten kann. Was Gott sagt, bleibt bestehen, egal ob es ein gutherziger Ehemann ist oder nicht. Dir sind Anweisungen gegeben mit Worten wie ehren, untertan und ehrfürchtig sein. Das ist Gottes Wille und Weise, Seine Vorschrift und Sein Muster, wonach du dich richten sollst. Es liegt jetzt an uns, Gott zu glauben und zu gehorchen.

Wenn du Gottes Willen durch Sein Wort erkennst, wird es dir helfen, zu so einer Person zu werden. In diesem Wissen, genau das zu sein, wozu man erschaffen wurde, liegt Friede und Freude. Je mehr du versuchen wirst, Gott zu gehorchen, in dem du eine gute Gehilfin für deinen Mann bist, desto mehr wirst du Gott kennen lernen; und je mehr du Ihn kennst, desto wichtiger werden dir die Dinge sein, auf die Er Wert legt.

Du denkst, ich sei eine Art geistlicher Riese?

Ich benötigte viel Weisheit, um einen Mann, sein Ego, sein weiches Herz und seine starken Nöte zu verstehen. Es war nicht weniger, als göttliche Weisheit, die es mir ermöglichte, zu verstehen, welch eine vernichtende Wirkung es hat, wenn ich persönlichen Anstoß daran nehme, wenn mein Mann etwas tut, das mir ungerecht, selbstsüchtig oder hart erscheint. Es ist das *Geschenk der Weisheit* gewesen, das mir geholfen hat, zu verstehen, dass Gott sich an mir erfreut, wenn ich meinen Mann erfreue und ihm gefallen möchte.

Ein Geschenk ist etwas, das man bekommt. Es ist keine Belohnung und auch kein Verdienst. Gott will dir das Geschenk der Weisheit geben. Es ist das kostbare Geschenk der Weisheit, das es mir ermöglicht, den Haufen verschütteter Abfallsäcke zu übersehen.

Denkst du, dass ich eine Art super-geistlicher Riese bin? Ich bin genauso wie du, aus Fleisch und Blut. Ich kann genauso gut einen fauchenden Wutausbruch bekommen wie jede andere Frau. Ich kann eiskalt sein und meinen Mann zu einem Eisstück machen. Dankbarerweise hat Gott uns Frauen die Weisheit gegeben, die mir täglich erlaubt, zu wählen, wie meine Zukunft aussehen soll. **Ich danke Gott, dass** ***Weisheit nicht verdient werden muss; es ist ein Geschenk.***

Dein Leben mag voll von „verschütteter-Müllsack-Situationen" sein. Dein Mann ist selbstsüchtig. Er mag rücksichtslos sein. Er respektiert deine Rechte nicht. Er mag töricht sein. Er mag grausam sein, und als Adams Sohn mag er tatsächlich in Sünden leben. **Aber er kann dich nicht zum Opfer machen, es sei denn, du reagierst außerhalb der Weisheit Gottes.** Du kannst dich entscheiden, ständig verärgert und bitter zu sein, oder du kannst Gott um Weisheit bitten, Ihm zuliebe jeden Tag in Ehrerbietung deinem Mann gegenüber zu leben.

Du brauchst die kostbare Gabe der Weisheit, um in der Lage zu sein, deine Zunge zu beherrschen und dankbar zu sein, obwohl dein Fleisch ärgerlich zurückschlagen möchte. **Du brauchst die Gabe der Weisheit, um zu sehen, dass es NICHT Gottes Wille ist, dass du dich selbst bemitleidest**. Du brauchst die Gabe der Weisheit, die dich ständig an die Beschränktheit deines weiblichen Verständnisses erinnert. Die Gabe der Weisheit wird dich daran erinnern, das Gottes Regeln nicht da sind, um dich in Knechtschaft zu binden, sondern um dir zu helfen, deinen Mann so zu prägen, dass er dich schätzen, beschützen und lieben möchte. Vor allem aber wird die Gabe der Weisheit dich fähig machen, deinem Mann zu dienen und ihn zu ehren, weil du Gott dienst und ehrst. Du wirst Erfüllung finden in deinem Wesen als Frau. **„Wenn aber jemandem unter euch Weisheit mangelt, der bitte Gott darum, der jedem gern gibt** (auch Frauen) **..."** (Jak. 1,5). Gott bietet uns die Weisheit großzügig an wie ein „Geschenk", aber wir müssen erst darum bitten.

Zeit zum Nachdenken

Heute, wenn du dies liest, hast du zwei Möglichkeiten: Du kannst dich selbst der Verantwortung entziehen, indem du in Gedanken verschiedene Entschuldigungen zu deiner Situation aufführst, oder du darfst dich dafür entscheiden, Gott zu glauben und eine 100%ige Gehilfin zu werden, ungeachtet all dem, was dir im Wege stehen könnte. Wofür entscheidest du dich?

➢ ***Beantworte folgende Fragen zum Text dieses Kapitels:***

1. Was ist der Schlüssel dazu, unsere Pflicht als Ehefrauen zu verstehen?
2. Wo kann man Frieden und Freude finden?
3. Wenn dein Mann dich nicht liebt, befreit dies dich von deiner Verantwortung oder hindert es dich daran, deine Pflicht zu erfüllen?
4. Was schenkt Gott, dass dir helfen wird in deinem Bestreben, eine gute Gehilfin zu werden?
5. Nenne drei Wörter, die ein Teil der Vorschrift Gottes für Gehilfinnen sind.
6. Was kannst du tun, das dich dazu bringen würde, Gott mehr kennen zu lernen und die Dinge, die Ihm wichtig sind, dir auch wichtiger erscheinen lässt?
7. Verpflichtest du dich zu einer himmlischen Ehe?

Die Führung dem Herrn zu überlassen, bedeutet, zu sagen: **„Nicht mein, sondern dein Wille geschehe!“**

„Vertraue auf den Herrn und tue Gutes; bleibe im Land und übe dich in der Treue. Habe deine Lust am Herrn; er wird dir geben, was dein Herz wünscht. Befiehl dem Herrn deine Wege, und hoffe auf ihn; er wird es wohl machen und wird deine Gerechtigkeit wie das Licht hervorbringen und dein Recht wie den Mittag. Sei still vor dem Herrn und warte auf ihn; erzürne dich nicht über den, dessen Weg gelingt, über den Mann, der seinen Mutwillen treibt. Steh ab vom Zorn, und lass den Grimm; erzürne dich nicht, damit du nichts Böses tust“ (Ps. 37,3-8).

Kapitel 6

Der Anfang der Weisheit

Wir leben unter dem Gesetz des Säens und Erntens, das genau so sicher und erbarmungslos ist wie Krankheit und Tod.

Die Furcht

Die Weisheit wird auf sonderbare Weise empfangen. Sie **kommt von Furcht.** Viele Christen – sogar viele Geistliche – wollen nicht über Furcht reden. In einer Gesellschaft, die nur nach Vergnügung strebt, verkauft sie sich nicht gut. Die heutigen Ausleger versuchen uns davon zu überzeugen, dass die biblische Furcht nur *Ehrerbietung* für Gott ist, nicht wirkliche Angst. Ihr Gott ist wie eine aus Papier ausgeschnittene, zweidimensionale Figur. Wenn unsere Handlungen ohne Folgen wären, oder wenn die Folgen niemals schmerzlich oder von Dauer wären, dann wäre Furcht albern. **Aber unsere Handlungen und Reaktionen ernten *tatsächlich* schmerzliche Folgen, sowohl in diesem gegenwärtigen Leben als auch in**

der Ewigkeit. Wir leben unter dem Gesetz des Säens und Erntens, das genau so sicher und erbarmungslos ist wie Krankheit und Tod. Man kann den Tag der Ernte vielleicht hinauszögern, aber eines Tages wird es so weit sein, so sicher wie der Tod. Wenn Frauen sich nie auf das Sofa fallen lassen würden und über ihren Verlust und ihre Einsamkeit weinen würden, wenn Kinder nie ihre Eltern verfluchen würden, wenn keiner je Scham und Reue erfahren würde, dann wäre die Furcht etwas Albernes und jemand, der sie anpreisen würde, wäre ein Feind der Menschheit. Aber wenn unsere Entscheidungen uns zu einem Haufen Elend machen, dann ist die Furcht das heilsamste Abschreckungsmittel, das wir haben können. Es ist der Anfang der Weisheit. Das Leben ohne Furcht ist eine Illusion. *Physischer Schmerz dient zur Erhaltung des Körpers, Furcht dient zur Erhaltung der Seele.* Ein christliches Leben ohne Furcht ist ein religiöses Leben ohne einen lebendigen Gott.

„Die Furcht des Herrn ist der Anfang der Weisheit" (Ps. 111,10).

„Der Anfang der Weisheit ist die Furcht des Herrn" (Spr. 9,10).

„Die Furcht des Herrn ist der Anfang der Erkenntnis" (Spr. 1,7).

Etwas, das Gott dreimal sagt, ist der Beachtung wert. Aufgepasst! Einiges, was du in diesem Buch lesen wirst, ist geschrieben worden, um dir die Furcht Gottes ans Herz zu legen. Ich hoffe, den jungen Frauen wird es bewusst, dass ihre Handlungen Folgen haben werden. Mögen sie sich jetzt sofort zu Gott wenden und anfangen, für den Geist zu säen, anstatt für das Fleisch. Durch die Briefe, die mir geschrieben wurden und durch wahre Begebenheiten aus dem Leben, möchte ich euch ernstlich vor den Folgen warnen, die aus falschen Entscheidungen resultieren können.

Enttäuschende, alte Fehlschläge

Wenn eine Frau alt wird und erkennt, dass es keinen Mann gibt, der sie liebt und schätzt, ist das wirklich traurig, denn sie hat genau den Zweck, zu dem sie geschaffen worden ist, nicht erfüllt, nämlich, eine passende Gehilfin für ihren Mann zu sein.

Wir erhalten jedes Jahr tausende Briefe, meistens von erbitterten, „vom Geist erfüllten" Frauen mittleren Alters, die von ihren „ungeistlichen" Männern enttäuscht sind, und wollen jemanden haben, mit dem sie sich gegen ihre „Missbraucher" stellen können. Wir hören auch von jüngeren Frauen, die gerade anfangen, Bitterkeit zu entwickeln. Jahrelang versuchte ich, ein Buch zu schreiben, das zumindest einige dieser Nöte, die in den tausenden Briefen zum Vorschein kamen, ansprechen würde. Die Bemühung, den älteren Frauen zu antworten, war meistens nutzlos. Es ist viel leichter, jemanden auf einen besseren Pfad zu lenken, als jemanden aufzuhalten, der sich schon in einer Abwärtsspirale befindet. Endlich verstand ich die Weisheit des Gebotes: **„... den alten Frauen ... dass sie die jungen Frauen lehren, ihren Mann ... zu lieben ...“** (Titus 2,3.4). Ich erkannte, dass meine Ratschläge an junge Frauen, die ihren Weg noch zu finden versuchen, gerichtet sein sollte. Solange sie noch jung sind, sollten diese Frauen gewarnt werden, und sie brauchen ein Handbuch, um vorzubeugen, dass sie nicht zu bitteren, verrückten alten Frauen werden. Eine Frau, die Gott tatsächlich kennt, wird wissen, dass wahre Geistlichkeit sich dadurch zeigt, dass sie Gottes Wort gehorcht und nicht dadurch, dass sie ihre „geistlichen“ Sensibilitäten pflegt.

Eine Frau, die Gott tatsächlich kennt, wird wissen, dass wahre Geistlichkeit sich dadurch zeigt, dass sie Gottes Wort gehorcht und nicht dadurch, dass sie ihre „geistlichen“ Sensibilitäten pflegt.

Ich lebe schon lange genug, um diesen Prozess des Versagens im Leben vieler – zu vieler – Frauen gesehen zu haben. Ich habe miterlebt, wie es sich in jungen Bräuten entwickelte und diese schließlich zu einem jämmerlichen Ende gekommen sind. Ich fürchte, Gott wird solche Frauen, die sich noch in diesem Prozess befinden, bestrafen. Denn ich weiß, dass Gott sehr treu zu Seinem Wort steht, und wenn du Seinen Plan für die Ehe entwürdigst, der in Seinem Wort klar aufgezeichnet ist, wird Er sich dir widersetzen, während die Sünde deine Seele verzehrt und deine Gesundheit zerstört. Die Folgen der Sünde sind immer grausam und teuer, ob es die Sünde der Unzucht ist oder die Sünde, dass du deine Berufung als Gehilfin missachtest. Und der zusätzliche Schaden an Kindern und Familienmitgliedern ist erschreckend.

Noch nie ist eine Frau froh und erfüllt gewesen, wenn sie versäumt hat, Gott gehorsam zu sein im Bezug auf ihre Rolle als Gehilfin. Während du das folgende Beispiel liest, wirst du dich an einige Frauen erinnern, die in ihren Vierzigern sind und ein paar „emotionale Probleme" haben. Ihre Entschuldigungen mögen die Wechseljahre sein, aber du wirst erkennen, dass die Bitterkeit die eigentliche Ursache ist. Eine Hormonveränderung verändert nicht die Seele einer Frau; sie reißt nur den vorsichtig errichteten Schutz ihres Herzens nieder, der bis dahin dessen Inhalt verborgen hat.

> Er wollte sie froh machen und hatte Ehrfurcht vor ihr wegen ihrer „Nähe zum Herrn".

Die verrückte Dame

Ich werde etwas, das vor ein paar Jahren geschah, nie vergessen. Ein Ehepaar mittleren Alters mit einigen Kindern zog in unsere Gegend, um Rat zu bekommen. Der Frau gefiel den Rat nicht, den sie in der Kirche, wo sie sich kennen gelernt und geheiratet hatten, erhielten. Sie dachte, wenn sie in unsere Gemeinde wechseln würden, wo so viele „geistliche Männer" waren, würde ihr Mann „etwas Hilfe bekommen". Sie wollte, dass mein Mann „ihn erzog", dass er „sein Ratgeber" sei – was Mike, wie sie es erwartete, als ziemlich unmännlich betrachtete.

Viele Jahre vor ihrer Ehe war ihr Mann ein äußerst erfolgreicher und wohlhabender Geschäftsmann, aber nach ihrer Heirat brachte sie ihre Missbilligung über seine Beteiligung in der Geschäftswelt zum Ausdruck. Auch mochte sie die Gegend nicht, in der sie wohnten. Sie meinte, er solle „im Glauben leben", was für sie bedeutete, nicht zu arbeiten, sondern zuhause bei der sich ständig erweiternden Familie zu bleiben. Er war „Herr Stabil", ein netter, sogar liebenswerter, großer Teddybär, immer freundlich, mit einem breiten Lächeln auf dem Gesicht. Sie war „den Worten des Herrn" ergeben. Ihre geistliche Leidenschaft und Verpflichtungen waren, ihrer Meinung nach, innig und er war ebenso davon überzeugt. Er war von ihr eingeschüchtert, weil er Schuldgefühle über vergangene Sünden, welche sie ihn nie vergessen ließ, mit sich trug und er war auch von ihrer außergewöhnlichen Geistlichkeit eingeschüchtert.

Einige Jahre, bevor sie in unsere Gemeinde wechselten, verlegte und wandelte er sein Geschäft so um, wie „Gott es ihr beauftragte“, weil er sie froh machen wollte, und weil ihre „Nähe zum Herrn“ ihm Ehrfurcht einflößte. Aber seine neuen Projekte blühten nie auf. Der Mangel an Erfolg in seinem Alter erschütterte ihn und er verlor den Mut. Er sah sich selbst älter werden mit einem Haus voller Kinder, die Hausunterricht bekamen, und er wusste, dass die schlechten Geschäftsentscheidungen nicht rückgängig zu machen waren. Für sie waren seine Niedergeschlagenheit und Unsicherheit der Beweis seines schwachen Glaubens. Sie versuchte, ihn zu einem „Leben im Glauben“ zu „ermutigen“, einem Leben in übernatürlicher Erlösung, vielleicht mit christlichem Dienst als Hauptberuf. Er wurde nur zusehends unsicherer und verzweifelter. Ihr Ehebett litt darunter. Sie hatten Probleme und beide wussten es und erhielten daraufhin Eheberatung. Sie hatten auch unsere Literatur gelesen und beschlossen, dass unsere Gemeinschaft zu ihrer Errettung dienen würde, also, Bitteschön, hier sind wir!

Es dauerte nicht lange, bis die Quelle ihrer Probleme gefunden worden war. Wie wir später erfuhren, stimmte unsere Beratung mit der ihrer vorigen Gemeinde überein. **Sie war nicht ihres Mannes Gehilfin: sie war sein Gewissen.** Sie manipulierte ihn mit ihrer „tiefen“, „geistlichen“ Einsicht. Ihre Einstellung ihrem Mann gegenüber ließ sich damit beschreiben, dass sie ihn „zu einem höheren Leben ermutige“.

Sie hatte sich in der Meinung, dass ihre weibliche Eingebung, ihr Feingefühl und ihre Leidenschaft Geistlichkeit seien, täuschen lassen.

Wir teilten ihr Gottes Wort mit und klärten sie darüber auf, dass ihr Ungehorsam und Mangel an Respekt ihrem Mann gegenüber Sünde sei. Es schockierte sie, dass wir dachten, sie wäre ihrem Mann ungehorsam. Sie war sehr bestrebt, Gottes Wort zu lesen und zu studieren und liebte es, ihre Erfahrungen anderen Frauen „mitzuteilen“.

Der Umzug in unsere Gegend verschlang ihre letzten finanziellen Mittel und bald waren sie bis auf den letzten Dollar bankrott. Wenn sie einmal etwas Geld erhielten, bestand sie darauf, den Zehnten abzugeben, in dem Glauben, dass Gott es vielfach zurückzahlen würde. Wir ermahnten sie immer wieder, die Autorität nicht an sich zu reißen und damit ihren Mann zu entehren. Sie konnte einfach nicht glauben, dass Gott von ihr, einer geistlichen Frau, verlangen sollte, ihrem „fleischlichen" Mann zu folgen und für ihn da zu sein.

Es war ihre eigene „tiefe" Geistlichkeit, die sie durch das Leben führte. Sie empfand, dass der „Geist" ihr Anleiter war und dass das, was Gott über und zu den Frauen bezüglich derer Stellung in der Ehe sagt, auf sie nicht zutreffend war; sie sei eine Ausnahme. Außerdem hatte sie Bücher und Broschüren gelesen und Botschaften gehört, in denen die Abschnitte der Heiligen Schrift, die die weibliche Rolle in der Familie und in der Kirche angeblich begrenzten, als aufgehoben erklärt wurden. Sie begründeten es etwa folgendermaßen: „Im Griechischen bedeutet es ... Was hier in Wirklichkeit gemeint ist, ... Schau, das, was Paulus anspricht, kann nur auf die damalige Kultur bezogen werden ... Gott würde doch bestimmt nicht einer Frau befehlen, zu ... In Christus gibt es nicht männlich oder weiblich ... Gab es nicht auch weibliche Propheten?"

Sie hatte sich in der Meinung, dass ihre weibliche Eingebung, ihr Feingefühl und ihre Leidenschaft Geistlichkeit seien, täuschen lassen. Sie war sich keineswegs dessen bewusst, dass sie eine Frau in totaler Rebellion gegen Gott war. Israels König Saul opferte Gott, aber er tat es, während er dessen eindeutig offenbarten Willen missachtete. Er dachte, der Zweck heilige die Mittel. Sein Motiv war, Gott zu verherrlichen, aber Gott sagte, sein religiöser Dienst war „Abgötterei und Götzendienst" (1.Sam. 15,23). Auch sie versuchte, den Willen Gottes zu „weissagen" und missachtete dabei aber völlig Sein deutlich geschriebenes Wort. Gott nennt eine solche Frau „Isebel".

Natürlich war es meinem Mann und mir klar: Ihre Sünde würde ihr Verderben sein. Sie hatte schon bewirkt, dass aus ihrem einst starken, einfallsreichen Mann ein furchtsamer, mitleiderregender Mann geworden war. Mit den Jahren hatte die giftige Galle ihrer Seele auch ihren Verstand angegriffen. Eines Abends, unmittelbar nach einem besonders ansprechenden Gottesdienst, während sich alle noch unterhielten, sah ich, wie sie sich ziemlich erregt meinem Mann näherte, also machte ich mich auf den Weg zu ihm, falls er meine Hilfe benötigen würde. Als ich mich ihnen näherte, sah ich, wie sie anfing, wild mit ihren Armen zu gestikulieren und hörte sie laut ausrufen, ihr Mann habe ein Verhältnis mit Marilyn Monroe (damals schon seit 50 Jahren tot). Sie sagte, sie habe eine Vision von Gott gehabt, die alle ihre Probleme erklärte. Noch bevor ich bei ihr ankam, fing sie an, etliche der jungen Mütter aus unserer Gemeinde, die Säuglinge hielten, als Geschlechtspartner ihres Mannes zu beschimpfen, und behauptete, die Babys seien seine. Mein Mann sah um sich, entsetzt über ihre schmutzigen Beschuldigungen, von denen wir wussten, dass sie Lügen aus einem verstörten Gemüt waren. Ihr Toben wurde lauter. Um ihre Raserei zu übertönen, fing mein Mann an, so laut wie er konnte, zu singen: „Was macht mich von Sünden rein? Nur das Blut des Lammes Jesu". Ich folgte seiner Anleitung und begann, mit ihm mitzusingen. Die verblüffte Versammlung wandte sich um und begann automatisch, mitzusingen. Ich legte meinen Arm um sie und führte die nun völlig wahnsinnig gewordene Frau zur Tür hinaus. **Gott hatte sie mit Wahnsinn heimgesucht. Er tut „furchterregende" Dinge wie diese.** Er ließ es nicht nur geschehen; er war da, um sie über den Rand zu stoßen. Die Furcht Gottes ist der Anfang der Weisheit. Sie hatte keine Furcht vor Gott. Sie hätte sie haben sollen. Diese Frau glaubte, dass sie ihren Mann zwingen konnte, sich zu fügen, weil sie eine „geistlich Gesalbte" war. Sie rechnete nicht mit Gott. Eine Frau, die glaubt, dass sie ihren eigenen Weg gehen kann, weil sie sich selbst als außergewöhnlich geistlich sieht, hat keine Furcht vor dem allmächtigen Gott. **„Wer Unrecht sät, wird Unheil ernten, und die Rute seiner Bosheit wird ein Ende haben"** (Spr. 22,8). **„Irrt euch nicht! Gott lässt sich nicht spotten. Denn was der Mensch sät, das wird er auch ernten"** (Gal. 6,7). Gott ließ sich nicht spotten. Die ganze Familie erntet heute noch, was sie gesät hat. Eine Frau ohne aufrichtige Gottesfurcht kann sich so weit von der Wirklichkeit entfernen, dass sie Beruhigungsmittel braucht, um nicht überzuschnappen.

Übung macht „schrecklich" einfach schrecklich

Wenn Frauen ihr vierzigstes Lebensjahr erreichen, befinden sich viele von ihnen am Rand geistiger Instabilität. Einige Jahre ihres Lebens haben sie in Gereiztheit über ihren Mann verbracht, fühlten sich täglich gekränkt und haben mit Kälte und Bitterkeit darauf reagiert. Anstatt das Dankbar- und Fröhlichsein zu üben, haben sie Bitterkeit geübt. Gleichwie Übung einem Klavierspieler ermöglicht, ohne Mühe und viel

Nachdenken die richtigen Tasten zu finden, wird auch eine Frau, die Unzufriedenheit übt, ohne zu überlegen die Tasten der Bitterkeit treffen. Üben, immer üben, um die Bitterkeit und Unzufriedenheit vollkommen zu machen.

Sie hat Bitterkeit geübt, bis sie selbstverständlich geworden ist und erkennt es nicht einmal. Üblicherweise wird sie sich selbst als jemand bezeichnen, der über Stolz und Bosheit steht. Sie wird „tun, was richtig ist, auch wenn kein anderer es tut."

Im Laufe der Zeit, in der ihre Gereiztheit und Launenhaftigkeit zunimmt, erkennt sie, dass sie nicht länger über ihre Nervosität herrschen kann. Eines Tages schnappen ihre „Nerven" über und sie verliert ihre Beherrschung, schreit wie eine wahnsinnige Frau und beschimpft ihre Lieben mit schrecklichen Namen. Sie wird sich damit entschuldigen, dass es „nur ein schlechter Hormontag" sei, aber die Familie wird sich wundern und unsicher werden. Die Familie lernt, ihre gelegentlichen Ausrutscher zu dulden, und sie übt weiter. Nach einer Fahrt zum Arzt wird sie ruhiger, „mehr wie ihr altes Selbst". Der Arzt hatte ihre Medizin gewechselt.

Sich gekränkt zu fühlen und wütend zu sein, sind zwei Seiten ein und derselben Münze.

„Mami schläft jetzt mehr."

„Sch! Weck Mami nicht; sie hat einen schlechten Tag."

Die gestörte Frau erwartet, dass ihre Familie sie beschwichtigt und ist verletzt, wenn sie sich so verhalten, als wäre das Leben schön. Gott sucht ihre Seele mit einer furchtbaren Verwesung, genannt Wut, heim. Zuerst ist sie nur über ihren Mann wütend. Jahre vergehen und sie ist über die Familie wütend. Mit der Zeit ist sie wütend über die Gemeinde. Dann ist sie wütend über den Postboten und die Kellnerin. **Üben, immer üben, um ihre Wut vollkommen zu machen. Wut, immer nur Wut. Wahnsinnig.**

„Der Herr wird dich mit Wahnsinn, Blindheit und Verwirrung des Sinnes schlagen“ (5. Mose 28,28).
„Der Anfang seiner Worte ist Narrheit, und das Ende ist schädliche Torheit“ (Prediger 10,13).

„Weil du dem Herrn, deinem Gott, nicht gedient hast mit **Freude** *und* **Lust deines Herzens,** *als du an allem Überfluss hattest. Und du wirst deinem Feind, den der Herr gegen dich schicken wird, dienen in Hunger und Durst, in Blöße und allerlei Mangel; und er wird ein eisernes Joch auf deinen Hals legen, bis er dich vernichtet hat" (5. Mose 28, 47.48).*

Zeit zum Nachdenken

Friede ist eine Frucht des Geistes. Friede ist die spürbare Gegenwart eines entspannten, sicheren Gefühls, das eine Person hat, wenn alles in Ordnung ist (auch dann, wenn etwas nicht in Ordnung ist). Wenn du ein Kind des lebendigen Gottes bist, dann werden deine Lieben erkennen, dass in deiner Gegenwart Frieden zu finden ist. Die Frucht des Geistes lässt sich nicht mit Spannung, Stress, Nervosität, Gereiztheit oder Bitterkeit verbinden.

„Die Frucht aber des Geistes ist Liebe, Freude, Friede, Geduld, Freundlichkeit, Güte, Treue, Sanftmut, Selbstbeherrschung. Gegen all das ist das Gesetzt nicht“ (Gal. 5,22.23).

Die Weisheit ist ein Geschenk, aber wir erhalten es nur, wenn wir darum bitten. Und es wird uns reichlich von Gott gegeben.

Sprüche 9,10 lehrt eindeutig und für jeden verständlich: **„Der Anfang der Weisheit ist die Furcht des Herrn.“**

➢ *Schaffe eine neue Gewohnheit*

Wenn du merkst, dass du mit einem kritischen Geist erfüllt wirst, dann halte an, atme tief durch, bitte still um Weisheit und dann denke an etwas, das auf deiner Dankbarkeitsliste steht. Mache diesen Gedankengang zu deiner Gewohnheit. Mit der Zeit wirst du merken: *Übung macht den Meister.*

➢ *Werde stille vor Gott*

Finde die genaue Bedeutung des Wortes „Verschmähte“ heraus („ein unausstehliches Weib“ heißt es in „ Die Gute Nachricht“). Lerne, den Gedanken zu verabscheuen, je ein unausstehliches Weib werden. Jedes Mal, wenn du wütend wirst oder jemandem Vorwürfe machst, denke daran, dass die Erde unruhig wird, weil du eine unausstehliche Ehefrau bist.

„Ein Land wird durch dreierlei unruhig, und viererlei kann es nicht ertragen: einen Knecht, wenn er König wird; einen Gottlosen, wenn er zu satt ist; eine Verschmähte, wenn sie geheiratet wird; und eine Magd, wenn sie die Erbin ihrer Herrin wird“ (Spr. 30,21-23).

Schlage in der Heiligen Schrift den Ausdruck ***„die Furcht Gottes“*** nach. Wie oft kommt er darin vor? Was glaubst du, will Gott uns dadurch lehren? Wie viel anders würden wir auf unsere täglichen Herausforderungen reagieren, wenn wir die wirkliche Furcht Gottes in uns hätten, wenn wir das Gesetz des Säens und Erntens verinnerlichen würden?

Kapitel 7

Weisheit

Jetzt, solange es noch Hoffnung gibt

Eine weise Frau lernt immer dazu. Sie ist offen für Veränderungen. Sie ist bereit, zu hören. Sie strebt nach Erkenntnis.

Bitte höre auf mich, junge Mutter

Liebe Pearls,

mein Herz ist schwer belastet. Mein innigstes Verlangen ist, unsere Kinder (2 und 5 Jahre alt) nach dem Willen Gottes zu erziehen. Mein Anliegen ist Folgendes: Mein Mann hat sich täuschen lassen. Er denkt, verschiedene Fernseh- und Werbesendungen seien für ihn und die Kinder nicht schädlich. Da sie humorvoll sind, will er nicht erkennen, dass diese Sendungen geschmacklos sind und geschickt den Geist unserer Familie zerstören. Abends bin ich auf der

Arbeit und bin besorgt darüber, was zuhause auf unserem Fernsehen-Götzen zur Schau gestellt wird. Ich habe ihm meine Bedenken darüber mitgeteilt (und, ich muss leider sagen, auch etwas genörgelt), aber er hat einfach eine andere Meinung in dieser Angelegenheit. Das hat dazu geführt, dass ich mich über ihn ärgere, und ihm schließlich keine Achtung und Liebe mehr entgegenbringe. Dennoch bin ich an mein Gelübde gebunden. Kannst du mir irgendeinen Rat geben oder in irgendeiner Weise helfen? Ich denke sogar manchmal, ich habe den falschen Mann geheiratet! Er hat einige positive Eigenschaften, aber ich fürchte, dass diese schädlichen Einflüsse ihn auf falsche Wege führen.

Danke für jede Hilfe, die du geben kannst.

Susan

Liebe Susan,

stell dir nur einmal vor, wie es wäre, wenn dein Mann eines Tages einfach so verschwinden würde – keine schlechten Werbungen mehr, keine fragwürdigen Fernsehsendungen, keine warmen Betten, nur viele lange, einsame Nächte und Tage voll Mühe und Arbeit, fort von den Kindern. Die Kinder werden nicht mehr mit ihrem Vater zusammen fernsehen, sie werden bei einer Babysitterin sein, die für Geld auf sie aufpasst. Du wirst dir Sorgen darüber machen müssen, ob die Babysitterin vielleicht mit ihrem Freund im Schlafzimmer beschäftig ist, während die Kinder allein fernsehen. Die kleinen Kinder werden weinen, wenn du zur Arbeit fährst, und die älteren Kinder werden froh sein, wenn du sie alleine lässt, damit sie ihre neu gefundenen Freiheiten genießen können. Mit dem Auto ist etwas nicht in Ordnung, aber du kannst keinen Tag opfern, um es reparieren zu lassen. Mit dem Geld ist es knapp. Du wirst merken, dass der Freundeskreis für eine geschiedene Frau mit Kindern ziemlich klein ist. Die Kinder bekommen dann noch die Grippe, die

Wenn du weiterhin deinen Mann nicht ehren wirst, wird das oben geschilderte Szenario sehr wahrscheinlich dein eigener persönlicher Albtraum werden – bald!

Babysitterin weigert sich, auf sie aufzupassen, weil sie nicht einsieht, für ein paar schäbige Dollar selbst die Grippe zu bekommen. Ein oder zwei Jahre lang darf dein Ex die Kinder übers Wochenende zu sich nehmen. Du hast keine Kontrolle darüber, was sie dort tun, aber du bist zu müde, um dir darüber Sorgen zu machen. Mit der Zeit bekommst du auch das Kindergeld nicht mehr, weil dein Mann mit einer anderen Frau den Staat verlassen hat.

Jetzt, Susan, kommen wir zurück in die Gegenwart. Wenn du weiterhin deinen Mann nicht ehren wirst, wird das oben geschilderte Szenario sehr wahrscheinlich dein eigener persönlicher Albtraum werden – bald! Du bezeichnest dich selbst als gereizt und ärgerlich. Deine Seele wird langsam zu einer bitteren Person geformt. Dein Brief offenbart, dass du schon daran gedacht hast, dass deine Ehe wegen dieser Sache enden könnte. Ich habe es hundertmal miterlebt. Menschen werden fragen, warum er dich verlassen hat, und du wirst ihnen wahrheitsgemäß erklären, dass er eine Beziehung zu einer anderen Frau gehabt hat. Aber in Wirklichkeit hast du ihn abgeschoben, weil er sich Fernsehsendungen angeschaut hat, die du für unanständig erklärt hattest. Du hast sein Herz verlassen. Er hat dich gefühlsmäßig verlassen – alles nur, weil du den „Heiligen Geist" gespielt hast. Du hast mir selbst gesagt, dass du keine Liebe und Achtung für ihn empfindest und daran zweifelst, dass er überhaupt der richtige Mann für dich ist. Sei dir sicher, dass du ihm deine Gedanken signalisiert hast, und er jetzt genau dasselbe über dich denkt.

Höre auf mich, junge Mutter. Spiele nicht verrückt. Du weißt nicht, wie schlimm es noch werden kann. **Der Teufel würde gerne die Seelen deiner Kinder stehlen. Er wird es nicht durch die Fernsehsendungen tun; er wird es durch deine Missachtung deinem Mann gegenüber tun.** Die Jungs werden vielleicht eine schwere Zeit mit ihren Geschlechtstrieben als Resultat der Werbesendungen haben, aber viele junge Männer haben es überlebt, trotz der großen Versuchung. Wenige überleben eine unsichere Ehe, in der Mama dem Papa grollt. Deine Einstellung wird nicht verhindern können, dass deine Kinder den Versuchungen ausgesetzt sein werden. Nehmen wir einmal an, du hättest niedrigere Erwartungen und würdest dir selbst erlauben, deinen Mann zu lieben und zu ehren. Wären die Kinder dann nicht besser dran? Als Gott Adam die Eva gab, gab Er sie ihm als Hilfe, nicht als Gewissen. Adam hatte schon ein Gewissen, bevor seine Frau geschaffen wurde.

Ich sage nicht, dass du einen niedrigeren Maßstab haben solltest. Natürlich, dein Mann sollte scheinbar einen höheren Maßstab haben, aber dein Herumnörgeln und Kritisieren bewirkt nur das Gegenteil von Rechtschaffenheit. Am Besten wäre, wenn du deine Zunge, deinen Maßstab und deinen Mann halten könntest. Mit der Zeit kannst du ihm dann vielleicht auch widersprechen, ohne ihn zu kränken.

So wie die Sache heute steht, wirst du einer Scheidung weiter entgegengehen, oder du kehrst um und begibst dich auf den Weg zu einer himmlischen Ehe, indem du deinen Mann ehrst. So einfach ist das.

Allein

Liebe Pearls,

ich möchte meine Geschichte erzählen, um andere zu warnen. Ich bin 52 Jahre alt und nun schon 23 Jahre allein. Ich hätte nie gedacht, dass dies mein Los im Leben sein würde. Ich hätte nie gedacht, dass mein Mann mich je verlassen würde.

Ich habe viele Fehler gemacht in unserer Beziehung. Heute sehe und höre ich, wie junge und auch ältere Frauen gedankenlos dieselben Fehler machen. Sie halten es für selbstverständlich, dass er sie nie verlassen und die Ehescheidung einreichen wird. Dieses Sicherheitsgefühl scheint ihnen den Eindruck zu geben, dass es ihnen erlaubt ist, über die Vergehen, Versäumnisse und Unzulänglichkeiten ihrer Männer zu urteilen. Ich sehe das entweder als Unkenntnis an oder als eine Weigerung, Gottes ausdrücklichen Befehl an die Frauen zu befolgen, oder als eine Mischung aus beidem. Deshalb schreibe ich Ihnen meine Geschichte – um den Frauen, die wirklich unwissend sind, die Wahrheit zu offenbaren und die Frauen zu warnen, die den Geboten Gottes widerstreben.

Ich kann mich nicht für die Aufgaben und Pflichten meines Mannes verantworten. Das ist eine Sache zwischen ihm und Gott. Aber wenn ich damals gewusst hätte, was ich jetzt über den Willen Gottes für die Ehefrauen weiß, das heißt, was ein Mann braucht und was ich tun kann, um diesen Bedürfnissen entgegenzukommen, wäre das nie so gekommen.

Was ich tat oder nicht tat, waren nicht tägliche, offensichtliche Handlungen. Es waren eher unterschwellige Dinge, die verebbten und wieder zurückströmten, aber immer da waren.

- ***Wenn** mein Mann sich zu Hause selbstsüchtig benahm, seinen Zorn aufflammen ließ, sogar manchmal fluchte, und dann zur Kirche fuhr und geistlich tat, wünsche ich, ich hätte ganz gezielt für ihn gebetet, anstatt mich gefühlsmäßig von ihm zurückzuziehen und meinen Zynismus und Mangel an Vertrauen ihm gegenüber zu erkennen zu geben. Ich wollte, ich hätte Liebe und Annahme gezeigt, nicht ungeduldig gewartet, bis er endlich richtig handeln würde.*
- ***Wenn** er die Kinder enttäuschte, keine Andachten hielt, im Geistlichen scheiterte, aufhörte, so voranzugehen, wie er sollte, wünsche ich, ich hätte vollständig auf Gott vertraut und in unserer Ehe die Einheit, Ehre, Verehrung und Untertänigkeit mit einem frohen und vertrauenden Herzen aufrechterhalten. Ich wollte, ich hätte die Kinder angespornt, ihn zu ehren und für ihren Vater zu beten, anstatt mein verletztes Gemüt so offen kundzutun.*
- ***Wenn** er sich über jemanden oder etwas äußerte, wünsche ich, ich hätte nicht immer seine Meinung niedergeschlagen, um ihm zu zeigen, dass er unrecht hatte – schon wieder.*
- ***Wenn** er sich wie ein Narr verhielt, wünsche ich nun, ich wäre still geblieben und hätte für ihn gebetet, ihn dennoch geliebt, anstatt ihm zu zeigen, was ich über ihn und sein Verhalten dachte.*
- ***Wenn** er dann zu mir kam und sich für sein Verhalten entschuldigte, wünsche ich, ich wäre nicht so kühl gewesen und hätte von ihm erwartet, dass er etwas mehr „litt" und ernsthafter und aufrichtiger bei seiner Entschuldigung wäre.*
- ***Wenn** er Geld verbrauchte, von dem ich dachte, dass wir es sparen müssten, wünsche ich, ich hätte Gott vertraut. Ich wünsche, ich hätte meinem Mann völliges Vertrauen gezeigt, trotz seiner Entscheidungen.*
- ***Wenn** er etwas von mir getan haben wollte und ich es nicht tun wollte, wünsche ich, ich wäre seiner Bitte fröhlich nachgekommen, anstatt dass er bereuen*

musste, mich gefragt zu haben. Starrköpfigkeit ist kein Charakterzug, der eine Frau bei einem Mann beliebt macht.

- ***Wenn** er eine Frau brauchte, die an ihn glaubte, ihn bewunderte, ihn anerkannte, ihn trotz seiner Versagen annahm, wünsche ich jetzt, ich wäre diejenige gewesen, die ihm all das gegeben hätte.*
- ***Als** ich dachte, der einzige Weg ihn zu ändern, wäre, ihm seine Fehler vorzuhalten, auch wenn es nur Kleinigkeiten waren – und mit meiner Anerkennung etwas zu sparen, wünsche ich, dass jemand mich darauf hingewiesen hätte, wie falsch es war, ständig Druck auszuüben.*
- ***Wenn** wir mit seiner Familie oder unseren Freunden zusammen waren, ging er manchmal weg, um etwas alleine zu machen. Ich wünsche, ich hätte mich in solchen Situationen nicht so offensichtlich verletzt und beleidigt verhalten.*
- ***Als** er nicht wusste, wie er Liebe zeigen sollte, und ich emotionale Leere fühlte, wünsche ich, ich hätte alles ertragen und alle Dinge gehofft und ihn bedingungslos geliebt, anstatt innerlich aufzugeben und mich an Freunde und Familie zu wenden, um emotionale Unterstützung zu bekommen. Nie sah ich einen Grund, mich bei ihm beliebt zu machen. Ich nahm es als selbstverständlich an, dass er der moralischen Verpflichtung des Mannes, mich zu lieben, nachkommen würde. Ich wünsche, ich wäre in „Gottes Schönheitsschule" für eine gottesfürchtige Frau gegangen.*

Die Zeit verging. Die Ehe erstickte langsam unter der Last der Fehler, Sünden und Selbstsüchtigkeit von beiden Seiten her. Eines Tages verließ er uns einfach zu meinem Schrecken und Erstaunen. Die Kinder und ich gingen beinahe in Armut unter. Er hatte nicht mehr das natürliche Verlangen gehabt, seine Familie zu beschützen und ihr beizustehen. Ich erhielt das Minimum der Kinderbeihilfe. Es war niemals genug da, um das Haus oder das Auto reparieren zu lassen. Die Dinge fielen langsam auseinander. Die Leute halfen, aber niemand wusste so richtig, was man mit zerbrochenen Familien tat.

Ich fürchtete die Sommerzeit. Während ich morgens zur Arbeit fuhr, quälte es mich, dass meine Kinder 10 Stunden am Tag hinter verschlossenen Türen bleiben mussten, weil ich mir kein Kindermädchen leisten oder eine zuverlässige Person finden konnte. Für das Kindertagesheim waren sie zu alt, aber noch zu klein, um tagsüber allein zu bleiben. Am Anfang, wenn meine Kinder krank waren, war keiner da, um bei ihnen zu bleiben, es sei denn, ich ging nicht zur Arbeit. Dann packte uns eine wochenlange Grippe, und wenn ich zuhause bleiben würde, wäre ich meine Arbeitsstelle los. Ich hatte keine richtige Ausbildung, also war ich gezwungen, Arbeitsstellen anzunehmen, die schlecht bezahlt wurden. Ich wurde krank und in einem geschwächten Zustand, der durch Druck nur noch schlimmer wurde, musste ich weiter jeden Tag arbeiten gehen. Ich hatte keine andere Wahl.

Aber Gott war uns treu und wir mussten nie hungern oder frieren. Aber die Einsamkeit, das Gefühl der Ablehnung und Verlassenheit, und die finanziellen Kämpfe waren jeden Tag, Jahr für Jahr, gegenwärtig. Ich weiß, mein Leben hätte so viel anders verlaufen können, wenn ich früh angefangen hätte, Gottes Plan für die Frau zu erkennen und Ihn zu befolgen.

Einige von euch glauben nicht, dass euch je so etwas passieren könnte. Vielleicht denkst du sogar, es wäre eine Erleichterung, ihn aus dem Hause zu haben. Du denkst: „Na, ich bin gesund und stark. Ich bin emotional stabil. Damit werde ich schon fertig. Ich bin hübsch und werde einen guten Mann finden. Ich habe eine Familie, die mir helfen wird. Ich habe eine gute Gemeinde, die mich unterstützen würde und könnte Beratung erhalten, usw. Wenigstens hätte ich dann Frieden im Hause und könnte dann so leben, wie ich wollte. Ich müsste dann nicht mehr mit all den Problemen kämpfen." All das können törichte Frauen denken. Aber ich weiß es besser. Meine Erfahrung, so wohl wie die von tausenden anderen, bestätigt, dass diese Anschauung eine Lüge ist.

Carolyn

Eine neue Art Frauen

Schau dich einmal um. Es gibt heute eine neue Art von Frauen. Sie bedienen deinen Tisch im lokalen Restaurant; sie mähen Rasen, arbeiten in Krankenhäusern und leiten den Straßenverkehr. Es gibt tausende dieser Damen; sie sind überall und tun alles, was sie finden können. Meistens sind es alleinerziehende Mütter. Sie kleiden sich billig; ihre Haare haben einen einfachen Schnitt und die dunklen Ränder unter ihren

Augen zeugen von ihrer verblassten Hoffnung. Sie sind eine neue Armee von Arbeiterinnen. Arbeitgeber können sie unterbezahlen, weil sie dringend Arbeit brauchen. Du kannst dich auf sie verlassen, weil sie es sich nicht leisten können, ihre Arbeit zu verlieren. Sie sind immer unruhig, weil sie an ihre unglücklichen Kinder oder an den neuen, unheimlichen Freund des Babysitters denken, der zu Besuch kommt, während sie auf der Arbeit sind.

Manchmal tun sich alleinstehende Mütter zusammen, um die Einnahmen, die Verantwortungen, die Kinderbeihilfe und die Probleme miteinander zu teilen. Neulich habe ich gelesen, wie manche dieser alleinstehenden Frauen untereinander Trost – manchmal sogar Intimität – suchen. Denkst du, irgendetwas könnte dich je zu so etwas treiben? Eine *neue Art* Frauen. Sie sind selbstständig, tragen Verantwortung und sind stressgeplagt. Sie werden früh alt, während sie sich vergeblich für ihre aufsässigen Kinder abmühen, die keinen Mann als Stiefvater anerkennen möchten. Ihre Bitterkeit wächst, wenn sie sehen, wie begehrenswerte Männer über ihre Köpfe hinweg nach viel jüngeren Mädchen schauen, die keine Bedingungen stellen. Und sie werden ängstlich, wenn sie erkennen, dass die Männer, die an ihnen Interesse gezeigt haben, verdrehte Absichten mit ihren niedlichen Kleinen haben. Ihre Kinder sind zornig und geraten oft in Probleme.

Aber all das ist nicht deine Schuld. Nein, es war *dein Mann*, der Ehebruch beging, *dein Mann*, der zornig war oder sich der Pornografie zuwandte. Aber jetzt scheint er ein bequemes Leben und jede Menge Geld zu haben, im Vergleich zu den jämmerlichen Verhältnissen, in denen du nun lebst. Jedes zweite Wochenende hat er die Kinder bei sich, verwöhnt sie und bewirkt somit, dass sie dich noch mehr hassen. Er scheint so aufgelebt, munter und voller Freude zu sein. Er hat Geld, um sie zu amüsieren, und sie wissen, dass du eine mürrische Pfennigfuchserin bist. Sie finden seine Freundin ganz cool. Du entdeckst ein Geschwür in deiner Brust, aber deine Teenager machen sich keine Sorgen darüber oder sie verstehen den Ernst deiner Lage nicht. Du kämpfst allein mit deiner Furcht und fährst selbst zum Arzt, in der Gewissheit, dass es zwar nicht den Tod bedeuten könnte, aber doch das Ende aller Hoffnung ist.

Alles fing damit an, dass du dich über eine Fernsehsendung geärgert hast, oder er sonntagnachmittags das Autorennen verfolgte. Alles wurde noch schlimmer, als er wollte, dass du etwas sexuell Exotisches tun solltest. **Ehescheidung wird nie**

geplant, aber fast immer spielen gewisse vermeidbare Reaktionen, Handlungen und Ereignisse eine Rolle. Lass nicht zu, dass deine Ehe ein solches Ende nimmt.

Du armer, dummer Mann

> Satan gab mir nicht einmal die Gelegenheit, richtig eingenistet zu sein, bevor er mich verführte, genauso wie bei Eva, und ich, genauso wie meine große Schwester Eva, tappte in seine Falle.

Ich erinnere mich an den Abend, als Michael und ich heirateten. Mein frischvermählter Ehemann beschloss, wir müssten noch einkaufen gehen und eine Mahlzeit zu uns nehmen, bevor wir zu Bett gingen. Ich hatte keine Ahnung wie viel Geld er verdiente, oder wie viel er für unsere Flitterwochen gespart hatte. Geld hatte für mich bisher nie eine Rolle gespielt. Doch hier waren wir nun, um 10 Uhr abends, im Lebensmittelgeschäft, weniger als eine Stunde verheiratet, als ich zum ersten Mal den kritischen Geist in mir hochsteigen fühlte. Er wählte Hackfleisch aus und war gerade dabei, einen sehr hohen Preis zu zahlen. Ich versuchte, ihn umzustimmen: „Denkst du nicht, dieses Fleisch ist zu teuer? Wäre es nicht besser, günstigeres Fleisch zu kaufen?" Er war fünfundzwanzig Jahre alt und noch nie hatte eine Frau seinen Umgang mit Geld kritisiert, und ich werde den verwirrten Ausdruck auf seinem Gesicht nie vergessen. Es war, als versuche er sich zu erinnern, wer ich war und warum er sich in eine solche Lage gebracht hatte. **Es muss sich herablassend angehört haben, als ich zu ihm sprach, als wäre er ein dummes Kind, denn genau das dachte ich über sein Handeln.** Ich war plötzlich entsetzt über meine Einstellung. Was hatte ich für ein Recht, ihn als einen dummen Kerl zu behandeln? Was wusste ich schon, wie viel Geld er hatte? Im biblischen Sinne war ich noch nicht einmal seine Frau, doch in diesem Moment dachte ich: „Du dummer Einfaltspinsel. So würde ich MEIN Geld nicht verschenken!"

Satan gab mir nicht einmal die Gelegenheit, richtig eingenistet zu sein, bevor er mich verführte, genauso wie bei Eva, und ich, genauso wie meine große Schwester Eva, tappte in seine Falle. Ich wunderte mich über meinen kritischen Geist. Dort, an der Fleischtheke, entschloss ich mich, es nicht zu erlauben, dass diese Geschichte die Geschichte meines Lebens werden würde. **Ich würde lernen, eine gottesfürchtige Frau zu sein,** ganz gleich, was mein Mann kaufte oder wie dumm er scheinbar mit dem Geld umging.

Was hast du heute geübt?

Warst du diese Woche ärgerlich über deinen Mann, weil er etwas tat? Vielleicht war er zu spät dran oder grob zu dir oder schrie die Kinder an. Hast du als Reaktion darauf innerlich vor Bitterkeit gekocht und schautest ihm nicht in die Augen, um deine Geringschätzung zum Ausdruck zu bringen? Du weißt, wovon ich rede. Du handelst in der Hässlichkeit deines eigenen Herzens und deiner Seele. Ja, dein Mann hat es verdient. Ja, es ist dein Recht. Aber befriedigt deine bestrafende Reaktion dich in irgendeiner Weise? Beugt er sich jetzt vor deinem Ärger und wird er es das nächste Mal besser machen, in der Hoffnung, deiner Missbilligung zu entrinnen? **Er übt seine *Fehler* und du übst deine *Bitterkeit*. Ihr beide übt die Ehescheidung.** Eure Kinder beobachten euch und üben, um in der Zukunft schlechte Mütter und Väter zu sein.

Richtiges Denken

Angstanfälle, Depression, trübe Stimmungen, das Gefühl, vor Ärger zu platzen, unbegründete Ängste: Es fängt in deinem Verstand an. Durch deine 40.000 Gedanken pro Tag wirst du letztendlich zu dem, was du bist. Wenn du wiederholt in ähnlicher Weise reagierst, schaffst du Gewohnheiten, die ein Teil von dir werden, sodass sie organisch erscheinen; als Teil deines Körpers. Der Raucher wird dir sagen, dass seine Sucht Macht über ihn hat. Übellauniges Denken ist eine Sucht, die zu einer Gewohnheit heranwachsen kann, die den Körper kontrolliert und den Sinn trügt. Gott ermahnt uns, unseren Sinn zu bewahren: **„Denn ihr sollt so gesinnt sein, wie Jesus Christus**

auch war" (Phil. 2,5). **„Behüte dein Herz mit allem Eifer; denn davon geht das Leben aus"** (Spr. 4,23).

Hast du vergessen, wozu du geschaffen wurdest? Komm jetzt zu Jesus, so wie du bist, und sage zu Ihm: „Von diesem Tag an will ich die Gehilfin sein, zu der Du mich erschaffen hast." Sag es Ihm. Er wartet auf dich, um dir zu vergeben und dich zu lieben. Gottes Weg gelingt.

Ich weiß, ich habe hart zu euch gesprochen, aber nicht härter, als die Wirklichkeit ist. Für einen Moment ist Gott durch die Wand deiner Ausreden gebrochen und du weißt jetzt, dass du verantwortlich bist.

> **„Wer aber hört und nicht tut, der ist wie ein Mensch, der ein Haus auf die Erde baute ohne Grundmauer; und der Strom stieß dagegen, und es fiel sofort zusammen, und der Sturz jenes Hauses war groß"** (Luk. 6,49).
> **„Denn Gott hat uns nicht den Geist der Furcht gegeben, sondern der Kraft und der Liebe und der Besonnenheit"** (2.Tim. 1,7).

Was ist Gottes vollkommener Wille für dein Leben?

☑ Eine gute Gehilfin zu sein

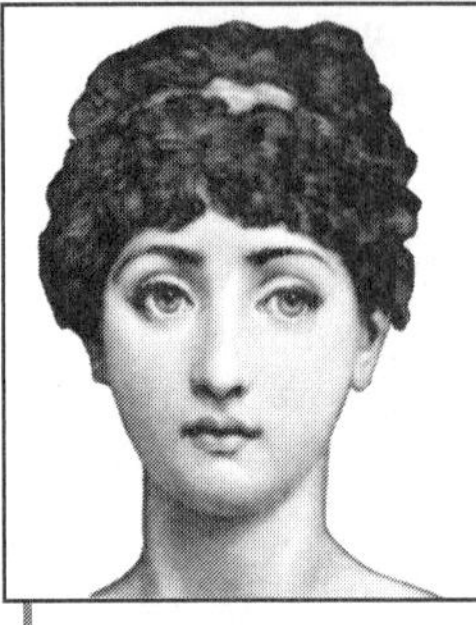

Zeit zum Nachdenken

Von Anfang an hatte Gott einen Plan für die Frau. Du bist keine Ausnahme in Seinem Plan.

Die Sünde führt Frauen zur Selbstzerstörung. Weil die Selbstzerstörung ein langsamer, nicht wahrnehmbarer Prozess ist, sehen Frauen diese nicht kommen, bis es zu spät ist und ihre Männer fort sind. Dieser langsame, fast unmerkliche Prozess führt dazu, dass eine Frau ihre Pflicht nicht erkennt, darum wiederholt sie ihre Fehler immer wieder, bis sie zu alt oder gebrochen ist, um den Mann als Teil ihres Lebens zu akzeptieren.

„Lässt etwa die Quelle aus derselben Öffnung süßes und bitteres **Wasser fließen?“** (Jak. 3,11)

➢ *Schaffe eine neue Gewohnheit*

Denke an eine Angewohnheit deines Mannes, die dich am meisten reizt. Jetzt sage dir selbst: „Ich sehe nicht das ganze Bild. Ich weiß nicht, was Gott in meinem oder meines Mannes Leben tut. Meine kritische Einstellung ist eine viel größere Sünde, als seine schlechten Angewohnheiten. Ich bin der Lästerung des Wortes Gottes schuldig, wenn ich meinen Mann nicht liebe und ihm nicht gehorche. Deshalb gebe ich meinen Kampf gegen ihn auf. Und so weit ich weiß, ist es Gottes Angelegenheit, meinen Mann zu lenken und ihn zu überführen. Ich vertraue auf Gott.“

➢ *Werde stille vor Gott*

Gehe noch einmal die Geschichte **„Allein“** durch. Jedes Mal, wenn du das Wort **„Wenn“** liest, halte inne und frage dich selbst: „Wenn mein Mann so handelt, wie ihr Mann handelte, reagiere ich dann so, wie sie es tat?“ Notiere deine eigene neue Reaktion auf jedes „*Wenn*“. Bitte Gott, dass Er dir Weisheit und Mut gibt, deiner neuen Verpflichtung nachzukommen.

Kapitel 8

Weisheit, deinen Mann zu verstehen

Mitverfasst von Rebekah (Pearl) Anast

Eine weise Frau lernt, sich ihrem Mann anzupassen.

Drei Arten von Männern

Männer sind nicht alle gleich. Mir ist bewusst geworden, dass es grundsätzlich drei Arten von Männern gibt. Die verschiedenen Arten sind sowohl in einjährigen Jungen als auch in erwachsenen Männern erkennbar. Es scheint, als hätte Gott jeden der drei Typen geschaffen, um eine Seite Seines dreieinigen Wesens auszudrücken. Kein einziger Mann widerspiegelt vollständig das Ebenbild Gottes. Wenn ein Mann alle drei Arten in sich vereint hätte, wäre er perfekt. Aber ich habe noch nie von so einem Mann gehört oder gelesen. Nur Jesus Christus war vollkommen. Die meisten Männer haben etwas von allen drei Arten in sich, aber eine überwiegt. Alle Bemühungen und Erfahrungen des Lebens schaffen es nicht, einen Mann erfolgreich in eine andere Art umzuwandeln. Es gibt nichts ungeschickteres und bemitleidenswerteres als einen Mann, der versucht, anders zu erscheinen, als er in Wirklichkeit ist. Wenn wir die verschiedenen Typen betrachten, wirst du wahrscheinlich schnell deinen Mann wiederfinden und erkennen können, wo du ihm ein Fluch oder ein Segen gewesen bist.

Bevor eine junge Frau heiratet, hat sie sich schon vorgestellt, wie ihr Ehemann sein sollte. Die Männer in ihrem Leben und die Vorbilder aus Büchern und Filmen verschaffen jeder Frau die Vorstellung eines fehlerlosen Mannes. Arme Jungs! Unsere Vorstellungen machen es schwierig für sie. Sie sind nicht vollkommen – ja, sogar weit davon entfernt. Gott gab einem jeden eine Natur, die teilweise der Seinen entspricht, aber nie völlig. Wenn ein Mädchen die Tatsache erkennt, dass alle Männer gefallene Kreaturen sind, wird sie überlegen müssen, warum sie ihr Leben an einen dieser Adams Söhne binden sollte. Aber Gott hat uns Frauen dieses unlogische Verlangen nach einem Mann eingegeben, und unsere Hormone arbeiten mit aller Kraft daran, uns zusammenzubringen.

> Wenn du gegen die Unzulänglichkeiten deines Ehemannes ankämpfst oder zu herrschen versuchst, werdet ihr beide scheitern. Wenn du ihn liebst und unterstützt <u>mit</u> seinen Unzulänglichkeiten, und <u>ohne</u> die Leitung zu übernehmen, werdet ihr beide erfolgreich sein und wachsen.

Wenn ein Mädchen sich plötzlich mit einem Mann verheiratet findet, der nicht so ist, wie sie sich ihn vorgestellt hatte, versucht sie meistens, anstatt sich ihm anzupassen, den Rest ihres Ehelebens – das nicht unbedingt lange dauert – ihn nach ihren Vorstellungen zu verändern. Die meisten jungen Mädchen sind erst eine kurze Weile verheiratet, bis sie entsetzt entdecken, dass sie eine Zitrone bekommen haben. Anstatt dein „Schicksal" zu bedauern, bitte Gott um Weisheit.

Weisheit ist, zu wissen, was du "gekauft" hast, als du deinen Mann heiratetest und zu lernen, dich ihm anzupassen, wie er ist und nicht, wie du ihn gerne haben möchtest.

Männer sind nicht alle gleich. Dein Mann wird wahrscheinlich nicht wie dein Vater oder Bruder, oder der Mann aus deinem Lieblingsroman sein. Unsere Ehemänner sind nach Gottes Ebenbild geschaffen worden und es braucht alle Arten von Männern, um der Vervollständigung dieses Ebenbildes auch nur etwas näher zu kommen. Kein Mann ist die genaue Abbildung; wenn er es wäre, wäre er zu göttlich und bräuchte dich nicht. **Gott gibt unvollkommenen Frauen unvollkommene Männer, damit sie zusammen Erben der Gnade des Lebens sein und *zusammen mehr werden können, als je einer von beiden alleine sein könnte.*** Wenn du gegen die Unzulänglichkeiten deines Ehemannes ankämpfst oder zu herrschen versuchst, werdet ihr beide scheitern. Wenn du ihn liebst und unterstützt mit seinen Unzulänglichkeiten, und ohne die Leitung zu übernehmen, werdet ihr beide erfolgreich sein und wachsen.

Herr Führer

Gott ist **dominant** – ein unumschränkter und allmächtiger Gott. Er ist auch **voraussehend** – allwissend und bestrebt, Seine Pläne auszuführen. Und Gott ist **beständig** – derselbe gestern, heute und in Ewigkeit, unser treuer Hohepriester. Die meisten Männer widerspiegeln in gewisser Weise eine dieser drei Aspekte Gottes.

Einige Männer sind mit einem hohen Maß an Vorherrschaft und äußerlich mangelnder Sanftmut geboren. Oft sind sie letztendlich in einer Position, die sie befähigt, andere Männer zu führen. Wir werden sie *Führer* nennen. Sie sind geborene Anleiter. Sie werden oft von anderen Männern als militärische Befehlshaber, Politiker, Prediger und Vorsteher von Handelsgesellschaften gewählt. Winston Churchill, George Patton und Ronald Reagan sind Beispiele führender Männer. Weil unsere Welt nur wenige Anleiter braucht, scheint Gott die Zahl dieser *Führer* begrenzt zu haben. In der Menschheitsgeschichte gab es Männer, die nach dem Ebenbild des Vaters geschaffen wurden, die sich mit guten Männern zusammentaten, um große Aufgaben zu verrichten. *Führer* tun gewöhnlich mehr, als von ihnen verlangt wird.

Sie sind dafür bekannt, dass sie von ihren Frauen vollständige Bedienung verlangen. Ein *Führer* will seine Frau in keinem Projekt verwickelt sehen, das sie davon abhalten könnte, ihm zu dienen. Wenn du mit einem starken, kräftigen, herrschsüchtigen Ehemann gesegnet bist, wie ich es bin, dann ist es sehr wichtig, dass du lernst, ihm zu widersprechen, ohne seine Autorität herauszufordern. Wir werden später in diesem Buch klären, wie man einem Mann widerspricht.

Führer haben weniger Toleranz und es kann passieren, dass sie fort gehen und ihre klagende Frau verlassen, bevor diese überhaupt die Gelegenheit hatte zu erkennen, dass sie schon nahe daran war, ihre Ehe zu verlieren. Bis sie erkennt, dass es ein ernstes Problem gibt, ist sie schon eine geschiedene Mutter, die nach Hilfe in der Erziehung ihrer Kinder sucht. Eine Frau kann streiten, bis sie blau im Gesicht wird, doch der *Führer* wird nicht nachgeben. Er ist nicht so vertraulich oder offen, wie andere Männer es sind, und wird nicht so schnell seine persönlichen Gefühle oder seinen Beruf mit seiner Frau teilen. **Er scheint sich selbst zu genügen.** Es ist schrecklich, ausgeschlossen zu werden. Eine Frau, die mit einem *Führer* verheiratet ist, muss beweisen, dass sie ergeben, treu und gehorsam ihrem Mann beistehen wird, um **einen Platz in seinem Herzen zu erwerben**. Wenn sie sein Vertrauen gewonnen hat, wird er sie aufs Äußerste schätzen.

Es ist sehr wichtig, dass du lernst, ihm zu widersprechen, ohne seine Autorität herauszufordern.

Sie steht jede Minute des Tages zu seinen Diensten. Ihr Mann will wissen, wo sie ist, was sie macht, und warum sie es macht. Er korrigiert sie gedankenlos. Mit allen Vor- und Nachteilen, das Kontrollieren ist ihm angeboren.

Eine Frau, die mit einem *Führer* verheiratet ist, trägt ein schwereres Joch als die meisten Frauen, aber es kann ein sehr lohnendes Joch sein. Zum Teil ist ihr Los als Gehilfin leichter, weil es für sie keine Möglichkeit gibt, die Führung zu übernehmen. Es gibt keine grauen Zonen; sie weiß immer genau, was von ihr verlangt wird, und hat dadurch ein Gefühl von Sicherheit und Ruhe.

Der *Führer* fühlt sich dazu verpflichtet, Menschen anzuleiten. Also tut er das, ob sie es wollen oder nicht. Erstaunlicherweise ist es das, womit die Leute sich am wohlsten fühlen. Nur wenige Leute haben genug Selbstvertrauen, um sich selbst einen Weg zu bahnen, und die Furcht, beschuldigt zu werden für ihre Fehler, hält sie davon ab. Der *Führer* ist bereit, ein Risiko einzugehen, und aus diesem Grund schuf Gott diese königlichen Männer. Ihr Weg ist nicht leicht, denn Jakobus sagte: **„Werdet nicht in großer Zahl Lehrer, meine Brüder; denn ihr wisst, dass wir ein strengeres Urteil empfangen werden"** (Jakobus 3,1).

Am 11. September, als das World Trade Center zerstört wurde, flog ein Flugzeug über Pennsylvania, das von anderen Terroristen entführt wurde. Todd Beamer befand sich in dem Flugzeug. Es war seine Stimme, die wir alle hörten, mit den nun berühmten Worten: „Let's roll." Er muss ein sehr starker *Führer* gewesen sein. Er und andere nahmen in einer verzweifelten Lage die Führung in die Hand und retteten vielen anderen das Leben, während sie ihre eigenen opferten. Es könnte ein furchtbarer Fehler gewesen sein, aber Todd Beamer schätzte die Situation ab, traf eine Entscheidung und handelte daraufhin. Er wusste, dass das Leben all dieser Leute in seiner Hand lag. Es war eine große Verantwortung, doch er war bereit zu tun, was getan werden musste. Du erinnerst dich doch bestimmt daran, wie stark und königlich seine junge Witwe aussah, als wir sie nach den Anschlägen im Fernsehen sahen. **Ein guter *Führer* sieht das Gesamtbild und strebt danach, der Mehrheit zu helfen,** auch wenn es ihm sein Leben und das Leben derer, die er liebt, kostet. Wenn er ein aufrichtiger Mann ist, wird er finanziellen Verlust hinnehmen, um diejenigen, die ihn brauchen, anzuleiten und ihnen zu helfen. Aber meistens wird er letztendlich doch mit allem versorgt sein. Wenn er kein ehrlicher Mann ist, wird er selbstsüchtig sein und die Geldmittel anderer benutzen, um seinen eigenen Interessen nachzugehen.

Ein König will eine Königin, und das ist auch der Grund, warum ein herrschender Mann eine treue Ehefrau will; um seinen Ruhm und Glanz zu teilen.

Ein König will eine Königin, und das ist auch der Grund, warum ein herrschender Mann eine treue Ehefrau will; um seinen Ruhm und Glanz zu teilen. Ohne die Bewunderung einer Frau sind seine Siege gedämpft. **Wenn eine Ehefrau früh lernt, sich des zweiten Platzes zu erfreuen und daraus für sich Vorteile zu ziehen, wenn sie sich nicht angegriffen fühlt von seiner eigensinnigen Hitzigkeit, wird sie die sein, die zu seiner Rechten sitzt und verehrt wird.** Denn ein Mann dieser Art wird seine Frau verehren und sie preisen. Sie wird seine naheste und manchmal seine einzige Vertraute sein. Mit den Jahren kann ein *Führer* biegsamer und sanfter werden. Seine Ehefrau wird geheime Eingänge zu seinem Herzen entdecken.

Wenn du mit einem König verheiratet bist, musst du ihm täglich Ehre und Respekt entgegenbringen, wenn du willst, dass er ein freundlicher, ehrlicher, starker und erfüllter Mann Gottes ist. Er hat die Möglichkeit, ein wundervoller Anleiter zu werden. Beschäme ihn nie, setze ihn nie herab und ignoriere seine Handlungen nicht.

Er ist wie ein Mann, der von einem hohen Berg herabblickt; er sieht das entfernte Ziel.

Wenn die Ehefrau eines *Führers* sich seiner Kontrolle entzieht, wird er ohne zu zögern ohne sie weitergehen. Wenn er kein entschiedener Christ ist, wird er es zur Scheidung kommen lassen. Wie König Ahasveros aus Persien wird er sie, wenn sie ihm trotzt, ersetzen und nicht einmal zurückblicken. Wenn seine christlichen Überzeugungen ihn von der Ehescheidung abhalten, wird er unnachgiebig das Kommando halten und sie wird als unglückliches, armes Wesen gelten.

Wenn ein *Führer* kein Geschick zum Arbeiten entwickelt hat und dadurch wenig zustande bringt, wird er geneigt sein, Geschichten von sich zu erzählen und zu prahlen, bis die Leute ihn satt sind. Wenn er seine Ehefrau verlassen und seine Kinder verloren hat und deswegen kein rechtmäßiges eigenes „Königreich" mehr hat, wird er unausstehlich schwatzhaft werden.

Ein *Führer*, der auf Abwege geraten ist, verhält sich höchstwahrscheinlich beleidigend. Wichtig ist, zu erkennen, dass viel von der Verehrung seiner Frau ihm gegenüber abhängt. **Wenn ein *Führer* (Christ oder nicht Christ) mit Ehre und Respekt behandelt wird, wird eine gute Gehilfin erkennen, dass ihr Mann wunder-**

bar beschützend und unterstützend ist. In den meisten Ehen gibt es nicht deswegen Streit, weil der Mann gefühllos oder rasend ist, sondern weil der Mann den verlangten Gehorsam, die Ehre und den Respekt nicht erhält. Dann reagiert er ärgerlich. Wenn eine Ehefrau ihre Rolle als Gehilfin erfüllt, handelt der *Führer* anders. Natürlich wird es einige Männer geben, die hart und unbändig sind trotz derer demütigen Frauen und die, obwohl ihre Frauen gute Gehilfinnen sind, dennoch die Kinder misshandeln. In solchen Fällen wäre es die Pflicht der Frau, sich einer Autorität zuzuwenden, die dann Gottes Arm werden und für Gerechtigkeit sorgen würde.

- *Herr Führer* entsorgt üblicherweise nicht den Abfall, und räumt auch nicht den Schmutz hinter sich auf. Er fordert lieber andere dazu auf. Eine Frau, die versucht, *Herrn Führer* dazu zu bringen, den Müll zu entsorgen, wird schon bald allein dastehen, als Abfall ihres Mannes.
- *Herr Führer* will von seinen Plänen, Ideen und beendeten Projekten erzählen. Er ist sehr objektiv und nüchtern und **mag kein Geplauder. Er ist wie ein Mann, der von einem hohen Berg herabblickt; er sieht das entfernte Ziel.** Er wird von seiner Frau erwarten, dass sie ihn an die Nöte einzelner erinnert.
- *Herr Führer* fühlt sich äußerst unbehaglich und ist ratlos, wenn er mit Kranken, Hilfsbedürftigen und Sterbenden zu tun hat. Wo es keine Hoffnung gibt, wird kein *Führer* gebraucht.
- Ein geborener Leiter ist ein Mann, der, wenn es notwendig ist, Prinzipien oder Regeln für das Wohl der Mehrheit den Umständen anpassen kann.

Herr Visionär

Gott ist ein *Visionär*, wie man in seiner Person, dem Heiligen Geist, sieht. Er versah einige Männer mit diesem Teil Seines Wesens. Propheten, ob wahr oder falsch, sind gewöhnlich von dieser Art. Einige von euch sind mit Männern verheiratet, die wetterwendisch, unbeständig und träumerisch sind. Diese Männer verwirren die ganze Familie mit Streitfragen wie: „Glauben wir an Weihnachten? Sollten wir uns auf amtliche Heiratserlaubnisse stützen? Sollte ein Christ auf Versicherungen verzichten? Die Streitfragen mögen ernst und von Bedeutung für jemanden sein, doch in gewisser Weise haben diese Männer einen Tunnelblick mit Meinungsverschiedenheiten als Ziel.

Sie ziehen einfach weiter, ohne eine Idee, wie sie ihren Lebensunterhalt mit der neuen Stelle verdienen können. Sie sind oft die Gemeindenspalter und diejenigen, welche dogmatische Keuschheit und anständige Kleidung und Handlungsweisen fordern. Wie Propheten, vermahnen sie die Leute wegen derer Unbeständigkeit. Wenn sie nicht weise sind, können sie richtige Narren werden, die ihre Vorstellungen durchsetzen und andere zwingen zu folgen. Ein *Visionär* fördert die Legalisierung von Drogen, während ein anderer sich dafür einsetzt, Abtreibungen illegal zu machen. Doch die meisten sitzen einfach zuhause und beschweren sich, sind jedoch tief im Inneren *Visionäre*.

Lerne, flexibel zu sein und deinem Mann immer treu ergeben zu sein.

Visionäre sind oft begabte Männer oder Erfinder, und ich bin gewiss, dass es Männer von diesem Kaliber waren, die den Wilden Westen einnahmen, obwohl sie nicht einmal Farmer waren, die sich dort ansiedelten. Heutzutage sind *Visionäre* Straßenprediger, aktive politische Teilnehmer, Organisatoren und Anstifter irgendeines gesellschaftlichen Aufstandes. **Sie lieben Konfrontationen** und hassen den gegenwärtigen Zustand. „Warum alles so lassen, wie es IST, wenn man es ändern kann?" Sie sind die Männer, die den Rest der Welt davon abhalten, stillstehend und langweilig zu werden. **Der *Visionär* ist mit dem Bedürfnis, sich mit seinen Worten, seiner Musik, seinem Schreiben, seiner Stimme, seiner Kunst oder seiner Tat zu verständigen, erfüllt.** Er ist die **„Stimme eines Predigers in der Wüste"**, die bestrebt ist, das Verhalten oder Denken der Menschen zu ändern. Gute Absichten halten *Visionäre* nicht immer davon ab, großen Schaden zu verursachen. Sie können einen Pudding einrühren und schließlich giftigen Abfall erzeugen, wenn sie nicht weise sind. Eine unweise Ehefrau kann negative Worte zu dem Gift hinzufügen oder sie kann mit einfachen Worten der Vorsicht die Aufmerksamkeit auf den guten Pudding und die Weisheit, ihn liegen zu lassen, richten. **Jeder *Visionär* braucht eine gute, weise, umsichtige, ausgeglichene Ehefrau, die positiv ins Leben blickt.**

Wenn du mit einem dieser Männer verheiratet bist, dann rechne damit, reich oder arm zu sein, selten im Mittelstand. Er mag alles in ein Projekt investieren und dabei alles verlieren oder ein Vermögen gewinnen. Aber er wird nicht einverstanden damit sein, von 8:00 Uhr bis 17:00 Uhr jahrelang auf derselben Stelle zu arbeiten und sich dann zurückzuziehen, um ein gutes Leben zu genießen. Wenn er einen Arbeitsplatz hat, wird er entweder die Hälfte der Zeit abwesend sein oder 80 Stunden pro Woche wie verrückt arbeiten und jede Minute genießen. Er mag eine Alligatorenfarm in Florida oder einen Skiort in Colorado kaufen, oder er kauft einen alten Wohnwagen für $150, in der Hoffnung, ihn wiederherzustellen und für $10,000 zu verkaufen, um letztendlich zu merken, dass er auseinanderbricht, wenn man ihn anstößt. Er wird dann seine Frau und alle Kinder beauftragen, ihm zu helfen, das Dach abzureißen und den Schutt zur Mülldeponie zu tragen (um die Geräte in der schon übervollen Garage zu schonen), damit er einen Farmwagen aus den Achsen machen kann. Jetzt, da er einen Farmwagen und keine Tiere hat, rechne damit, dass er billig drei alte, kranke Kühe kaufen wird … **Er mag nie reich an Geld sein, aber er wird reich an Erfahrungen sein.**

Eigentlich ist mein Ehemann vielleicht nicht 100% *Herr Führer*, weil er mir manchmal ziemlich wie dieser *Herr Visionär* vorkommt. Ich erinnere mich an einige Male, wo ich ihm geholfen habe, einen alten Stall niederzureißen, um den Schund nach Hause zu schleppen und unseren alten Stall damit zu füllen. Denke daran: Die meisten Männer sind eine Mischung der verschiedenen Arten, aber eine überwiegt gewöhnlich.

Die Ehefrau eines *Visionärs* sollte etwas waghalsig und blind auf einem Auge sein, um sich an der Fahrt zu erfreuen. Wenn das dein Mann ist, musst du zwei sehr wichtige Dinge (abgesehen davon, wie man ihm widersprechen kann) lernen. **Lerne, flexibel zu sein und deinem Mann immer treu ergeben zu sein.** Du wirst darüber staunen, wie viel glücklicher du sein wirst und wie viel mehr Spaß das Leben macht, wenn du lernst, mit dem Strom – *seinem* Strom – zu schwimmen. Das Leben wird zu einem Abenteuer. Dir werden die Mädels, die mit der im Schlamm stecken bleibenden, *standhaften Art* verheiratet sind, wirklich leidtun. Und sobald du begriffen hast, dass dein Mann nicht „richtig" zu sein braucht, damit du ihm nachfolgen kannst, wirst du ENDLICH von deinen erschöpften Eltern Abschied nehmen können, auch wenn sie schreien, dass du einen verrückten Mann geheiratet hast. Leute, die zuschauen, werden darüber staunen, dass du deinen Ehemann lieben und schätzen kannst, aber du wirst es besser wissen, weil **du seine Größe sehen wirst.**

Größe ist ein Zustand der Seele, nicht gewisse Fähigkeiten. Thomas Edison war, obwohl er zu seiner Zeit nicht dafür bekannt war, *großartig*, nachdem er nach seinem 999. Misserfolg eine Glühbirne herstellte. Die Wright Brüder waren großartig, als sie ihre gewinnbringende Beschäftigung, Fahrräder zu reparieren, vernachlässigten und ihre „Zeit versäumten" mit dem Versuch, eines davon zum Fliegen zu bringen. Wenn die Glühbirne nie funktioniert und das Flugzeug nie geflogen wäre, und heute keiner sich an deren Namen erinnern würde, wären sie dennoch dieselben Männer gewesen und ihr Leben würde ebenso erfüllt und ihre Tage ebenso herausfordernd gewesen sein. Dachte Edisons Ehefrau, er wäre großartig, als er sein letztes Geldstück für eine weitere misslungene Idee ausgab? Wenn nicht, hätte sie doch viel verpasst.

Der *Visionär* braucht die Unterstützung seiner Frau, und er wird sie schätzen, wenn sie sie freiwillig gibt. Ohne sie fühlt er sich allein. Das Zusammenleben mit diesem Mann wird zuerst ein bisschen schwierig sein. Große, wilde Kämpfe sind vorprogrammiert, wenn ein nettes, normales Mädchen (die einen *Herr Standhaft*-Vater hatte) einen von „den Seltsamen" heiratet. Sie werden sich entweder in den ersten wenigen Jahren scheiden lassen (sie lässt sich von ihm scheiden) oder sie wird sich dafür entscheiden, ihn zu schätzen, weil er doch ziemlich liebenswürdig ist. Ich erhalte wenige Briefe von Ehefrauen, die mit diesen überempfindlichen Männern verheiratet sind. Ich erhalte jedoch zahlreiche Briefe von ihren Schwiegermüttern, die uns bitten, den Schwiegersöhnen zu schreiben und sie geradezubiegen.

Einige dieser Männer sprechen mit glänzender Begeisterung und Lebhaftigkeit. Sie lieben es, jemandem von ihren Ideen, Plänen und Träumen zu erzählen. Wenn du einen solchen geheiratet hast, möchte er dir von seiner neuesten Idee berichten, und er will deine begeisterte Unterstützung und keine Kritik an seinem Plan hören. Er wird sein Vorhaben zu einem späteren Zeitpunkt ernster betrachten, doch für den gegenwärtigen Moment wirkt die Idee selbst kräftigend auf ihn. Er wird tausend Ideen haben zu jedem Projekt, das er beginnt, und viele beginnen, die er nie beenden wird, und einige beenden, die sinnlos sind, was du „schon die ganze Zeit wusstest". Erinnere ihn das nächste Mal, wenn er eine neue Idee hat, daran und du wirst eure Ehe zerstören – aber ihn wirst du nicht verändern. Er wird seine „dummen Projekte“ mit jemand anderem teilen.

Lerne, die Fahrt zu genießen

Vor ein Paar Jahren entschloss sich ein frisch verheiratetes Paar, eine Fahrradtour als Hochzeitsreise zu machen. Sie hatten die Landkarte ausgearbeitet und die Fahrräder und das Lagerzeug vorbereitet. Nachdem sie ein paar Tage gereist waren, bemerkte die junge Ehefrau, dass ihr guter Ehemann auf dem falschen Weg war. Sie stoppte ihn und versuchte, ihm auf der Landkarte zu zeigen, dass er den richtigen Weg verloren hatte. Sie war schon immer gut darin gewesen, Landkarten zu lesen und wusste immer genau, wo sie sich befand. Er hatte keinen so guten Orientierungssinn und behauptete, sie läge gänzlich falsch und bestand darauf, dass sie in die „richtige“ Richtung fuhren. Als er am späten Nachmittag doch entdeckte, dass sie wirklich auf dem falschen Weg waren, entschuldigte er sich, indem er den Schildern die Schuld zuwies oder einige andere plausible Erklärungen dafür fand. Wieder schlug er den falschen Weg ein, und sie stritt mit ihm. Er änderte den Kurs ständig, doch erreichten sie durch den kurzesten Weg nichts. Sie wies ihn auf seine Fehler hin. Dieser Teil der Hochzeitsreise war nicht sehr schön. Nichts konnte seinen Sinn ändern. Er wusste, dass er Recht hatte, und wenn nicht ganz genau, dann wenigstens so viel, wie man es unter den gegebenen Umständen erwarten konnte, und Kritik war unwillkommen.

> Er verbringt sein Leben damit, durch ein Fernrohr oder Mikroskop zu schauen, und ist verblüfft, dass andere das, was er sieht, nicht zu merken scheinen oder sich nicht dafür interessieren.

Was konnte sie tun? Der jungen Ehefrau gefiel diese Situation überhaupt nicht und schlussfolgerte, dass dieses ein Vorgeschmack auf den Rest ihres Lebens sein könnte.

Als sie weiter über diese Sache nachdachte, begriff sie, dass es ihm sehr wichtig war, recht zu haben und zu leiten, und es wirklich nicht darauf ankam, welchen Weg sie einschlugen. Sie unternahmen diese Reise, um zusammen zu sein, nicht, um an einem bestimmten Ort anzukommen. Gott, in Seiner Barmherzigkeit und Gnade, gab dieser süßen jungen Ehefrau ein neues Herz. Sie entschloss sich, ihrem Ehemann auf dem Weg, den er wählte, zu folgen, ohne die Entscheidung infrage zu stellen. Also begann sie, fröhlich den schönen Tag und die Freude, jung und verliebt zu sein, zu genießen und radelte weiter den Weg entlang, der sie dorthin brachte, wo jede Ehe sein sollte, wenn auch nicht der Landkarte entsprechend.

Es wird dein Gesicht sein, in das er schaut, um die Bewunderung dessen zu sehen, was er Großes vollbracht hat.

Diese kleine Dame hat einen 100%igen *Visionär* geheiratet. Sie hat ihre Ehe richtig begonnen, da sie seiner Führung folgte, ungeachtet dessen, ob er die richtige Richtung einschlug oder nicht. Sie ist flexibel gewesen und hat sich an der Fahrt erfreut. Wenn ihr Mann eines Tages feststellen wird, dass er ihr von Herzen vertrauen kann, wird er ihr das Lenken überlassen – und sich immer noch die Ehre anrechnen. Die Lehre dieser Geschichte ist: Wie du denkst, entscheidet, was du fühlst, und was du fühlst, beeinflusst dein Handeln.

Wenn du mit einem *Visionär* verheiratet bist, **lerne, dich an der Fahrt zu erfreuen,** denn wenn er jemals eine verbesserte Glühbirne herstellt, wird er sie zum ersten Mal von dir angeschaltet sehen wollen. Es wird dein Gesicht sein, in das er schaut, um die Bewunderung dessen zu sehen, was er Großes vollbracht hat. Du bist sein wichtigster Fan. Wenn du weißt, dass dein Mann dich wirklich braucht, kannst du dich überaus glücklich schätzen.

Nach einiger Zeit werden diese Art Männer praktischer. Wenn du eine junge Ehefrau bist, die einen Mann geheiratet hat, den deine Mama als verrückt bezeichnet – dann bist du wahrscheinlich mit einem *Herr Visionär* verheiratet. Nimm dir jetzt im Herzen vor, ihm treu zu sein und **flexibel zu sein**; dann lass deinen Träumer träumen. Mache es dir bequem und genieße die Fahrt; sie sollte interessant werden.

Die Welt braucht *Visionäre*, weil es diejenigen sind, die Heuchelei und Ungerechtigkeit nicht ertragen können und die Drachen besiegen. Er verlangt viel von sich und von denen um ihn herum. Er weiß, wie fast alles getan werden muss und ist gerne bereit, andere zu beraten. Mit der Zeit wird er sich in mehr als einem Bereich gut auskennen.

- *Herr Visionär* trägt den Abfall hinaus, wenn er daran denkt. Es kann aber auch sein, dass er etwas erfindet, das dem Abfall ermöglicht, sich selbst hinauszubringen oder er lässt den Müll zu einer Energiequelle werden oder er verschwendet viel Zeit damit, ein Gefährt herzustellen, mit dem du den Abfall hinausbringen kannst. Aufzuräumen wird ihn nicht stören, wenn er merkt, dass es notwendig ist, er kann jedoch so tief in Gedanken versunken sein, dass er während dem Fegen beschließt, zu streichen und dann zu einem anderen Projekt übergeht, bevor er mit dem Anstreichen fertig ist. Und womöglich wird es ihn ärgern, wenn seine Ehefrau sich darüber beklagt.

Die Lehre dieser Geschichte ist: Wie du denkst, entscheidet, was du fühlst, und was du fühlst, beeinflusst dein Handeln.

- *Herr Visionär* wird zu seiner Frau, wenn sie ihn anerkennt, reden, reden und reden. Er wird subjektiv sein und über Gefühle, Gemütszustände und geistliche Einblicke nachdenken. **Das Wichtigste für ihn wird sein, dass seine Frau objektiv (realitätsnah) und vernünftig denken kann.** Das wird nötig sein, damit seine Füße nicht zu weit vom festen Boden abweichen. **Er verbringt sein Leben damit, durch ein Fernrohr oder Mikroskop zu schauen,** und ist verblüfft, dass andere das, was er sieht (oder meint zu sehen), nicht zu merken scheinen oder sich nicht dafür interessieren. Jede belanglose Sache wird zur Gemütsverstimmung führen und es wird notwendig sein, dass seine Ehefrau gelegentlich auf das Gesamtbild und die möglichen Endresultate der Beziehungen, Finanzen oder Gesundheit zeigt, wenn er sich weiter nur auf sein gegenwärtiges Interesse konzentriert. Seine Frau muss in positiver Stimmung bleiben, doch nie in seine vorgegebene Welt springen und versuchen, ausweglose Streitfragen zu klären. Lass ihn selbst aus seinen Fehlern lernen. Aber gieße kein

Wasser auf sein Feuer. Lass ihn sein eigenes Gleichgewicht dadurch finden, dass er auf schwierige Tatsachen stößt. Die alttestamentlichen Propheten Gottes müssen sicher Visionäre gewesen sein. Erinnerst du dich an Elia, Jeremia und Hesekiel und alle derer Prüfungen?

• *Herr Visionär* ist ein Anfänger und Herausforderer. Er ist der Mann, der den Weg bahnt und die Stimme, die eine Sache ins Rollen bringt. Er wird beginnen und das Fest am Laufen halten, bis *Herr Führer* erscheint, um die Leitung zu übernehmen.

• **Ein *Visionär* ist so intensiv bei einer Sache, dass wichtige Dinge leicht in den Hintergrund geraten.** Eine Ehefrau muss sich davor hüten, negativ über andere zu reden. Sinnloses Geschwätz kann eine lebenslange Freundschaft beenden. Das trifft auf alle Männer, aber besonders auf den *Visionär* zu. Durchforsche dein Herz und prüfe deine Motive, aus welchen heraus du etwas sagst. Warum sprichst du mit ihm über andere Leute? Was bezweckst du damit? Ihn zu erbauen und Freude zu vermitteln oder dich zu erbauen und ihm den Eindruck zu vermitteln, dass nur du perfekt bist? Wenn du über Leute sprichst und sie etwas schlechter aussehen lässt als dich, wird dein Mann womöglich schlussfolgern, dass Freunde und Familie dich ungerecht behandeln. Seine Einstellung ihnen gegenüber wird sich ändern; er wird sich zurückziehen. Du könntest sogar deinen Ehemann unbedacht in eine Position bringen, in der er sich nichts mehr von anderen sagen lässt. Wenn du willst, dass dein Ehemann zu einem überzeugten, selbstsicheren Mann Gottes wird, musst du ein reines Gewissen gegenüber seinen Freunden und seiner Familie haben. Gott sagt, dass ungläubige Männer auch ohne Worte gewonnen werden. Ebenso kann auch das unbedachte Gerede einer Frau einen starken Mann verkrüppeln lassen und er wird zu einem zornigen und streitlustigen Mann werden. **„Ebenso sollt ihr Frauen euch euren Männern unterordnen, damit, wenn auch einige dem Wort noch nicht gehorchen, sie durch den Lebenswandel der Frauen ohne Wort gewonnen werden, indem sie eure respektvolles, vorbildliches Leben ansehen"** (1. Petrus 3,1.2).

• *Herr Visionär* braucht eine Frau, die nicht sofort beleidigt ist. Sie muss stark sein. Er benötigt eine Frau, die voller Leben und Freude ist. *Herr Visionär* ist nicht dazu bereit, ein Tröster zu sein – für sich oder andere. Seine Frau wird lernen müssen, mit zitternden Lippen einzustecken, die Schultern zu straffen und ein Lächeln hervorzubringen.

- *Herr Visionär* kann ein Führer sein, doch weil er einen Tunnelblick hat, wird seine Anleitung eine schmale Sicht haben.

Herr Standhaft

Gott ist so standhaft wie ein ewiger Fels, versorgend und treu wie ein Priester – *wie Jesus Christus*. Er schuf viele Männer nach diesem Bild. Wir nennen sie *Herr Standhaft* – „sich in der Mitte befindend, in keine Extreme verfallend". *Herr Standhaft* wird keine spontanen Entscheidungen treffen, verschwendet nicht sein letztes Geldstück für eine neue Idee und versucht nicht, anderen vorzusagen, was sie zu tun haben. Er geht Streit aus dem Weg. Er erfindet keine Glühbirne wie *Herr Visionär*, doch es wird er sein, der die Fabrik baut und am Fließband steht, das hilft, die Glühbirne und das Flugzeug zu produzieren. Er wird nicht aufspringen, um dem Terroristen im Flugzeug das Rasiermesser aus der Hand zu reißen, außer, wenn *Herr Führer* ihn dazu antreibt. Er wird nie einen Aufstand gegen die Regierung oder die Gemeinde anzetteln. Er wird die Heuchelei anderer gelassen ignorieren. Er wird selbstlos in Kriegen kämpfen, die *Herr Visionär* beginnt und *Herr Führer* anleitet. Er stellt die Öltanker her, bebaut die Erde und erzieht in Frieden seine Familie. In der Regel wird er treu sein bis an den Tag, wenn er in demselben Bett stirbt, in dem er die letzten 40 bis 50 Jahre geschlafen hat. Ältere Frauen, die geschieden sind und aus ihren Fehlern gelernt haben, **erkennen den Wert des Friedens und der Sicherheit, und sehnen sich nach so einem guten, standhaften Mann. Doch solch ein Mann ist nicht oft vorhanden** – ausgenommen, seine törichte Ehefrau hat ihn verlassen. Dieser Mann ist mit der Ehefrau seiner Jugend zufrieden.

Freuden und Trübsal

Mit *Herrn Standhaft* verheiratet zu sein, hat seine guten wie auch schlechten Seiten. Die gute Seite: Dein Ehemann übt keinen Druck auf dich aus, Großes zu vollbringen. Er erwartet nicht, dass du seine Magd bist. Du verbringst deine Tage nicht damit, Gefühlsfeuer zu löschen, weil er keine Spannung in der Familie verursacht. Du fühlst dich selten getrieben, geschoben, unterdrückt oder gezwungen. Die Frauen, die mit *visionären Männern* verheiratet sind, wundern sich darüber, dass dein Ehemann so ausgeglichen und ruhig zu sein scheint. *Herr Führer*s Ehefrau staunt über die freie Zeit, die du zu haben scheinst. Wenn dein Vater ein *Herr Standhaft* gewesen ist, wirst du wahrscheinlich erkennen, was für einen Schatz du an deinem nüchternen, praktischen Ehemann hast.

Er ist wie tiefes, tiefes Wasser. Die Tiefe selbst macht die Bewegung nahezu unmerklich, doch ist sie trotzdem sehr stark.

Wenn du mit einem Mann verheiratet bist, der standhaft und zurückhaltend ist, du aber etwas von der ungeduldigen Romantik besitzt, wirst du seinen Wert nicht erkennen und ihn nicht bereitwillig ehren. Du wirst unzufrieden sein, weil er langsam und vorsichtig ist, sich schwer damit tut, die Autorität zu übernehmen und lange braucht, um Entscheidungen zu treffen. Eine herrschsüchtige Frau sieht ihres Mannes Schwachheit, eilige Entscheidungen zu treffen und bezeichnet ihren *standhaften* Ehemann als unentschlossen. Seine Standhaftigkeit macht ihn zum Letzten, der sich verändert, welches ihn als Mitläufer erscheinen lässt, da er selten die Truppen leitet. In ihm gibt es keinen brausenden Sturm, nur ein langsames, stetiges Klettern ohne Glocken oder Pfeifen. Du wünschst dir, dass er sich endlich entscheidet und dass er Stellung in der Gemeinde bezieht. Es scheint, als ließe er sich einfach von den Leuten gebrauchen. Es gibt Zeiten, in denen du wünschst, dass er dir barsch sagt, was du zu tun hast, damit du nicht die ganze Last des Entscheidens zu tragen brauchst.

Einige Frauen bezeichnen die weise Umsicht und den Mangel an offener Leidenschaft ihres Ehemannes als „ungeistlich". Sein Mangel an Spontaneität und Kühnheit mag wie Desinteresse an geistlichen Dingen aussehen. Aber er ist wie tiefes, tiefes Wasser. Die Tiefe selbst macht die Bewegung nahezu unmerklich, doch ist sie trotzdem sehr stark.

Er wird durch deine Unzufriedenheit verwirrt und versucht, dir noch besser zu dienen, welches wiederum deine Achtung seiner Männlichkeit noch weiter verringern kann. **Enttäuschung und Undankbarkeit können dich mehr ermüden, als**

jeglicher Berg von Aufgaben. Die Leiden, die er dir zu verursachen scheint, sind eigentlich nur Folgen deiner Unzufriedenheit über seine angeblichen Fehler. Wenn du nicht versuchen würdest, ihn zu einem anderen Mann zu formen, als den Gott ihn geschaffen hat, würde er dir kein Leid zufügen. Gerade seine Standhaftigkeit hält ihn auf der Mittelbahn und macht eine dominante Frau verrückt.

> **Das ist der Grund, warum viele mürrischen Frauen, die mit Herrn Standhaft verheiratet sind, hormonellen Unausgeglichenheiten, physischen Krankheiten oder emotionalen Problemen zum Opfer fallen.**

Wenn eine Frau mit einem herrschsüchtigen, dominanten Mann verheiratet ist, staunen die Leute darüber, dass sie bereit ist, ihm ohne Murren zu dienen und es scheint, als sei sie eine wunderbare Frau mit viel Geduld und Hingabe. Eine Frau, die mit dem impulsiven *Herrn Visionär* verheiratet ist, der die Familie in Schwierigkeiten bringt, wird in allen Menschen Verwunderung erwecken: „Wie kann sie nur seine einfältigen Ideen in solchem Frieden und solcher Freude dulden?“ Sie erscheint wie eine Heilige, vielleicht sogar wie eine Märtyrerin. Doch wenn du mit einem wundervollen, freundlichen, liebenden, dir dienenden Mann verheiratet bist, und du auch nur etwas selbstsüchtig bist, wirst du wahrscheinlich wie ein undankbares, zänkisches Weib aussehen. Er hilft dir, verehrt dich, beschützt dich und versorgt dich, und du bist immer noch nicht zufrieden. Schäme dich!

Der „Fußwascher"

Gestern benutzte ich einen Wasserschlauch, um die Kirchen-Latrine zu säubern. Für euch Stadtmädchen: Eine Latrine ist ein kleines Häuschen, das über einem Loch in der Erde steht, mit hölzernem Boden und einem Sitz mit einem Loch darin. Bevor man im Haus Rohrleitungen hatte, war das eine typische Toilette. Die Latrine stand gewöhnlich etwa 50 Fuß vom Haus entfernt. Wie du dir vorstellen kannst, stinken Latrinen. Als ich die Wände und den Sitz mit Wasser abspritzte, wünschte ich mir, dass Kurt da wäre. Wenn es eine schmutzige, langweilige Arbeit, eine Arbeit, der die meisten Leute aus dem Wege gehen, eine Arbeit, in der kein Ruhm liegt, gibt, kannst du dir sicher sein, dass Kurt an Ort und Stelle sein und still die Verantwortung auf sich nehmen wird.

Unser Freund Kurt ist ein „Fußwascher". Seine Kraft leuchtet am hellsten, wenn er etwas für andere tun kann. Wenn ich die Geschichten lese, in der Jesus den Schmutz von den Füßen der Jünger wäscht, die kleinen Kinder zu Sich ruft, oder die Fünftausend speist, denke ich an Kurt. Die Jünger wollten alle die Führung übernehmen, von den Menschen gesehen und verehrt werden. Doch Christus verbrachte die meiste Zeit damit, sie zu lehren, stille Diener zu sein – die Aufgabe eines Herrn Standhaft.

Jesus war ein Fußwascher. Zu Christi Zeit war das Fußwaschen der Reisenden eine verachtete Arbeit, die die Diener für den niedrigsten Lohn tun mussten, dennoch wusch Jesus ihre Füße, um zu zeigen, dass Er sie wertschätzte. **„Wenn nun ich, euer HERR und Meister, euch die Füße gewaschen habe, dann sollt auch ihr einander die Füße waschen"** (Johannes 13,14). Mit anderen Worten sagte Er: „Wenn du mein Jünger sein willst, dann rechne damit, lebenslang hinter anderen Leuten aufzuräumen, das Waschbecken der alten Dame zu reparieren und einen Umweg zu machen, um jemanden zur Kirche zu fahren."

Viele Frauen sind der Meinung, ihr Pastor sei ein mächtiger Mann Gottes oder ihr Chorleiter ein geisterfüllter Mann. Doch befürchte ich, dass es die stillen „Herr Standhaft-Männer" sind, die „die Größten im Himmelreich" sein werden. Herr Standhaft, der stille Mann, der Mann, der keine Verantwortung übernimmt, ist kein Mann von geringem Wert, denn Jesus erhöhte die Alltagsarbeiten, die so oft von Herrn Standhaft verrichtet werden. Herr Standhaft kann ein starker Mann Gottes sein. Seine Kraft wächst, indem er gelassen Verantwortungen auf sich nimmt, denen andere üblicherweise ausweichen. Wenn wir als Ehefrauen nur lernen könnten, den Mann zu ehren, den Gott uns gab, würden wir gesegnet sein, zu sehen, zu welch einem mächtigen Mann Gottes er heranwachsen würde. Eine herrliche Ehe lernt man manchmal erst aus der Ferne zu schätzen. Bitte Gott um Weisheit, deinen Herrn Standhaft zu ehren und wertzuschätzen.

> **„... der Menschensohn nicht gekommen ist, um sich dienen zu lassen, sondern um zu dienen und sein Leben zu geben als Lösegeld für viele"** (Matthäus 20,28).
>
> **„Es erhob sich auch ein Zank unter ihnen, wer von ihnen als der Größte anzusehen sei. Er aber sagte zu ihnen: ‚Die Könige der Völker herrschen über sie, und ihre Machthaber werden Wohltä-**

ter genannt. Ihr aber nicht so! Sondern der Größte unter euch soll wie der Jüngste sein, und der Vornehmste wie der Dienende. Denn wer ist größer: der zu Tisch sitzt oder der dient? Ist es nicht der, der zu Tisch sitzt? Ich aber bin unter euch wie der Diener' " (Lukas 22,24-27).

Kenne deinen Mann

Deines Ehemannes Sanftmut ist keine Schwachstelle; sie ist seine Stärke. Deines Ehemannes Zögern ist keine Unentschlossenheit; es ist umsichtige Weisheit.

Ehefrauen sind aus Fleisch und Blut, und als junge Frauen besitzen wir nicht alle Fähigkeiten, die notwendig wären, um den Ehestand gut, geschweige denn perfekt, zu starten. Wenn du deinen Mann so akzeptierst, wie Gott ihn geschaffen hat, wirst du nicht immer wieder versuchen, ihn nach deiner Vorstellung zu ändern. ***Der Schlüssel ist, deinen Mann kennen zu lernen.*** **Wenn er ein Herr Standhaft ist, musst du lernen, dankbar zu sein und ihn als den zu ehren, der für dich nach Gottes Ebenbild geschaffen ist.** Gottes Wort sagt in Hebräer 13,8: **„Jesus Christus ist derselbe, gestern und heute und auch in Ewigkeit." Ein Mann, der standhaft geschaffen wurde, gibt einer Frau Frieden und Sicherheit.** Deines Ehemannes Sanftmut ist keine Schwachstelle; **sie ist seine Stärke.** Deines Ehemannes Zögern ist keine Unentschlossenheit; es ist umsichtige Weisheit. Deines Ehemannes Mangel an tiefer geistlicher Unterhaltung ist kein Mangel an Interesse; es ist einfach die Spitze eines Berges intensiver Gefühle. Wenn er je darüber spricht, was er fühlt, wird er möglicherweise Tränen verlieren.

Er will dich erfreuen. **„Der Rat im Herzen eines Mannes ist wie tiefe Gewässer; aber ein Verständiger** [oder eine Verständige] **kann es ausschöpfen"** (Sprüche 20,5). Du wirst nicht lernen müssen, ihm richtig zu widersprechen, denn dein Ehemann will noch so gerne deinen Willen tun.

Wenn das deinen Mann beschreibt, musst du lernen, abzuwarten und zu hören; dann wird Gott deinen Ehemann zur rechten Zeit antreiben. Bitte Gott um Weisheit und Geduld. Strebe danach, einen sanften Geist zu haben. Schlage in der Bibel die Begriffe „Scham und Zucht" nach und erfahre, was sie bedeuten. Bitte, dass Gott deinem Ehemann Weisheit gibt. Höre auf zu erwarten, dass er für dich etwas *vorspielt*, mit der Familie betet, mutig Zeugnisse gibt oder eine kühne Stellung in der Gemeinde bezieht. **Höre auf, zu versuchen, in ihm Ärger** über deine Kinder **aufkommen zu lassen,** damit er einmal fühlt und versteht, wie schlecht du behandelt wirst. **Lass ihn so sein, wie Gott ihn geschaffen hat: eine stille, ruhige, aufmerksame Gegenwart** – *für dich*! Die *Führer* und *Visionäre* verstehen und schätzen ihn, und auch sie lehnen sich an einen Mann dieser Art, um Stabilität zu erlangen. Lerne, deinen Mann um Rat zu fragen und gib ihm dann Zeit zu antworten, auch wenn es Tage oder Wochen dauern kann. Zeige Respekt, indem du ihn fragst, in welchen Bereichen er dich die Entscheidungen treffen lassen möchte.

> Lass ihn so sein, wie Gott ihn geschaffen hat: eine stille, ruhige, aufmerksame Gegenwart – für dich!

Viele dieser „feinen" Männer mögen es, wenn ihre Ehefrauen etwas Initiative ergreifen. *Herr Führer* sagt dir, was du zu tun hast und wie du ihm dienen kannst und *Herr Visionär* will, dass du das tust, was er gerade tut.

***Herr Standhaft* möchte, dass seine Frau neben ihm hergeht, aber dennoch in ihrem eigenen Recht vor Gott und ihm wächst.**

Wenn du mit einem *Herrn Standhaft* verheiratet bist, musst du Sprüche 31 kennen, um eine aktive Gehilfin für deinen Mann werden zu können (siehe Seite 268, ff.). Dein Ehemann wird sich über deinen Erfolg im Beruf freuen und ihn mit dir teilen. Er wird stolz auf deine Leistungen sein. Er wird wollen, dass du deine natürlichen Fähigkeiten, Talente und Antriebe gebrauchst. Deine Leistungen werden ihm eine Ehre sein, aber Trägheit wird ihn sehr entmutigen. Dein Verschwenden von Zeit und deine törichten Geldausgaben werden schwer auf ihm lasten, es wird ihn seines Stolzes auf dich und des Gefallens an dir berauben. **Er braucht eine einfallsreiche, fleißige Frau mit Würde und**

Ehre. Es ist wichtig für *Herrn Standhaft*, dass seine Ehefrau fähig ist, alle alltäglichen Aufgaben selbst zu bewältigen. Du musst lernen, Rechnungen zu bezahlen, Termine zu vereinbaren und Gäste zu bewirten und dies alles so zu tun, dass er zufrieden sein kann. Deine Hobbys sollten kreativ und nützlich sein und deine Kinder so miteinbeziehen, dass alle täglich beschäftigt und produktiv sind. Dein Heim sollte sauber und ordentlich sein, so dass seine Freunde und Arbeitskollegen beeindruckt sind und sich heimisch fühlen. Deine Geschicklichkeit und deine Leistungen sind das Resümee deines Ehemannes. Wenn du weise und kompetent bist, muss er es umso mehr sein, so denken die Beobachter. *Herr Standhaft* hat Freude daran, am Ende eines Tages das, was er erreicht hat, mit dem zu vergleichen, was du erreicht hast und wird es wertschätzen, einen würdigen Partner im Leben zu haben.

Diese Männer können einige der wichtigsten Männer in der Gemeinde sein, denn ihre Standhaftigkeit ist sicher und ihre Treue stark. **Sie treffen weise, gut durchdachte Entscheidungen.** Sie sind selten voreilig oder töricht, obwohl (zu ihrer Unehre) sie manchmal Leichtsinn oder Fehler ohne Widerspruch dulden. Ihre Kinder bekommen großen Respekt gegenüber ihrem sanftmütig-sprechenden Vater. Wenn die Mutter den Vater schlecht behandelt hat, werden die erwachsenen Kinder es ihr stark übel nehmen und sogar so weit gehen, dass sie sie nicht mögen werden.

Standhafte Herren werden üblicherweise nicht so bekannt wie *Führer* oder *Visionäre*. Sie sind keine auffallenden oder herausragenden Männer. Sie sind nicht laut. Sie sind weder attraktiv noch besonders großartig. Wenn sie dann doch zu öffentlicher Anerkennung aufsteigen, wird es an derer Enormität an Leistungen liegen oder daran, dass man ihnen wegen derer Ehrlichkeit und Zuverlässigkeit vertraut. Frauen wie auch Männer beneiden und begehren einen *Herrn Führer*. Leute werden oft von *Herrn Visionär* angezogen. Aber *Herr Standhaft* wird vorausgesetzt. Er ist selten ein Kämpfer. Man braucht ihn, doch ist er nicht aufdringlich genug, das Rampenlicht der Öffentlichkeit zu gewinnen. Er prahlt nicht und ist ungeschickt darin, für sich selbst und seine Fähigkeiten zu werben. Er wartet auf jemanden, der auf seine Werte hinweisen und nach seiner Hilfe ruft. Es ist deine Pflicht, für ihn zu „werben", ihn zu loben, bis alle überzeugt davon sind, dass er der geschickte Künstler ist, den sie suchen.

Die große Mehrheit meiner Briefe ist von Frauen, die ihre gemütlichen, ruhigen, langsamen, bescheidenen, anspruchslosen, fleißigen Ehemänner wegen derer „fleischlichen“ Angewohnheiten kritisieren. Diese Ehefrauen haben vergessen, ihr eigenes Leben zu führen und verschwenden ihre Zeit damit, zu versuchen, ihre Männer zu dominanten Typen umzuformen, weil sie Leitung und Autorität schätzen. Sie haben keine Ahnung von den Forderungen, die an sie gestellt werden würden, wenn sie mit einem herrschsüchtigen Mann verheiratet wären.

Größtenteils ist dieses Buch geschrieben worden, um jungen Ehefrauen zu helfen, *Herrn Standhaft*, so wie er ist, zu ehren, zu gehorchen und zu schätzen. Wenn eine Ehefrau ihren standhaften Ehemann in Unehre bringt und die Kontrolle übernimmt, wird er vermutlich bei ihr bleiben; sie werden sich wahrscheinlich nicht scheiden lassen. Doch ihre Unehre wird dazu beitragen, dass er sein Selbstvertrauen verliert und dadurch wird er seine Geschäftschancen nicht wahrnehmen. Er wird mit dem Mittelmaß zufrieden sein, weil es kein Risiko enthält. Er wird wissen, dass er den Pflug alleine ziehen muss und keine Helferin hat. Wenn derselbe Mann jedoch eine dankbare, kreative Frau geheiratet hätte, die ihre Freude an ihm hat und denkt, er sei der klügste, weiseste, wichtigste Mann in der Gegend, würde er sich jeder Situation in seinem Leben gewachsen zeigen. Viele Frauen denken, dass es *Herrn Standhaft* an Stärke und Autorität fehlt, obwohl *Herr Standhaft* in Wirklichkeit ein männlicher, starker Kerl ist, dem eine gute Ehefrau fehlt.

- *Herr Standhaft* mag den Abfall hinaustragen und seinen Platz immer sauber halten und seine Ehefrau wird geneigt sein, seine Tugend als selbstverständig anzunehmen.
- Er wird viel Zeit mit stillem Nachdenken verbringen. Seine Ehefrau wird dadurch aus dem Häuschen geraten, weil sie möchte, dass er seine tiefsten Gefühle und Gedanken mit ihr teilt, damit sie sich „geliebt fühlt“. Aber er kann es nicht. Er wird vielleicht in einer Krise oder in intimen Momenten weinen. Er ist sehr, sehr vorsichtig damit, der Frau, die er liebt, zu vertrauen und sich ihr zu öffnen, weil er sie nicht versteht. Er wird die Gesellschaft anderer genießen und sich am wohlsten fühlen, wenn er mit irgendjemandem über Belanglosigkeiten plaudern kann. **Von den drei Arten ist er derjenige, der von allen am meisten gemocht wird.**
- *Herr Standhaft* wird immer gesucht. Alle Leute brauchen ihn, um ihr Auto zu reparieren, ein Haus zu bauen, ihren Computer aufzubauen, herauszufinden, was mit ihrem Telefon nicht stimmt, sie vom Krebs zu heilen usw. Du beginnst, dich zu fragen, ob du ihn je für dich allein haben wirst. Die Antwort ist: Nein. Er gehört den Leuten.

Wenn ihr euch mal nur füreinander Zeit nehmen wollt, dann macht Urlaub und *lasst das Handy zu Hause*.

- *Herr Standhaft* ist geschickt im Umgang mit Verletzten, Kranken oder Sterbenden. **Er kann trösten** und scheint zu wissen, was eine schwer leidende Person benötigt. **Seine stille, ruhige Gegenwart bringt Frieden.** Für *Herrn Führer* scheint das nichts geringeres, als ein Wunder zu sein. Wenn *Herr Standhaft* die Arbeiten eines *Herrn Führer* erledigen sollte, würde er unter Druck geraten und letztendlich erfolglos sein. Er ist nicht fürs Leiten, sondern fürs Unterstützen bestimmt.
- Er konzentriert sich nicht auf das Gesamtbild noch schaut er durch ein Mikroskop, aber er respektiert beide Ansichten und erkennt deren Wichtigkeit. **Er ist ein Mann, der das Leben so sieht, wie es ist.** Er kann seine Blicke zum Himmel richten und wissen, dass es dort mehr gibt, als er sehen kann und er kann darüber staunen. Oder er kann in eine schlammige Pfütze schauen und darüber staunen, dass es dort eine ganze Welt gibt, von der er nichts weiß. Normalerweise ist er eine Brücke zwischen den anderen beiden Arten von Männern. Er ist ein sehr notwendiger Bestandteil von Gottes Ebenbild.

Zusammenfassung der ruinierenden Ehefrau

a) *Herr Führers* Ehefrau wird ihre Ehe vernichten, wenn sie die Autorität und Herrschaft ihres Ehemannes nicht respektiert, ihn nicht ehrt und ihm nicht gehorcht.

b) *Herr Visionärs* Ehefrau wird ihre Ehe zugrunde richten, wenn sie nicht an die Träume ihres Ehemannes glaubt, seine Einsichten nicht teilt und nicht begeistert an seinem Leben teilnimmt.

c) *Herr Standhafts* Ehefrau wird ihre Ehe ruinieren, wenn sie nicht lernt, die liebenswürdigen Eigenschaften ihre Mannes zu schätzen, dankbar für sie zu sein und abzuwarten.

Zusammenfassung der erfolgreichen Ehefrau

a) *Herr Führers* Ehefrau kann ihre Ehe heilen, wenn sie seine allerliebste Königin wird und seinen Worten (ob vernünftig oder nicht) gehorcht und ihn ehrt. Sie wird sich so kleiden, sich so verhalten und so sprechen, dass sie ihn, überall wo sie hingeht, verehrt.

b) *Herr Visionärs* Ehefrau kann ihre Ehe heilen, wenn sie ihre eigenen Träume und Bedürfnisse aufgibt und ihre Rolle als Gehilfin ihres Mannes einnimmt, an ihn glaubt und bereit ist, ihm mit fröhlicher Teilnahme auf dem Weg, den er wählt, nachzufolgen.

c) *Herr Standhafts* Ehefrau kann ihre Ehe heilen, wenn sie fröhlich erkennt, welch einen Freund, Liebhaber und Gesellen sie erhalten hat und diese Dankbarkeit in Wort und Tat auslebt. Wenn sie aufhört zu versuchen, ihn zu verändern, wird er wachsen. Dann kann sie Arbeiten verrichten, die ihre Zeit einnehmen und ihrem Ehemann Freude und Zufriedenheit bereiten, wenn er ihre Leistungsfähigkeit sieht.

Zeit zum Nachdenken

Wer ist *dein* Mann?

Erstelle eine Liste von den Charakterzügen deines Ehemannes – Dinge, die zeigen, welche der drei Arten in ihm vorherrscht. Er kann eine Kombination sein mit einer Art, die dominiert. Dann mache eine Liste von den Dingen, die du tun kannst, die es ihm zu ermöglichen, frei der Mann zu sein, als den Gott ihn geschaffen hat.

„Ich ermahne euch nun, Brüder, durch die Barmherzigkeit Gottes, eure Leiber als ein lebendiges, heiliges, Gott wohlgefälliges Opfer hinzugeben, was euer vernünftiger Gottesdienst ist. Und stellt euch nicht dieser Welt gleich, sondern verändert euch durch die Erneuerung eurer Gesinnung, damit ihr prüfen könnt, was der gute, wohlgefällige und vollkommene Wille Gottes ist“
(Römer 12,1.2).

Bitte Gott um Weisheit, zu erkennen, wo du eine Veränderung brauchst, um die perfekte Gehilfin für deinen von Gott geschaffenen Mann zu sein.

Denke daran: Die meisten Männer sind eine Mischung der verschiedenen Arten, aber eine überwiegt meistens.

Kapitel 9

Dein Leben in dem seinen finden

Von Anbeginn wollte Gott, dass wir ein Trost, ein Segen, eine Belohnung, eine Freundin, eine Ermutigung und eine Frau an der rechten Hand unseres Ehemannes sein sollten.

Bedeutungsvolle Erinnerungen

Ich habe mir mal einen Film namens „Dad“ angesehen. Er handelte von einem alten Ehepaar in deren letzten Lebensjahren. Die Frau behandelte ihren Mann, als sei er nicht zurechnungsfähig, kontrollierte ihn und mühte sich in beschützender Weise ab, ihn mit allem zu versorgen, was er benötigte. Sie ließ ihn nicht einmal selbst die Milch in sein Müsli gießen. Er wirkte gebrechlich – wie in einer verschwommenen Welt lebend. Der erwachsene Sohn kam heim, um den alten Eltern in deren letzten Tagen zu helfen. Die alte Dame hatte ihr Leben damit verbracht, ihren netten Herrn Standhaft zu kontrollieren und für ihn zu sorgen. Aber als die alte Dame wegen Beschwerden im Krankenhaus lag, begann der alte Mann, mit der Ermutigung seines erwachsenen Sohnes, an verschiedene Orte zu gehen und sich zu amüsieren. Plötzlich erschien „Großvater" viel jünger. Es war, als wäre die Zeituhr um fünfzig Jahre zurückgestellt worden. Jetzt war er froh. Als Großmutter aus dem Krankenhaus entlassen wurde, traf sie zu Hause einen veränderten Mann an. Mit großer Begeisterung sprach er von Freunden und Verwandten, die in Wirklichkeit nicht existierten. Er sprach von einem Bauernhof und dem Leben dort. Er sprach von ihren vier Kindern – sie hatten jedoch nur zwei. Er sprach sehnsüchtig von seiner sehr geliebten, sanften und gehorsamen Ehefrau – das Gegenteil von dem, was er in Wirklichkeit die vielen gemeinsamen Jahre hindurch erlebt hatte. Seine Ehefrau war furchtbar erschüttert, denn sie wusste, dass es nie einen Bauernhof gegeben hatte, und auch nicht mehr als zwei Kinder. Sie wusste, dass die Frau, an die er sich so zärtlich erinnerte, nicht sie war.

Sie wusste, dass die Frau, an der er sich so zärtlich erinnerte, nicht sie war.

Ein Psychologe wurde gerufen, um zu klären, was im Verstand des alten Mannes vorging. Der Arzt erklärte der Familie, dass der Großvater fünfzig Jahre lang in derselben Fabrik treu gearbeitet und dieselbe Arbeit immer mit seinen Händen verrichtet hatte; aber während seine Hände arbeiteten, träumte er in seinem Herzen von dem Leben, das er sich in Wirklichkeit wünschte. Es war ein Leben des Sonnenscheins und schwerer Arbeit auf einem Milchviehbetrieb mit seiner Schar Kinder, die ihm halfen. **Während Großvaters Verstand alterte, wurde die angenehme Vorstellungswelt, die er in seiner Fantasie aufgebaut hatte, für ihn realer, als das Leben im „Käfig", das er tatsächlich geführt hatte.** Durch die kontrollierende Hand seiner Ehefrau und sein Verlangen, „seine Pflicht zu tun", um ihr zu gefallen, hatte er damit aufgehört, seine Träume auszuleben. Sie hatte ihn mit ihrer Herrschaft und ihrer Kritik geschwächt, bis er sich eine Vorstellungswelt der Hoffnung und der Befriedigung geschaffen hatte.

Diese einfache Geschichte veranschaulicht sehr deutlich die traurige Realität vieler Familien.

Der Steuerbeamte

Dieser Brief kam von einer Frau, dessen Ehemann sich entschloss, seine Träume zu verwirklichen. Es hätte ein so dickes Buch wie dieses benötigt, um ihr zu erklären, warum sie die Frau seiner Träume sein sollte. Ich weiß, dass das wirklich ihr Verlangen ist. Nur hat sie zeitweise ihren Blick verloren.

> *Geliebte Pearls,*
>
> *ich bin seit 19 Jahren verheiratet, und mein Ehemann ist wirklich ein großartiger Mensch. Er kennt den Herrn Jesus, aber er ist nicht so konsequent in seinem Bibelstudium, wie ich es mir wünschen würde. Ich habe noch nicht mit ihm darüber gesprochen. Unsere Probleme kommen eigentlich von einer Entscheidung, die er vor ungefähr drei Jahren traf, die für unsere Familie alles veränderte.*
>
> *Als wir heirateten, machte er eine Ausbildung zum Steuerbeamten. Ich half ihm beim Lernen in seinem letzten Ausbildungsjahr und habe ihm auch schon 15 Jahre lang viele Stunden während der Steuer-Saison geholfen. Das gefiel mir nicht so sehr, aber ich wusste, dass es seine Karriere war. Er wollte eine Arbeit suchen, bei der er zuhause bleiben und sein eigener Herr sein könnte. Mir schien das ein edler Grund zu sein und ich wünschte mir, dass er miterlebte, wie unsere Söhne aufwuchsen.*
>
> *Tja, und mit dem, wofür er sich jetzt entschlossen hat, werde ich nicht fertig! Er hat sich entschieden, Bauer zu werden. Wir sind Stadtleute. Ich habe es ihm schon immer gesagt, dass ich kein Verlangen hätte, Bäuerin zu werden. In den letzten drei Jahren hat er viel darüber gelesen und Nachforschungen angestellt. Ich weiß, dass er es schafft; aber es ist einfach nicht das, was ich tun will. Ich habe schon so manches erdulden müssen. Noch arbeitet er in der Stadt und kommt dann in aller Eile heim, um im Stall zu arbeiten. Gestern musste ich mit dem Abendessen bis 19:00 Uhr auf ihn warten, bis er endlich nach Hause kam und dann sofort in den Stall ging. Das hat mich wirklich verletzt. Ich bin die Arbeit und das Gefühl, dass wir überhaupt nicht weiterkommen, satt. Es zer-*

reißt unsere Familie. Ich weiß, dass ich untertan sein sollte, aber ich möchte dieses einfach nicht tun. Das ist nicht mein Traum. Vor 19 Jahren war keine Rede von einem Bauernhof!

Yolanda

Yolandas Verständnis von Ehe ist völlig falsch – es gleicht in keiner Weise der Absicht Gottes. Gott schuf Adam und Eva nicht zur selben Zeit und gebot ihnen auch nicht, sich auf einen Kompromiss zu einigen, wie sie ihre individuellen Ziele im vereinten Bestreben erreichen könnten. Er schuf Adam, gab ihm seinen Beruf, ernannte ihn zum Herrscher über die Erde, schenkte ihm eine geistliche Sicht, gab ihm Gebote und bestimmte seine beruflichen Pflichten. Adam begann mit dem Regieren der Erde, **bevor Gott Eva schuf, die ihm beim Erreichen seiner Lebensziele helfen sollte.** Adam bedurfte Evas Zustimmung nicht. **Gott gab sie dem Adam als Gehilfin, nicht als Partner. Sie wurde geschaffen, um zu dienen,** nicht, um sich bedienen zu lassen, **zum Helfen,** nicht um seine Entscheidungen infrage zu stellen. Schau dir Eva an! Kannst du dir vorstellen, dass sie zu Adam gesagt hat: *„Als Gott mich zu dir in den wunderschönen Garten brachte und wir unser gemeinsames Leben begannen, hast du nie etwas von Dornen und Disteln, von Geburtswehen, von Ziegenmelken und Butterstampfen gesagt. Ich gehöre nicht in diese Wildnis!"*

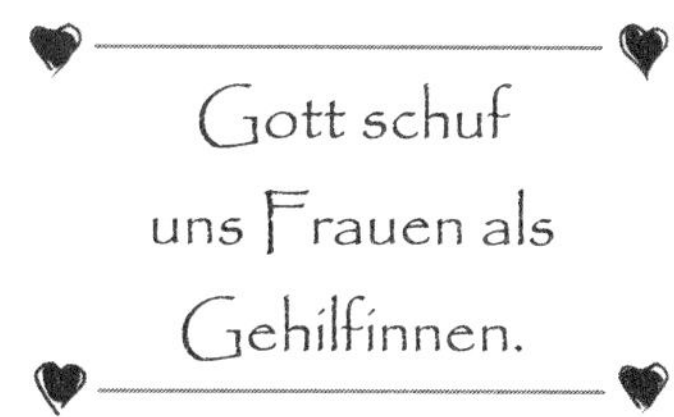

Ich frage mich, ob Yolandas Ehemann den „Beruf seiner Träume" aufgeben wird, weil sie ihn ständig daran erinnert, dass er ihr vor neunzehn Jahren nicht gesagt hat, dass er vorhabe, eines Tages Bauer zu werden. Werden ihre von Unzufriedenheit und Erschöpfung zeugenden Äußerungen seine Freude zerstören und ihm seine Sicht rauben? Wenn er wieder vollzeitiger Steuerbeamter wird, träumt er dann vielleicht den Rest seines Lebens von einer anderen Frau als seiner Ehefrau, einer Schar fröhlicher Kinder und einem Stall voller Kühe? **Das Leben ist heute.** Zwinge ihn nicht, sein Leben damit zu zerstören, das Geld anderer Leute zu zählen. Suche dein Leben in dem seinen.

Gott schuf uns Frauen als **Gehilfinnen**, und es liegt in unserer Natur, genau das zu sein. Das ist unsere geistliche Berufung und **Gottes vollkommener Wille für uns**.

Das ist die Rolle, in der wir im Leben erfolgreich sind, und nur dadurch erfahren wir die größte Erfüllung als Frau und als Heilige Gottes. Gott sagt in 1. Mose: **„Ich will ihm eine Gehilfin machen."** Paulus sagt: **„Denn der Mann kommt nicht von der Frau, sondern die Frau vom Mann. Und der Mann ist auch nicht für die Frau geschaffen, sondern die Frau für den Mann"** (1. Korinther 11,8.9). **„Und zu der Frau sagte er: ‚... Und dein Verlangen soll nach deinem Mann sein, aber er wird über dich herrschen' "** (1. Mose 3,16).

> Gott sucht keine fröhlichen Frauen, um sie den Männern als Gehilfinnen zu schenken. Er sucht Frauen, die gerne wahre Gehilfinnen sind, damit er sie mit Freude erfüllen kann.

Wenn wir gegen Gottes Willen und die Träume unseres Ehemannes kämpfen, sind wir frustriert und enttäuscht. Wenn unsere Ehemänner, wie der von Yolanda, der liebenswürdige *Herr Standhaft* sind, werden sie allmählich entmutigt und geben ihre Träume auf, um uns zu gefallen. Sind unsere Ehemänner *Herr Führer*, dann kann es sein, dass sie uns verlassen und sich eine Bäuerin suchen. Wenn unsere Ehemänner *Herr Visionär* sind, werden sie uns anschreien und miserabel behandeln, bis wir zurück zu der Mama laufen, in einem kalten Bett schlafen und von Almosen leben.

Das Leben ist voller Entscheidungen. Dein Los im Leben wird von deinen Reaktionen bestimmt. **Das Leben ist heute.** Lerne es, wirklich zu genießen, den Abfall hinauszutragen oder eine Kuh zu melken. Du wirst staunen darüber, wie Gott dich mit Seinem Geist erfüllen wird. An deinem glücklichen Lebensabend wirst du zurückblicken auf dein Leben und dich fragen, wie du je ein trauriges, langes Gesicht machen konntest. Eines Tages werden sie dir sagen: „Du hast einfach eine fröhliche Persönlichkeit, darum genießt du dein Leben. Ist das nicht so?" Dann kannst du lachen, weil du weißt, dass, sich dem Willen Gottes zu fügen, das Einzige ist, das dich so voller Freude macht. Gott sucht keine fröhlichen Frauen, um sie guten Männern als Gehilfinnen zu schenken. Er sucht Frauen, die den Männern, mit denen sie verheiratet sind, gerne treue Gehilfinnen sein wollen, damit Er sie mit Freude *erfüllen* kann.

Der Ausdruck seines Ebenbildes

Wir haben drei verschiedene Arten von Männern und deren jeweiligen Umgang mit ihren Frauen betrachtet. Wir haben auch gelernt, dass Gott denen Weisheit gibt, die da bitten. Jetzt weißt du, dass übernatürliche Weisheit nötig ist, damit du deinen Mann, so wie Gott ihn geschaffen hat, erkennst, annimmst und zu schätzen lernst. Er mag alle drei verschiedenen Eigenschaften zu unterschiedlicher Zeit oder ein wenig von der einen und mehr von der anderen zum Ausdruck bringen. Wichtig ist, dass du begreifst, dass Gott ihn so geschaffen hat, und dass du eine geeignete Gehilfin für ihn sein sollst. Du kannst eine bessere Hilfe für den Mann deines Lebens sein, wenn du weißt, welchen „Ausdruck" Gott in ihm geschaffen hat. Gott sagt so klar und deutlich: **„Wenn aber jemandem unter euch Weisheit mangelt, der bitte Gott darum, der jedem gern gibt und nichts vorenthält, so wird sie ihm gegeben werden"** (Jakobus 1,5). Bitte Gott, dass Er dir hilft, deinen Mann kennen und schätzen zu lernen. Bitte Gott, dass Er dir Weisheit und Gnade gibt, die Träume deines Mannes zu teilen, damit immer du diejenige bist, von der er träumt.

Zeit zum Nachdenken

Weisheit ist, zu wissen, was du dir „angeschafft" hast, als du diesen Mann heiratetest und zu lernen, dich ihm so anzupassen, wie er ist, während du dich des vollen Wertes deiner „Anschaffung" erfreust.

„Und zu der Frau sagte er: , ... Und dein Verlangen soll nach deinem Mann sein, aber er wird über dich herrschen' " (1. Mose 3,16).

➢ *Schaffe eine neue Gewohnheit*

Ist es Gottes Wille, dass dein Ehemann sich dir anpasst, oder ist es Gottes Wille für dich, sich ihm anzupassen? Welche Gewohnheiten in deinem Leben solltest du ändern, um dich den Bedürfnissen deines Ehemannes anzupassen? Fange heute an!

➢ *Werde stille vor Gott*

Das Wort **WEISHEIT** kommt etwa 185 Mal im Worte Gottes vor. Während du das Wort Weisheit nachschlägst und die Bibelstellen liest, wird Gott in dir sein Werk tun und dir Weisheit schenken. Die Bibel lehrt, dass die Schwester der **Weisheit** die Gebote Gottes sind, und die Freundin der **Weisheit** Klugheit ist (Sprüche 7,4). Notiere deine Lieblingsverse über **Weisheit** in deinem Tagebuch. Erdenke dir bestimmte Gelegenheiten, bei denen du Gott um **Weisheit** bitten kannst. Ich beispielsweise habe mich entschlossen, jedes Mal, wenn die Ampel für mich auf Rot steht, für meinen Mann zu beten. Bei jeder Mahlzeit beten wir um Schutz und Weisheit für uns und unsere Kinder. Lege für dich einen gewissen Zeitpunkt oder eine Gelegenheit fest, bei der du daran erinnert wirst, in der Stille Gott um **Weisheit** für dich selbst und für deinen Mann zu bitten.

Einige meiner Lieblingsverse über Weisheit:

„Lehre uns bedenken, dass wir sterben müssen, damit wir klug werden" (Psalm 90,12).

„Um Weisheit zu lernen, Zucht und Verstand, um Verständnis zu bekommen von Gerechtigkeit, Recht und Redlichkeit" (Sprüche 1,2.3).

„Indem dein Ohr auf Weisheit achtet, und sich dein Herz um Verständnis bemüht" (Sprüche 2,2).

„Denn der Anfang der Weisheit ist: Erwirb Weisheit, und mit allem, was du hast, erwirb Einsicht" (Sprüche 4,7).

Kapitel 10

Deine Reaktion kennzeichnet dich

Eine weise Frau träumt niemals von dem, was „hätte sein können". Sie sieht sich selbst nicht als „Gottes Geschenk an den Mann"; darum ist sie froh und zufrieden mit ihren gegenwärtigen Umständen.

Als du heiratetest, hattest du schon gewisse grundlegende Überzeugungen. Du konntest auch Recht von Unrecht unterscheiden. Du tatst das, was in deinen Augen richtig war und niemand konnte dich vom Gegenteil überzeugen. Aber jetzt werden deine Überzeugungen von jemandem infrage gestellt, der die von dir festgesetzten Maßstäbe und Weltansichten nicht teilt. Er kann liberaler, toleranter oder aber auch strenger und gesetzestreuer sein, als du. Die Gegenwart von

Kindern macht die Lage noch komplizierter. Du willst unbedingt das Richtige für sie tun, hast dich aber unter die Autorität eines anderen gestellt. Das Leben läuft nicht so, wie du es dir vorgestellt hattest, und du darfst nicht so handeln und reagieren, wie du es gewollt hättest. Du hast das Gefühl, bis an die Grenzen deiner Geduld getrieben zu werden, und reagierst dann mit rebellischem und selbstsüchtigem Ärger.

Reaktionen sind keine überlegten Handlungen, die unseren besten Motiven, die wir mit Sorgfalt durchdacht, geplant und geprüft haben, entspringen. Es sind emotionale Erwiderungen, die wie wilde Pferde ausreißen, wenn wir verletzt, betrogen, ausgenutzt oder missverstanden werden. Sie sind oft vergeltend, manchmal verurteilend, vergleichend oder feindlich und schließlich rachsüchtig und verzehrend. **Deine Reaktionen zerstören deine sozialen Hemmungen und geben zu erkennen, wer du in deinem Inneren *wirklich* bist und was du tatsächlich glaubst.** Wir verlieren unseren sorgfältig gehüteten „Schein", wenn wir über unser berechnetes Denken hinweg zu einer Erwiderung gedrängt werden. Dann wird offenbar, wer wir wirklich sind.

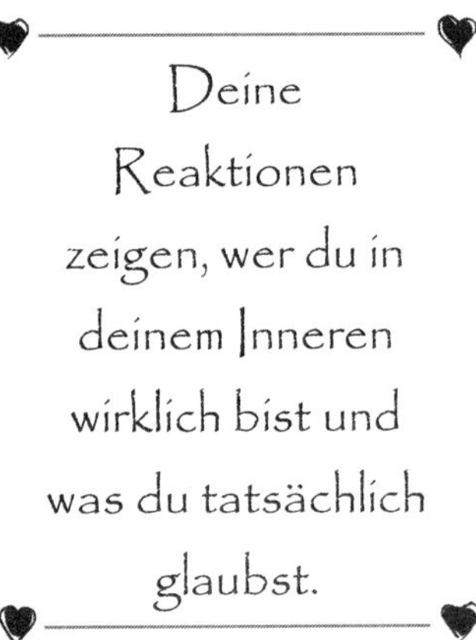

Du kannst deine zukünftigen Reaktionen bedeutend kontrollieren, indem du deine Denkweise änderst, *bevor* du zu einer Erwiderung gedrängt wirst. Was du denkst, entscheidet, was du fühlst und auch, wie du in stressigen Situationen reagierst.

Forscher haben festgestellt, dass man pro Tag durchschnittlich 40.000 Gedanken hat. **Das Herz ist mit Gedanken gefüllt und aus diesem Speicher der Gedanken kommen durch den Mund Worte des Lobes oder der Bitterkeit hervor.** Wenn es Druck gibt und der Damm der Zurückhaltung bricht, dann kannst du das, was du sagst, nicht mehr kontrollieren, denn du wirst aus der Fülle deines Herzens sprechen – aus den 40.000 Gedanken heraus, die du an *dem Tag* und an allen vorherigen Tagen gehabt hast. **„Ein guter Mensch bringt aus dem guten Schatz seines Herzens Gutes hervor; und ein böser Mensch bringt aus dem bösen Schatz seines Herzens Böses hervor. Denn wovon das Herz voll ist, davon geht der Mund über"** (Lukas 6,45). Wenn du als Ehefrau deine Sprechweise ändern willst, ist es keine Sache der Willenskraft, sondern eine Sache der „Gedankenskraft“. **„Die aber Gutes denken, denen wird Treue und Güte widerfahren“** (Sprüche 14,22). Nimm **„alles Denken gefangen unter den Gehorsam Christi“** (2. Korinther 10,5). Paulus schreibt: **„Denn ihr sollt so gesinnt sein, wie Jesus Christus auch war“** (Philipper 2,5). Du wirst **„verändert ... durch die Erneuerung [deiner] Gesinnung“** (Römer 12,2), nicht durch deine Willenskraft der Entscheidung, deine Zunge im Zaum zu halten. Gott sagt dir, *wie* du über deine Pflicht als Ehefrau und Gehilfin denken sollst. Wenn du Ihm glaubst, denkst du anders.

Du bist, was du denkst, und Gott sagt dir, wie du denken sollst.

Wenn ich bei der Gepäckausgabe an einem Flughafen, auf meinen roten Koffer wartend, einen jungen Mann damit davonlaufen sehen würde, wäre ich sehr aufgebracht gewesen, bis ich gemerkt hätte, dass mein Ehemann ihn geschickt hatte, den Koffer für mich abzuholen. Die Änderung in meinem Denken verwandelte auch meine Gefühle.

Die Frau, dessen Ehemann vom Steuerbeamten zum Bauern überging, ärgerte sich darüber, dass ihr Ehemann spät nachhause kam. Als er endlich eintraf, ging er direkt in den Stall, um seine Kühe zu versorgen. Sie konnte ihre Zunge nicht im Zaum halten. Sie konnte dem, was sie fühlte, nicht entweichen, denn sie hatte den ganzen Tag, nein, die ganze Woche, den Monat, die letzten drei Jahre darüber nachgedacht, wie unglücklich sie in dieser Lage, in die ihr Mann *sie* gebracht hatte, sei. Sie meinte, es sei *ihr* „roter Koffer“ gewesen, der gestohlen worden war. „Er hat kein Recht“, denkt sie immer wieder. „Davon war keine Rede, als wir heirateten“, sagte sie sich im Laufe des Tages wiederholt. „Er sollte hereinkommen und das Abendessen, das wegen seiner Verspätung bereits kalt geworden ist, zu sich nehmen nicht hinausgehen und diese Kühe melken“, wiederholte sie in ihrem Inneren während der letzten drei Stunden. Sie häufte in ihrem Herzen einen Berg selbstsüchtiger Gedanken an. Ihre Taten und Reaktionen wurden Sklaven ihrer irrigen Gedanken.

Wie könnte sie ihre Gedanken ändern? Sie könnte sich Rat aus dem Worte Gottes, der Bibel, holen und erfahren, wozu sie geschaffen worden ist. Sie wurde nicht geschaffen, um den Beruf ihres Ehemannes zu wählen noch, um seinen oder ihren Lebensstil zu bestimmen. Sie wurde von Gott als Gehilfin ihres Ehemannes geschaffen. In ihrem Fall bedeutet es, Bäuerin zu werden – Helferin eines Milchmannes. Sie muss Kühe nicht mögen, aber sie wurde geschaffen, um dem Mann, der Kühe mag, zu helfen.

Stell dir vor, wie viel anders es wäre, wenn sie, als er sich um drei Stunden verspätet hatte, daran gedacht hätte, wie gesegnet sie sei mit einem guten Mann, der um sieben Uhr abends mit einem Lohnscheck zu ihr nachhause kam und Liebe, Sicherheit, einen Vater für ihre Kinder, die ganze Nacht lang ein warmes Bett, Hoffnung auf eine helle Zukunft mit mehr Kühen, auf eine vervollständigte Milchwirtschaft und eine Erhöhung der Milchpreise zu haben. Wie spannend wäre ihr Leben! Wie aufregend jeder neue Tag wäre – ein Abenteuer draußen auf dem Land, nie langweilig wie bei den anderen Leuten in der Stadt. Viele Frauen sitzen sieben Uhr abends alleine in ihrer Wohnung mit der Angst, dass ihr Ex-Ehemann wieder versucht einzubrechen und fragen sich, wo sie und die Kinder im nächsten Monat, wenn sie aus ihrer Wohnung vertrieben werden, Unterkunft finden. Sie und viele andere säßen gerne in der Küche dieser Frau und warteten friedlich auf ihren treu für sie sorgenden Ehemann, der spät zum Abendbrot kommt und dann noch hinausgeht und seine Kühe versorgt. Wenn er endlich durch die Tür kommt, wäre sein Abendessen warm und das Lächeln und die Umarmungen noch wärmer, mit der Verheißung auf ein sogar noch wärmeres Bett.

Du bist, was du denkst, und Gott sagt dir, wie du denken sollst: **Denke die Wahrheit.** Es ist nicht die Kraft des Positiv-Denkens; **es ist die Kraft der Wahrheit, so wie Gott sie definiert.** Du bist als Gehilfin deines Ehemannes geschaffen, nicht als sein Gewissen, nicht als sein Berufsberater und ganz bestimmt nicht als seine Kritikerin.

Wenn du eine feindliche Einstellung deinem Ehemann gegenüber entwickelst, tust du dies mit der Voraussetzung, dass du Recht hast und er Unrecht. Du nimmst also an, dass es deine Pflicht ist, dich ihm zu widersetzen, ihm gegenüberzutreten und ihn herauszufordern. Indem du denkst, dass er im Unrecht ist und du Recht hast, gibst du vor, weiser, geistlicher, scharfsichtiger, aufopferungsvoller usw., als er zu sein. Das alles führt zur offensichtlichen Schlussfolgerung, dass du die Stellung des Führers, des Lehrers und des Richters übernommen hast. Das ist sündhaft und abscheulich und kränkt

Gott sehr. **Keine Frau wird je Frieden und Freude erfahren, bis ihr Sinn mit Wohlwollen ihrem Ehemann gegenüber erfüllt ist** und sie sich dazu bereit erklärt, eine gute Gehilfin für ihn zu werden. Bestimmen Reaktionen auf wirkliches oder erdachtes Unrecht dein Leben? Bist du tatsächlich so klug, wie du denkst? Mache die folgende Weisheitsprobe!

Weisheitsprobe

1. Hast du genug Gottesfurcht, um Sein Wort nicht infrage zu stellen?
2. Hast du manchmal das Gefühl, dass Gott dich straft, indem Er sagt, du sollest deinem Mann gehorchen?
3. Würdest du dich vor Gott mit Ausreden wie „Mein Ehemann ist zu grausam“ oder „Ich habe eine starke Persönlichkeit und er ist schwach“ entschuldigen?
4. Wie reagierst du auf Gottes Anweisungen, wie und wann du reden sollst oder wie du dich kleiden und dein Haar tragen sollst?
5. Würdest du die Rolle der Frau, wie sie die Bibel lehrt, mit dem Argument, dass wir in einer anderen Kultur leben, ablehnen?
6. Wenn Gott sagt, dass du deinen Mann verehren (bewundern oder bestaunen) sollst, denkst du dann, dass Er zu viel verlangt?
7. Bist du bereit zu sagen: „Wenn Gott es fordert oder es auch nur vorschlägt, dann ist es das, was ich tun möchte“?

Wenn du **„nicht mein Wille, sondern dein Wille geschehe“** sagen kannst, dann darfst du wissen, dass dein Gebet in der Furcht Gottes gegründet ist. Sie ist der Anfang der Weisheit. Bitte Gott, dir den Anfang der Weisheit zu geben, dadurch, dass Er dich lehrt, Ihn zu fürchten.

Zeit zum Nachdenken

- Wir haben gelernt, dass wir dazu geschaffen wurden, die Gehilfin unseres Ehemannes zu sein.
- Wir haben gelernt, dass eine Gehilfin ihrem Ehemann bei all seinen Vorhaben hilft.
- Wir haben gelernt, dass die Freude am Herrn unsere Stärke ist und dass ein fröhliches Herz nötig ist, um eine gottgefällige Gehilfin zu werden. Ein Lächeln lässt den Blick unseres Mannes auf uns ruhen. Unser Verlangen ist, eine freudige „Spielgefährtin" für unseren Ehemann zu werden und mit ihm zusammen Erben der Gnade des Lebens zu sein.
- Jede von uns hat sich dafür entschieden, keine wahnsinnige, religiöse Fanatikerin zu werden, die meint, sie gehorche Gottes Wort, während sie aber die Schrift missachtet. Wir haben gelernt, dass die Furcht Gottes der Weisheit Anfang ist und erschaudern beim Gedanken, dass auch wir als solch bemitleidenswerte Frauen, die ihre Männer entehren, hätten enden können.
- Wir haben gelernt, dass Weisheit ein Geschenk Gottes ist, welches Er jedem verspricht, der darum bittet. Durch Weisheit haben wir erkannt, dass unsere Ehemänner nach dem Ebenbild Gottes geschaffen worden sind, ob als Herr Führer, Herr Visionär, Herr Standhaft oder als Mischung der drei, mit einer Art im Vordergrund.
- Wir wissen, dass es unser Job als Gehilfin ist, immer nach Gelegenheiten zu suchen, die Bedürfnisse und Wüsche unseres Ehemannes zu erfüllen.

➢ *Eigenschaften einer guten Gehilfin*

- Sie bittet Gott um Weisheit.
- Sie lernt, ihren Mann, so wie er ist, zu verstehen und zu schätzen.
- Sie lernt, flexibel zu sein.

➢ *Werde stille vor Gott*

Jetzt, da du mehr über deine Rolle als Gehilfin nachgedacht hast, ist es Zeit, einige Schritte zurück zu gehen und der Liste von den Dingen, die du tun kannst, die es deinem Ehemann ermöglichen, der Mann zu sein, als den Gott ihn geschaffen hat, einiges hinzuzufügen.

Kapitel 11

Die Natur des Mannes und die der Frau

Der Mann wurde zum Bewältigen geschaffen; die Frau wurde als seinen Beistand geschaffen.

Gott hat sie so geschaffen

Gott hat den Mann mit einer angriffslustigen Natur ausgestattet und ihm dann befohlen, sich die Erde untertan zu machen (1. Mose 1,28). Er hat das männliche Geschlecht mit einer zusätzlichen Portion an Testosteron versehen, die ihm die Kraft verleiht, schwer zu arbeiten und alle Schwierigkeiten auf seinem Lebenspfad zu überwinden und zu besiegen. Deshalb steht das männliche Geschlecht an der Spitze auf dem militärischen Eroberungsfeld, in der Forschungswelt, in der Baukunst, in der Wissenschaft, in der Erfindung usw. Keine Frau würde je, mit selbstsicherem Gesichtsausdruck, ein wildes Pferd zähmen, dann aus seiner Mähne und seinem Schwanz ein Seil machen und schließlich hinausgehen, um mit dem Lasso einen Bären zu fangen, einfach um zu beweisen, dass sie die Kraft und den Mut dazu hat.

Wären die Frauen die Erfinderinnen, würden sie Miniautos herstellen. Männer bauen Fahrzeuge mit Vierradantrieb und modifizieren sie dann so, dass sie höher stehen und schneller fahren können. Sie befestigen vorne sogar eine Seilwinde, damit sie Ortschaften, die eigentlich nur für Alligatoren oder Bergziegen geeignet sind, durchqueren können. Männer fliegen zum Mond, ersteigen tückische Berge, kämpfen mit wilden Tieren, fordern sich gegenseitig in sportlichen Aktivitäten heraus und tun dies alles noch dazu mit übermutigem Vergnügen. Sie lieben es, Spiele zu spielen oder sich welche anzuschauen, in denen man sich gegenseitig niederschlägt, um herauszustellen wer der Stärkste oder Zäheste ist. Alles, was sie tun, muss mit einem Testosteron-getriebenem Höhepunkt enden. Und sie meinen, wir Frauen seien schwer zu verstehen! Eine Frau kann beinahe alles tun, was der Mann auch tut, aber es sind immer die Männer, die etwas in Angriff nehmen und dann schließlich die Frauen einladen, sie zu begleiten, damit es interessanter für sie wird. Schon wieder dieses Testosteron! Einige Frauen versuchen, mit den Männern Schritt zu halten und schlüpfen in eine Männerrolle, um zu beweisen, dass das weibliche Geschlecht dem männlichen gleich ist. Die Männer brauchen ihre Stärke nicht zu beweisen; sie sind mit ihr geboren worden. Das müssen wir, als Frauen, akzeptieren.

> Gott hat das männliche Geschlecht mit einer zusätzlichen Portion an Testosteron versehen, die ihm die Kraft verleiht, schwer zu arbeiten und alle Schwierigkeiten auf seinem Lebenspfad zu überwinden und zu besiegen.

Glücklicherweise wurden Männer und Frauen nicht identisch geschaffen. Männer wurden mit Charakterzügen versehen, die ich einfach nicht als Teil von mir haben möchte! Aber ich heiratete, natürlich, ein männliches Geschöpf mit diesen seltsamen

Eigenschaften. Wenn wir Frauen Wesenszüge, wie Feingefühl, Geistlichkeit und Verständnis in einem Mann entdecken, sind wir überaus begeistert, weil diese sich so stark von den vielen robusten Verhaltensmustern, die er meist nach außen hin zeigt, unterscheiden. Schließlich, da es ihm in der Natur liegt, alles erobern zu wollen, gefällt ihm eine Frau, die ihm symbolischen Widerstand leistet, dann aber bezaubert, von seinen Fähigkeiten und seiner Kraft, kapituliert. Der Mann muss alles völlig besiegen. Ich freue mich immer, diesen Kampf zu verlieren. Ich liebe es, von meinem Ehepartner besiegt zu werden. Das ist die Natur, mit der ich erschaffen wurde.

Die Frau wurde betrogen

Als Adam geschaffen und in den Garten gestellt wurde, war Luzifer, der gefallene Engel, neidisch auf Adam wegen dessen Stellung als Gebieter über den neuen Planeten. Luzifer, der zum Satan wurde, hatte sich früher schon als Feind Gottes und dessen Planes zu erkennen gegeben. Er wollte nicht, dass Gott mit Seinem Vorhaben, die Erde zu bevölkern, Erfolg hatte. Von Anfang an hegte der Widersacher in seinem finsteren Herzen den Wunsch, Adam zum Ungehorsam gegenüber seinem Schöpfer zu verführen. Satan wollte Adam zu demselben Rebellen machen, der er selbst nun schon so lange war. Doch er konnte sich ihm nicht ohne weiteres nähern. Er hielt Ausschau und wartete.

Nachdem Gott Adam erschaffen hatte, gab Er ihm den Auftrag, allen Tieren einen Namen zu geben. Er gebot dem ersten Mann, nicht vom Baum der Erkenntnis von Gut und Böse zu essen und sagte, er solle sich die Erde untertan machen und die Tierwelt regieren. Seine Hauptarbeit war, den Garten zu bebauen und zu pflegen (1. Mose 2,15). Also war Adam, schon bevor Eva geschaffen wurde, ein ausgereifter Mann, fest in seiner Beziehung mit Gott verwurzelt und vollends mit seinem Beruf beschäftigt.

Adam war allein, während er seiner göttlichen Berufung nachging und den Geboten seines Schöpfers gehorchte. Wo er so umherging und seine Aufgaben erfüllte, wurde er eines Bedürfnisses gewahr, welches er sich nicht erklären konnte, obwohl er es in dem geschlechtlichen Verhalten der Tiere beobachtete. Er war einsam. Er hatte niemanden, mit dem er sich über seine Leistungen und Eroberungen zusammen freuen konnte. Gott, der Adam beobachtete, sagte: **„Es ist nicht gut, dass der Mann allein ist;**

ich will ihm eine Gehilfin machen, die zu ihm passt" (1. Mose 2,18). Gott ließ Adam in einen tiefen Schlaf fallen, nahm eine Rippe aus seiner Seite und machte daraus eine Frau für ihn, die ihm eine Gehilfin sein und seine Bedürfnisse befriedigen sollte.

Diesen einsamen Mann hätte der Teufel zu jeder Zeit in Versuchung bringen können, denn er hatte keine Erkenntnis von Gut und Böse. Aber Satan wartete – wartete auf die Erschaffung des schwächeren Werkzeugs: **„Denn Adam wurde zuerst gemacht, danach Eva. Und Adam wurde nicht verführt; die Frau aber wurde verführt und ist in Übertretung geraten"** (1. Timotheus 2,13.14). Der Widersacher wusste, dass der Mann sich nicht so leicht verführen ließ, die Frau aber schon. Also, als sie sich dem Baum näherte, überzeugte er sie davon, dass das Leben besser sein würde, wenn sie sich einen höheren Rang ersuchte, und wie Gott, einen geistlichen Einblick in die Natur des Guten und Bösen gewönne. Eva wurde auf dreierlei Weise verführt:

1. Sie folgte ihrem Fleisch, denn sie verlangte nach den Früchten des Baumes.
2. Sie unterlag der Schönheit des Baumes und begehrte ihn wegen seiner angenehmen Erscheinung. Sie folgte nicht der Logik, sie folgte ihrem Gefühl.
3. Sie wollte einen tieferen geistlichen Einblick haben, als den, mit welchem Gott sie versehen hatte.

Der Ursprung Evas Versagens lag in dem Unwillen, Gott und ihrem Ehemann Glauben zu schenken.

> Gott wusste, dass der Mann, um zu überleben und glücklich zu sein, eine natürliche Rüstung brauchen wird, die ihn dazu veranlassen würde, allen Widerstand zu bekämpfen und die Herausforderung zu genießen.

Sie sollte Adams Gehilfin sein, doch sie eignete sich selbst geistliche Erkennt-

nis an, handelte selbstständig und wurde somit zu seinem Fall, anstatt zu seiner Gehilfin.

Warum umging Satan Adam und näherte sich Eva mit seinem Angebot größerer Geistlichkeit? Luzifer ist ein männliches Wesen (Jesaja 14,12-20). Er kann den natürlichen Widerstand des Mannes nachvollziehen. Er weiß, dass Männer einfach „nein" sagen, um zu beweisen, dass sie das Kommando führen. Aber Luzifer sah, dass die sanfte, süße Frau angreifbar war. Gott hatte sie von Natur aus zugänglicher gemacht und sie war vertrauensvoll und leichtgläubig. Aufgrund ihrer Willigkeit, zu rationalisieren, konnte sie betrogen werden – mit der besten Absicht.

Die Verwundbarkeit ist das größte natürliche Gut einer Frau und auch der Punkt ihrer größten Schwachheit.

Ich stelle mir den Mann wie mit einer schweren Bewaffnung geschaffen vor. Diese Rüstung hilft ihm in geistlicher und physischer Hinsicht. Gott stattete ihn mit Widerstandskräften aus und gab ihm eine Natur, die misstrauisch, ungläubig, kühn und aufdringlich ist. Gott wusste, dass der Mann, um zu überleben und glücklich zu sein, eine natürliche Rüstung brauchen wird, die ihn dazu veranlassen würde, allen Widerstand zu bekämpfen und die Herausforderung zu genießen. Der Herr wusste, dass Satan ein Lügner und ein Meister des Betrugs war, also schuf Er den Mann so, dass er zuerst fragt und später glaubt. Des Mannes Vernunft und Mangel an Feingefühl lässt ihn weniger geistlich erscheinen, als die feinfühlige, glaubende Frau. Allgemein wird der Mann mehr von seinem Verstand gelenkt, die Frau mehr von ihren Gefühlen.

Du musst dir vorstellen, dass Gott die Frau absichtlich ohne diese Waffe schuf, weil er wollte, dass sie sich hinter der Rüstung ihres Mannes verstecken kann. Er sollte ihr Schutz sein, ihr Schild und ihr Hüter. Satan konnte sie betrügen, als sie Adams Seite verließ und ihm dann alleine gegenüber stand. Sie besaß nicht die Rüstung, um des Satans feurige Pfeile des Betrugs abzuwehren.

Gott schuf die Frau als empfindlich und verwundbar, um der Kleinen Willen, die sie pflegen muss. Die Seele einer Mutter muss verwundbar sein und eine dünne äußere

Schale besitzen. Sie muss bereit sein, mitzufühlen, Schmerzen zu lindern, zu lieben, Mitleid zu zeigen, die Zerbrochenen zu empfangen und das Beste zu hoffen. Die Verwundbarkeit ist das größte natürliche Gut einer Frau und auch der Punkt ihrer größten Schwachheit. Eine Frau kann in Beziehungen ebenso stark und hart und misstrauisch und vorsichtig werden, wie ein Mann. Sie kann abweisend und zynisch reagieren, aber dann ist sie nicht mehr feminin, wirkt damit nicht mehr anziehend auf ihren Mann und wird sogar beginnen, sich selbst zu hassen. Ohne den Schutz der Rüstung ihres Ehemannes ist sie bedauernswert, denn sie muss dann ihre eigenen Kämpfe kämpfen und versuchen, in der Stellung eines Mannes zu überleben. Schau dir nur die Gesichter und das Benehmen der freimütigen Feministinnen und Lesbierinnen an. In ihrem Versuch, ihre Verwundbarkeit zu unterdrücken und ihre Selbstständigkeit stärker hervorzuheben, fangen diese Frauen an, Charakterzüge und Verhaltensweisen zur Schau zu tragen, die ganz außer ihrer weiblichen Natur liegen. Sie verlieren dadurch ihre Schönheit und ihren Zauber, und werden eine sehr kärgliche Nachahmung des männlichen Geschlechts.

Schöne, getäuschte Träumerinnen

Allgemein scheinen Frauen geistlicher gesinnt zu sein als Männer. Sie neigen dazu, sich mit geistlichen Gedanken zu befassen. Mann kann auf verschiedene Art und Weise Geistlichkeit zum Ausdruck bringen, aber meistens bezieht sie sich nicht auf den Geist Jesu Christi. Wir Frauen neigen eher als die Männer dazu, unseren Gefühlen und dem Instinkt zu trauen, was uns zu demselben Irrtum bringt, wie die Schwester Eva. Gefühle und Ahnungen verändern sich ständig. **Das Wort Gottes ist sachlich und dogmatisch – unveränderlich. Es ist für den Glauben das, was feste Tatsachen für die Wissenschaft sind.**

Selten hörst du einen Mann sagen, „Gott hat mir dies oder das kundgetan“ oder „Gott lenkte mich, dorthin zu gehen“. Die wenigen Männer, die in dieser Weise sprechen und die ich kenne, sind kein Beweis dafür, dass sie mehr vom Geist geleitet werden, als andere gläubige Männer. Ich weiß, dass, wenn Gott mit meinem Ehemann spricht und ihn auf übernatürliche Weise anleitet, er nicht in der Öffentlichkeit davon spricht. Er empfindet kein Bedürfnis, sich selbst auf diese Weise zu befördern und glaubt außerdem, dass, wenn er wahrhaftig die Stimme Gottes gehört hat, dieser seine

Verkündigung nicht braucht. Gott wird sich selbst offenbaren. Aber viele Frauen schreiben aus Gewohnheit fast jedes Ereignis der Führung Gottes zu. Erfahrungen zeigen, dass Frauen auf Gottes Autorität hinweisen, auch wenn er nichts mit ihrer „Leitung“ zu tun hatte. Es ist erschreckend, dieses schändliche Benehmen heute tendierend zu beobachten, wo Gott uns doch ein warnendes Beispiel durch Miriam, die Schwester Moses, in der Heiligen Schrift hinterlassen hat. Ihr Verlangen, mit Mose auf einer Ebene zu stehen, hat ihren Namen in Verruf gebracht (1. Korinther 10,6.10) und ist uns zur Warnung niedergeschrieben worden: **„was früher geschrieben wurde, das wurde für uns als Belehrung geschrieben, damit wir durch die Geduld und den Trost der Schriften die Hoffnung haben“** (Römer 15,4). Gott scheint uns „Dusseln“, und das sind wir, gnädig zu sein, wenn wir Seinen Namen leichtfertig gebrauchen (eine Art Lästerung), um unseren eigenen Entscheidungen Autorität zu verleihen. **Im Grunde „genießen“ die Frauen einfach ihre eigene, zur Schau gestellte Geistlichkeit.** Das ist ein weiblicher Charakterzug, den wenige Männer teilen oder nachvollziehen können. Männer aber *können* ganz von ihrem eigenen Bestreben gefesselt werden und somit ihre „geistliche“ Seite ganz und gar vernachlässigen. Oft bemerken die Frauen diese „Fleischlichkeit“ bei den Männern und vermuten, dass sie selbst, da sie angeblich „geistlicher“ gesinnt sind, Gott näher sind – eine ganz falsche Vermutung.

Oft bemerken die Frauen diese „Fleischlichkeit“ bei den Männern und vermuten, dass sie selbst, da sie angeblich „geistlicher“ gesinnt sind, Gott näher sind – eine ganz falsche Vermutung.

Fast alle Spiritisten der Vergangenheit und der Gegenwart sind Frauen. Sie sind Handleser, Hellseher, Wahrsager und Kartenleser. Die Hexensabbate werden von Frauen angeleitet. Die meisten okkulten Mittler (die sich mit den Toten verbinden) sind Frauen, wie es auch die Zauberin von Endor war, von welcher König Saul sich beraten ließ, betreffs des längst verstorbenen Samuels. Als Jesus das Gleichnis vom Reiche

Gottes, das von falschen Lehren verdorben wurde, erzählte, **veranschaulichte Er es mit einer Frau, die den Verfall verursachte** (Matthäus 13,33). Im Buch der Offenbarung ist es eine Frau, kennzeichnend Isebel genannt, die die Gemeinde betrügt. Uns wird gesagt, dass sie dies durch ihre *Lehre* tut. Johannes schrieb an die Gemeinde zu Thyatira und warnte sie vor der Lehre des Weibes Isebel (Offenbarung 2,20). Frauen sind entweder direkt oder indirekt Schuld an den meisten vergangenen und gegenwärtigen Kulten des Christentums.

> Dass ein Mann nicht so feinfühlig ist wie eine Frau, macht ihn deshalb nicht schlechter als sie und dass sie in ihrem Wesen schneller verführt werden kann als ein Mann, macht sie auch nicht minderwertiger als ihn – die Naturen sind nur verschieden.

Die Bibel offenbart die angeborene Natur der Frau und zeigt uns den Grund, warum Frauen die Männer nicht unterrichten dürfen: **„Und Adam wurde nicht verführt; die Frau aber wurde verführt und ist in Übertretung geraten“** (1.Timotheus 2,14).

Dass ein Mann nicht so feinfühlig ist wie eine Frau, macht ihn deshalb nicht schlechter als sie und dass sie in ihrem Wesen schneller verführt werden kann als ein Mann, macht sie auch nicht minderwertiger als ihn – die Naturen sind nur verschieden. Es liegt in der Erkenntnis dieses Unterschieds, die uns zeigt, dass Frauen Gott fürchten und ihren eigenen natürlichen Neigungen dagegen misstrauen sollen. Mann und Frau haben unterschiedliche Leistungsfähigkeiten und unterschiedliche Stellungen.

Adam wusste

Gott hat Adam und Adam hat Eva gelehrt. Adam verstand ganz deutlich, dass Satans Versprechen der geistlichen Erleuchtung eine teuflische Lüge über Gott war. Die natürliche Rüstung, die Gott Adam gegeben hatte, gewährte ihm genug Verständnis, um dem Satan zu misstrauen und seinen Lügen kein Gehör zu schenken. Aber Adams Panzer hatte eine schwache Stelle. **Er wurde, wenn es um seine Frau ging, von seinen**

Gefühlen beherrscht. Adams Seele war der Frau gegenüber, die er liebte, offen und zugänglich. Er wollte, dass sie froh war, auch wenn es bedeutete, Gott ungehorsam zu werden oder gegen sein natürliches Verständnis der Wahrheit zu gehen. Er war bereit, für seine Frau die Vernunft beiseite zu legen. Evas Einfluss auf Adam veränderte den Lauf der Menschengeschichte. Wir müssen uns der Kraft bewusst sein, die wir besitzen, unsere Ehemänner zu verführen und sie dazu zu bringen, uns darin zu folgen, die klaren, sachlichen Worte Gottes zu missachten. **Adam**, der erste Mann, **Simson**, der stärkste Mann, **Salomo**, der weiseste Mann, wie auch **David**, bezeichnet als Mann nach dem Herzen Gottes, sie alle wurden von den Frauen, die sie liebten, zu Fall gebracht. Wenn ein Mann eine Frau liebt und sie glücklich machen will, gibt er oft in geistlichen Hinsichten nach, aufgrund der Zuneigung, die er für sie empfindet. Dein Ehemann mag Vernunft und ein gutes Urteilsvermögen beiseitelegen, wenn du ihn dazu zwingst und ihm deinen Unwillen und dein Elend fühlen lässt. Der Platz, den eine Frau im Herzen des Mannes hat, wird ihn entweder zu einer großen Stärke oder zu einer großen Schwachheit leiten; je nach Wesen der Frau oder des Mannes. Dort ist es, wo Männer zu großer Ehre emporsteigen samt ihren Frauen oder von ihnen in Scham und Unehre geschleppt oder noch schlimmer, von Gott unbenutzt gelassen werden.

Wir müssen uns der Kraft bewusst sein, die wir besitzen, unsere Ehemänner zu verführen und sie dazu zu bringen, die klaren, sachlichen Worte Gottes zu missachten.

Erinnerst du dich an die verrückte Dame, die ihre Familie zu finanziellem Untergang trieb, indem sie sich von Gott angeleitet fühlte, umzuziehen und das Geschäft ihres Ehemannes zu ändern? Ihr Ehemann WUSSTE insgeheim, dass dieses Vorhaben misslingen würde, aber er konnte nicht gegen ihr unaufhörliches Bitten und ihre geistliche Ansicht ankommen. **Er wollte von ganzem Herzen der gottesfürchtige Mann sein, so wie seine Frau ihn haben wollte, aber indem er dies beabsichtigte, gab er die Herrlichkeit des Mannes, die Gott von ihm forderte, auf.** Dann spornte sie ihn auch noch an, den Zehnten von dem Wenigen, das sie hatten, abzugeben, in der Erwartung, dass es Gott dazu veranlassen würde, sie für ihren Mangel an Bemühungen mit unverdientem Reichtum zu segnen. Welch ein törichtes Verhalten – und das im Namen der Geistlichkeit! Schließlich standen sie ohne alles da und die Frau verlor noch dazu ihren Verstand. Männer erlauben den Frauen immer noch, die geistliche Leitung zu übernehmen und Frauen gehen noch genau so selbstbewusst voran, wie Eva es damals tat. Sie glauben, dass das, was sie tun, gut für ihre Familie ist. Es ist keine Tat der Fleischeslust. Es ist eine religiöse Handlung, von Rebellion getrieben. Frauen können leicht betrogen werden. Darum hat Gott uns Frauen so eindringlich gelehrt, unsere Rolle als Gehilfin wahrzunehmen und sie beizubehalten. Wir müssen Gottes Anweisungen bezüglich unserer Pflichten völlig vertrauen, ohne dabei Rücksicht auf unsere Gefühle zu nehmen.

Gott hat uns klar und deutlich gezeigt, wie die Frau in den letzten Tagen sein wird. Die Prophezeiung, die die Bibel uns von diesem Bild der Frau gibt, ist heutzutage schon eingetreten. Es ist die „geistliche" Isebel, die das genaue Gegenteil einer Gehilfin ist, nämlich das Todesurteil für die edelste Stiftung der Erde – die Familie. Während du den folgenden Abschnitt über die Prophetin Isebel liest, versuche, eine Abneigung gegen all ihre Eigenschaften zu entwickeln, damit du nicht auch ein Opfer ihrer bösen Praktiken des Betrugs wirst.

Hier folgt eine gekürzte Wiedergabe eines Artikels, der in seinem ganzen Umfang erstmals in unserer Zeitschrift, **„No Greater Joy"**, März-April 2002, herausgegeben wurde. Um die ganze Version zu lesen, besuchen Sie ***www.nogreaterjoy.org***.

Das Bild Isebels

Wenn der Name *Isebel* erwähnt wird, sehen die meisten von uns das geschminkte Gesicht einer verführerisch gekleideten Frau vor sich, die in die Augen eines Mannes, dem es an Weisheit mangelt, starrt. Die Bibel stellt Isebel in einem anderen Licht dar. Offenbarung 2,20 macht deutlich, dass Isebel **„spricht, sie sei eine Prophetin"** und dass die Männer sie als Lehrerin annehmen, was bedeutet, dass sie Teil einer gegliederten Christenheit ist und den Heiligen „dient". Jesus warnt davor, dass eine Frau in der Gemeinde lehrt. Jegliche Frau, die dem schriftlichen Verbot, dass weibliche Personen in der Gemeinde nicht lehren dürften, trotzt, folgt dem negativen Beispiel Isebels.

Ich schlug in 1. Könige nach, was die Bibel über die historische Isebel berichtet. **Als Erstes** bemerkte ich, dass sie *geistlich und religiös ergebener war*, als ihr Ehemann. Sie benutzte ihre Einsicht, um ihn zu führen. Er war ein zurückhaltender Mann, also übernahm sie die Leitung. Die Bibel sagt in 1. Korinther 11,3: **„Ich will euch aber wissen lassen, dass Christus das Haupt jedes Mannes ist; der Mann aber ist das Haupt der Frau; Gott aber ist das Haupt Christi."** Wenn wir Frauen die geistliche Führung übernehmen, treten wir, ganz abgesehen von den Umständen, in denen wir uns befinden, unter unserem ausersehenen, rechten Haupt hervor.

Zweitens fiel mir auf, dass ihr Mann Ahab in seinen Gefühlen schwankend und unbeständig war. Neigt dein Mann zur Zurückgezogenheit? Ist er manchmal bitter, zornig oder bedrückt? Die Übernahme der Leitung der Frau in der Ehe führt zur Schwächung des Mannes, bis zu dem Grad, an dem sie „ihn ins Bett wirft" – wie es Isebel bei Ahab tat.

Das Dritte und Bedeutendste, was meine Aufmerksamkeit auf sich zog, war, dass sie seinen emotionalen Tiefpunkt gebrauchte, um sich bei ihm einzuschleimen – eine sonderbare Weise, um über seinen Ehemann zu herrschen. Wenn du die Begebenheit liest, wirst du erfahren, wie Isebel einen unschuldigen Mann manipulierte und beschuldigte und ihn dann töten ließ, damit Ahab seinen Weinberg bekam. In seiner Verzweiflung hielt Ahab sein „Gesicht an die Wand" gerichtet und ließ sie die finsteren Dinge verrichten. Heutzutage, wenn eine Frau bereit ist, die Stelle ihres Ehemannes und die Leitung der Familie zu übernehmen, wird ihr Ehemann seinen natürlichen Trieb, die Verantwortung auf sich zu nehmen, verlieren. Er wird sein Gesicht der Wand zuwenden.

Viertens musste ich feststellen, wie Ahab doch so mühelos von seiner Frau dazu gebracht werden konnte, sich ihrem Zweck anzupassen. Sie holte ihn aus seiner Passivität heraus – stiftete ihn an, aus Zorn zu handeln. Isebel gebrauchte ihn, um Götzen zu errichten und die wahren Propheten Gottes umzubringen. Oft beteiligt sich ein Mann in der lokalen Gemeinde nicht deshalb, weil Gott ihn berufen hat, sondern weil er seine Frau damit zufriedenstellen will, dass er wenigstens als geistlich erscheint. Wenn ein Ehemann auf den Wink seiner Frau hin und wegen des emotionalen Drucks, den sie auf ihn ausübt, in einen geistlichen Dienst tritt, ist er für ihre „Anleitung" in dieser Rolle empfänglich. Isebel benutzte die Stellung ihres Mannes, um ihre geistlichen Führer voranzutreiben. Dabei veranlasste sie ihren Mann dazu, die geistlichen Autoritäten zu zerstören, die sie nicht mochte. Hast du deinen Mann dazu veranlasst, über die Autoritäten in der Gemeinde schlecht zu denken, weil dir etwas an ihnen nicht gefällt?

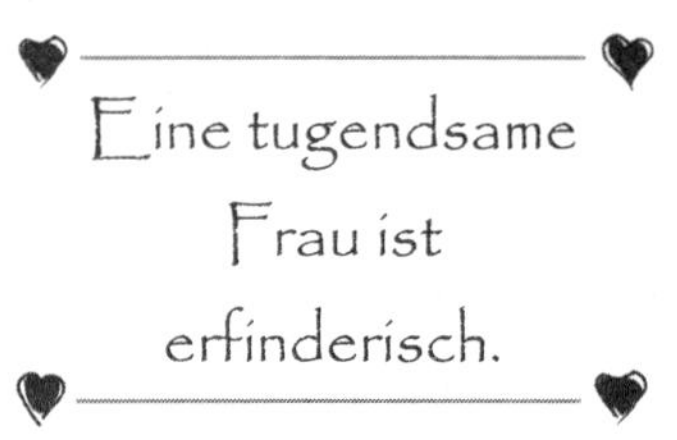

Isebel wusste, dass sie nicht das wirkliche Haupt der Familie war und führte deshalb ihres Mannes Namen an, um ihrem Wort Autorität zu verleihen. Hast du schon mal gesagt, „Oh, mein Mann würde nie zulassen, dass ich so etwas tue", obwohl du wusstest, dass es ihm nichts ausgemacht hätte? Das ist eine Art, die Kontrolle zu behalten und die Zweifel der Fragenden auszuräumen. Wenn eine Frau aus ihrer göttlich bestimmten Natur steigt und die herrschende Rolle übernimmt, wird sie in kurzer Zeit emotional und körperlich erschöpft sein und gefährlich werden.

Ruth

Im Gegensatz zu Isebel, offenbart uns Gott in Seiner Schrift das ideale Bild der Frau, wozu Er das Leben einiger Frauen aufführt, die Ihn ehrten. Eine von denen ist Ruth, ein junges Mädchen, das Unglück, extreme Armut und niedere Arbeit erdulden musste. Sie behielt aber eine dankbare und untertänige Einstellung. Lies dir das Buch „Ruth" durch und sieh dir **das schöne Vorbild kühner Weiblichkeit** an, das Boas veranlasste, die Frau zu lieben und zu schätzen. Beachte ihre Demut und Ehrerbietung, die sie aller Autorität erwies. Nimm ihre Willigkeit zur Arbeit und ihren Gehorsam gegenüber den geistlichen Forderungen ihrer alten Schwiegermutter Naemi zur Kenntnis. Und entdecke letztendlich den wundervollen Segen, mit dem Gott sie ersehen hat, indem Er sie in den Stammbaum Seines eigenen Sohnes setzte.

Esther

Esther ist ein hebräisches Mädchen, das ihre Familie verlor und gezwungen wurde, die Ehefrau eines alten, geschiedenen, gottlosen Mannes zu werden. **Sie hätte sich selbst die dumme Frage stellen können: „Heiratete ich den rechten Mann?"** Oder noch törichter: „Ist er, da er geschieden ist, eigentlich überhaupt mein

Ehemann?" Hätte sie das getan, gäbe es KEIN Buch in der Bibel, das ihre Tapferkeit, Ehre und Seelenstärke beschriebe.

Sie stand (durch das Gebot ihres Ehemannes) in Gefahr, ihr eigenes Leben und das ihres Volks, der Juden, zu verlieren. Dennoch siegte sie über alle Umstände und die natürliche Angst, ihren Ehegatten zu ehren und wagte sich daran, ihr eigenes und ihres Volkes Leben zu retten.

Gott hat nur ein paar einfache Regeln aufgestellt, welche die Frauen befolgen sollen, denn sie sind derer femininen Natur und der Natur der Männer gemäß. Es war Esthers Hingabe zu diesen Prinzipien, mit der sie des Königs Liebe und Anerkennung gewann. Diese zwei Frauen, Ruth und Esther, erwiesen sich inmitten außergewöhnlicher Umstände als weiblich und liebenswürdig. Gott ehrte sie mit Seiner Gunst und mit der Gunst der Männer in ihrem Leben.

Die tugendsame Frau

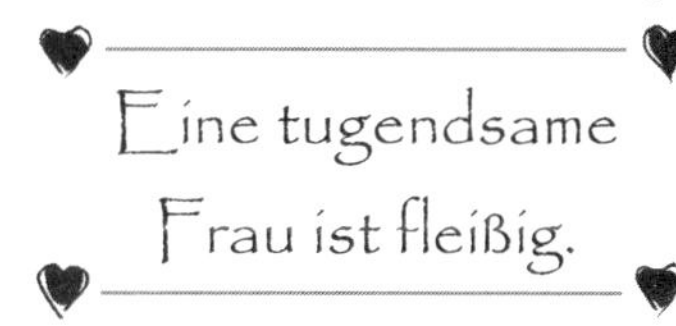

Sprüche 31 beschreibt die tugendsame Frau. Sie ist KEINE furchtsame, stumme oder prüde Frau. **Sie ist selbstsicher, fleißig, kreativ und erfinderisch.** Ihre erste Tugend ist, dass das Herz ihres Ehemannes bei ihr sicher ist. Das bedeutet, dass er ihr seine Gedanken und Gefühle anvertrauen kann, ohne befürchten zu müssen, dass sie die private Kenntnis, die sie über ihn hat, dazu gebrauchen wird, ihm irgendwie Schmerz zuzufügen. Ein Mann wird von seiner Frau Abstand halten und sich ihr nie wirklich öffnen, wenn er das Gefühl bekommt, dass sie diese Kenntnis unachtsam verbreitet oder gegen ihn gebraucht, wenn beide verstimmt sind. Ein Mann, dessen Herz bei seiner Ehefrau nicht sicher ist, wird ihr nie sagen, was er vorhat zu tun oder wie er sich fühlt, da sie sich bei früheren Gelegenheiten die Rolle einer Aufseherin anmaß, indem sie versuchte, die Verwalterin seiner Zeit und seines Gewissens zu werden. Sie erinnert ihn in folgender Weise an sein Vorhaben: „Ich nehme dich beim Wort. Was ist mit dir los? Bist du ein Faultier?" Er findet es friedvoller, seine eigene Meinung für sich zu behalten. Ehefrauen, gebraucht nie eure privaten Kenntnisse über eure Männer als Druckmittel, um euren Willen durchzusetzen!

> Herrschaft und Kontrolle sind immer männliche Charakterzüge.

Wäre dieser Abschnitt aus Sprüche aus unserer modernen Sicht geschrieben, würde er so ausgelegt, dass die Frau hier aufgefordert werde, eine „Gebetsheldin“ oder Lehrerin und Beraterin zu sein. An keiner Stelle der Heiligen Schrift, auch nicht in Sprüche 31, wird eine rechtschaffene Frau so dargestellt. In unserer heutigen Kultur haben wir das klare Verständnis von einer tugendsamen Frau verloren. Wir haben die moderne Vorstellung der „geistlichen“ Frau, die im Gebiet der religiösen Kraft kreist, angenommen und haben vergessen, dass Gott sie nicht in demselben „glorreichen“ Licht sieht. Was wir als geistlich betrachten, bezeichnet Gott als „Isebel“. **„Denn meine Gedanken sind nicht eure Gedanken, und eure Wege sind nicht meine Wege, sagt der HERR“** (Jesaja 55,8).

Eine Frau, die neben ihrem Mann arbeitet, ist eine geistliche Kraft für beide. Eine Frau, die sich dem Intimleben mit ihrem Mann nicht entzieht und ihm Freude bereitet und ihm wohltuende Gesellschaft leistet, ist für ihren Ehemann ein geistlicher Gewinn. Eine Frau, die gesunde Mahlzeiten zubereitet und den Rasen mäht, damit er am Samstag fischen gehen kann, ist eine geistliche Frau, denn sie stellt ihn über sich selbst. Es gibt keine größere Liebe, als dem anderen den ersten Platz einzuräumen.

Herrschaft und Kontrolle sind immer männliche Charakterzüge. Es ist wichtig, dass eine Frau begreift, dass sie feminin (frei von Herrschaft und Kontrolle) sein muss, damit ihr Mann sie als seine eigene Ergänzung ansieht und sie deshalb in williger Erwiderung mit Liebe und Freundlichkeit umgibt.

Eine Frau, die ihren Mann für das viele Fernsehen, Golf spielen oder auch für seine mutwilligen Aktivitäten tadelt, stellt ihn bloß. Ist die Beziehung zueinander gut ausgeglichen, kann eine Frau zur rechten Zeit und auf rechter Weise eine Bitte wagen, ohne seine Autorität herauszufordern. Zur gegebenen Zeit werden wir noch vom rechten Bitten sprechen. Aber sei dir gewiss, dass, wenn die Frau fortwährend versucht, ihren eigenen Willen gegen den Willen ihres Mannes durchzusetzen und ihm vorwirft, dass er Unrecht hat, dann reißt sie seine Autorität an sich, herrscht über ihn und entehrt ihn. Eine Frau, die sich so benimmt, lästert Gottes Wort und kann mit Sicherheit auf Gottes „Vergeltung“ warten.

Ich sage nochmals: wenn eine Frau ihre natürliche Pflicht ablehnt und die herrschende Rolle übernimmt, wird sie bald darauf seelisch und körperlich erschöpft sein.

Ein Mann kann eine robuste Frau, die ihre Unzufriedenheit ihm gegenüber zum Ausdruck bringt, nicht ausstehen. Du meinst, er solle Christi Liebe nachahmen, ohne Berücksichtigung dessen, wie du dich selbst benimmst. Ist es das, was du willst? Ist es das, was Christus will? **Willst du, dass dein Ehemann gezwungen ist, nach übernatürlicher Kraft zu suchen, um einen Weg zu finden, dich zu lieben?** Willst du ihm eine zusätzliche Last sein – seine größte Herausforderung? Das Heim sollte kein geistlicher Kampfplatz sein; es sollte der Ort sein, an dem der Mann sich entspannen und sich der Frau, die er schätzt, öffnen kann. Männer sehnen sich so sehr nach den Momenten zurück, in denen Liebe Spaß machte, offenherzig und ohne jegliche Bedingungen war, so wie die Momente, in denen die Frauen sie mit ihrem süßen, mädchenhaften, „du bist einfach wundervoll“-Ausdruck anlächelten. Damals war sie so feminin, so sehr die Frau. Er wollte sie in seinen Armen halten, einfach, weil sie so entzückend und voller Freude war. Für sie würde er alles tun.

Zeit zum Nachdenken

Gott hat den Mann als HAUPT der Familie ersehen – nicht weil er weiser und fähiger ist, sondern weil das ein Teil des Planes Gottes für die Ewigkeit war.

Erkennen die Leute in deinem Ehemann das Haupt der Familie oder müssen sie feststellen, dass du die Führung übernommen hast? Würden sie deine Familie als „Katharinas Familie“ oder als „Johanns Familie“ bezeichnen? Hast du die Stellung als Haupt übernommen?

Das erste Gebot, dass Gott einer Frau je gab, war: **„ ... dein Verlangen soll nach deinem Mann sein, aber er wird über dich herrschen“** (1. Mose 3,16). Verlangst du nach deinem Mann? Lebst du, um ihn zu erfreuen? Oder erwartest du von ihm, dass er nach deinen Überzeugungen und Launen lebt? Verbringst du deine Tage in ärgerlicher Enttäuschung über seine Unlust, sich nach deinen Vorschriften zu verändern? Wenn das deine Einstellung ist, dann bist du eine Isebel geworden.

Vergleich biblischer Bilder

Isebels Bild	Das Bild einer tugendsamen Frau
1. Prophetin	1. Gehilfin
2. Lehrerin	2. schweigend
3. eine, die jammert	3. ermutigend
4. religiös	4. fleißige Arbeiterin
5. kontrollierend	5. untertänig

Kapitel 12

Von himmlischer Berufung

Die einzige Stellung, in der du als Frau wirkliche Befriedigung findest, ist die, als Gehilfin deines Ehemannes.

„Ich will euch aber wissen lassen, dass Christus das Haupt jedes Mannes ist; der Mann aber ist das Haupt der Frau; Gott aber ist das Haupt Christi“ (1. Korinther 11,3). **„Denn der Mann ist das Haupt der Frau, wie auch Christus das Haupt der Gemeinde ist, und er ist der Retter des Leibes“** (Epheser 5,23).

Dein Ehemann ist, auch wenn er manchmal wie ein „Versager“ erscheinen mag, von Gott als dein Höchstbeamter berufen. Er hat das Recht, dir Befehle zu erteilen. Deine Stellung befindet sich unter ihm. Gott selbst hat dich dort hingestellt, zu deiner eigenen geistlichen, psychischen und physischen Sicherheit. Es ist die einzige Stellung, in der du als Frau wirkliche Befriedigung finden wirst. Sorge dich nicht um die Qualität der Leitung deines Mannes, denn er ist unter der Aufsicht Jesu Christi. Er muss sich vor Gott dafür verantworten, wie er seine „Truppen“ anleitet. Und du musst dich vor Gott dafür verantworten, wie du dem gehorchst, den Er über dich gesetzt hat.

Der Glaube an Gott ist notwendig, um vertrauen zu können, wenn alles, was du sehen kannst, ein fleischlicher Mann ist, der dich „Gott weiß wohin" führen wird.

Denkt einmal über folgendes nach, wenn wir über die Untertänigkeit reden: **Gott möchte, dass wir dem biblischen Muster entsprechen.** Die Betonung liegt dabei nicht nur darauf, dass die Frauen den Männern untertänig sein sollen, sondern dass die Frauen hier auf Erden dem biblischen Beispiel der Untertänigkeit Jesu Christi gegenüber Seinem Vater folgen.

„Aber er ist nicht einmal gerettet!", sagst du. Bedenke, Gottes Wort bleibt die schlussendliche Autorität. Dein Ehemann ist dein Beschützer, der mit Gottes schützendem Panzer gekleidet ist. Auch wenn dir sein Panzer ein wenig rostig und matt vorkommt, ist er dennoch Gottes Panzer – dein sicherer Schutz in allen Lebenslagen.

Gott sagt uns, dass wir **Gehilfinnen** sein sollen: Wir sollen uns untertänig, gehorsam und auch ehrenvoll gegenüber unseren Ehemännern verhalten. Gott sagt uns auch, WARUM wir diese Rolle als Helferinnen bekommen haben.

1. Wir sind *von* der Rippe des Mannes *für* ihn geschaffen. Wir sind ein Teil von ihm.

„Der Mann aber soll den Kopf nicht bedecken, weil er Gottes Abbild und Ehre ist; die Frau aber ist des Mannes Ehre. Denn der Mann kommt nicht von der Frau, sondern die Frau vom Mann. Und der Mann ist auch nicht für die Frau geschaffen, sondern die Frau für den Mann" (1. Korinther 11,7-9).

2. Unsere Stellung in Bezug auf den Ehemann ist ein Sinnbild dafür, was die Gemeinde in Bezug auf Christus ist. Es ist ein Bild für das große Geheimnis – wir, als Leib Christi, *gehören* Ihm, unserem lebendigen Führer. Es kann nicht anders sein!

„Ich will euch aber wissen lassen, dass Christus das Haupt jedes Mannes ist; der Mann aber ist das Haupt der Frau; Gott aber ist das Haupt Christi" (1. Korinther 11,3).

„Dieses Geheimnis ist groß; ich rede aber von Christus und der Gemeinde. ... die Frau aber fürchte den Mann" (Epheser 5,32.33).

Gott sagt uns, WARUM der Ehemann das Heim regiert. Gott erklärt, warum es nie sein Wille ist, dass die Ehefrau herrscht.

1. Der Sündenfall geschah durch die angeborene Anfechtbarkeit einer Frau.
   „Denn Adam wurde zuerst gemacht, danach Eva. Und Adam wurde nicht verführt; die Frau aber wurde verführt und ist in Übertretung geraten“ (1.Timotheus 2,13.14).
   „Der Mann aber ... [ist] Gottes Abbild und Ehre; <u>die Frau aber ist des Mannes Ehre</u>“ (1. Korinther 11,7).
2. Flüche wurden über die Schuldige ausgesprochen.
   „Und zu der Frau sagte er: ‚Ich will dir viel Mühsal schaffen, wenn du schwanger wirst; du sollst mit Schmerzen Kinder gebären. Und dein Verlangen soll nach deinem Mann sein, aber er wird über dich herrschen‘ “ (1. Mose 3,16).

Es war Gottes Plan, **schon vor dem Fall**, dass die Frau ein Verlangen nach ihrem Ehemann hat und dass dieser ihr Herr ist. Diese Beziehung war keine Strafe, aber nach dem Fall wurde sie zu der Quelle des Leidens für die Frau. Gott schuf die Frau, damit sie dem Mann – einem sündlosen Mann – eine Helferin ist. Jetzt, da sie ihn zur Sünde verleitet hat, ist sie immer noch seine Helferin und hat immer noch Verlangen nach ihm und er wird sie regieren, wie vorher – **doch ist er nun sündig, selbstsüchtig und fleischlich.**

Gott setzt Grenzen

Gott äußert ein deutliches und sicheres Gebot, wenn Er sagt: **„Einer Frau aber gestatte ich nicht** (erlaube ich nicht)**, dass sie lehrt, auch nicht, dass sie <u>über den Mann</u> herrscht** (das schließt auch die Prediger mit ein)**, sondern sie soll still sein“** (1.Timotheus 2,12).

Denke noch mal an den Konflikt in dem Brief, den wir im 5. Kapitel lasen.

> *„Ich habe großen Segen empfangen durch Frauen, die auf der Kanzel redeten. Ich verstehe nicht, wie Gott so viel wirken kann, durch Frauen, die nicht Seinen Willen tun.“*

Diese Frau zog die Schlussfolgerung, dass der einzige Grund, warum Gott den Frauen verboten hat, zu predigen, die Unfähigkeit der Frauen zu dieser Aufgabe war. Sie wurde durch weibliche Predigerinnen gesegnet und fragte sich deshalb, ob die Worte der Bibel vielleicht gar nicht Gottes Worte waren. Passt die Bibel nicht mehr in unsere heutige Zeit oder wurde sie an dieser Stelle vielleicht falsch übersetzt? Was diese Frau nicht erkannt hat, ist, dass Gott genau aus dem Grund, dass Frauen eindrucksvolle öffentliche Prediger sein können, ihnen gebietet, es nicht zu tun. Es hat nichts mit der Fähigkeit zu tun; es hat mit dem Auftrag zu tun. Gott hat eine Ordnung für die Familie vorgesehen, die mit der Natur der Männer und der der Frauen genau übereinstimmt. Es ist eine Ordnung, die vom Throne des Himmels kommt. Sie ist die Beste, um Kinder zu erziehen und eine gute eheliche Beziehung zu führen. Wenn nun die Frau zu einem Kanal für den geistlichen Segen wird, kommt sie in eine Stellung, die nicht zu der Natur ihres erschaffenen Wesens passt. Auch wenn sie effektiv als *Ersatz* für die kraftlose Anleitung ihres Ehemannes wirkt, ist es dennoch falsch! Denn dann ist sie, wie die Bibel es sagt, des Mannes Herr und reißt die Herrlichkeit, die Ehre, die Kontrolle und die Anleitung an sich. Das bedeutet, dass sie etwas tut, das eigentlich der Mann tun sollte und dafür die Anerkennung bekommt, die für den Mann bestimmt war. Das ist nicht Gottes Wille für Männer und Frauen.

„Eure Frauen sollen schweigen in der Gemeinde; (Paulus gibt das als neutestamentliches Gebot) **denn es ist ihnen nicht gestattet, dass sie reden, sondern sie sollen untertan sein, wie <u>auch</u> das Gesetz sagt“** (1. Korinther 14,34).

„Schande äußert sich in dem Gefühl, eine unanständige Sache getan zu haben“. Was ist unanständiger, als dass eine Frau ihre Stellung aufgibt?

Paulus rechnete damals schon mit denen, die sagen würden, dass seine Gebote bezüglich der Frauen separat in eine bestimmte Kultur passen und nicht universal brauchbar sind. Er betont, dass dieses Gebot nicht neu oder einzigartig ist, denn im Gesetzbuch der Juden war schon seit Jahrhunderten ein solches Gebot vorhanden.

Gott hilft uns durch Seine Heilige Schrift, diesen äußerst wichtigen Punkt nachzuvollziehen, über welchen wir traurigerweise in die Irre geführt worden sind. Das moderne Christentum hat den Frauen eine Rolle zugewiesen, die gegen derer Natur ist. Es wird den Frauen erlaubt, ja, sie werden sogar dazu ermutigt, sich in geistlicher Hinsicht über die Männer zu stellen. Die Frucht dieser falschen Lehre sind unglückliche Frauen und unzufriedene Männer, wie es in den jüngsten Generationen sichtbar wird. Es ist eine schandbare Statistik, dass eine christliche Familie im Durchschnitt nicht einmal so lange Bestand hat, wie die Familien der allgemeinen Bevölkerung.

„Wollen sie aber etwas genau wissen, dann sollen sie daheim die eigenen Männer fragen. Denn es schickt sich nicht für Frauen, in der Gemeinde zu reden“ (1. Korinther 14,35).

„Es schickt sich nicht – das bedeutet, es ist eine Schande – ja, eine Schande. *Matthew Henrys Bibelkommentar* sagt dazu: „Schande äußert sich in dem Gefühl, eine unanständige Sache getan zu haben.“ Was ist unanständiger, als dass eine Frau ihre Stellung aufgibt?

Wie steht es mit Debora?

Die Bibel meint genau das, was sie sagt, auch wenn einige Schriftstellen über die Stellung einer Frau von heutigen Auslegern falsch gedeutet werden.

Oft habe ich von folgender Widerlegung gelesen oder gehört: „Was ist mit Debora, die eine Richterin Israels war?“ Wenn du ihre Geschichte aufmerksam gelesen hättest, wüsstest du, dass der Text die Tatsache betont, dass die Männer beschämt darüber waren, einer Frau zu erlauben, den Platz des Vorstands einzunehmen. Es gibt keinen Zweifel daran, dass Debora die Aufgabe, Israel zu retten, gut verrichtete und sich von Gott dazu gebrauchen lies. Aber der Punkt ist: Als die Männer einer Frau erlaubten, ihre Rolle zu übernehmen und die Arbeit erfolgreich zu verrichten, resultierte daraus die Schande für das israelitische Volk. Debora wusste das und warnte die Männer davor. Eine Lehre auf dieser Geschichte zu gründen, wo doch die meisten Schriftstellen über die Aufgaben einer Frau keine leitende Position gestatten, ist ebenso töricht, wie dass Debora, anstelle eines Mannes, die Führung der israelitischen Armee übernommen hat.

Oft wird als Begründung für das Ignorieren des Wortes Gottes bezüglich der Geschlechtsrolle der Frauen vorgegeben, dass „wir Frauen ebenso gute Arbeit leisten können wie die Männer, vielleicht sogar noch bessere“. Gottes Gebot, dass Frauen nicht die Führung übernehmen sollen, ist keine Aussage über unsere Minderwertigkeit oder Unfähigkeit; **sie ist Gottes Aussage** darüber, dass es nicht unserer Natur entspricht, die Führung der Männer zu übernehmen, sie zu lehren oder eine Stellung des Vorrangs ihnen gegenüber zu erwerben. Ja, wir sind fähig zu lehren und auch gut zu lehren. Ich lehre euch, aber dieses Buch ist nicht für Männer geschrieben. Es ist von einer „alten“ Frau geschrieben, die jüngere Frauen lehrt, Gott und ihren Ehemännern zu gehorchen – gerade das, was Gott mir befahl, zu tun (Titus 2,3.4).

Wie steht es mit Priscilla und Aquila?

Widerleger der biblischen Lehre lenken unsere Aufmerksamkeit auch auf den Dienst Priscillas und Aquilas. Aber die Zusammenarbeit der Frau und ihrem Ehemann widerlegen die hundert oder mehr Verse, die von der Rolle der Frau als Gehilfin ihres Mannes handeln, nicht im Geringsten. Im Gegenteil – Priscilla wird in der Bibel niemals alleine erwähnt. Sie ist immer zusammen mit ihrem Ehemann, so wie auch ich immer mit meinem Ehemann zusammen bin. Wenn mein Mann auf einem Seminar über die Familien und Kindererziehung spricht, werden wir meistens als „Michael und Debi Pearl“ vorgestellt. Er betritt die Bühne und lehrt, während ich in den Reihen sitze und ihn unterstütze. Manchmal fordert er mich auf, Fragen über Kindererziehung oder Heimschulung zu beantworten, aber ich lehre niemals in der Öffentlichkeit, weder vor Männern noch vor Frauen. Ich berate die Frauen und sorge dafür, dass mein Ehemann genügend Ruhe und gutes Essen bekommt, damit er seine Aufgaben gut erledigen kann. Oft fragt er mich nach meiner Meinung und ich helfe ihm, Ideen zu formen, wenn wir über Probleme bezüglich des Seminars sprechen. **Meine Rolle ist eine Rolle des Beistands** und ich bin mir sicher, dass auch Priscilla eine solche Rolle eingenommen hat.

Eine im Himmel geschaffene Ehe

Also ist eine Frau Bürgerin zweiter Klasse im Königreich? Soll sie eine abgekämpfte, niedergedrückte Magd des männlichen Geschlechts sein? Ganz bestimmt nicht! Was die Bibel lehrt, wird die Frauen nicht zurück in das Steinzeitalter versetzen; es macht uns auch nicht zu Frauen, die sich hinter schwarzen, durchgeschwitzten Schleiern verstecken müssen. Wenn du mich kennen würdest (und wenn du dieses Buch gelesen hast, wirst du mich ein wenig kennen), wüsstest du, dass ich weit entfernt davon bin, eine mausgraue, niedergedrückte Ehefrau zu sein. Aber ich habe erkannt, was Gott über Frauen lehrt und ich weiß, dass, wenn du glücklich sein willst, – wirklich glücklich, so wie ich – musst du Gottes Anweisung für die Stellung der Frauen annehmen und befolgen.

Gott hat deutlich gesagt, warum Er uns so gemacht hat und welche Stellung wir einnehmen sollen.

Trotzdem reißen so genannte Bibellehrer das, was Gott gesagt hat, entzwei und bewirken damit, dass normale junge Ehefrauen, die diese Schriftstellen lesen, sich erniedrigt fühlen. Ich bin eine Frau. Ich habe mein Leben damit verbracht, Frauen zu beraten. Während der fast 35 Jahre meines Ehestandes habe ich Frauen beraten, tausende Briefe von ihnen gelesen, meine eigene Lebenserfahrungen gesammelt und festgestellt, dass das, was die Bibel über dieses Thema sagt, die ganze Wahrheit ist und dass die Wahrheit funktioniert! Ich habe auch die traurigen Folgen bei den Menschen gesehen, die diese Wahrheit ablehnen.

Meine Beurteilung kann als wissenschaftlich korrekt bezeichnet werden. **Das heißt, dass meine Studien nachprüfbar sind: Wenn jemand meine Resultate nachprüfen will, der kann es gerne tun und der wird dieselben Ergebnisse erzielen. Der Schöpfer kennt den besten Weg und *Seine* Worte sind wahr.** Wenn eine Frau das ausleben wird, was ich erfahren habe, wird sie einen unbegreiflichen Segen darin finden! Ich habe tausende Briefe von Frauen erhalten, die in Gottes wunderbaren, segensvollen Plan getreten sind, indem sie einfach Seinem Wort bezüglich unserer Stellung als Frauen glaubten und gehorchten. Ich habe bekennende Lesben gekannt, die ihr Leben verändert haben und zu Ehefrauen nach Gottes Plan wurden. Ich habe gebrochene Huren, Drogensüchtige und in der Kirche aufgewachsene rebellierende Damen kennen gelernt, die zu Frauen wurden, die ihre Männer ehrten und gute Gehilfinnen waren. Ich habe Ehen gesehen, die in der Hölle geboren und dann im Himmel wiederhergestellt wurden. KENNST du auch nur ein einziges Ehepaar, das behauptet, es hätte eine himmlische Ehe? Ich weiß, dass die Engel im Himmel es bewundern, wie sehr ein Mann eine Frau lieben kann; wie er beim

Gedanken daran, wie kostbar sie ihm ist, in Schluchzen ausbrechen kann. Sie hat seine Verehrung und Liebe verdient, wenn sie das ist, was Gott von einer Frau verlangt. Sie tut, was Gott verlangt und deswegen kann sie ihren Ehemann so lieben und schätzen!

Wenn jemand dir erzählt, im Griechischen sei nichts von *Untertänigkeit*, *Gehorsam* und *Schweigen* geschrieben, frage die Person: „Wie ist deine Ehe? Würdest du behaupten, sie sei großartig? Würde Gott deine Ehe im Himmel als Beispiel benutzen, um zu zeigen, wie die Gemeinde Christus gegenüber sein soll?" Die, welche das Wort Gottes hinsichtlich der Stellung einer Frau als Gehilfin verändern wollen, kennen nicht das Wunder einer im Himmel geschaffenen Ehe. Ich selbst durfte es erleben!

> **Wenn du das willst, was ich und tausende andere Frauen haben,**
> ***dann musst du den Plan, den Gott in der Bibel beschrieben hat, befolgen.***
>
> **„Meine Schafe hören meine Stimme, und ich kenne sie, und sie folgen mir"** (Johannes 10,27).
>
> **„Jeder, der aus der Wahrheit ist, hört meine Stimme"**
> (Johannes 18,37).

Zeit zum Nachdenken

Gott stellte eine Befehlskette, zuerst im Himmel und dann hier auf Erden auf. Wenn du das Gebot nicht ehrst, entehrst du Gott und kannst nicht mit einer guten Ernte rechnen, es sei denn, du tust Buße.

„Ich will euch aber wissen lassen, dass Christus das Haupt jedes Mannes ist; <u>der Mann aber ist das Haupt der Frau</u>; Gott aber ist das Haupt Christi“ (1. Korinther 11,3). Stelle Gottes Befehlskette nicht in Frage und versuche, keines ihrer Glieder zu zerbrechen!

➢ Schaffe eine neue Gewohnheit

Beginne, so zu denken und dich so zu benehmen, als sei dein Ehemann der Leiter des Betriebes und du seine Sekretärin! Suche Möglichkeiten, ihm in seiner Leitungsposition zu helfen!

➢ *Eigenschaften einer guten Gehilfin*

- Sie fürchtet Gott.
- Sie glaubt Gottes Wort, *so wie es geschrieben steht.*
- Sie sieht ihre Stellung als Gehilfin, als ein vorteilhaftes Gebot an.

➢ *Werde stille vor Gott*

Erstelle eine Liste für jeden Tag der Woche!

Montag: Schreibe drei Dinge auf, die du in deinem Leben hinzufügen willst, die dazu beitragen, dass du für deinen Mann liebenswerter wirst!

Dienstag: Schreibe drei Dinge auf, die du tun kannst, die ihm eine Hilfe sein werden!

Mittwoch: Schreibe drei Dinge auf, die du tun kannst, die für ihn eine Ermutigung sein werden!

Donnerstag: Schreibe drei Dinge auf, die du an deinem Erscheinungsbild ändern kannst, die er sicherlich mögen wird!

Freitag: Schreibe drei Dinge auf, die du in deinem Haus verändern oder hinzutun kannst, die ihn erfreuen werden!

Samstag: Schreibe drei Dinge auf, die du machen kannst (z.B. intime Zeit miteinander), die dazu beitragen, dass er sich mehr wie ein MANN fühlt!

Sonntag: Plane drei Dinge, mit denen du in Gegenwart anderer deinen Respekt und Verehrung deinem Mann gegenüber zeigen kannst!

Kapitel 13

Das große Geheimnis

Eine weise Frau begreift, dass das Bedürfnis ihres Mannes, geehrt zu werden, nicht auf seiner Leistung gegründet ist, sondern auf seiner Natur und auf seiner von Gott bestimmten Stellung. Sie lernt schnell, sich seinen Ideen oder Plänen mit Begeisterung zu ergeben. Sie sucht nach Möglichkeiten, ihn zu ehren. Sie weiß, dass das Gottes Wille für ihr Leben ist.

„Dieses Geheimnis ist groß; ich rede aber von Christus und der Gemeinde. ... die Frau aber fürchte den Mann“ (Epheser 5,32.33). Es gibt im Wort Gottes **zwölf Geheimnisse**, aber nur das siebte wird als **„großes** Geheimnis“ bezeichnet. Im Wörterbuch wird das Wort „Geheimnis“ erklärt als *„etwas, das der menschlichen Kenntnis* *verborgen ist und in der Lage, Staunen zu erwecken; insbesondere, was für den menschlichen Verstand unbegreiflich ist. Ein Rätsel, von der Kunst schwierig gemacht.“*

Jesus will uns als Freundin haben. Er will eine Gefährtin, mit der Er über Seine Ideen sprechen kann. Er will eine Spielkameradin, mit der Er lachen und das Leben genießen kann. Er will eine Genossin; eine mit der Er Zeit verbringen kann. Er will eine Geliebte, für die Er sorgen kann und die sich um Ihn sorgt. Er will eine Gehilfin; eine mit der Er sein Werk der Schöpfung und ihre Erhaltung teilen kann. Er will der Bräutigam sein und wünscht sich, dass die Gemeinde Seine Braut ist. Das ist das große Geheimnis. **Er will in mir und in meinem Verhältnis zu meinem Ehemann ein funktionierendes, maßstabgetreues Modell Seines ewigen Verhältnisses zu Seiner Gemeinde erschaffen.**

Obgleich es unglaublich erscheint, ist die Ehe zwischen Mann und Frau das Beispiel, das Gott wählte, um Christi Verhältnis zu Seiner Braut, der Gemeinde darzustellen. Du bist Teil der Ewigkeit, wenn du dich deinem Mann fügst. Ergebenheit, Ehrfurcht und Achtung sind Tugenden, die Gott in der Braut Seines Sohnes zu schaffen sucht. Deine Ehe mit deinem Ehemann macht dich für deine Ehe mit Christus bereit. Du denkst vielleicht: „Aber es wäre doch einfach, mit Christus vermählt zu sein.“ Dann kennst du deine Bibel nicht. Wie wäre es, wenn dein Ehemann von dir forderte, deinen Sohn auf einem Altar zu opfern? Gott forderte ebendies von Abraham. Wie wäre es, wenn dein Ehemann dich wegen Lügens tötete? Gott tat genau dies mit Saphira.

> Mein Leben wurde von dem Bewusstsein, dass meine Pflicht als Ehefrau das Verhältnis der Gemeinde zu Christus darstellen soll, geformt.

Es beleidigt den allmächtigen Gott, wenn eine Frau die Autorität des Mannes an sich reißt; es gleicht einem Verrat. Es wäre, als übernähme ein Mann die Herrschaft Christi oder die Gemeinde wurde neidisch auf Jesus werden und Seine Macht an sich reißen würde. Es ist dasselbe, was Luzifer tat, wie er in Jesaja 14,13.14 sagt: **„Ich will in den Himmel steigen und meinen Thron über die Sterne Gottes erhöhen;**

ich will mich auf den Berg der Versammlung im äußersten Norden setzten; ich will ... wie der Allerhöchste sein." Luzifer, genauso wie Eva, war mit seiner Stellung in Gottes ewigem Plan unzufrieden. Er versuchte, sich selbst zu befördern und eine höhere Führungsposition zu erlangen. Gott verwarf ihn, genauso wie Er es auch mit den Männern und Frauen, die nicht in ihrer von Gott gegebenen Stellung bleiben, tun wird.

Gott hat einem Mann und seiner Ehefrau die Gelegenheit gegeben, als Ehepaar ein lebendiges Bild dieses großen Geheimnisses zu sein.

Mein Leben wurde von dem Bewusstsein, dass meine Pflicht als Ehefrau das Verhältnis der Gemeinde zu Christus darstellen soll, geformt. Damit, wie ich meinen Ehemann ehre, veranschauliche ich, wie die Gemeinde Christus ehren soll. Du fragst dich, warum Gott dir gebietet, deinen Ehemann zu ehren. Jetzt weißt du es.

„Dieses Geheimnis ist groß; ich rede aber von Christus und der Gemeinde. ... die Frau aber fürchte den Mann" (Epheser 5,32.33). **Ehren: achten, verehren, schätzen, ehrfurchtsvoll sein; Furcht, gemischt mit Respekt und Hochachtung.**

1. **Gehorsam** bedeutet, sich so zu verhalten, wie die andere Person es sich wünscht.
2. **Ergebenheit** bedeutet, dein Herz dem Willen einer anderen Person zu übergeben.
3. **Verehrung** bedeutet, mehr als nur das zu tun, was ein Mann erwartet oder verlangt. Es ist eine freiwillige Tat der Frau, ihn mit einem hohen Maß an Achtung und Bewunderung zu behandeln.

Gehorsam, Ergebenheit und Verehrung sind alles freiwillige Handlungen und nicht von Gefühlen abhängig. Deinem Mann Ehrerbietung zu erweisen ist ein Zeugnis der Furcht Gottes, Welcher dich in diese Rolle hineinversetzt hat.

Königin des Tages

Hier ist ein Brief von einer Frau, die nach menschlichem Verständnis gerechtfertigt wäre, ihren Ehemann zu verlassen; stattdessen springt sie über ihren Schatten und zwingt sich dazu, ihn zu ehren. Sie achtet ihn als erstklassigen Vater. Aus meiner Erfahrung durch die vielen Beratungen kann ich dir bestätigen, dass, wenn je eine Frau das Herz ihres Mannes gewinnen könnte, es diese wäre. Sie ist die Königin des Tages.

> *Liebe Debi,*
>
> *Ich hab' keine Frage, nur einen sehr guten Bericht! Danke dafür, dass du die Wahrheit gesagt hast, denn sie hat mich befreit. Ich glaube, dass Gott der Gründer und Vollender des Glaubens meines Ehemannes ist. Kurz nach unserer Hochzeit fing mein Mann damit an, in Striplokale zu gehen und sich mit Prostituierten zu vergnügen. Ich weiß dies, da er es mir gestand, wenn sein Gewissen ihn plagte. Eine Zeitlang wollte ich mich scheiden lassen. Ich wusste einfach nicht, wie ich es noch länger hätte aushalten sollen und alle, ausgenommen eines Ehepaares, haben mich in meiner Meinung bestätigt. Die Frau sprach an einem Sonntagmorgen mit mir über Gottes Liebe und an ebendiesem Morgen handelte die Predigt unseres Pastors von dem Thema Liebe. Gott hat in mir Liebe zu meinem Mann geschaffen und ich bin fest davon überzeugt, dass es Gottes Wille für mich ist, bei ihm zu bleiben.*
>
> *Mein Mann ist ein guter Vater, versorgt seine Familie und unterstützt mich in der Erziehung unserer Kinder. Er ist so sehr herangereift. Er wartet, bis unser Sohn zu Bett gegangen ist, bevor er den Fernseher einschaltet. Dafür bin ich dankbar.*
>
> *Anfänglich weinte ich und zeigte ihm meine Enttäuschung: „Wie soll ich dir vertrauen? Wie kann ich wissen, was du machst?“ Ich wollte nicht, dass mein Sohn mich immer so sah und wusste, dass mein Ehemann auf der Arbeit starkem Druck ausgesetzt war. Mein Klagen und mein bitterer Gesichtsausdruck würden es ihm nicht leicht machen, zu mir nachhause zu kommen. Ich wollte ihn nur lieben. Er weiß schon von meinem Verlangen, ihn öfter zu Hause haben zu wollen und deshalb brauche ich ihm nicht täglich meine Frustration zu zeigen.*

Unser Sohn ist davon überzeugt, dass sein Vati die größten Muskeln der Welt besitzt. Wir tun alles, um ihm das Gefühl zu geben, geliebt zu sein. Wir hefteten zwei riesige Stücke Pappkarton zusammen, schrieben „Papa Nr. 1" darauf und fuhren zu seiner Arbeitsstelle. Wir warteten, bis er auf den Parkplatz kam und hielten die Pappe dann so hoch, dass er und alle anderen sehen konnten, was wir für ihn empfanden. Als wir ein neues Telefon bekamen und ich Nummern einspeicherte, sagte mein Sohn: „Vatis Nummer ist die Nummer eins, weil er der ‚Papa Nr. 1' ist." Mein Sohn versucht damit nicht nur, süß zu erscheinen; er denkt wirklich, sein Papa sei unter allen Männern, die er kennt, die Nr.1.

Bitte denkt in euren Gebeten an uns. An manchen Tagen kämpfe ich immer noch mit mir und würde ihm am liebsten den Hals umdrehen, doch glaube ich fest, dass Gott mir aus meiner Not helfen wird.

In Liebe zu Gott,

Judy

Ich muss zugeben, dass mir Tränen über die Wangen liefen, während ich Judys Brief in mein Buch tippte. Judy hat ihr Herz Gott übergeben, denn nur Gott kann ein solches Werk der Gnade in einer Frau vollbringen. Sie ehrt einen Mann, der es nicht verdient hat und indem sie das tut, ehrt sie Gott.

Kannst du diesen Plan jetzt nachvollziehen? **Sie ehrt Gott, indem sie ihren Mann ehrt, nicht weil er ein treuer Vertreter Christi ist, sondern weil Gott sie unter ihren Mann gestellt hat.** Und wenn es menschlich gesehen lächerlich ist, diesem untreuen Mann zu gehorchen, der seiner Frau immer wieder Grund gibt, ihn zu verachten, dann ist nur noch eine Kraft geblieben – Gott. Diese Frau gehorcht und ehrt einzig und allein Gott. Dieser abscheuliche Mann ist der glücklich zu schätzende Empfänger der Ehre, die Gott gegeben wird. **Ihr Glaube sieht über den sündigen Mann hinaus zu dem Gott, der uns alle geschaffen und die Welt so geliebt hat, „dass er seinen einziggeborenen Sohn gab ..."** (Johannes 3,16).

Und sollte ihre Treue auch nie mit einer grundlegenden Veränderung ihres Mannes belohnt werden, wird ihre Hingabe dennoch nicht vergebens sein, denn Gottes wirken in ihrem Herzen **bereitet sie aufs Beste darauf vor, die Braut Christi zu sein.** Es ist ein ewiges Werk, das in ihrer Seele stattfindet. Ihr Gehorsam gegenüber Gott und ihre Bereitschaft, über das übliche Maß hinauszugehen, verhindern, dass die Sünde ihres Ehemannes ihrem Sohn Schaden zufügen kann. Sie hat eine Menge Sünden mit Liebe und Vergebung zugedeckt (1. Petrus 4,8).

„Denn der ungläubige Mann ist geheiligt durch die Frau, und die ungläubige Frau ist geheiligt durch den Mann. Sonst wären ja eure Kinder unrein; nun aber sind sie heilig“ (1. Korinther 7,14).

Spiel es nochmals, Susi

Mit unserer eigenen Kraft scheinen wir Frauen in unserem Gemüt der alten, zerkratzten Schallplatte zu ähneln. Wir nehmen die Fehler unseres Ehemannes und spielen sie in unseren Gedanken immer wieder ab: „Er ist gefühllos … er ist gefühllos … er ist gefühllos …“. Wir regen uns solange über sein kleinstes Vergehen auf, bis unsere Aufregung in Bitterkeit umschlägt. Er vergisst drei Tage hintereinander, den Hund zu füttern. Wir schauen in den leeren Futternapf und schreiben ihm allerhand üble Motive zu. Er lässt uns zehn Minuten länger im Auto warten und wir sind überzeugt davon, dass seine Unbedachtsamkeit nur die Spitze des kalten Eisbergs in seinem Herzen ist. Da wir uns als „christliche“ Frauen bezeichnen und unsere Kinder in der Nähe sind, schimpfen und rasen wir nicht; wir behandeln ihn einfach mit eiskaltem Schweigen. Er muss doch merken, dass er uns gekränkt hat und der beste Weg, es ihm zurückzuzahlen, ist, ihm das zu entziehen, was ihm am Wichtigsten ist – Respekt, Anerkennung und Liebe. Wir wissen, dass dieses seine Aufmerksamkeit erregen wird und früher oder später wird er demütig fragen müssen, wo das Problem ist. Inzwischen sollte unser kläglicher Gesichtsausdruck ihn zur wahren Reue geleitet haben. Das wird ihm leidtun! Als Nächstes erwarten wir, dass er sich wenigstes mit einer Schachtel Pralinen für

> Eine gute Ehe ist gut, weil ein oder beide Ehepartner gelernt haben, die Fehler des anderen zu übersehen, ihn zu lieben, so wie er ist und nicht zu versuchen, den anderen zu verändern oder ihn zur Buße zu bewegen

den vergessenen Geburtstag entschuldigt. Unsere Bitterkeit steigt, wenn es dann noch ausgerechnet die Pralinen sind, die wir nicht mögen, obwohl wir ihn schon einmal darauf aufmerksam gemacht haben. Es ist eine Sache der Übung. Wir üben uns darin, solch negative Gedanken in unserem Inneren zu hegen.

Erinnerst du dich an die 40,000 Gedanken pro Tag? Wes das Herz voll ist, des geht der Mund über. Wie viel Tausende hinterhältige Gedanken kommen dir in einer Zeitspanne von drei oder vier Stunden? Es ist deine Pflicht Gott gegenüber, anders zu denken. Gott sagt dir, wie du denken sollst. Wenn unsere Gefühle uns nicht erlauben, so zu denken, wie wir sollten, kann unser Wille uns aber zur guten Tat zwingen und somit auch gute Gedanken mit sich bringen. **„Befiehl dem HERRN deine Werke, dann werden deine Pläne [Gedanken] gelingen“** (Sprüche 16,3).

Erinnerst du dich an die Bibelstelle 2. Korinther 10,5? **„Wir zerstören damit kluge Anschläge und jede Höhe, die sich gegen die Erkenntnis Gottes erhebt, und nehmen alles Denken gefangen unter den Gehorsam Christi“**.

In den zahlreichen Briefen der Frauen, die von den Vergehen ihrer Männer an ihnen handeln, sind 90% der Vergehen auf etwas zurückzuführen, das leicht zu übersehen gewesen wäre. Der Unterschied zwischen einer harmonischen und einer unglücklichen Ehe hat nichts damit zu tun, ob das Ehepaar aus zwei „guten“ oder zwei „schlechten“ Menschen besteht, denn alle Ehen setzen sich zusammen aus zwei Sündern mit jeweils vielen Verfehlungen. ***Eine gute Ehe ist gut, weil ein oder beide Ehepartner gelernt haben, die Fehler des anderen zu übersehen, ihn so zu lieben, wie er ist und nicht zu versuchen, den anderen zu verändern oder ihn zur Buße zu bewegen.*** Eine schlechte Ehe ist keine, die mehr Verfehlungen unter den Ehepartnern beinhaltet; sie ist eine Ehe, in der einer oder beide sich über Dinge aufregen, die gute Ehepartner einfach übersehen oder mit Liebe und Vergeben zudecken. Wenn eine Frau sich in den Kopf setzt, dass sich ihr Ehemann zuerst ändern muss, bevor sie ihn in der Sicherheit ihres Gehorsams und Respekts ruhen lässt, wird es nie zu einer guten Ehe kommen, es sei denn sie verabschiedet sich von der eigenen Vorstellung.

Eva hat viele Schwestern

Wo die Männer mit fleischlichen Vorstellungen kämpfen, erliegen wir Frauen den emotionalen Vorstellungen und schaffen eine Welt voll Schmerz für uns selbst und die Menschen um uns. Der Satan greift das männliche Geschlecht direkt an und bietet ihm Vergnügen, Macht oder Ruhm an, genauso wie er es mit Jesus bei der Versuchung in der Wüste tat. Aber uns Frauen läuft er mit einer bestimmten Versuchung hinterher, so wie bei Eva – mit Schlauheit. Der Versucher hatte eine Frage an Eva, die so gestellt war, dass sie die Frau veranlasste, zu denken, Gottes Absicht für sie diene ihr nicht zum Besten.

„Aber die Schlange war listiger als alle Tiere auf dem Feld, die Gott der HERR gemacht hatte, und sagte zu der Frau: ‚Hat Gott wirklich gesagt, dass ihr von allen Bäumen im Garten nicht essen sollt?' " (1. Mose 3,1). Satan forderte Eva auf, Gottes Motive anzuzweifeln. Daraufhin deutete er an, dass Gott ihr etwas vorenthalten will: **„Sondern Gott weiß, dass an dem Tage, an dem ihr davon esst, eure Augen geöffnet werden, und ihr werdet sein wie Gott und wissen, was gut und böse ist"** (1. Mose 3,5). Eva wurde von den trügerischen Vorstellungen verführt. Das Zweifeln an Gottes Wohlwollen ihr gegenüber war die Wurzel ihrer Sünde. Heutzutage hat Eva viele Schwestern. Wir zweifeln immer noch an dem, der die Autorität über uns hat und stellen uns vor, dass Er es nicht gut mit uns meint. Genauso wie Eva denken auch wir, dass wir dem Worte Gottes und dem Wort unseres Mannes ungehorsam sein dürfen, da wir meinen, eine höhere Bestimmung zu haben – geistlicher zu sein.

Wir sind verführt worden, zu denken, dass unsere Ehemänner sich gegen uns verschuldet haben, während wir die ganze Zeit glauben, eine geistlichere Einstellung zu haben. Wir stimmen alle der Tatsache zu, dass ein Mann, der in lüsterner Träumerei lebt, gottlos ist. Und ich sage euch Lesern, dass eine nervöse Frau, die nur Kränkung und Beleidigung von allen Seiten erwartet, in eitlen Vorstellungen lebt und eine genauso gottlose Frau ist. Es ist jetzt Zeit, dass du dich unter die von Gott für dich bestimmte Autorität stellst. Glaube an Gott, erwarte das Beste von deinem Ehemann, deinen Nachbarn, deiner Gemeinde, deiner Familie usw. und genieße den Segen und die Freuden des Lebens und der Ehe.

Judy, unsere Königin des Tages, ist keine „zerkratzte Schallplatte" mehr, sondern hat in ihrem Sinn die Dinge abspielen lassen, für welche sie jetzt dankbar ist. Gott spricht in Philipper 4,8:

„Im Übrigen, Brüder, was wahrhaftig ist, was ehrbar, gerecht, rein, lieblich und wohllautend ist, irgendeine Tugend, irgendein Lob, darüber denkt nach!"

Judy überwand die „Böse-Ehefrau-Krankheit", ehe ihr Sohn davon angesteckt wurde. Der kleine Junge ehrt seinen Vater, weil seine Mutter ihn ehrt. Eines Tages wird der kleine Junge ein Mann sein. Während er heranreift, wird er erfahren, dass sein Vater Fehler macht und sie ihm vergeben, so wie es seine Mutter tat. Wenn er erwachsen ist und das gesamte Bild sieht, wird er sehen, dass seine Mutter eine der besten Frauen der Welt ist. Er wird aufstehen und sie selig preisen. Eines Tages erwacht vielleicht auch ihr Mann aus seiner törichten, lüsternen Dummheit und wenn das passiert, wird auch er sie schätzen. Sie wird sich seine Liebe und innige Zuneigung erworben haben, weil sie ihn ehrte, als er keiner Ehre wert war. Sie liebte ihren Mann, weil Gott sie liebte.

Ich stelle mir vor, dass an dem Tag, als Judy das „Papa Nr. 1" Schild hoch in die Luft hielt, beide, sowohl die Engel im Himmel als auch die Teufel auf Erden, angesichts der Vergebung und Liebe, die sich im Herzen dieser „schwachen" kleinen Frau und Mutter regten, sprachlos waren. Das ist ein Wunder, das davon zeugt, dass es einen Gott im Himmel gibt. Ich bin mir sicher, dass auch ihr Mann einen Kloß im Hals hatte, als er nicht nur ihre Vergebung, sondern auch die Ehre, die sie ihm erwies, sah. Es gibt keine größere Liebe, und keinen größeren Anlass zur Buße.

Wir denken nicht, dass Judys Ehemann sich ihre Verehrung oder Liebe verdient hatte. Er ist ein verächtlicher Kerl und es geschähe ihm recht, wenn er allein auf der Straße unter einer Pappschachtel schlafen müsste. Aber Gott hat uns zu einem höheren Stand berufen. Auf diesem höheren Niveau entdecken wir die Wunder des Lebens, der Liebe und der Vergebung. Und dort werden wir geliebt und geschätzt. Wenige Männer bleiben zornig, wollüstig und selbstsüchtig in Gegenwart der starken Macht der Verehrung.

Die Verheißung

In meinem Leben habe ich nur zwei Ehemänner gekannt, denen es gelang, das Verhalten derer verdrießlichen, reizbaren Ehefrauen zu ändern und ihre Ehe in etwas von Gott gesegnetes umzuwandeln. Es gibt in der ganzen Schrift keine Verheißung für Männer, die sagt, dass diese ihre Ehefrauen und Ehen retten können, wenn sie sich nach einer gewissen, vorgeschriebenen Weise verhalten. Dagegen enthält die Bibel ein wundervolles Versprechen für die Frauen: Sie haben die Kraft, ihre verlorenen Männer für sich und Gott zu gewinnen. Die Bibel sagt uns, dass eine Frau ihren Ehemann auch ohne Worte gewinnen kann. In den heutigen Gemeinden haben viele Frauen in dem Gewinnen ihrer Ehemänner gefehlt, weil sie versuchten, Evangelistinnen, statt Ehefrauen zu sein.

„Ebenso sollt ihr Frauen euch euren Männern unterordnen, damit, wenn auch einige dem Wort noch nicht gehorchen, sie durch den Lebenswandel der Frauen ohne Wort gewonnen werden“ (1. Petrus 3,1).

Eine Frau gewinnt ihren Ehemann, so wie Judy, mit ihrem Wandel oder Benehmen. In einem Abschnitt, der noch folgt, werden wir darüber sprechen, wie ihr eure verlorenen Ehemann gewinnen könnt.

In den heutigen Gemeinden haben viele Frauen in dem Gewinnen ihrer Ehemänner gefehlt, weil sie versuchten, Evangelistinnen, statt Ehefrauen zu sein.

Ruhezonen

Männer sind keine gleichgültigen Menschen, wie es manchmal scheint. Sie schätzen ihre Familien sehr und lieben es, wenn ihr Heim ein Ort der Behaglichkeit ist. Sie mögen Respekt und eine Familie, die ihnen Sicherheit und Zuneigung schenkt. Auch wenn das Leben für sie zuhause manchmal eintönig wird, betrachten Männer ihre eigenen Frauen und ihre Kinder als etwas sehr wertvolles.

Männer erlauben ihrer Fleischeslust manchmal, sie von dem wegzuziehen, was ihnen viel Wert ist, aber sie werden versuchen, zurück zu den Ruhezonen zu kommen. Es ist sein natürliches Bedürfnis, die Verantwortung für seine eigene Familie auf sich zu nehmen und für seine Frau und Kinder zu sorgen. Wenn eine Frau ihren Ehemann nicht mit einem behaglichen Nest und einer verehrenden Einstellung versieht, muss sie wissen, dass es nur seine Güte ist, die ihn veranlasst, ihr treu zu bleiben. **Sie ist ein Narr, wenn sie von ihrem Mann erwartet, ein guter Ehemann zu sein, wenn sie nicht die Gehilfin ist, als die Gott sie geschaffen hat.** Wenn im Heim eines Mannes eine angespannte Atmosphäre herrscht, es dort unordentlich aussieht, die Mahlzeiten kärglich und seine Ehefrau kritisch ist, vermag er vielleicht nicht, die „Güte" zu besitzen, ihr treu zu bleiben, wenn ihn auf der Arbeit eine reizende junge Frau mit dem Versprechen (Illusion) einer behaglichen Ruhezone versucht, zu umstricken.

Frauen scheinen es für selbstverständlich zu halten, dass ein Mann treu bleibt, weil es ja seine christliche Pflicht ist, seine Ehefrau treu zu lieben (das ist es auch). **Es ist auch die christliche Pflicht der Frau, eine Gehilfin zu sein: zu ehren, gehorchen, dienen und achten.** Die Erfahrung hat gezeigt, dass ein Mann viel eher in seiner Verpflichtung der Familie gegenüber fehlt, wenn die Frau in ihrer Aufgabe versagt. Ein zufriedener Mann wird seine Ruhezone genug schätzen, um der „bösen Frau" mit ihren leeren Versprechungen zu widerstehen.

Berater sind sich einig, dass in fast allen Ehekonflikten beide, Mann und Frau, etwa gleichermaßen zum Streit beigetragen haben. Eines Mannes Schuld ist meistens leicht erkennbar. Die Schuld einer Frau ist nicht so deutlich, jedoch genauso zerstörerisch und Unheil bringend. Gott hat die Frau als Gehilfin vorgesehen. Sie soll einen Hafen der Ruhe und der Zufriedenheit bieten und ihrem Mann eine Wonne sein. Wenn sie nicht mehr auf Gott hört, muss im Heim oft schwer dafür gebüßt werden. Wenn sie Gott gehorcht, auch wenn sie einen „verlorenen" Mann geheiratet hat, wird sie in der Regel himmlische Auswirkungen ernten.

Die folgende Geschichte berichtet von einer jungen Ehefrau, der es ebenfalls gelang, ihren Mann durch ***Verehrung*** *zu gewinnen.*

Sein Vertrauen verdienen

Nicht alle Frauen sind so weise wie Judy. Vor Jahren kannte ich ein hinreißendes junges Mädchen, das wirklich dumm war. Sie hatte ein sehr weiches Herz (und sie meinte, es sei Gottes Liebe, die in ihr Mitgefühl erweckte), und immer zeigte sie eine Schwäche für Burschen, die ihrer „bedürften". Ihr Name war Sunny, und sie war so schön und lieblich wie der Sonnenschein, nach dem sie auch benannt wurde. Sie nahm immer Anhalter mit, denen sie Gutmütigkeit bezeugen konnte, obwohl die älteren Leute ihr verständlich gemacht hatten, dass dies nicht weise ist. Eines Tages nahm sie einen jungen Mann arabischer Herkunft mit, der sehr romantisch erzählte und schön aussah. Kurz gefasst, Sunny heiratete ihn.

Kurz darauf war sie mit ihrem ersten Kind schwanger und nach wenigen Wochen fing die Gewalttätigkeit an. In den darauffolgenden sieben Jahren war Sunny seinem durch Alkohol hervorgerufenen Zorn und den Schlägen ausgesetzt und musste seine offen gezeigte Untreue erdulden. Sie war mit ihren Kindern oft Tage, und Wochenlang allein, während ihr Ehemann etwas mit „Freunden" unternahm. Er kam nur nach Hause, um seinen Zorn an seiner Familie auszulassen. Und die wenigen Dollar, die sie verdient hatte, um ihre wachsende Familie zu unterhalten, nahm er immer mit sich. Als Sunny ihr drittes Kind erwartete, kam Ahmed betrunken heim und versuchte, sie mit einem Schlachtmesser zu töten. Nur das wunderbare Eingreifen des allmächtigen Gottes verschonte ihr Leben.

Jedes Mal, wenn Ahmed berauscht und wütend nachhause kam, verließ Sunny das Haus mit lauten, fluchenden Beschuldigungen, ging zu ihrer Mutter und weinte sich bei ihr aus. Sie rief auch alle ihre Freundinnen an und erzählte ihnen, was Ahmed ihr antat. Aber sie verließ ihn nicht.

Eines Tages sah ich sie bei einer Versammlung in der Kirche – eine zusammengekauerte, durchweinte und ausgelaugte Gestalt. Sunny bekannte, dass sie geplant hatte, ihren Ehemann zu ermorden. Sie sagte, sie könne das Leben, so wie es derzeit war, nicht mehr ertragen, aber ihre Kinder bräuchten sie noch. Also hatte sie sich entschlossen,

Ahmed zu töten. Ihr Mordplan war gut durchdacht und hätte gelingen können, wenn Gott sie nicht aufgehalten hätte.

An jenem Abend brachte ich Stunden mit Gebet und der Beratung Sunnys zu. Ich bat sie, die Entscheidung zu treffen, Ahmed ein – für allemal zu verlassen und ihr Leben von neuem anzufangen oder bei ihm zu bleiben und den Kampf, sein Herz zu gewinnen und ihr gemeinsames Leben zu retten, anzutreten. Ich war ganz der Erwartung, dass sie ihn an jenem Abend verlassen würde, doch entdeckte ich etwas Erstaunliches an ihr: Sunny hatte ein Verlangen, nach Gottes Willen zu leben. Gott hatte ihr den Glauben geschenkt, dass Er ihren Mann retten wird.

Es ist erstaunlich, wie empfindlich ein Mann ist, wenn eine Frau ihn ehrfurchtsvoll behandelt.

Ich wusste von Sunnys Neigung, alles auszuplaudern; sie konnte nichts aus ihrem privaten Leben für sich behalten. Ich wusste auch, dass ihr Ehemann es nicht mochte, wenn etwas über ihn in der Öffentlichkeit kundgetan wurde und dass es ihre Plauderei über seine Sünden war, die ihn in seinem zornigen Zustand hielt, wie dies der Fall bei den meisten verirrten Männern ist. Ich erklärte Sunny, dass sie, um das Herz ihres Mannes zu gewinnen, ihn ehren müsse. Dieses bedeutet nicht, dass sie in ihm etwas Gutes oder Wertvolles sehen müsse, das in Wirklichkeit nicht da war, sondern dass sie ihm Anerkennung beweisen müsse, um ihrer und ihrer Kinder willen. Alles andere machte Sunny schon gut. Sie war gehorsam, treu, fröhlich, häuslich und ihrem Mann eine Gehilfin. Ich ermutigte sie, noch einen Schritt weiter zu gehen und nach einer Gelegenheit zu suchen, ihren Ehemann zu ehren. Sie solle nichts Schlechtes mehr über ihn reden. Ihre Gespräche mit anderen, wie auch mit ihm, sollten von Lob und Würdigung gegenüber dem Mann zeugen.

Sunny besaß das Herz eines Schülers. Sie nahm meinen Rat an und die Veränderung in ihrem Ehemann war in knapp einer Woche schon erkennbar. **Es ist erstaunlich, wie empfindlich ein Mann ist, wenn eine Frau ihn ehrfurchtsvoll behandelt.** Er hörte auf, mit seinen trinkenden Freunden mitzugehen und suchte sich Arbeit, damit er seine Familie versorgen konnte. Gelegentlich kam er zum Gottesdienst und war über die Bemerkungen der Leute verwundert. „Sunny sagt, du spielst

Saxophon wie ein Genie.“ „Sunny hat uns erzählt, dass du ein ansehnlicher Mann bist.“ „Wir haben uns gefreut, dich zu treffen; Sunny sagte uns, ...“ Ahmed war bestürzt, aber Sunny fuhr mit ihrer Mission fort. Ungefähr nach einer Woche wurde sie durch einen Traum ermutigt.

Sie träumte, dass ein hochrangiger Regierungsbeamter zum Bürogebäude kam, in welchem ihr Mann als Reinigungskraft tätig war. Der Beamte traf sich mit dem Verwalter des Geschäfts und sagte zu ihm: „Ich brauche in meiner Abteilung einen Mann für die Verwaltungsposition. Die notwendigen Fähigkeiten sind Treue, Fleiß, Ehrlichkeit, Pünktlichkeit und Intelligenz; keine besondere Ausbildung ist nötig. Was er nicht weiß, können wir ihm immer noch beibringen, aber die Arbeitsleistung können wir ihm nicht geben. Also, hast du jemanden, der sehr fleißig ist?“ Der Verwalter antwortete: „Ich habe einen solchen Burschen, aber er arbeitet als einfache Putzkraft.“ In Sunnys Traum sagte der Beamte: „Ob der Mann lesen oder schreiben kann, spielt keine Rolle. Wenn er ein treuer, fleißiger Mensch ist, auf den ich mich verlassen kann, dann stelle ich ihn ein und bezahle ihm den doppelten Lohn.“ In Sunnys Traum wurde ihr Ehemann von dem Regierungsbeamten in eine Verwaltungsposition befördert.

Als Sunny erwachte, erzählte sie ihrem Ehemann voller Aufregung ihren Traum. Sie war sich sicher, dieser Traum sei ein Zeichen dafür, **dass er zu etwas Großem berufen ist**. Weißt du noch, was wir lernten, als wir über *Herrn Visionär* sprachen? Dass Größe ein Zustand der Seele und kein Vollbringen oder Verfehlen gewisser Leistungen ist? Damals, als Sunny ihre Freundinnen anrief und ihnen erzählte, welch ein Schuft er sei, bestätigte sie seinen Verdacht, dass sie ihn für einen Verlierer hielt. Sie schändete ihn öffentlich und er fuhr mit seinem schmachvollen Verhalten fort. Ihre Meinung wurde zu seinem Maßstab. Sunny begann damit, ihn öffentlich zu erhöhen und hatte wundervollen Erfolg damit.

Ahmed meinte, ihr Traum sei lächerlich, aber am nächsten Tag, als er pünktlich an seine gewohnte Arbeit ging, hielt er den Kopf etwas höher. Sunny ging zu ihrer Mutter. Sie nahm das Telefon, rief alle ihre Freundinnen an und erzählte ihnen von ihrem Traum. Diesmal störte Ahmed ihr Schwatzen nicht.

Soweit mir bekannt ist, ist Ahmed heute immer noch als Putzkraft tätig und Sunnys Traum war einfach nur ein Traum. Aber er brachte ihre Einstellung ihrem Mann gegenüber zum Ausdruck und was sie von ihm dachte, war ihm viel wichtiger als irgendeine

Arbeit, die er je bekommen könnte. Als sie von ihm als Sieger träumte und es dann anderen erzählte, versuchte Ahmed, in dieser Vorstellung, ein Gewinner zu sein, zu leben. Ahmed fand eine solche Freude darin, in dem Lob seiner Ehefrau zu leben, dass er auch an ihrem Gott Interesse bekam. Mit der Zeit lernte auch er, dem Herrn Jesus zu vertrauen. Das letzte Mal, als ich Ahmed und Sunny sah, waren sie dabei, gemeinsam in dem Herrn zu wachsen. Genau so, wie die Schrift es sagt, gewann sie ihn **„ohne Wort“** durch ihren **„Wandel“** (1. Petrus 3,1). Gottes Wege funktionieren. Wer hätte das je gedacht? Sunny – aber sie hatte auch nicht den Nachteil, dass sie „kulturelle Studien“ der modernen griechischen „Wissenschaftler“ kannte.

Zeit zum Nachdenken

Gott ermahnt uns Frauen, uns darin zu prüfen, ob wir unseren Mann ehren. „… die Frau aber fürchte den Mann“ (Epheser 5,33).

➢ *Schaffe eine neue Gewohnheit*

Versuche, deinem Ehemann mindestens dreimal am Tag spürbare Ehrfurcht zu erweisen. Führe kleine Bräuche ein, die dir als Erinnerung an deinen Vorsatz dienen, bis die Ehrerbietung ganz von selbst kommt.

➢ *Eigenschaften einer guten Gehilfin*

- Sie schenkt den „guten Charakterzügen“ ihres Mannes Anerkennung.
- Sie spricht mit Hochachtung von ihrem Mann.
- Sie fügt sich ihm.
- Sie erwidert ihm nie mit Zorn oder Spott.

➢ *Werde stille vor Gott*

Das Wort „EHRFURCHT“ erscheint 13-mal im Worte Gottes. 8–mal spricht es davon, „den Mann zu ehren“. Schlage diese Verse nach und schaue dir jede Anwendung des Wortes „Ehre“ an. Während du liest, wirst du der Bibel entnehmen können, wie du deinen Ehemann ehren sollst. Mache eine Liste von den Dingen, mit denen du deinem Mann keine Hochachtung erweist und dann auch eine Liste mit Anregungen, wie du deine Verhaltensweisen verbessern kannst. Halte stets im Gedächtnis, dass, wenn du deinen Mann ehrst, du auch Gott ehrst. *Es ist Gottes Wille für dich, dass du deinem Mann diesen Dienst erweist.*

Kapitel 14

Könige und Königreiche

Eine weise Frau nimmt die Aufträge ihres Mannes immer mit Freuden an, egal wie ungeschickt er sein mag.

G**ott schuf Adam** und gebot ihm, die Stellung einer autoritären Person einzunehmen. Seitdem haben alle Söhne Adams dasselbe Gebot erhalten. Der Mann wurde zum Herrschen geschaffen. Das ist seine Natur. Aber der einzige Ort, an dem die meisten Männer je regieren werden, ist ihr *Heim*; ihr eigenes kleines Königreich. Das Mindeste, was ein jeder Mann erreichen möchte, ist, Leiter seiner Familie zu werden. Ihm dieses angeborene Recht zu verweigern, geht gegen seine Natur und gegen Gottes Willen. Wenn ein Mann in seinem kleinen Königreich nicht gebieten darf und ihm die Ehrerbietung und Achtung, die zu seiner Stellung gehören, nicht gewährt werden, dann wird sein Königreich nicht recht regiert werden. Somit werden die Untergeordneten in einem solchen Königreich die Güte eines Herrschers, der die Seinen wirklich liebt und schätzt, nicht erfahren. Wenn du deinen Mann zu achten versäumst, dann entziehst du dir selbst, deinen Kindern und deinem Mann etwas Kostbares.

Wenn der Präsident der Vereinigten Staaten ein öffentliches Auftreten in einem der fünfzig Staaten ankündigt, nimmt sich jedermann Zeit und verbraucht seine Energie, um alles nötige zu seiner Rede vorzubereiten, obwohl der Präsident in dem jeweiligen Staat vielleicht nicht einmal sehr beliebt ist. Bei seiner Ankunft wird er mit Respekt behandelt. Die Menschen schenken nicht dem Mann selbst oder seiner Politik die Anerkennung, sondern der Position, in der er steht und die er repräsentiert. Gott hat deinen Mann zum „Präsidenten" deiner Familie gemacht. Dein Mann ist nicht dazu da, um dir Ehrerbietung zu schenken oder um dein Helfer zu sein. Es ist NICHT Gottes Wille, dass dein Mann dich verehrt. Es ist nicht Gottes Plan, dass du am Tisch oder im Sessel sitzen bleibst und erwartest, dass er sich selbst bedient. Unsere moderne Gesellschaft hat uns eingetrichtert, dass es sich für die Männer so gehört, uns Frauen zu bedienen. Es verletzt unsere Gefühle, wenn er das, was er uns unserer Meinung nach schuldet, nicht tut. Aber das entspricht nicht Gottes Anweisung an uns. Dass wir das geschriebene Wort Gottes nicht kennen und nicht glauben, bringt uns dazu, einer kulturellen Lüge zu glauben. Die gesellschaftlichen Normen und Gottes Gebote stehen in extremem Gegensatz zueinander. Es wird Zeit, zu erkennen, dass die feministische Bewegung schon fast alle öffentlichen Schulen und sogar die besten der christlichen Lehrer verdorben hat. Gott sagt in Hosea 4,6: **„Mein Volk kommt um aus Mangel an Erkenntnis. Weil du die Erkenntnis verwirfst, werde ich dich auch verwerfen, sodass du nicht mehr mein Priester sein sollst. Du vergisst das Gesetz deines Gottes; darum will ich auch deine Kinder vergessen".**

Deinem Mann gegenüber rücksichtsvoll zu sein, ist das, was wahre Weiblichkeit ausmacht. Es macht eine Frau schön, freundlich und lieblich vor allen, aber ganz besonders vor ihm.

Frauen haben oft das Gefühl, an Wert zu verlieren, wenn sie sich einem Mann unterordnen, der nicht vollkommen ist. Seine Unabhängigkeit an jemanden abzugeben, ist nichts für Schwächlinge. Von einer gehorsamen Frau sagen die Leute: „Sie ist einfach von der milden und furchtsamen Art. Sie sollte anfangen, ihr eigenes Leben zu leben." Diese Menschen wissen nicht, wovon sie sprechen. Es ist keine unbegreifliche, rätselhafte Lehre; sie ist anwendbar und logisch. Je mehr ich meinem Mann Ehrerbietung entgegen bringe, desto mehr schätzt er mich, und behandelt mich wie seine Königin. Gott hat den Mann so erschaffen, dass unsere Ehrerbietung und unser Respekt ihm gegenüber Nährboden für seine Zärtlichkeit und Beschützerinstinkte sind.

Ehrerbietung ist nicht nur eine Tat; sie ist das, was du fühlst und zeigt sich in den Äußerungen durch deine Worte und deine Körpersprache. Es ist nicht genug, einfach aufzustehen und ihn zu bedienen; deine Augen und die flinke, sorgenfreie Bewegung deines Körpers müssen deine Freude daran, deinem Mann zu dienen, bezeugen. Du kannst einen Mann nicht täuschen. **Er kennt dein Herz genauso gut oder sogar besser, als du selbst.** Halte ein Auge auf seinen Teller gerichtet, damit du seine Wünsche voraussehen kannst. Rücksicht ist, ihm eine Tasse heißen Tee anzubieten, nachdem du ihm nach einem schweren Arbeitstag die Schuhe ausgezogen hast. Sie ist ein frohes Gesicht, wenn er nach kurzer Abwesenheit zurückkehrt. Sie ist Dankbarkeit für seine Aufmerksamkeit und Zuneigung. Deinem Mann gegenüber rücksichtsvoll zu sein, ist das, was wahre Weiblichkeit ausmacht. Es macht eine Frau schön, freundlich und lieblich vor allen, aber ganz besonders vor ihm.

Folgende Geschichte ist ein Beispiel für das Gegenteil der Ehrerbietung.

Zerzause nicht mein Haar

Vor ein paar Jahren besuchte ich, zusammen mit meinem Mann, eine Sitzung, in der eine Gruppe leitender Männer wichtige Angelegenheiten besprachen und einen Entschluss über das weitere Vorgehen zu fassen versuchten. Die Männer saßen in einem Kreis. Ihre Ehefrauen saßen neben oder direkt hinter ihnen. Mir gegenüber saß ein schlichter, ernsthafter junger Mann, den ich im weiteren Verlauf der Geschichte David nennen werde. Er war mit seiner attraktiven Frau erschienen. Inmitten eines heiklen Gesprächs lehnte David sich zurück und legte den Arm um die Schulter seiner Frau. Sie reagierte sofort mit sichtbarer Verärgerung, schüttelte seine Hand von ihrer Schulter und lehnte sich nach vorne, um sich aus seiner Umarmung zu befreien. Dann brachte sie ihr Haar an der Stelle, wo sein Arm es durcheinander gebracht hatte, vorsichtig wieder in Ordnung. Seine Aufmerksamkeit, wie auch die Aufmerksamkeit fast aller anderen in dem Zimmer, galt nun nicht mehr dem zu behandelnden, ernsthaften Problem, sondern seiner Frau. Ihn abzuschütteln, bedeutete für sie selbst nichts, aber für die anderen, die in dem Kreis saßen (einschließlich ihr Ehemann), bedeutete es eine Erniedrigung; als wäre er ein unsinniges, albernes Kind. Alle wurden Zeugen seiner Demütigung. Nach diesem Vorfall hatte David nichts mehr beizutragen. Bis zum Ende der Sitzung saß er niedergeschlagen und gedemütigt, mit den Händen im Schoß, da. Ich hatte das Verlangen, aufzustehen und das Mädchen zu rütteln, sodass ihre Zähne klapperten. Es hätte sie schockiert, zu wissen, dass alle Anwesenden sie wegen ihres selbstbezogenen Reagierens verachteten. Sie zupfte weiter an ihrem Haar herum und merkte nicht, dass sie soeben einen völligen Mangel an Rücksicht und Verehrung ihrem Ehemann gegenüber gezeigt hatte und ihre Zeit mit dem Versuch, sich zu verschönern, vergeudete, weil sie alles Liebliche und Weibliche durch die eine Tat der Verachtung verloren hatte.

Wenn David täglich Ablehnung dieser Art erfährt, wird er seine Frau nie wirklich schätzen können und nie im Stande sein, ein erfolgreicher Pastor oder Leiter zu sein. Ja, sie ist seine Ehefrau und er wird sie zweifellos auch weiterhin lieben. Doch seine Liebe wird mehr ein Versuch sein, sie zu gewinnen. Bis sie nicht Buße getan hat, kann er sie nicht mit hemmungsloser Freude lieben. Das Ego eines Mannes ist ein zerbrechliches Ding. Wie kann ein Mann jemanden schätzen, der seinen Ruf so wenig achtet?

Ihre Tat offenbarte den Zustand ihres Herzens. Ihre Frisur war ihr wichtiger, als die Ehre ihres Mannes. Indem sie ihren Mann missachtete, rebellierte sie gegen Gott. „Rücksichtnehmen" ist ein Tätigkeitswort. Es ist etwas, das du tust. Es ist nicht erst ein Gefühl; es ist eine freiwillige Tat. Wenn wir unsere Männer verehren und achten, dann haben sie die Freiheit, vor Gott heranzureifen und anderen zu dienen. David war nicht frei; er war innerlich beunruhigt und gebunden.

Unabhängig von ihren Gefühlen gegenüber ihrem Ehemann, wird es von der Frau stets verlangt, ihm zu gehorchen und ihn zu ehren. Einem Mann wird befohlen, seine Ehefrau zu lieben. Das schließt seine Gefühle ihr gegenüber mit ein. Du wirst dich viel eher dafür entscheiden, dass zu tun, was du tun solltest, als dass dich deine Gefühle zur wirklichen Tat anspornen werden. Wie schon gesagt, werden die Gefühle, wenn du das Richtige tust, schon bald folgen.

„Frau Torheit ist unbändig, voll Geschwätz und weiß nichts“ (Sprüche 9,13).

„Durch weise Frauen wird das Haus erbaut; eine Närrin aber zerbricht es mit ihrem Tun“ (Sprüche 14,1).

Nicht fair

Es scheint nicht fair zu sein, dass von der Ehefrau erwartet wird, ihren Mann zu ehren und ihm zu gehorchen, obwohl dieser sich das Recht darauf nicht verdient hat; doch muss sie sich das Recht, geliebt zu werden, verdienen. Wenn sie ihn ohne Rücksicht auf seine Handlungen ehren soll, warum sollte er sie dann nicht auch ohne Rücksicht auf ihre Handlungen lieben? Spräche mein Ehemann zu Männern, dann würde er ihnen sagen, dass sie ihre Ehefrauen ohne Rücksicht auf ihre Taten lieben sollten. Doch erinnere dich daran, dass ich es bin; eine alte Frau, die den jungen Mädchen sagt, was sie tun können, um eine himmlische Ehe zu führen. Du kannst deinem Mann nicht befehlen, dich zu lieben und du hast auch kein Recht darauf, zu erwarten, dass er dich liebt, wenn du lieblos bist. Aber Gott hat die Frauen mit einer Verhaltensweise geschaffen, welche die Männer dazu bringen kann, sie zu lieben und zu schätzen. Gott hat uns, als Frau, einige Schlüssel zu des Mannes Herzen gegeben. Gott hat es so geplant, dass wir das männliche Geschlecht tatsächlich anspornen können, seine von Gott bestimmte Pflicht zu erfüllen. Seine ganze Natur ist so ausgerichtet, dass er auf uns reagiert, wenn wir einfach nur Rücksicht auf ihn nehmen. Ein Mann hat keine solche Kraft, um seine Ehefrau zu beeinflussen. Frauen sind nicht mit derselben Art der Erwiderung ausgestattet. Gott gab den Männern nicht das wundervolle Versprechen, welches er den Frauen gab, nämlich dass sie ihre Ehefrauen mit rechtem Verhalten gewinnen können. Doch Frauen haben eine herrliche Hoffnung, die auf den Verheißungen Gottes gegründet ist.

Die Erzählung von dem Mädchen mit dem lila Blumen-Pyjama

In der vergangenen Woche, als ich auf dem Parkplatz des Wal-Mart in meinem Auto saß und auf meine Tochter wartete, beobachtete ich die Leute, die in den Laden gingen.

Das war eine interessante Betrachtung menschlicher Beziehungen. Von den ungefähr 25 Pärchen, die zusammen in den Laden gingen, berührten sich nur drei Paare gegenseitig und diese drei Frauen waren die einzigen von den 25, die ich beobachtete, die lächelten. Auf der Skala von 1-10, wo 10 für die Schönste steht, hätten alle drei dieser Mädels auf der Stufe 1 oder 2 gestanden. Eine Dame sah einige Jahre älter aus als ihr junger, hochgewachsener, schön aussehender Ehemann. Er hatte ein heiteres Lächeln auf dem Gesicht, als er jede ihrer Bewegungen beobachtete, während er sie besitzanzeigend am Arm führte. Es war offensichtlich, dass sie ihm mit Freude ihre Geschichte erzählte. Ich konnte sehen, dass es eine gute Geschichte war, denn er warf seinen Kopf zurück und lachte laut auf, als sie durch die Tür gingen. Er erfreute sich an seiner Frau.

Ein anderes Paar ging schweigend vorbei. Sie berührten einander absichtlich und sprachen nicht, doch sagte das Lächeln der Frau alles. Das dritte lächelnde Paar erhielt den Preis des Tages. Er war ein muskulöser, prächtiger Kerl und sie dagegen war beinahe unscheinbar. Sie trug eine Flanellpyjamahose, die offensichtlich auf Kniehöhe abgeschnitten worden war. Die gekürzte Hose war mit 5 Zoll großen lila Blumen, auf weißem, fast durchsichtigem, Material versehen. Sie war klein und hatte mindestens 50 Pfund Übergewicht, wovon das meiste in der hautengen Pyjamahose mitschwenkte. Ihr Haar hatte einen hässlichen, abgehackten Schnitt und war sehr fettig. Ihr hinreißender Freund umarmte ihre Schulter ganz fest. Sie lachte und pickte ihn in die Rippen, während sie schrie, er solle sie doch loslassen. Seinem Grinsen nach zu urteilen, hätte man wohl gedacht, er habe Miss Amerika im Arm. **Er erfreute sich von Herzen an seinem lila-blumigen Schätzchen.** Ich begegnete seinem Blick und er grinste mir zu, ganz ohne Verlegenheit. Jenes Mädel hat deutlich sein Herz und meinen Respekt gewonnen. Er war stolz darauf, ihr Mann zu sein. Von all den schönen Mädchen, die in den Wal-Mart gingen, während ich wartete, war es dieses Mädchen, das öffentlich verehrt und geschätzt wurde. Ich vermute, dass sie nie aus irgendeinem Grund den Arm ihres Ehemannes abgeschüttelt hätte, schon gar nicht wegen ihrer Frisur. Sie hat all seine Annährungsversuche mit Dank und Freude entgegengenommen.

Auf den nächsten Seiten werden wir uns darüber unterhalten, wie wir kochen, aufräumen, für unsere Kinder sorgen usw. sollen. Dies ist auch alles wichtig und notwendig, doch unsere Hauptaufgabe bleibt das *Verehren* unseres Mannes. **Ein Mann wird viele Fehler seiner Frau übersehen, solange er nur weiß, dass sie ihn hoch-**

schätzt. Wenn sie ihm einfach mit Zuneigung ins Gesicht schaut und ihm für seine Liebe zu ihr dankbar ist, dann wird er sie von Herzen lieben. Sie mag sich entsetzlich kleiden, äußerst übergewichtig sein, furchtbares Haar haben, nicht gut kochen können, ein bisschen faul und dumm sein und keineswegs schön aussehen. Doch wenn sie nur glaubt, dass er wundervoll ist, und ihm dieses zu erkennen gibt, wird er sie lieben. Das hört sich simpel an, aber so verhält es sich zwischen Mann und Frau.

Andererseits möchten Frauen aber, dass ihre Männer etwas leisten. Sie erwarten von ihnen, dass sie geistlich, fleißig, gewissenhaft, gefühlvoll und aufmerksam sind, sonst fühlen sie sich gekränkt und treten den Kampf an, ihn nach ihrer Vorstellung zu verändern. Ich finde es verwunderlich, dass eine Frau einen Mann heiratet und sich dann darüber ärgert, wenn dieser seinen Charakter beibehält.

Elisabeth Elliot schrieb in ihrem Buch „Let Me Be a Woman" folgendes an ihre Tochter: „Ich war schon seit 13 Jahren Witwe, als der Mann, der später dein Stiefvater wurde, mir einen Antrag machte. Mir erschien das als ein Wunder, von dem ich nie geglaubt hätte, dass es je geschehen würde. Es war schon erstaunlich, dass mich überhaupt mal ein Mann geheiratet hat. In der Oberschule und auf dem College hatte ich wenige Verabredungen mit Männern. Aber das mich nochmals jemand wollte, war fast unbegreiflich. Ich sagte diesem Mann, dass auf ihn Frauen warteten, die ihm viel mehr bieten könnten als ich – Dinge, wie Schönheit und Geld. Und dann sagte ich: „Aber es gibt eines, das ich dir geben kann, in welchem mich keine andere Frau übertrifft und das ist Dankbarkeit. Diese Tugend hat mich der Witwenstand gelehrt".

Als ich in meinen Gedanken und meinem Herzen nach einer Art und Weise suchte, es meinen Leserinnen verständlich zu machen, was es bedeutet, einen Mann zu verehren, fiel mir Elisabeth Elliots Brief an ihre Tochter ein.

> **Das Herz der Ehrerbietung ist äußerste Anerkennung und tiefe Dankbarkeit dafür, dass dieser Mann sich, genauso wie er ist, entschlossen hat, mich zu lieben, genauso wie ich bin.**

Elisabeth Elliot ist eine liebliche, begabte und erfolgreiche Frau, doch entschied sie sich, mit Dankbarkeit den Mann zu ehren, der sie liebt. Es ist die Einstellung ihres Herzens.

Mein Ehemann sagt den jungen Männern, die nach Ehefrauen Ausschau halten, dass es eigentlich nur ein unbedingt notwendiges Merkmal gibt, dass das Mädchen, das sie heiraten, besitzen muss – ein dankbares Herz. Er sagt ihnen: „Das Mädchen, dass ihr euch aussucht, muss froh und dankbar sein dafür, dass ihr sie liebt. Je fester sie glaubt, dass es ihr Glück ist, anderen vorgezogen worden zu sein, desto fester wird der Grund für eine wahre Ehe zwischen zwei Seelen sein. Wenn sie glaubt, dass DU froh bist, SIE erhalten zu haben, dann solltest du besser das Weite suchen. Denn eine solche Frau sucht nach ihrem eigenen Gehilfen und wird denken, dass du derjenige bist, der diese Stellung einnehmen muss. Sie wird für den Rest ihres Lebens versuchen, dich zu verändern."

> Das Herz der Ehrerbietung ist äußerste Anerkennung und tiefe Dankbarkeit dafür, dass dieser Mann sich, genauso wie er ist, entschlossen hat, mich zu lieben, genauso wie ich bin.

Einen Mann zu verehren bedeutet, freudig und dankbar zu sein, so wie das Mädchen mit dem lila Blumen-Pyjama. Es bedeutet, dass du das Gegenteil vom „Zerzause-nicht-mein-Haar"-Mädchen sein musst und dass du genug für deinen Mann empfindest, um Gutes von ihm träumen zu können. Du verehrst ihn, indem du deine Söhne und Töchter beibringst, dass er der beste Mann ist und ihnen hilfst, es mit ihrem Verhalten zu zeigen, sodass alle sehen können, wie du über ihn denkst und was du für ihn empfindest. Zusammengefasst bedeutet es, zu glauben, dass es ein Segen für *dich* ist, von diesem wundervollen Mann geliebt zu werden.

Zeit zum Nachdenken

Stelle eine Liste zusammen von dem, was du tun solltest, damit dein Ehemann deine Verehrung, deinen Respekt und deine Rücksicht ihm gegenüber spürt. Es können einfache Dinge sein, wie ihn an der Tür zu begrüßen, wenn er von der Arbeit heim kommt oder ihn im Auto zu berühren, wenn ihr gemeinsam unterwegs seid. Wende das, was du gelernt hast, in deinem Leben an und sieh es als deine Pflicht an, diese Dinge zu tun, ob im Sturm oder Sonnenschein.

➢ *Was haben wir gelernt?*

- Gott hat uns als Gehilfinnen geschaffen. Wir werden Gottes vollkommenen Willen für unser Leben erst dann erkennen, wenn wir versuchen, die Gehilfinnen zu sein, als die Er uns geschaffen hat.
- Eine Gehilfin ist jemand, der anderen hilft.
- Freude kommt aus der Fülle eines dankbaren Herzens.
- Dankbarkeit ist das Ergebnis der Anerkennung des Willen Gottes.
- Gewalt und Herrschaft sind männliche Charakterzüge. Die Berufung einer Frau ist, untertänig und ihrem Mann ergeben zu sein; dies nicht zu tun, ist Sünde.
- Um Gottes Segen erfahren zu können, müssen wir die Ordnung, die Gott eingeführt hat, anerkennen, schätzen und ehren.
- Wir Ehefrauen stellen die Braut Christi dar. Es wird „das große Geheimnis" genannt. Diese hohe Berufung sollte das Formen unseres Lebens zu diesem Bildnis erleichtern.
- Unser Gehorsam in der Rolle als „Gehilfin" hängt nicht von dem Gehorsam unseres Ehemannes gegenüber Gott ab.
- Gott hat uns befohlen, unseren Ehemann zu verehren. Eine Frau, die sich ihrem Mann nicht unterordnet und ihm nicht den Dienst der Verehrung erweist, ist ein Geschöpf Gottes, das fehl am Platz, zerstört und außer Kontrolle ist.

Gott bestimmte deine Rolle, als Er bekannt gab: **„Der Mann aber ist das Haupt der Frau."** Der Mann wurde schon mit der Führung beauftragt, bevor die Frau überhaupt geschaffen wurde. Gott erklärte Seinen Plan deutlich, indem Er sagte: **„Ich will ihm eine <u>Gehilfin</u> machen"**. Gott machte es kristallklar, dass ein Mann nie der Gehilfe seiner Ehefrau sein soll, als Er erwähnte: **„Der <u>Mann aber soll den Kopf nicht bedecken, weil er Gottes Abbild und Ehre ist</u>; <u>die Frau</u> aber <u>ist des Mannes Ehre</u>."**

Gott sagte uns sogar, *warum* eine Frau nie autoritär sein oder sich selbst geistlicher als den Mann schätzen darf: **„Denn Adam wurde zuerst gemacht, danach Eva. <u>Und Adam wurde nicht verführt, die Frau aber wurde verführt und ist in Übertretung geraten</u>."**

Wenn wir unsere Pflicht als Gehilfin richtig nachkommen, anfangen Freude und Dank im Erfüllen dieser Pflicht zu zeigen und unsere Herzen dazu wenden, unsere Ehemänner zu verehren, dann erst dürfen wir erwarten, eine himmlische Ehe zu erfahren.

Zweiter Teil
Titus 2

„Ebenso den alten Frauen, dass ihre Haltung sein soll, wie es sich für Heilige gehört, nicht verleumderisch, nicht vielem Wein ergeben, Lehrerinnen des Guten; dass sie die jungen Frauen lehren [züchtig sein], ihren Mann und die Kinder zu lieben, besonnen zu sein, rein, häuslich, gütig, ihren Männern untergeordnet, damit das Wort Gottes nicht verlästert wird“ (Titus 2,3-5) [Luther Bibel 1912].

In den letzten Jahren habe ich hunderte von Frauen gefragt: „Kannst du mir die acht Dinge nennen, die Gott von einer Frau erwartet und dass sie, wenn sie sie nicht befolgt, Schuld ist an der Verlästerung des Wortes Gottes?“ Die meisten Frauen schauten mich mit einem leeren Blick an. Sie haben keine Ahnung gehabt, was die Antwort darauf sein könnte.

Gott befahl den älteren Frauen, nur eine einzige Botschaft weiterzugeben, welche man in Titus 2 findet. Im folgenden Abschnitt dieses Buches werden die erwähnten acht wichtigen Dinge behandelt.

Acht praktische Spielregeln

Als ich ein Kind war, erfüllte das Wort „lästern" mein Herz mit Schrecken. Meine Eltern waren damals noch jung im Glauben und wussten noch nicht viel über die Bibel, aber irgendwann hatte einer unserer Prediger den Vers, der von der Lästerung des Heiligen Geistes spricht, in meinen kleinen Verstand „gestopft". Soviel ich zu jener Zeit wusste, gab es nur einen Vers mit dem gefürchteten Wort und der lautete wie folgt: **„Wer aber gegen den Heiligen Geist lästert, der hat keine Vergebung in Ewigkeit, sondern ist des ewigen Gerichts schuldig"** (Markus 3,29).

Heute, wo ich schon um einiges reifer bin, verursacht das Wort „lästern" in mir immer noch ein Schaudern – und das sollte es auch. In gewissem Maße bedeutet Lästerung, sich über zu Gott stellen, entweder in dem, was man sagt oder in dem, was man tut. Als die Pharisäer Jesus reden hörten (und weil sie eine Ursache suchten, Ihn zu töten), beschuldigten sie Ihn, dass Er lästere und Sich somit Gott gleich mache (Johannes 5,18).

Dies ist ein Buch, von Frauen geschrieben, für Ehefrauen und Mütter, also fragst du dich bestimmt, was „lästern" mit diesem Thema wohl zu tun hat. Sehr viel! Als ich anfing, dieses Buch zu schreiben, waren meine Gedanken erfüllt von Versen aus der Heiligen Schrift. Eines Nachts erwachte ich und Titus 2,3-5 gingen mir durch den Kopf. Während ich in meinem Bett lag, versuchte ich, mich an die acht Dinge zu erinnern, die die älteren Frauen den jüngeren beibringen sollten. Genau in dem Moment bemerkte ich, dass Gott mir die vollkommene Gliederung dieser acht einfachen Richtlinien gegeben hatte.

„Ebenso den alten Frauen, dass ihre Haltung sein soll, wie es sich für Heilige gehört, nicht verleumderisch, nicht vielem Wein ergeben, Lehrerinnen des Guten; dass sie die jungen Frauen lehren (1) [züchtig sein], (2) ihren Mann [zu lieben], und (3) die Kinder zu lieben, (4) besonnen zu sein, (5) rein, (6) häuslich, (7) gütig, (8) ihren Männern untergeordnet, damit das Wort Gottes nicht verlästert wird" (Titus 2,3-5) [Luther Bibel 1912].

Das Wort „verlästert" erregte meine Aufmerksamkeit. „... damit nicht das Wort Gottes verlästert werde." Den alten Frauen (das bin ich) wird geboten, die jungen Frauen zu lehren, nicht das Wort Gottes zu lästern! Stehen junge Mütter in Gefahr, zu lästern? Dieser Bibelabschnitt sagt, sie stehen in Gefahr – zwar nicht, den Heiligen Geist zu lästern, was eine unverzeihliche Sünde wäre – sondern eher, **das Wort Gottes zu lästern**. Obwohl dieses nicht die unverzeihliche Sünde ist, ist es doch eine ernst nehmende Sache, vor der Paulus die jungen Frauen warnt.

Das Wort „**lästern**" in diesem Abschnitt schien mir immer eine Übertreibung zu sein – eine deutliche Überbetonung. Wie kann denn eine Frau das Wort Gottes dadurch schlechtmachen, dass sie nicht besonnen ist? Lästert eine Frau wirklich das Wort Gottes, indem sie ihrem Mann nicht gehorcht? Und was, wenn der Mann aber mit seinem Handeln falsch liegt? Und was ist, wenn sie sich etwas aufreizend kleidet und nicht so keusch ist, wie sie es sein sollte? Sollte dies etwa als Lästerung beurteilt werden? Und was bedeutet es, „häuslich" zu sein? **Warum sind diese acht Dinge für junge Frauen so entscheidend, dass die Missachtung derer als *Lästerung* gilt?**

In jener Nacht, als ich im Bett lag und über dies alles nachdachte, bat ich Gott, Er möge mir bezüglich dieses Abschnittes einen kurzen Einblick in Seine Gedanken und Sein Herz geben, damit ich wusste, wie ich es jungen Frauen beibringen könnte, die Lästerung des Wortes Gottes zu meiden. Er tat es. Und Seine Antwort brach mir mein Herz. Ich hätte mir nie die traurige Erklärung dafür denken können, dass das Wort „lästern" an dieser Bibelstelle das richtige Wort war. Aber erst mal lasst uns die acht Gebote, die Gott den alten Frauen gibt, die sie den Jüngeren lehren sollen, eins nach dem anderen durchgehen.

Kapitel 15

1. Züchtig sein

Titus 2,4: „Dass sie die jungen Frauen lehren [züchtig sein] …“ [Luther Bibel 1912]

Züchtig sein: seine Pflicht tun, bescheiden, selbstbeherrscht und nachdenklich sein und lernen, weise Entscheidungen und Urteile zu treffen. **„Und es wird zu deiner Zeit Sicherheit geben, Fülle an Rettung, Weisheit und Klugheit; die Furcht des Herrn wird sein Schatz sein“** (Jesaja 33,6).

Gesunder Menschenverstand:

Eine züchtige Frau ist jemand, der der Tatsache ins Auge schaut, dass sie nicht mehr ledig ist und ihre Entscheidungen frei nach ihrem eigenen Willen treffen kann und mit ihrer Zeit das machen kann, was sie will. Sie weiß, dass sie mit dem Schließen des Ehebundes eine freudige, aber auch wichtige Verpflichtung eingegangen ist. Sie darf nicht flatterhaft und leichtfertig sein. Sie willigt ein, die beste Frau, Mutter und Haushälterin zu sein, die es gibt. Sie wird Leiterin eines großen Betriebes, dessen Eigentümer ihr Mann ist.

Ihre Grundverantwortung ist, danach zu streben, dass im Heim ihres Mannes alles reibungslos abläuft. Sie übernimmt die Rolle der Koordinatorin aller Angelegenheiten. Wenn der Haushalt nicht ordnungsgemäß geführt wird, kann die Ehe nicht freudig und erfüllend sein, auch nicht die Kindererziehung. **Wenn eine Frau die Bedürfnisse, die Zeiteinteilung und die Geldinvestition ihres Zuhauses sorgfältig erwägt, wird sie eine tüchtige Gehilfin sein.** Diese Planung wird den Druck beseitigen und eine friedvolle Stimmung schaffen. Es sind die simpelsten Dinge im Leben, die eine Ehe zerbrechen und eine bittere Scheidung verursachen können. Aber andererseits bringt die simple Planung des Alltags Gesundheit, Wohlstand, Frieden und Glück in eine gesunde Ehe und erzeugt erfreuende Familienverhältnisse. Männer (wie Kinder) schätzen gute Mahlzeiten, einen ordentlich geführten Haushalt und eine friedliche Atmosphäre – einen Zufluchtsort vor den Schwierigkeiten des Lebens.

Gemeiner, gefühlloser Kerl

Liebe Debi,

Gestern, als mein Mann von der Arbeit nach Hause kam, war ich völlig erschöpft. Die Kinder waren krank. Ich habe ein kleines Töchterchen, das Fieber bekommen hatte. Mein Mann kam herein und fragte nicht einmal, wie ich mich fühlte oder wie mein Tag gewesen war. Er fragte sogleich, warum es im Haus so unordentlich sei und wann das Abendbrot bereit sein werde, denn er wollte früh zur Chorprobe fahren. Er war grob, gefühllos und gleichgültig bezüglich meines erschöpften Zustandes, der Krankheiten der Kinder und allem anderen. Er war so egoistisch und es tat so weh ... Was hätte ich tun sollen? Diesen selbstsüchtigen Kerl noch mit einem Liebesdienst belohnen?

Jill

Liebe Jill,

Diesem Mann zu dienen, ist deine Pflicht, deine Arbeit und liegt in deinem eigenen Interesse.

-Debi

Keiner würde leugnen, dass Jills Mann gefühllos ist, aber wir müssen berücksichtigen, dass der Frau zwei Fehler unterlaufen sind, die in einer guten Ehe nicht vorkommen dürfen. Weises Handeln kann in einer Ehe Konflikte verhindern und einen selbstsüchtigen, unsensiblen Kerl verändern. Halte Folgendes immer im Gedächtnis: Es ist deine Arbeit, ihm fleißig zu dienen, das heißt, **du musst im Voraus planen**. Hätte Jill ihre Aufgabe besser verrichtet, wäre ihr Mann nicht so grob gewesen. Dein Mann erwartet, dass du im Voraus planst. Er plant auch seine Arbeit im Voraus, sonst würde er seine Stelle verlieren. Wenn du alles besser organisiert hättest, könnten Konflikte dieser Art gemieden werden und dein Mann wäre stolz darauf gewesen, eine bessere Frau zu haben, als andere Typen, wie z.B. seine Arbeitskollegen. Wenn du deinen Mann verwöhnst, wird er mit der Zeit auch mehr Verständnis für deine Anstrengung, den Alltag zu bewältigen, bekommen, aber du, für deinen Teil, musst wie ein Soldat sein und dich als stark erweisen.

Keiner würde leugnen, dass Jills Mann gefühllos ist, aber wir müssen berücksichtigen, dass der Frau zwei Fehler unterlaufen sind, die in einer guten Ehe nicht vorkommen dürfen.

Ich habe viele kranke Säuglinge gehabt und weiß, dass es manchmal nicht einfach war, aber man **kann** den Haushalt dennoch ordentlich führen, Mahlzeiten kochen und zudem noch danach trachten, dass all das glatt abläuft. Als Mütter werden wir oft wegen eines kranken Kindes gestresst sein, aber das muss kein Grund sein, unsere anderen Pflichten zu vernachlässigen. Eine nüchterne Frau kann trotzdem allen Umständen gewachsen sein.

Einige Tipps

Lerne, das „Wundergerät" der Küche zu benutzen – den elektrischen Schmortopf. Als ich dies schrieb, war Sonntag. Um 8.00 Uhr morgens tat ich einige tiefgefrorene Hähnchenbrustfilets und etwas Reis in den Schmortopf. Ich fügte etwas Wasser, Sellerie, süße Paprika und Gewürze hinzu und stellte die Wärmezufuhr auf die niedrigste Stufe. Als wir mittags nach Hause kamen, war das Haus von einem köstlichen Geruch erfüllt und das Mittagessen war bereit, abgesehen von einem einfachen Salat, der nur knapp ein paar Minuten beanspruchte. Nachdem wir vom Tisch gegangen waren, tat ich etliche Gewürze und noch mehr Wasser in den Schmortopf, wo nur noch etwas Reis und einige Stückchen Fleisch mit Brühe übriggeblieben waren. Diese einfache Suppe schmorte den ganzen Nachmittag vor sich hin und war der Hauptbestandteil unseres Abendbrotes. In der Kirche fragte ich eines der elf-jährigen Mädchen, wie es in seiner zwölfköpfigen Familie mit der Versorgung aussah: „Wenn deine Mama dich fragen würde, ob du jeden Sonntag einen Hahn mit Reis und Gewürzen in den Schmortopf (oder drei Hähne in drei Schmortöpfe) hinein tun würdest, wärst du dazu in der Lage?" Ihre zwölf-jährige Schwester lachte und sagte: „Kein Problem."

Vereinfache, Vereinfache, Vereinfache ...

Biete deinen Kindern zum Frühstück nie mehr als eine Sorte an. Eine zu große Auswahl wird dein Kind nur verwirren. Freie Entscheidungen geben nur mehr Raum für Streit und Unzufriedenheit. Jeden Morgen dasselbe einfache Essen (außer vielleicht am Samstag) bewirkt, dass das Kind mit größerer Erwartung dem besonderen Tag, an dem es Getreideflocken gibt, entgegen blickt. Es kann tatsächlich helfen, deine Kinder dankbarer zu machen und wird einen friedevollen Morgen mit sich bringen. Eine einfache, aber sättigende Mahlzeit als tägliches Frühstück für die Kinder ist z.B. mit Erdnussbutter bestrichener Toast, serviert auf einem Papier-Taschentuch. So braucht man hinterher nicht einmal zu spülen.

Ist der Vater zu Mittag nicht zu Hause, dann koche jeden Tag dasselbe nahrhafte Gericht. Du könntest einen Schmortopf voll mit Bohnen warm halten, um jeden Tag einfache Burritos zu machen und Gemüse zum Variieren hinzufügen. Dieses Gericht kann auch auf einem Pappteller oder auf einer Serviette serviert werden.

Nur eine Idee für eine Mahlzeit

- ✓ Sonntagabend: Tue getrocknete Bohnen und Wasser in den Schmortopf, damit diese einweichen können. Montagmorgens stelle dann die Herdplatte auf niedriger Stufe ein. Abends kann man Fleisch grillen und Süßkartoffeln dazu backen und dies mit den Bohnen zusammen essen.
- ✓ Füge Wasser zu den übrig gebliebenen Bohnen hinzu und lasse sie die Nacht über auf niedrigster Wärmezufuhr köcheln, um sie am folgenden Tag für Taco-Salat benutzen zu können. Eine Stunde vor dem Abendessen wasche und zerpflücke etwas Kopfsalat, schneide eine Zwiebel, eine süße Paprikaschote und zwei Tomaten als Vorbereitung. Brate zwei Pfund Hackfleisch an, wickle dann die Hälfte davon in Frischhaltefolie ein und stelle es in den Kühlschrank für Spaghetti am Mittwoch. Würze die andere Hälfte des Fleisches mit Taco-Gewürz und halte es warm. Decke den Tisch und stelle saure Sahne, geriebenen Käse, heiße Soße, Mais-Chips, das gewürfelte Gemüse, die Bohnen und das Fleisch bereit.
- ✓ Mittwochmittags: Tue dein gekühltes, vorgebratenes Fleisch, die zerhackten und gebratenen Zwiebeln, Paprikaschoten und Sellerie, zusammen mit zerdrückten Tomaten, eine Dose Tomatenpasta und Spaghetti-Gewürzen in den Schmortopf. Bereite eine Stunde vor dem Abendbrot einen Salat zu und koche das Wasser auf, sodass man zehn Minuten vor dem Abendbrot die Nudeln hinein tun kann. Mittwochabends: Reinige deinen Topf und gib getrocknete schwarze Bohnen hinein, damit sie einweichen können.
- ✓ Donnerstagmorgens: Stelle die Herdplatte, auf dem der Topf mit den schwarzen Bohnen steht, auf niedrige Wärmezufuhr. Zwei Stunden vor dem Abendbrot füge

> Eine züchtige Frau erwägt ihre Möglichkeiten, macht Pläne und durchdenkt diese sorgfältig, um dem Durcheinander, das auf eine schlechte Verwaltung folgt, aus dem Weg zu gehen.

geräucherte Wurst zu den Bohnen hinzu. Koche genug Reis für zwei Mahlzeiten und serviere ihn mit den Bohnen oben drauf mit saurer Sahne, gehackten Zwiebeln, Tomaten und geriebenem Käse. Zu den restlichen schwarzen Bohnen füge Wasser und eine Handvoll Reis hinzu und lass sie über Nacht für dich und die Kinder für das Mittagessen am Freitag brodeln. Stelle den übrig gebliebenen Reis in den Kühlschrank, auf dass er Freitag zum Abendbrot gebraten werden kann.

- ✓ Freitag: Setze die übrig gebliebenen schwarzen Bohnen mit dem Reis als Mittagessen für die Kinder ein. Nimm den Reis aus dem Kühlschrank und brate ihn. Schneide Zwiebeln und Fleisch (Hähnchen, Schinken, Speck oder Rindfleisch), röste dies leicht, mische es dann mit dem Reis und füge Rührei und Soja hinzu. Würze mit Salz und Pfeffer. Mache einen frischen Salat.
- ✓ Sonnabend: Bereite eine Mahlzeit im Freien mit Hamburger zu. Stelle Dosen mit gebackenen Bohnen und Plätzchen zum Nachtisch bereit.
- ✓ Sonntag: Du solltest dein Hühnerfleisch für den Topf bereit haben. Früh am Sonntagmorgen tue das Hühnerfleisch, eine Stange Sellerie und Hühner-Cremesuppe in den Schmortopf und außerdem noch Gewürze. Kurz bevor ihr zum Gottesdienst fährt, schneide zehn Mehl-Tortillas in 2 Zoll breite Scheiben und wirf sie in den Topf mit Hühnerfleisch. Erfreut euch an leckeren Hühner-Knödeln, wenn ihr von der Kirche heim kommt.

Es ist nicht ein brummiger, alter Mann oder schlechte Tage, die die Frauen am Kochen und Reinigen hindern. Es ist der Mangel einfachen Planens.

Als ich ein Kind war, hatten wir an gewissen Tagen immer dasselbe Essen. Um 17.00 Uhr war das Abendbrot bereit.

- Wir hatten immer Erbsen, Kartoffeln und Steaks am Montag,
- Hackbraten mit Süßkartoffeln und Kohlsalat am Dienstag,
- Mittwoch zum Abendbrot gab es Braten mit Kartoffelbrei und grünen Bohnen,
- Spaghetti und Salat am Donnerstagabend und
- Fisch, Chips und Salat an Freitagen (die Mahlzeit, die Jesus für seine Jünger zubereitete).

Die regelmäßigen Mahlzeiten jeden Abend machten es leichter für Mutter, die Lebensmittel für die Woche zu planen und einzukaufen. Mein Vater freute sich auf die Mahlzeiten, von denen er wusste, dass sie warm und verzehrfertig sein würden, wenn er von der Arbeit heimkam. Der Schlüssel zu alledem heißt: planen. Eine Liste der Lebensmittel, die für die Mahlzeiten der Woche bestimmt sind, ist ein sehr nützliches Hilfsmittel.

Als Frauen sollte unser Lebenszweck darin bestehen, unseren Männer so gut wie es nur geht, zu gefallen.

Um das gute Verhältnis zwischen dir und deinem Mann aufrechtzuerhalten, erfordert es manchmal nur das Verrichten einfacher Arbeiten, so wie ein ordentlich geführter Haushalt und eine pünktlich servierte Mahlzeit, auch dann, wenn dies hin und wieder durch Umstände erschwert wird.

Die Rolle der Gehilfin deines Mannes ist die einzig wichtige Rolle, die du je spielen wirst. Wenn du hierin versagst, dann hast du in deiner Lebensaufgabe versagt und Gottes Anweisungen missachtet.

Merkmale einer guten Gehilfin:

- Eine gute *Gehilfin* bietet ihrem Mann eine Oase.
- Sie bereitet Mahlzeiten, die ihn erfreuen; sie kocht nicht nur das, was sie für sich selbst bevorzugt.
- Sie plant und bereitet vieles im Voraus.
- Sie übt Selbstdisziplin.

Erdbeeren und süße Liebe

Ich habe süße Kindheitserinnerungen aus der Zeit, als wir Erdbeeren pflückten. Das, an was ich mich am meisten erinnern kann, ist mein runzliger alter Großvater, der neben mir im Knien Erdbeeren pflückte und Reihe um Reihe von meiner Großmutter erzählte und von ihr schwärmte. Scheinbar sah er nicht ihr bauschendes Bauernkleid, ihr dünnes weißes Haar und ihr altes faltiges Gesicht vor sich. Der Gedanke daran, dass er sie liebte und sie als eine schöne Frau empfand, war ein ganz neuer Gedanke, den mein junger Verstand reizend fand. Ich erinnere mich daran, wie sehr ich manchmal kichern musste, was es schwer machte, die Erdbeeren zu pflücken. Seine Liebeserklärungen waren auch sehr beruhigend. Meine Großmutter ehrte und gehorchte meinem Großvater. Es war dieses Fundament der Liebe und Ehre, das die Familie (auch die erweiterte Familie) stark machte. Während du die nächste Geschichte liest, die von meiner guten Freundin und Cousine (es waren auch ihre Großeltern) geschrieben ist, wirst du sehen, wie wir daraufhin erzogen wurden, unseren Männern zu gefallen. Sie lehrten uns, uns vor Beleidigungen über die Männer zu hüten und sie nie zu korrigieren. Wäre Großmutter einmal beleidigt gewesen, hätte es keiner gemerkt, denn sie war sich dessen bewusst, dass eine Ehefrau Verpflichtungen hatte, die sie vernünftig ausführen musste.

„Eine weise Frau erlaubt sich nie, eine Belastung zu sein, aber sie strebt immer danach, ein Gewinn für ihre Ehe zu sein. Sie sucht nach Möglichkeiten, um Geld zu verdienen, zu sparen und es weise zu auszugeben. Ihr Mann weiß, dass er ein reicherer Mann ist, weil sie seine Frau ist."

Was ist eine kalte Mahlzeit?

Von Frieda Lansing, Cousine und Kindheitsfreundin von Debi

> *Das Leben ist so anders, als es einmal war. Vor einiger Zeit saß ich mit etlichen Frauen gemeinsam um den Abendbrottisch und wir erzählten uns einige von unseren ersten katastrophalen Koch - Erlebnissen. In mir wurden klare Erinnerungen aus der Zeit, als ich frisch verheiratet war, geweckt. Als ich heiratete, hatte ich in Wirklichkeit keine Ahnung vom Kochen. Obendrein hatte meine Familie „ländliche" Essgewohnheiten: Erbsen und Maisbrot (immer noch mein Lieblingsgericht), Schinken, Schweinkoteletten, gebratenes Hühnerfleisch, Stielmus usw., während die Familie meines Mannes eine ganz andere Kost gewohnt war.*
>
> *Ich werde den einen heißen Nachmittag nie vergessen. Wir wohnten in ei*

ner Mietwohnung, die aus einer Küche - Wohnzimmerkombination und einem Badezimmer bestand, hinter einem alten Haus in Victorianischem Stil. Wir hatten keine Klimaanlage und so weit unten im Süden kann es im Sommer wirklich sehr heiß werden. An einem schwülen Tag arbeitete ich hart, um ein gutes Gericht für meinen Mann zuzubereiten. Und ich hatte es fertig, als er nach einem schweren Tag der Bauarbeit nach Hause kam. Als er zur Tür herein kam, heiß und verschwitzt, warf er einen Blick auf die heiße Mahlzeit und sagte mit Abscheu: „Dies ist kein passender Tag für eine heißes Gericht; an solchen Tagen braucht man ein kaltes Gericht. Mein Herz war gebrochen. Mir war selbst heiß und ich war verschwitzt, weil ich wie verrückt gearbeitet hatte, um ihm so gut wie ich konnte zu dienen. Ich hatte überhaupt noch nie von einer kalten Mahlzeit gehört. Wovon sprach er nur? Zu der Zeit war eine Tomate gefüllt mit Thunfisch oder ein Hähnchensalat gänzlich fremd für mich. Ich muss dir sagen, vor dreißig Jahren war mir darüber nicht nach lachen zumute, aber als ich sie meinen Freundinnen erzählte, lachten wir alle darüber, wie niedergeschlagen ich an jenem Tag gewesen war.

Sich mit einem großen, unansehnlichen Splitter in der Schulter in der Öffentlichkeit zu zeigen, würde als töricht angesehen werden. Genauso würde keine sich selbstachtende Frau sich ärgerlich oder beleidigt zeigen.

Ich war erstaunt, zu sehen, dass eine der jüngeren Frauen am Tisch sie nicht lustig fand und missmutig entgegnete: „Warfst du die Mahlzeit nach ihm? Ich hätte es bestimmt getan." Dies hielt mich in meiner „Erinnerungsspur" an. Bin ich damals böse gewesen? Hätte ich ihm das Essen gerne ins Gesicht geschleudert? Ich kann mich nicht erinnern, solches gedacht zu haben. Ich erinnere mich an meine Erkenntnis dessen, dass ich lernen müsste, kalte Mahlzeiten zuzubereiten. Als ich heiratete, wurde ich Frau Lansing. Sein Leben, seine Tagesordnung und seine Verlangen wurden zu meinen. ***Ich betrachtete meine Ehe als eine lebenslänglich andauernde Karriere und ich beabsichtigte, darin erfolgreich zu sein.*** *Wenn ihm das Essen, das ich machte, nicht gefiel, lernte ich, das Essen zu kochen,* ***das er liebte****, anstatt mich zu weigern, weiter für ihn zu kochen und mich darüber zu beklagen, dass er einfach schwer zu befriedigen sei. Ich WOLLTE und war ENTSCHLOSSEN, ihn zu erfreuen. Bald stellte sich heraus, dass es in Wirklichkeit nicht schwer war, ihn zu erfreuen. Die meisten Männer sind nicht schwer zu erfreuen. Vor kurzem hörte ich jemanden sagen, dass ein Mann nur Essen, Sex und Respekt bräuchte, um sehr zufrieden zu sein. Das ist sicherlich eine grobe Vereinfachung, aber aus Erfahrung weiß ich, dass diese im Grunde genommen die Hauptbedürfnisse aller Ehemänner sind. Und so habe ich aus dieser Perspektive heraus schon fast dreiunddreißig Jahre lang meine Arbeit geleistet. Es ist noch immer mein Ziel, meinen Mann zu erfreuen. Ich bin froh, dir sagen zu können, dass er seine Wonne an mir hat. Ich war entschlossen, seine Anerkennung zu gewinnen.*

Älter und weiser und immer noch sehr verliebt ...
Frieda

„Eine weise Frau lässt ihren Geist nicht durch kleine Vorfälle erregen. Mit einem stillen und sanften Geist versucht sie, alles besser zu machen."

Zum Nachdenken

1. War es dem Herrn wohlgefällig, dass Frieda versuchte, solche Mahlzeiten zu machen, die ihrem Mann gefielen?
2. Wäre es Sünde gewesen, mit Zorn oder verletzten Gefühlen zu reagieren?
3. Würdest du immer noch versuchen, deinen Mann zu erfreuen, wenn er dir mit solch gefühlloser Undankbarkeit begegnet wäre?
4. Glaubst du, ihr Mann wollte undankbar sein?
5. Als du heiratetest, betrachtetest du deine Ehe als eine Karriere, um deinen Mann zu erfreuen?

„Eine tüchtige Frau ist eine Krone ihres Mannes; aber eine böse ist wie Eiter in seinem Gebein“ (Sprüche 12,4).

Schaffe eine neue Gewohnheit. Fast alle Frauen, die dieses Buch lesen, wurden gelehrt, ihre Männer nicht zu ehren. Vielleicht wurdest du von dem Vorbild deiner Mutter geschult, deinen Vater zu verachten und Unwillen gegen ihn zu hegen. Du wurdest geschult, indem du beobachtetest, wie deine Mutter ihren Unwillen über deines Vaters schlechte Gewohnheiten zeigte und nichts hat sich geändert in dem, wie du dich deinem Mann gegenüber verhältst. Es scheint natürlich zu sein, ärgerlich zu werden, anstatt eine Möglichkeit zur Besserung zu suchen. Es ist nicht leicht, eine eingeführte Tradition zu brechen, aber es wird der Anstrengung wert sein.

Befreit zur Trauer

Seit der Emanzipationsbewegung, die in den 1960-er anfing, wird den Frauen beigebracht und man erwartet von ihnen, autoritäre Männer respektlos zu behandeln. Alle Medien, wie Zeitschriften, Filme und populäre Bücher, haben die Ausrottung des Unterschieds zwischen Mann und Frau gefördert. Wie immer, sind die Staatskirchen nur ein Jahrzehnt zurückgeblieben, also sind christliche Bücher und Pfarrer mit ihrer eigenen Emanzipations-Theologie gefolgt. Pfarrer und Theologen haben Methoden herausgefunden, um die Autorität der Worte Gottes, die wir in der Schrift über die Natur und die Pflicht von Männern und Frauen finden, zu hinterfragen. Es ist so weit gekommen, dass die Kirchen jetzt überzeugt sind, dass die Bibel diese moderne Ansicht unterstützt.

Als ich ein Kind war, konnte sich keiner aus unserer großen Familie an eine Scheidung auf der mütterlichen wie auch auf der väterlichen Seite der Familie erinnern, eingeschlossen Tanten, Onkels, Cousins und Großeltern. Auch gab es keinen Fall von Frauen- oder Kindermisshandlung. In den letzten 50 Jahren hat sich dies alles drastisch geändert.

Es ist schwer zu glauben, aber die folgende Anweisung wurde in einem Hauswirtschafts-Arbeitsbuch aus den 1950er Jahren einer höheren Staatsschule gefunden. Als ich zur Schule ging, wurde dieses der allgemeinen Bevölkerung beigebracht. Kannst du dir vorstellen, was es für ein Skandal wäre, wenn jemand dieses in einem heutigen Lehrbuch einer öffentlichen Schule finden würde?

Wie man heutzutage eine gute Ehefrau ist

(Wortwörtlich einem Hauswirtschafts-Lehrbuch der höheren Staatsschule aus dem Jahre 1950 entnommen)

* **Habe das Abendbrot bereit.** Plane im Voraus, sogar am Abend zuvor, pünktlich eine wohlschmeckende Mahlzeit bereit zu haben. Auf diese Weise lässt du ihn (den Ehemann) wissen, dass du an ihn gedacht hast und um seine Bedürfnisse besorgt bist. Die meisten Männer kommen hungrig nach Hause und die Aussicht auf eine gute Mahlzeit ist ein Teil des warmen Willkommens, das er braucht.
* **Mache dich zurecht.** Ruhe dich 15 Minuten aus, damit du erholt bist, wenn er kommt. Bessere dein Make-up nach und tue ein Band in dein Haar, um frisch auszusehen. Er ist soeben mit vielen arbeitsmüden Menschen zusammen gewesen. Sei etwas heiter und interessant. Nach seinem langweiligen Tag könnte er eine Aufmunterung gebrauchen.
* **Beseitige die Unordnung.** Mache eine letzte Runde durch den Hauptteil des Hauses, kurz bevor dein Mann eintrifft und räume die Schulbücher, das Spielzeug und die Papiere weg. Wische dann noch schnell den Staub von den Tischen. Dein Mann wird das Gefühl haben, einen Hafen der Ruhe und Ordnung erreicht zu haben und es wird auch für dich eine Erfrischung sein.
* **Mache die Kinder zurecht.** Nimm dir ein paar Minuten Zeit, um die Gesichter und Hände der Kinder (wenn sie noch klein sind) zu waschen. Kämme ihre Haare und falls nötig, ziehe sie um. Sie sind kleine Schätze, und es wird ihn freuen, sie so zu sehen.
* **Halte allen Lärm zurück.** Zur Zeit seiner Ankunft beseitige die Geräusche der Waschmaschine, des Trockners, der Geschirrspülmaschine oder des Staubsaugers. Versuche die Kinder zu ermuntern, ruhig zu sein. Sei froh, ihn zu sehen. Begrüße ihn mit einem warmen Lächeln.

Einige Verbote

* **Begrüße ihn nicht mit Problemen** oder Beschwerden.
* **Beklage dich nicht, wenn er spät** zum Abendbrot kommt. Betrachte dieses als geringer im Vergleich zu dem, was er über den Tag erlebt haben könnte. Mache es ihm bequem. Ermögliche es ihm, sich in einen gemütlichen Stuhl zu-

rückzulehnen oder biete ihm an, sich im Schlafzimmer etwas hinzulegen. Halte ein kaltes bzw. warmes Getränk für ihn bereit. Lege ihm die Kissen zurecht und biete an, ihm die Schuhe auszuziehen. Sprich in einer stillen, sanften, beruhigenden und angenehmen Stimme. Erlaube ihm, sich zu entspannen und auszuruhen.

* **Höre ihm zu.** Du magst ein Dutzend Neuigkeiten haben, die du ihm erzählen möchtest, aber der Moment seiner Ankunft ist hierfür nicht der rechte Zeitpunkt. Lass ihn zuerst erzählen.
* **Mache es zu seinem Abend.** Klage nie, wenn er dich beim Abendessen und an anderen Aufenthaltsorten nicht dabei haben möchte. Stattdessen versuche, seine Welt voller Belastung und Druck und sein Bedürfnis, zu Hause zu sein und sich zu entspannen, zu verstehen.

„Das Ziel: Versuche, dein Heim zu einem Ort des Friedens und der Ordnung zu machen, wo dein Mann sich an Leib und Seele erneuern kann."

Siehst du, was in den letzten fünfzig Jahren passiert ist? Jedem Mädchen der höheren Schule wurde beigebracht, eine zurückhaltende Stellung in der Familie einzunehmen und eine Weltanschauung, dessen Inhalt biblischer ist als das, was die Gemeinden heutzutage lehren.

„Eine weise Frau gestaltet ihr Leben nach dem Leben ihres Mannes. Seine Arbeits-, Spiel-, Essen- und Schlafgewohnheiten werden zu den ihren."

Ich bin nahe dran, einen Nervenzusammenbruch zu erleiden

Dieser Brief zeigt, dass, wenn wir nicht unseren Willen durchsetzen können, wir einen nervösen, unruhigen, statt einen stillen (nüchternen) Geist bekommen, welchen Gott von uns erwartet. Es war gut, zu hören, dass diese Frau endlich Frieden fand. Der Artikel, auf den sie hinweist, ist auf der Internetseite nogreaterjoy.org zu finden.

Ich hörte euren Artikel „Fleischliche Männer, schlecht gelaunte Frauen und streitsüchtige Kinder", der öffentlich auf einem Seminar in Knoxville vorgelesen wurde. Zum ersten Mal erkannte ich, dass meine Unruhe, in der ich meinen Mann kontrollierte, eine Gegenreaktion meines Mangels an Vertrauen ihm gegenüber war. Als wir das Seminar verließen und uns durch den Straßenverkehr kämpften, erwähnte mein Mann, dass wir tanken müssten. Meilen verzogen sich und immer noch blieb der Straßenverkehr dicht. Plötzlich waren wir frei, aber erst in den Bergen, wo keine Tankstelle war. Ich war in einem Zustand äußerster Erregung. Ich war so aufgebracht, dass ich schreien wollte, er solle zurück in die Stadt fahren und Benzin tanken. Ich konnte die Tankanzeige sehen; sie zeigte „ganz leer" an. Ich schrie im stillen zu Gott, dass dieses ein Grund war, warum ich die Kontrolle übernehmen musste, denn er ist der verantwortungsloseste Mann und nicht in der Lage, weise Entscheidungen zu treffen. Ich fühlte, ihm sagen zu müssen, was er zu tun hatte. Ich war so nervös, beinahe krank, aber zum ersten Mal hielt ich den Mund und schaute interessiert zu den Hügeln. Zehn Meilen hoch in den Bergen kamen wir endlich an eine Ausfahrt, die auf eine Tankstelle zuging und mein Mann drehte sich zu mir, lächelte und meinte: „Was ist denn mit dir passiert? Du bist gar nicht so ein Nervenbündel wie sonst. Ich bin so froh, dass du gelernt hast, dich zu entspannen. Ist das Leben nicht viel interessanter, wenn du nicht so voller Angst bist? Ich bin stolz auf dich." Ich musste anhalten und nachdenken. Und wenn uns der Treibstoff auch nicht gereicht hätte, wäre das so tragisch gewesen? Ich sah, dass ich oft aus einer Mücke einen Elefanten gemacht hatte. Ich besaß das Gegenteil des stillen und sanften Geistes, den wir eigentlich haben sollten. Ich habe gelernt, dass ich den Ängsten und Verärgerungen in mir in verzwickten Situationen nicht die Überhand nehmen lassen und sie zu allem Übel auch noch an meinem Mann auslassen darf. Ich lerne, mich auf meinen Mann zu verlassen.

Sara

„Denn ihr sollt so gesinnt sein, wie Jesus Christus auch war" (Philipper 2,5).

Persönliche Schreine

Vielen Frauen mangelt es an biblischer Nüchternheit. Man sieht es daran, wie sie ihre Häuser als Schreine betrachten, die man beschützen muss, anstatt sie als Orte zu sehen, an denen sie sich an ihren Familien erfreuen können. Sie werden verrückt, wenn der Teppich beschmutzt wird oder die Kinder unabsichtlich Milch auf dem Sofa vergießen. Sie werden zu gefühlsmäßigen Nervenbündeln unter solchen Umständen. Wenn auch du dieses Problem hast, lass mich dich fragen: Wie würdest du dich fühlen, wenn dein Mann nichts als einen offenen Stall finden würde, wo du dein erstes Kind gebären solltest? Dies war der Fall bei Maria, der Mutter Jesu. Glaubst du, Gott hätte Maria als Jesu Mutter gebrauchen können, wenn sie ein solches Nervenbündel gewesen wäre, nur weil ihr die Umgebung nicht sauber und ordentlich genug war? Stell dir einmal das junge Mädchen Maria vor, wie sie sich an den Rücken des Esels klammert, während die Geburtswehen ihren ermüdeten Körper durchziehen und ihr Mann verzweifelt nach einem Platz sucht, wo sie ihr Kind gebären kann.

Glaubst du, Gott hätte Maria als Jesu Mutter gebrauchen können, wenn sie ein solches Nervenbündel gewesen wäre, nur weil ihr die Umgebung nicht sauber und ordentlich genug war?

Viele haben darüber nachgedacht, welche Tugenden Maria wohl haben mochte, die Gott dazu bewegten, sie als die Mutter unseres Herrn zu erwählen. Ich kann dir sagen, wie sie war. Sie hatte die Ewigkeit in ihrem Herzen. Sie war selbstbeherrscht, bedacht und lernte, weise Entscheidungen zu treffen. Wenn eine junge Frau lernt, nüchtern zu sein, wird sie keine sofortige Zufriedenstellung erwarten. Sie wird sich auf ihren Lohn im Himmel freuen.

Pa und Ma der Berge

Von Rebeka Pearl (16 Jahre) April 1991

Oh, es gibt so viel zu tun,
so viel zu erledigen.
Die Arbeit ist nie vollendet,
und die Arbeit macht nicht viel Spaß.
Keinen Dank für deine Mühe,
keinen Lohn für deine Arbeit,
nur: „Was gibt's zum Abendbrot?"
„Wie wär's mit Mais am Kolben?"
Du säuberst und kehrst,
wischst Staub und polierst.
Dann schaust du dich um
und was findest du da?
Seine Schuhe auf dem Fußboden,
seine Jacke auf dem Stuhl,
seinen Rücken auf der Couch,
und seine Füße in der Luft!
Da ziehst du schnell deine Schuhe aus
und du wirfst deinen Besen fort.
Und du zwinkerst deinem alten Mann zu,
damit er auch für dich ein Plätzchen frei macht!

Deswegen sind <u>meine</u> Ma & Pa so glücklich verheiratet!

NACHSINNEN ÜBER ...

Züchtig

➢ *Eigenschaften einer guten Gehilfin*

- Eine gute Gehilfin schafft einen Hafen der Ruhe.
- Sie passt sich an ihres Mannes Zeitplan und dessen Essgewohnheiten an.
- Sie entspannt und erfreut sich an ihrer Familie, anstatt sich zu sorgen und zu ärgern.

➢ *Worte, die Gott gebraucht, um eine gottlose Frau zu beschreiben.*

Suche die Verse heraus, die von den folgenden Eigenschaften sprechen und schreibe sie auf. Bitte Gott, dir zu helfen, ABSCHEU gegen jedes dieser Verhaltensmerkmale, die auf dich zutreffen, zu ENTWICKELN. Sei gewiss und vertraue darauf, dass Gott dich befreien wird.

- verärgert
- nichtswissend
- zänkisch
- verhasst
- müßig
- lärmend
- stark fordernd
- halsstarrig
- tratschend
- wandernd von Haus zu Haus
- wie eine Sau mit goldenem Nasenring
- wichtigtuerisch
- närrisch
- unbesonnen
- streitsüchtig

➢ *Werde stille vor Gott*

Besinne dich auf einen Vorfall aus kürzlich vergangener Zeit, wo du zornig oder beleidigt wurdest, weil du empfandst, dass dein Mann falsch auf etwas reagiert hatte. Denke daran, dass die Münze zwei Seiten hat: die eine ist „zornig sein“ und die andere „verletzt sein“. Es ist ein und dieselbe Münze und sie kauft dasselbe Ergebnis: Eine unglückliche Ehe und ein angespanntes Verhältnis. Wie viel anders, glaubst du, hätte der Streit geendet, wenn du an deine Pflicht gedacht hättest, deinen Mann zu erfreuen? Schreibe deine eigene Geschichte. Schreibe als erstes die, die mit einem großen Kampf endete, auf. Als nächstes schreibe eine, wie sie hätte enden sollen. Denke daran, er muss nicht Recht haben oder liebenswürdig sein, damit du in einer gottesfürchtigen Weise reagieren kannst. Diese Übung wird dir helfen, den Grund, deinen Mann zu ehren, in einem anderen Licht zu sehen.

Kapitel 16

2. Ihren Mann lieben

Titus 2,4: „Dass sie die jungen Frauen lehren [züchtig sein], ihren Mann [zu lieben], …“

[Luther Bibel 1912]

Ihn zu lieben, bedeutet, seine Nöte vor die eigenen zu stellen. Ich bin ein Seelsorger. Wenn du eine Ehefrau bist, bist auch du ein Seelsorger. Unser geistliches Amt soll auf unseren Ehemann und die Kinder gerichtet sein. **Wir waren und sind erschaffen, um Gehilfinnen zu sein. Jeden Tag und jede Nacht sollten wir bereit sein, uns seiner Nöte anzunehmen.**

Ein normaler Kerl

> *Lieber Herr Pearl,*
> *liebe Frau Pearl,*
> *ich befinde mich in einer Zwangslage und brauche Sie, um meiner Frau zu schreiben und ihr zu sagen, dass das, was ich sage, die Wahrheit ist. Meine Frau denkt, ich sei ein Perverser, weil ich Geschlechtsverkehr brauche. Sie meint, ich sei nicht rücksichtsvoll ihren Gefühlen gegenüber, wenn ich Geschlechtsverkehr*

haben möchte und sie nicht, welches fast immer der Fall ist. Sie hat zwar mit mir Geschlechtsverkehr, aber es verletzt ihre Gefühle, dass ich sie nicht lieb genug hätte, um zuerst an ihre Wünsche zu denken. Ich habe versucht, ihr zu erklären, dass Geschlechtsverkehr für einen Mann genauso ein Bedürfnis ist, wie das Bedürfnis nach Nahrung. Wenn ich mal eine Mahlzeit ausgelassen habe, wandere ich unbewusst durch die Küche, öffne Schranktüren, schaue in den Kühlschrank und suche und suche. Ich sagte zu meiner Frau, dass ein paar Tage ohne intime Zeit mit ihr mich sexuell gesehen in denselben Zustand versetzen. Es spielt keine Rolle, wie sehr ich sie liebe und ihre Gefühle und Nöte respektiere; ich habe stets dieses unwiderstehliche, sexuelle Bedürfnis, das mich solange treibt, bis es befriedigt wird.

Nur selten ist ihr alles recht. Mal ist sie erschöpft, mal hat sie Rückenschmerzen oder es ist da unten nicht richtig ausgeheilt oder was auch immer ihre Entschuldigungen sein mögen. Ich habe versucht, ihr zu erklären, dass sie mich mit solchen Dingen in eine Lage versetzt, in der ich der Versuchung des Fremdgehens nachgeben könnte und dies erhitzte ihr Gemüt. Jetzt bin ich nicht nur ein Perverser, sondern auch noch untreu in meinem Herzen und deshalb ist sie jedes Mal böse, wenn eine gut aussehende Frau vorbeigeht.

> Gottes endgültiges Ziel für dich ist, deines Mannes Bedürfnisse zu erfüllen.

Bitte sagen Sie ihr, dass ich meine Frau absolut brauche. Das ist die Grundlage; ich bin normal – alle Männer brauchen eine Frau. Sie sagte, ich sei 23 Jahre lang ohne Geschlechtsverkehr ausgekommen, warum es dann jetzt sein müsse. Ich erklärte ihr, dass ich als Alleinstehender nie hätte zusehen müssen, wie eine Frau sich entkleidet oder sie im Bett neben mir lag und ich wüsste, ich könnte, wenn ich wollte. Ich will einfach nur nach Hause kommen und ein Familienmann sein. Ich will abends mit einer Frau ins Bett steigen, die froh darüber ist, dass ich ihr Mann bin und will alle paar Tage Geschlechtsverkehr haben, damit ich nicht an die Mädchen auf der

Arbeit denken muss. Würden Sie ihr bitte schreiben und ihr das alles erklären? Wenn sie es von Ihnen hört, könnte sie vielleicht verstehen, dass ich auch Gefühle habe, sowohl physische als auch seelische.

Micah

„Darum wird ein Mann seinen Vater und seine Mutter verlassen und seiner Frau anhängen, und die zwei werden ein Fleisch sein. Dieses Geheimnis ist groß; ich rede aber von Christus und der Gemeinde" (Epheser 5,31.32).

- Gottes endgültiges Ziel für dich ist, deines Mannes Bedürfnisse zu erfüllen.
- Gottes ursprüngliches Vorhaben war, dass eine Frau ihr Leben damit verbringen sollte, ihrem Mann zu helfen, seine Wünsche und Träume zu erfüllen.
- Von Anfang an war es Gottes Absicht für uns, ein Trost, ein Segen, eine Belohnung, eine Freundin, eine Ermutigung und eine *Frau* zu sein, die ihres Mannes rechte Hand ist.

„Was kann ich tun, um dir zu helfen, Adam?"

„Nimm das andere Ende des Baumstammes und hilf mir, es hinüber zu tragen."

„Was soll meine nächste Aufgabe sein, Adam?"

„Habe jeden Abend Essen für mich bereit und sorge gut für meine Kleinen."

„Das ist ein sehr stabiler Zaun, den du da baust und das Tor sieht hübsch aus. Ich bin so stolz auf dich, Adam. Was würdest du jetzt gerade haben wollen?"

„Ziehe ganz langsam deine Kleider aus, so dass ich dich betrachten kann ... Oh, ja, du bist eine gute Gehilfin."

Der Bezugsrahmen

Die Vorstellung des Mannes von Liebe und Ehe unterscheidet sich von der einer Frau, besonders wenn er einige Tage lang nicht mit seiner Frau intim gewesen ist. Dieses Buch ist kein „Wie-es-funktioniert-Buch" für einen Mann. Ich werde den Teil, der für die Männer bestimmt ist, auslassen und mich dem Teil für die Frauen beschäftigen. Gott beschreibt die Ehe als einen Akt, bei dem **„die zwei ein Fleisch sein werden"**, welches das Zusammenkommen ihrer Körper bedeutet.

Viele Männer fühlen, dass ihre Ehe nicht ganz ihren Vorstellungen entspricht. Manche träumen während ihrer Jugendzeit von der wilden Leidenschaft, die sie mit der einer Frau, die sie lieben, erleben werden. Es ist ihr Ausdruck der Vereinigung, den sie mit ihr allein haben werden. Genauso hat Gott es im Bereich der Liebe für ihn vorgesehen.

Der Mann erinnert sich an die leidenschaftlichen und liebevollen Blicke, die seine Geliebte ihm vor der Ehe zugeworfen hat. Er hat es für selbstverständlich gehalten, dass sie sich immer mit einer solch brennenden Liebe ihm gegenüber verhalten würde. Während der Freundschaft vor der Ehe hatte sie ihm nämlich dieses Gefühl gegeben. **Es hatte sich auf ihrem Gesicht widergespiegelt.** Alles, was er wollte, war, das hungrige Tier, welches er dachte, dass sie war, zufriedenzustellen; und für eine kurze Weile war sie auch alles, was er sich erhofft hatte, aber dann erlosch es. Sie war nicht mehr interessiert. **Ihr Desinteresse an dem Liebesakt mit ihm widerspiegelt das, was in ihrem Herzen ist und er weiß es.** Es gibt eine Menge Entschuldigungen, mit denen Frauen zu erklären versuchen, warum sie „lieber nicht wollen" oder warum sie sexuell „nicht reagieren können". Ich glaube, ich habe sie schon alle gehört. Ihre Männer wissen insgeheim, dass alle ihre Entschuldigungen nur das sind: Entschuldigungen dafür, dass sie sie nicht wollen.

Wenn eine Frau nicht an seiner brennenden Leidenschaft interessiert ist, hat der Mann das Gefühl, dass sie nicht an ihm interessiert ist.

Wenn eine Frau nicht an seiner brennenden Leidenschaft interessiert ist, hat der Mann das Gefühl, dass sie nicht an ihm interessiert ist. Wenn eine Frau nur „erlaubt, kooperiert und erduldet", lässt es den Mann zutiefst betrübt zurück. Wenn Geschlechtsverkehr für einen Mann nur Paarung wäre, würde er seine Anzahlung machen und zufrieden sein, aber für ihn ist es Intimität, ein Verschmelzen der Geister, ein Weg um zu sagen: „Ich liebe dich … Ich brauche dich … Ich mag dich." Eines Mannes wichtigsten Grundbedürfnisse sind warme sexuelle Liebe, Anerkennung und Bewunderung. Wenn seine Frau sich ihm willig, aber gleichgültig hingibt, ist es für ihn weder Geschlechtsverkehr noch Liebe.

Eine Frau ist töricht, wenn sie an ihre eigenen Entschuldigungen glaubt oder denkt, ihn davon überzeugen zu können, dass sie die Wahrheit sagt. Ihre halbherzige Hingabe gibt ihm das Gefühl, unvollkommen und ungeliebt zu sein. Dadurch, dass eine Frau Gott im Bereich der Liebe und des Geschlechtsverkehres ungehorsam ist, legt sie einen schrecklichen Fluch auf ihren Mann. Wenn eine Frau ihren Mann in diese Situation bringt, ist es dasselbe, als wenn der Mann zu seiner Frau sagen würde: „Du bist eine dumme, hässliche, miserable Frau, aber ich werde dennoch ein guter Mann sein und dir heute einen Kuss geben." Die Frau eines Mannes hat mehr Einfluss auf seinen Bezugsrahmen, als irgendeine andere Person oder Sache in seinem Leben.

Ein Mann hat das Verlangen danach, Erfolg zu haben. Hormone treiben ihn dazu an, der Beste auf Arbeit zu sein, eine rasante Fahrweise an den Tag zu legen, das beste Gebäude zu bauen oder das schönste Musikstück zu schreiben. Aber sein stärkster Trieb ist, ein erfolgreicher Liebhaber zu sein. **Seine Frau sich unter seinen Berührungen gut fühlen zu lassen, ist der endgültige Test seiner Männlichkeit – das rechte Maß, an dem ein Mann gemessen wird.** Er kann sein Leben nicht anders betrachten; auf diese Weise hat Gott ihn erschaffen. Er braucht eine Frau, eine Gehilfin, eine Helferin, die die Bedürfnisse erfüllt, die Gott ihm eingegeben hat. **Wenn eine Frau seine intimen und sexuellen Bedürfnisse nicht erfüllt, ist sie eine NICHT-GEHILFIN, eine Helferin, die *nicht geeignet* ist, die Aufgabe, zu der Gott sie erschuf, auszuführen.**

Große Sünde

Eine Frau liebt ihren Mann nicht wirklich, wenn sie nicht versucht, ihm in diesem für ihn wichtigsten Bereich zu gefallen. Wenn du nicht am Geschlechtsverkehr interessiert bist, dann interessiere dich wenigstens gut genug für deinen Mann, um **ihm** guten Geschlechtsverkehr geben zu könnnen. Wenn du deinen Mann nicht liebst, stehst du in Gefahr, das Wort Gottes zu lästern, welches der Frau gebietet, **„ihren Mann zu lieben"**. Die Bibel sagt: **„Wer nun Gutes zu tun weiß und es nicht tut, dem wird es als Sünde angerechnet"** (Jakobus 4,17). Hoffentlich lag es nur daran, dass du nicht wusstest, dass dein sexuelles Desinteresse an deinem Ehemann Sünde ist, aber jetzt weißt du es.

Dein von Gott verordnetes Amt

Lieber Herr Pearl,
liebe Frau Pearl,

wir erfreuen uns an Ihren Lektüren und hoffen, dass Sie uns helfen können. Unsere Frage ist, wie eine christliche, sexuell erfüllte, intime Ehe aussehen soll. Wir haben eine außergewöhnlich wunderbare Ehe, nur nicht bezüglich der Intimität auf sexueller Ebene. Mein Mann hat den Eindruck, als sei bei mir ein „Schalter" ausgeschaltet worden, nachdem wir Kinder bekommen hatten und ich genieße die Akte, die ich früher so sehr mochte, heute nicht mehr. Ich glaube, er hat mit seiner Feststellung Recht. Ich bin manchmal ziemlich verlegen über den ganzen Liebesakt und habe das Gefühl, dass oraler Geschlechtsverkehr falsch ist, obzwar ich es früher genoss. Wir haben darum gebetet, dass der Herr uns in dieser Hinsicht irgendwie helfen möge. Mein Mann hat den Wunsch nach Intimsphäre in sich ersterben lassen und wir leben nun wie beste Freunde miteinander, die alles gemeinsam tun, außer den ehelichen Pflichten nachzukommen. Jede Hilfe oder jeder Rat, den Sie uns geben können, wird von uns hoch geschätzt werden. Wir beide wollen dieser Angelegenheit auf den Grund gehen.

Frau C

„Um Unzucht zu vermeiden, soll jeder [Mann] seine eigene Frau und jede [Frau] ihren eigenen Mann haben. Der Mann gebe der Frau die Zuneigung** (sexuelle Befriedigung) **die er ihr schuldig ist, ebenso aber auch die Frau dem Mann. Die Frau verfügt nicht über ihren eigenen Leib, sondern der Mann. Ebenso verfügt aber auch der Mann nicht über seinen eigenen Leib, sondern die Frau. Entzieht euch einander nicht, es sei denn nach Übereinkunft eine Zeit lang, damit ihr zum Fasten und Beten Ruhe habt; und kommt wieder zusammen, damit euch der Satan nicht aufgrund eurer Unenthaltsamkeit versucht" (1. Korinther 7,2-5).

Liebe Frau C.

Du hättest mir diesen Brief nicht geschrieben, es sei denn, ihr wärt beide unglücklich über euer derzeitiges Verhältnis zueinander. Du weißt, dass es falsch ist. Als du ihn heiratetest, versprachst du, dich um seine Nöte zu kümmern. Deines Lebens Zweck ist es, deinem Mann eine Dienerin zu sein. Ehe bedeutet, „ein Fleisch zu werden". Es bedeutet nicht, beste Freunde zu sein. In diesem Fall stehst du nicht in einem Eheverhältnis zu deinem Mann. Du und dein Mann, ihr lebt gewissermaßen in geschiedenem Zustand, in dem ihr einander beiseitegeschoben habt. Gott sagt in 1. Korinther 7,5: **„Entzieht euch einander nicht, es sei denn nach Übereinkunft eine Zeit lang, damit ihr zum Fasten und Beten Ruhe habt; und kommt wieder zusammen, damit euch der Satan nicht aufgrund eurer Unenthaltsamkeit versucht."** Gott hat uns klar gesagt, dass Satan die Gelegenheit hat, verheiratete Paare zu versuchen, wenn sie nicht regelmäßig die intime Zeit miteinander pflegen. Ehefrau, es ist dein von Gott verordnetes Amt deinem Mann gegenüber, dessen vollends begeisterter Geschlechtsverkehrspartner zu sein, bereit, ihn allezeit zu genießen. Es ist ein ernstzunehmender Fehler, weniger als das zu tun. Wenn du deinen Mann so liebst, wie Gott es geboten hat, wirst du immer versuchen, ihm zu gefallen. Und indem du das tust, erfüllst du deine Rolle als die für ihn geeignete Helferin.

Als ein Engel der 89-jährigen Sarah verkündete, dass sie und Abraham bald ein Kind erwarten würden, antwortete sie lachend: **„Nachdem ich alt bin, soll mir noch Wonne werden? Und mein Herr ist auch alt!"** (1. Mose 18,12). Wonne zu sein, ist das, woran Sarah sich erinnerte und was sie mit ihrem Mann erlebt hatte. Sie wird in Hebräer 11 als eine der Glaubensheldinnen aufgezeichnet.

Ehe bedeutet, „ein Fleisch zu werden". Es bedeutet nicht, beste Freunde zu sein.

Sarahs Sohn, Isaak, fand in seiner sexuellen Befriedigung durch seine neue Frau, Rebekkah, Trost über seine Trauer um die verstorbene Mutter (1. Mose 24,67).

Ein ganzes Buch in der Bibel, das Hohelied Salomos, wurde geschrieben, um Gott zu preisen für den freudvollen Ausdruck der Liebe, der in der sexuellen Vereinigung zwischen Mann und Frau gewonnen wird. Der erotische Genuss wir in dem Buch so anschaulich beschrieben, dass es einigen Menschen peinlich ist, es laut vorzulesen oder zuzuhören, wenn es laut vorgelesen wird. Mein Mann hat eine Erläuterung dazu geschrieben, die sich „Heiliger Sex" (Holy Sex) nennt.

-Debi

Seine Arme sind meine Arme

Liebe Pearls,

ich habe mich schon längere Zeit nicht mehr eng mit Gott verbunden gefühlt. Irgendetwas fehlte. Ich fand mich selbst leer und allein wieder. Ich hatte wirklich keine Idee, was los war. Ich hatte kein Ziel als Mutter und die Weise, auf die ich meine Kinder erzog, war inkonsequent und mit Ärger gefüllt. Meine Haushaltsführung war mangelhaft. In der Vergangenheit hatten ich und mein Mann ein großartiges Eheverhältnis, aber sogar das wurde nun träge. Ich weinte mich oft in den Schlaf und wusste nicht, was falsch war.

Mein Mann machte den Versuch, mit mir in der Zeit meiner Regelblutung intim zu werden, in der ich ihn gewöhnlich wegschob. Er wusste, dass es wieder „die Zeit“ war, aber er versicherte mir, dass er mir nur Freude bereiten wolle. Eigentlich hat er jahrelang versucht, mir freudevolle Momente zu geben, die nicht „das ganze Verhältnis“ waren, aber ich widerstand ihm. Ich glaube, ich denke hier nur in Stücken; es ist entweder alles oder nichts für mich. Und wenn ich dachte, es sei nicht „ganz“ eine gute Zeit, dann war sie es gar nicht. Letzte Nacht, als ich mich meinem Mann nochmals entzog, schrie mein Herz zu Gott und ich weinte und betete. Schließlich legte sich mein Schluchzen und ich beruhigte mich (mein Mann hatte mich während der ganzen Zeit schläfrig in seinen Armen gehalten und mich weinen lassen). In ebendiesem Moment schien ich Gott in Seiner stillen sanften Stimme sagen zu hören: „Die Arme, die dich so liebevoll hielten, waren MEINE Arme“. Ich fühlte die Wärme und Stärke in den Armen meines Mannes, die mich hielten. Ich begriff, dass ich Gott weggeschoben hatte, indem ich meinen Mann wegschob. Kein Wunder, dass ich einsam war! Dem einen, der mir gegeben war, um hier auf Erden mein Retter und Leiter zu sein und der mich trösten konnte, lehnte ich ab.

Wie gerne ging ich dann zu meinem Mann und wie gerne wollte ich bleiben! Das Leben ist eine Ausbildung. Grenzen und selbst aufgestellte Regeln sind alles dasselbe.

Heute war wie ein neuer Tag! Meine Kinder, mein Haus, meine Hausarbeit; ich sah alles mit anderen Augen – dankbaren Augen, dankbarem Herzen und einer Seele voll Freude und Liebe.

Cheryl

„Eine weise Frau schätzt ihres Mannes Bedürfnisse ab. Sie versucht, seine Wünsche zu erfüllen, noch bevor er sich derer selbst gewahr wird. Sie lässt ihn nie tagträumend außer Haus zurück. Sie erfüllt ihm jeden Wunsch."

Das geschriebene Wort Gottes lästern

> *Lieber Herr Pearl,*
>
> *ich habe eine Frage. Wäre es Sünde, mich selbst zu entmannen? Ich bin Ehemann und Vater und werde von meiner Frau nicht zufrieden gestellt, weil sie nicht oft genug Geschlechtsverkehr haben möchte. Die Bibel sagt: „Wenn ein Mann eine Frau ansieht ihrer zu begehren, hat er schon in seinem Herzen die Ehe gebrochen". Wäre es da nicht besser, verschnitten zu sein? Ich habe mit meiner Frau darüber gesprochen und ihr ist es einerlei. Ich bin müde vom Sündigen.*
>
> *Herr Miller*

Dieses ist ein existierender Brief eines realen Mannes mit Namen Herr Miller. Wir waren schockiert! Was sagen wir diesem Mann, der bereit ist, seine Männlichkeit zu verlieren, um die Lust, die durch das gleichgültige Verhalten seiner Ehefrau herbeigeführt wird, zu umgehen? Das Gewicht der Sünde, die seine Frau begeht, ist sehr groß. Sie fürchtet den allmächtigen Gott in keinerlei Weise. Sie hat Gottes Wort gelästert, dadurch, dass sie nur an sich selbst und ihre Bedürfnisse dachte und ihren Mann nicht liebte. Mache dich niemals, niemals, niemals einer so schweren Sünde schuldig. Dieser Mann muss nachvollziehen können, was Gott in seiner Heiligen Schrift sagt: **„Die Frau verfügt nicht über ihren eigenen Leib, sondern der Mann ... Entzieht euch einander nicht, ... damit euch der Satan nicht aufgrund eurer Unenthaltsamkeit versucht"** (1. Korinther 7,4.5). Gott gewährt dem Ehepartner freien Zutritt zum Körper des anderen zur Befriedigung des sexuellen Bedürfnisses. Und denke daran: Gleichgültigkeit ist Unwille.

Eine Sache der Physiologie

Gott schuf Männer so, dass sie Geschlechtsverkehr brauchen. Ein Mann muss seinem allmählich in sich aufgestauten sexuellen Drang irgendwann nachgeben, auch wenn es bedeutet, seine Samen im Schlaf auszuschütten. 1. Korinther 11,9 erklärt: **„Und der Mann ist auch nicht für die Frau geschaffen, <u>sondern die Frau für den Mann</u>.“** Männer sind bezüglich ihrer sexuellen Nöte alle etwas verschieden. Wenn sie krank, müde, angespannt und ängstlich sind, sich verstoßen fühlen oder ihre Aufmerksamkeit einem großen Projekt gilt, kann ihr sexueller Trieb nachlassen oder für ein oder zwei Wochen zurückgestellt sein. Gesunde Ernährung andererseits, kann das Gegenteil bewirken. Vitamine, Kräuter und Bewegung spielen eine entscheidende Rolle. Männer haben einen größeren sexuellen Drang nach Aufregung oder körperlicher Anstrengung. Wenn der Mann aufgrund eines Erfolges in freudige Aufregung versetzt wird, mag sein Drang größer, als gewöhnlich sein. Sogar das Wetter beeinflusst das Bedürfnis eines Mannes.

Wenn eine Frau nur halbherzig reagiert, wirkt sich das negativ auf den Mann aus. Der arme Kerl ist nie ganz entleert und somit auch nie vollkommen befriedigt, wodurch er auf die Gedanken kommt, ein Perverser oder desgleichen zu sein, weil er Geschlechtsverkehr ja so oft nötig habe. Es ist, wie wenn er immer nur ein klein wenig nascht, hier ein bisschen und da ein bisschen und sich nie hinsetzt, um mal einen großen, saftigen Steak mit Salat zu genießen. **Eine weise Frau weiß, je größer ihre Reaktion ist, desto genussvoller wird ihres Mannes Orgasmus sein und desto vollständiger und länger wird seine Befriedigung andauern.** Wenn du nur mit halbem Herzen dabei bist, bedeutet es für deinen Mann: „Du hast nur die Hälfte meines Herzens“. Ein halbherziges Reagieren kann einen liebenswerten Teddybär-Mann in einen gemeinen alten Hund verwandeln. Es kann einen nervösen Mann zu einem emotionalen Trottel auf der Arbeit, zu Hause und sogar in der Kirche machen.

Gott schuf Männer mit dem normalen Bedürfnis nach einer Frau und gebot des Mannes Frau, für die Befriedigung dieses Bedürfnisses zu sorgen.

Gott schuf Männer mit dem normalen Bedürfnis nach einer Frau und gebot des

Mannes Frau, für die Befriedigung dieses Bedürfnisses zu sorgen. Tu dir selbst und jedem anderen den Gefallen und verbringe täglich mindestens 15 Minuten damit, deinem Mann *gänzlich* zu gefallen.

Eine Frau sollte geradezu vor Furcht erzittern vor den Folgen, die es mit sich bringt, wenn sie ihres Mannes lebensnotwendiges, von Gott eingegebenes Bedürfnis ignoriert. Denke auch daran, dass sein ganzes Selbstbewusstsein mit seinem sexuellen Erlebnis verbunden ist. **Für ihn ist es der stärkste Ausdruck seiner tiefsten Liebe zu dir,** das höchste Maß an Intimität mit dir, das er sich vorstellen kann. Sein ganzer Körper, seine Seele und sein Geist werden in diesem einen Akt, in dem er die Liebe mit dir teilt, dem höchsten Maß seiner Männlichkeit, in das irdische „Paradies" geholt.

Hormone 101

Wir Frauen haben grundsätzlich dieselben Hormone. Über die letzten 50 und mehr Jahre haben meine Hormone hin und wieder etwas geschwankt, aber ich bin während der ganzen Zeit dennoch völlig Frau gewesen. Erstaunlich, nicht wahr? Durch die Jugendzeit, Ehe, Schwangerschaften, Geburten, Menstruationen, Wechseljahre, was immer es ist, unsere Hormone sind immer dieselben gewesen und haben uns als Frauen erhalten. Größtenteils haben wir Frauen fast alle dieselben sexuellen Triebe.

Liebst du deinen Mann so, wie er die Liebe braucht und auf die Weise, zu der du erschaffen wurdest, ihn zu lieben? Wenn du in diesem Bereich keine gute Note bekommst, bietest du deinem Mann Gelegenheit, von anderen Frauen versucht zu werden. Es ist eines Mannes Pflicht in Wahrheit zu wandeln und hohe Rechtschaffenheit zu besitzen, aber eine Frau, die ihrem Mann die Fähigkeit zutraut, alles aushalten zu können und Umstände bietet, die ihn auf die Probe stellen, ist ein Tor. **Es ist *deine Pflicht*, seine sexuellen Bedürfnisse zu stillen.** Seine treue Verantwortung dir gegenüber **und deine ihm gegenüber** sind beide gleich wichtig und wir Frauen müssen uns vor Gott für unsere Treue in diesem Bereich verantworten. **Ich nenne es, meinem Mann „dienen". Er sagt, ich sei eine mächtig gute „Dienerin".**

Für eine Frau beginnt die sexuelle Äußerung in ihren Gedanken und ihrem Herzen. Liebe bedeutet, sein Selbstinteresse aufzugeben. Es bedeutet, die

Entscheidung zu treffen, die Nöte eines anderen vor die eigenen zu stellen. Eine Frau entscheidet darüber, ob sie an den Nöten ihres Mannes interessiert sein will oder nicht. Wenn eine Frau sich also erstrangig um ihre eigenen Gefühle und Bedürfnisse kümmert, dann wird sie Geschlechtsverkehr demzufolg als ein rein fleischliches Erlebnis sehen, weil sie dann in der Tat einen genusssüchtigen Ausblick hat – ihre Selbstbefriedigung. Aber wenn eine Frau Geschlechtsverkehr als einen Dienst an ihren Mann sieht, dann ist es ein selbstloser Akt des Wohlwollens. Sie braucht nicht abzuwarten, bis sie zur erwünschten Erotik angeregt wird; sie braucht nur versuchen, ihres Mannes Bedürfnisse zu erfüllen. Ich habe einen Ratschlag für dich: wenn du die Nöte deines Mannes zu deinem Mittelpunkt machst, wird deine Aufmerksamkeit auch auf das Erlebnis gerichtet werden und du wirst es selbst genießen. Das ist, wie Gott es geplant hat. Die Regel lässt sich allgemein anwenden. Denke an unsere christlichen Pflichten. Wir dienen anderen nicht, weil wir gesegnet werden wollen – wir dienen anderen, weil wir sie segnen wollen. Zufälligerweise erhalten wir als Nebenprodukt selbst einen Segen, wenn wir andere selbstlos segnen. Eva wurde geschaffen, um Adams Helferin zu sein. Sie wird nicht befriedigt, weil sie persönliche Erfüllung sucht, sondern vielmehr dadurch, dass sie ihre Pflicht tut und dabei ein Segen auf sie zurückkommt.

> Wenn du deinen Mann wahrhaftig liebst und verehrst, sollte allein der Gedanke daran, dass er jemanden wie dich liebt, deine Seele begeistern und dir das Verlangen danach geben, ihm Freude zu machen.

Hormone reagieren auf Anregung. Erinnere dich an die Geschichte von Ruth. Sie gab Naomi ihr Baby, damit sie es stillen sollte. Es ist Tatsache, dass eine alte Frau, die seit zwanzig Jahren kein Kind gehabt hat, in ihren Brüsten Milch produzieren kann und fähig ist, ein Kind zu stillen. Alles, was dazu nötig ist, ist die physische Anregung eines Babys, das gestillt werden will, das ihre Drüsen stimuliert, Milch zu produzieren. Sogar eine Frau, die noch nie schwanger gewesen ist, kann ein Baby stillen, wenn das Baby an ihren Brüsten saugt. Es kann einige Tage oder sogar ein paar Wochen dauern, bis die Milch gut läuft, aber wenn es regelmäßig erfolgt, kann es funktionieren.

Ich werde eine medizinische Tatsache wiederholen: **Hormone reagieren auf Anregung.** Eine Frau, dessen Herz und Sinn darauf konzentriert sind, ihrem Mann zu gefallen, hat Hormone, die bereit sind, aufzuwachen und ihres Mannes Wünsche zu beantworten. Bevor diese Hormone anfangen zu wirken und aktiv werden, sollte eine gute Frau mit großem Genuss auf ihren Mann reagieren, einfach weil sie sich an *seinem* Vergnügen erfreut.

Sag mir nichts von Wechseljahren; ich weiß alles über diese Wechseljahre und das ist eine faule Ausrede. Sprich nicht davon, wie ungemütlich oder schmerzhaft es für dich ist. Denkst du, *dein* Körper ist etwas Besonderes und hat daher besondere Bedürfnisse? Weißt du, wer dich erschaffen hat und weißt du, dass Er derselbe Gott ist, der erwartet, dass du deinem Mann freiwillig Sexualverkehr gibst? Höre mit den Entschuldigungen auf! Entscheide dich für einen Weg, der an den „Entschuldigungen" vorbei führt und versorge deinen Mann mit dem Gefallen, den er allein von dir haben will. Dein Schöpfer kennt dein Herz. **Wenn du deinen Mann wahrhaftig liebst und verehrst, sollte allein der Gedanke daran, dass er jemanden wie dich liebt, deine Seele begeistern und dir das Verlangen danach geben, ihm Freude zu machen. Wenn dein Herz recht auf Gott gerichtet ist, wirst du dich auf seine Nöte konzentrieren und deine selbstsüchtige, prüde Natur zur Seite legen.** Die Hormone sind vorhanden und bereit, um entfesselt zu werden. Gehe zu deinem Mann mit der Absicht, eine schöne Zeit mit ihm zu haben. Eine nüchterne Frau PLANT im Voraus.

Du solltest das Buch „Holy Sex" von Michael Pearl lesen. Informiere dich darüber auf der Internetseite www.nogreaterjoy.org.

Wache auf, mein Geliebter

Lieber Herr Pearl,
liebe Frau Pearl,
als ich euer Buch „Holy Sex" zur Hand nahm, hatte ich Angst, es zu lesen.

Ich dachte, dass ihr mir sagen würdet, dass das, was ich fühlte, falsch war – aber ihr habt mir stattdessen ein wunderbares Geschenk gegeben.

Wir sind seit 26 Jahren verheiratet und unsere Liebe wird umso besser, je älter wir werden. Geschlechtsverkehr ist noch immer befriedigend gewesen; wir versuchen, einander zu gefallen. Ich habe einen wundervollen Partner im Bett und bin gesegnet!

Mich an meinem Mann zu erfreuen, habe ich noch immer schön gefunden, aber ich habe ein tieferes Verlangen und einen „Hunger" nach ihm erfahren. Ich dachte, es war falsch. Die Zeiten, wo ich ihn küsste und von Kopf bis Fuß berührte, waren Gefühle der Anbetung und Verehrung und ich fühlte, als ob es falsch war. Ich liebte ihn so sehr und wünschte mein ganzes Sein in ihm hineinzuschütten, aber ich strauchelte mit der Frage, ob es recht wäre.

Es gibt Zeiten, in denen ich nach dem Liebepflegen so auf ihn eingestimmt bin, dass ich weinen muss. Er hat mich schon gefragt, warum, aber ich kann es nicht anders erklären, als dass ich, mit allem was ich bin, dankbar für seine Liebe bin. Ich fühle mich vollständig befriedigt.

Ihr habt mir geholfen, zu akzeptieren, dass unser Schöpfer uns als Geist, Seele und Leib geschaffen hat und dass das „Einssein" im Fleisch mehr sein kann, als nur physische Vereinigung; es kann auch etwas Seelisches und Geistliches sein, was unverfälscht ist.

Es war heute, 2:00 Uhr morgens, als ich euer Buch beendete. Ich weckte meinen Geliebten und gab mich ihm ohne Zurückhaltung hin. Ich weinte nachher in seinen Armen und alles war gut. Vielen Dank für euer Buch „Holy Sex".

Brenda

Die Ehe zwischen Mann und Frau ist ein Bild unseres Verhältnisses zu Christus. Es ist ein großes Geheimnis. Die physische Vereinigung zwischen Mann und Frau ist so wunderschön, so übernatürlich, dass Gott den Akt des sexuellen Verkehres benutzt, um unser Verhältnis zu Ihm zu veranschaulichen.

Das große Geheimnis schließt geistliche Verbundenheit, seelische Offenheit, die Innigkeit der Gefühle und den Akt einer Paarung, die von Liebe zeugt, mit ein. Gott erwählte die Ehe in ihrer Vollständigkeit als Beispiel zu Christus und Seiner Gemeinde. Es war nicht etwas, das Adam und Eva sich ausdachten und das von Generation zu Generation weitergegeben wurde.

> **„Die Ehe soll von allen in Ehren gehalten werden und das Ehebett rein sein“** (Hebräer 13,4).

Brendas große Befriedigung kam nicht dadurch, dass ihr Mann so geistlich, feinfühlig oder mit irgendeiner besonderen, sexuellen Gabe beschenkt war. Dieses Paar erlebt das, was Gott für alle verheirateten Paare vorgesehen hat. In einem Mann-Frau-Verhältnis redet Gott immer zuerst zu der Frau und sagt ihr, dass sie sich **unterordnen** soll und befiehlt dann dem Mann, seine Frau zu **lieben**. Brendas Verhältnis zu ihrem Mann begann mit einer Einstellung, geprägt von Verehrung und Dankbarkeit ihrem Mann gegenüber. Du siehst, wohin es sie gebracht hat.

> **„Drei sind mir zu wunderbar, und vier verstehe ich nicht: den Weg des Adlers am Himmel, den Weg der Schlange auf einem Felsen, den Weg des Schiffes mitten im Meer <u>und den Weg eines Mannes mit einer Jungfrau</u>“** (Sprüche 30,18.19).

Hohelied 3,4
„ ... da fand ich, den meine Seele liebt. Ich ergriff ihn und ließ ihn nicht los ... “

Ein großes Dankeschön

Als ich dabei war, dieses Buch zu Ende zu schreiben, bekam ich eine große Schachtel per Post zugesandt. Sie war mit selbsteingelegten Äpfeln und einer Kürbisbrot-Mischung gefüllt. Die Frauen im Büro, die die Post entgegennahmen, konnten den wundervollen Geruch, der durch die ungeöffnete Schachtel kam, riechen! Weil ich den Namen des Absenders nicht erkannte, schaute ich in dem Päckchen nach und fand schließlich einen Brief, der das schöne Geschenk erklärte. Hier ist der Brief für euch zur Unterhaltung. Wir aßen am nächsten Tag Apfeltorte.

Lieber Michael,
liebe Debi.

Hallo! Mein Mann und ich sind euch beiden sehr dankbar. Wir haben uns eben die Videos über Ehe angeschaut (Männer, liebt eure Frauen, Frauen, liebt eure Männer). Ich musste mich währenddessen einige Male bei meinem Mann entschuldigen. Wir schauten das Video für Frauen zuerst an und eine Woche später sagte mein Mann, es sei Zeit, das Männer-Video auch anzuschauen. Als er es einschaltete, sagte er mit neckender Stimme zu mir: „Ich habe ein wenig Angst". Es war großartig.

Nun, dann las ich das Buch „Holy Sex" und WOW, vielen Dank! Da entschied ich mich, euch meine Apfeltorte im Glas und das Kürbis-Gewürz-Brot zu schicken, welche zwei herrliche Düfte in der Küche verbreiten, wenn sie gebacken werden.

Mein Mann machte kürzlich eine Bemerkung über die Größe Gottes und meinte, er habe ein Jahr zuvor gesagt, es sei Gott gewesen, der uns aufgelöst hatte (meine Schuld, weil ich versuchte, ihm ins Gewissen zu reden), aber JETZT bringt Gott uns näher zueinander!

Ich kann euch nicht sagen, wie dankbar ich bin. Ich kann den Frieden und die Freude sogar in unseren Kindern sehen. Ich persönlich denke, dass jede Frau das Buch „Holy Sex" lesen sollte und habe es auch schon an einige Freundinnen weitergegeben, wofür diese nun, zusammen mit ihren Männern, auch sehr dankbar sind. Zurzeit rede ich mit der Frau unseres Pastors, um zu erfahren, ob sie es auch lesen würde.

Meine Freundin und ich machen Witze darüber, dass wir, wenn wir erst älter sind und die jungen Frauen lehren werden, untertan zu sein, wir ihnen beibringen werden, ihren Ehemännern Bauchtänze vorzuführen. Schmunzeln! Oh, was für eine Freude kommt in unser Haus! Ich preise Gott für Seine Geduld mit mir und für die vielen Segnungen, die wir haben. Ich staune über die große, gewaltige Liebe des Vaters. Nun, genießt eure Freuden, denn wir genießen die unseren! Danke, Danke, Danke!

Seine Gehilfin,
Melanie

Ausnahme: Sexuelle Verdrehung (Perversität)

Analer Geschlechtsverkehr ist ein homosexueller Akt und kein normaler Mann oder Frau wünscht dieses. Der Gebrauch von Pornografie hat zur Ausweitung dieser Abscheulichkeit beigetragen. Es ist eine unanständige Tätigkeit und medizinisch gesehen gefährlich. Gott, der Meister der Schöpfung, hat einen **„natürlichen Gebrauch"** der Frau für den Geschlechtsverkehr vorgesehen. Jedem Mann, der analen Geschlechtsverkehr hat, wird man automatisch noch andere abartige Aktivitäten zutrauen. Wenn dein Mann auf diese Weise widernatürlich gewesen ist, musst du respektvoll ablehnen. Erkläre ihm, warum und schenke ihm dann einen schönen Abend, an dem du ihm all das Schöne tust, was natürlich ist.

> **„Darum hat sie Gott dahingegeben in schändliche Leidenschaften; denn ihre Frauen haben den natürlichen Umgang in den unnatürlichen verwandelt; ebenso haben auch die Männer den natürlichen Umgang mit der Frau verlassen, sind zueinander entbrannt in ihren Begierden und haben Mann mit Mann Schande getrieben und haben den Lohn ihrer Verirrung, wie es denn sein musste, an sich selbst empfangen. Und weil sie es nicht für wert hielten, Gott zu erkennen, hat sie Gott auch dahingegeben an ihren untauglich gewordenen Verstand, zu tun, was sich nicht geziemt"** (Römer 1,26-28).

Sollte sich dein Mann je sexuell an euren Kinder vergehen, dann schalte die Obrigkeit ein. Zeuge gegen ihn im Gericht und bitte darum, dass er zu mindestens 20 Jahren Gefangenschaft verurteilt wird, so dass die Kinder erwachsen sind, wenn er freigelassen wird. Besuche ihn dort und sei ihm eine Ermutigung. Bringe ihm Bücher und Kassetten, deren Inhalt auf der Bibel gegründet ist und erlaube ihm, die Kinder drei- bis viermal im Jahr im Besucherzimmer zu sehen. Kinder heilen besser von sexuellen Angriffen, wenn sie wissen, dass die

Täter (auch Väter) dafür bestraft werden. Sie werden dann auch nicht so leicht in seine Fußstapfen treten.

> **„Es wäre besser für ihn, dass ein Mühlstein an seinen Hals gehängt und er ins Meer geworfen würde, als dass er einem dieser Kleinen zum Anstoß wird“** (Lukas 17,2).

Nachsinnen über ... Ihren Mann lieben

Die physische Vereinigung zwischen einem Mann und einer Frau ist so wundervoll, dass Gott sexuellen Verkehr benutzt, um Sein Verhältnis zu uns zu verbildlichen.

„Dieses Geheimnis ist groß; ich rede aber von Christus und der Gemeinde“ (Epheser 5,32).

➢ *Eigenschaften einer guten Gehilfin*

- Eine gute Gehilfin genießt es, ihres Mannes Bedürfnisse zu erfüllen.
- Sie weiß von seinen Nöten, bevor er derer selbst gewahr wird.
- Sei schiebt die Sorgen der Welt beiseite, damit ihr Körper mit Eifer auf ihn reagieren kann.

➢ *Eigenschaften einer Frau, die in Gefahr steht, das Wort Gottes zu lästern*

- Beschuldigt ihren Mann dafür, dass er zu sehr nach ihr verlangt, weil er mehr Geschlechtsverkehr möchte, als sie.
- Beschuldigt ihren Mann dafür, dass er unsensibel mit ihren Gefühlen umgeht, wenn er Geschlechtsverkehr haben möchte und ihr aber nicht danach ist.
- Entschuldigt ihren Mangel an Bereitschaft, ihn sexuell zufriedenzustellen, damit, dass _______. (Fülle die Lücke aus. Die „Entschuldigungsliste“ kann ziemlich lang sein.)

➢ *Schaffe eine neue Gewohnheit*

Erstelle eine Liste von persönlichen Plänen, wie du deinen Mann lieben willst. Du kannst dir dessen sicher sein, dass dabei viele brillante Ideen rumkommen werden. Ich würde zu mindestens einer besonderen Verabredung in der Woche raten. Plane jede Woche etwas Neues an deinem „Geburtstagsanzug“: Schlei-

→

fen, Bänder, Fell, Schmuck, Spitzen, Leinwand, Umhänge, Federn, ein zerfetztes T-Shirt, eine Kette von Wildblumen oder was auch immer! Lass deiner Fantasie freien Lauf.

➢ *Werde stille vor Gott*

Das Hohelied Salomos ist das 22. Buch der Bibel. Es ist ein Liebeslied- /spiel, dass Salomo über das Umwerben seiner Geliebten und die Heirat mit ihr geschrieben hat. Alle acht Kapitel erzählen die Geschichte (in anschaulichen, dichterischen Einzelheiten) von dem Verlangen nach dem Liebhaber, das Finden des Liebhabers und was die sich Liebenden taten, wenn sie zusammen waren. Die meisten Kommentatoren finden es notwendig, diesen Schriftabschnitt als ein Bild der Liebe Christi zu Seiner Gemeinde zu sehen. Ich glaube ernsthaft, dass der alte Salomo an die sexuelle Verwirklichung der Liebe zu seiner Freundin dachte, während er das Buch schrieb und ich denke dasselbe, wenn ich es lese. Was glaubst du? Wenn du „Gottes“ Roman über Geschlechtsverkehr liest, frage dich selbst, ob du nach deinem Mann dasselbe Verlangen verspürst, wie das Hirtenmädchen nach ihrem Liebhaber. Erstelle eine Liste auf einem Blatt Papier von den Dingen, die du tun willst, die eine Veränderung deines Verhaltens bezeugen. Deine Gefühle werden passend dazu folgen.

➢ *Mehrere gute Gründe, für deinen Mann sexy zu sein*

- Es macht Spaß.
- Es ist gesund. Studien haben bewiesen, dass regelmäßiger Geschlechtsverkehr eine Person gesünder macht.
- Es bringt deinen Mann dazu, dich zu schätzen.
- Es lässt deinen Mann sich gut fühlen.
- Es stimmt eine Frau heiter und bringt ihre Hormone ins Gleichgewicht.
- Es schützt deinen Mann vor hinterlistigen, sündhaften Frauen, die seine Rechtschaffenheit antasten wollen.
- Kinder entwickeln sich besser, wenn sie sehen, dass ihre Eltern ineinander verliebt sind.
- Es wurde von Gott geschaffen, um es als irdisches Beispiel göttlicher Anbetung und Intimität verwenden zu können.
- Es produziert niedliche Babys.

Kapitel 17

3. Ihre Kinder lieben

Titus 2,4.5: „Dass sie die jungen Frauen lehren [züchtig sein], ihren Mann und die Kinder zu lieben, …“ [Luther Bibel 1912]

Lass dich von den Kindern leiten

Das Allerwichtigste für eine Mutter ist, für ihre Kinder eine Atmosphäre des Friedens und der Freude zu schaffen, indem sie den Vater ihrer Kinder liebt und mit ihrem Leben glücklich ist. Vor einigen Jahren führte mein Mann bei einer großen, sehr konservativen Kirche ein Seminar, in dem es um das Familienleben ging, durch. Es sprach Familien an, die die Kinder daheim unterrichteten. Den Kindern wurden, ihrem Alter entsprechend, Fragebögen ausgehändigt, bevor mit dem Seminar begonnen wurde. Jedem Heimschul-Kind, das schreiben konnte, stellten wir zwei Fragen:

1. Ist dein Heim ein frohes Heim?
2. Was müsste sich in deinem Heim ändern, damit du froh und glücklich sein könnest?

Wir erwarteten keine tiefgründigen Antworten. Wir hatten damit gerechnet, dass unsere Kinder sagen würden, sie wollten Kleider einer gewissen Marke tragen, mehr Freiheit oder vielleicht uneingeschränkten Zutritt zu Videospielen bekommen. Wir hofften, dass nur Vereinzelte ernste Antworten geben würden, welche z.B. wären, dass sie mehr Zeit mit ihren Eltern verbringen wollten oder diese ihnen mehr Vertrauen schenken sollten. Ihre Antworten schockierten uns und machten uns traurig.

Nur zwei oder drei von 75 Kindern hatten das Gefühl, ein frohes Zuhause zu haben. Fast alle 75 Antworten auf die zweite Frage waren identisch. Von den Zehnjährigen (die kaum buchstabieren konnten) bis hin zu den alleinstehenden Hochschulstudenten hatten alle die gleichen Probleme. Sie drückten sich wie folgt aus: „Ich wünschte, Mutter und Vater würden einander lieben." Die jüngeren Kinder schrieben: „Unser Heim würde froher sein, wenn Mutter und Vater nicht streiten würden", „Ich hätte gerne, dass Mutter und Vater sich mögen würden", „Wir würden ein frohes Heim haben, wenn Mutter nicht schlecht über Vati reden würde" und „Ich wünschte, Mutter würde Vati nicht widersprechen und ihn böse machen. Dann würde er nicht schreien." Ältere schrieben folgendes: „Unser Haus wäre ein friedevollerer Platz, wenn Mutter nicht mit dieser eisernen Bitterkeit in sich umherging. Ich habe das Gefühl, als befänden wir uns in einem Kriegsgebiet."

Wie liebst **du deine** Kinder? Lass dich von diesen 75 Heimschul-Kindern zu diesen wichtigen Taten anspornen: Liebe ihren Vater. Ehre ihren Vater. Gehorche ihrem Vater. Vergib ihrem Vater.

Ich will nicht so wie Mama sein

Liebe Pearls,

Ich will euch meine Geschichte mitteilen. Es ist nichts außergewöhnliches, aber vielleicht muss sie doch erzählt werden. Schon als Kind merkte ich, dass meine Mutter Vater gegenüber misstrauisch war. Wenn einer von uns Geschwistern etwas Unanständiges getan hatte, verhandelte sie schnell mit uns, „damit Vater (uns) nicht zu sehr schlagen soll(te)". Wenn Vater etwas kaufen wollte, beschuldigte sie ihn laut dafür, dass er „falsch entscheide und töricht mit dem Geld umgehe". Ich weiß noch, wie Mutter, als mein Vater seinen Arbeitsplatz verloren hatte, dann ständig wiederholte: „Ich werde lernen müssen, Handel zu treiben; jemand in diesem Hause muss doch mal etwas einbringen". Ich kann sie in keinem Bereich des Mutterseins tadeln. Sie ernährte, kleidete und hielt uns warm. Aber wenn ich an Mutter denke, sehe ich eine sorgenvolle, unruhige Frau, die stets über meinen Vater verärgert ist. Die Atmosphäre zuhause war angespannt. Ich habe nur einige Erinnerungen an ihr Lächeln. Ich kann mich nicht erinnern, sie je auf Vaters Schoß sitzen oder mit ihm ausgelassenen im Zimmer herum tanzen gesehen zu haben. Er war kein gemeiner Mann. Ich erinnere mich an kräftige Schläge; es waren aber nicht härtere, wie sie die Nachbarskinder bekamen. Ich weiß, dass er mich lieb hatte. Er brachte mir Dinge bei, die mir ein Vergnügen waren, aber wegen Mutter habe ich ihn gemieden. Wir Kinder sind jetzt alle erwachsen.

Mein Bruder hat ein wunderbares Leben. Seine Ehe ist wundervoll und seine Kinder haben es gut. In seiner Kindheit hat er immer mit Vater zusammen gearbeitet. Wir Schwestern aber, durften nie mit Vater mitfahren und mussten uns zuhause von Mutter anhören lassen, wie schwer unser Leben sei.

Wir Mädchen hatten alle eine furchtbare Jugendzeit und haben auch schwerwiegende Eheprobleme gehabt. Unsere Kinder sind nicht so wohl geraten. Wir reden nicht darüber, aber wir wissen, dass unsere Mutter einen großen Teil zu unserem Kummer beigetragen hat. Sie stellt Vater immer noch bloß, wobei wir alle wissen, dass er ein ganz normaler Mann ist. ***Für mich war es immer klar: Ich will nicht solch eine Ehefrau und Mutter sein. Ich wollte, dass meine Kinder in mir eine Mutter sehen, die ihren Vater liebt und das Leben genießt.***

Es war mir egal, wenn wir in der hintersten Ecke eines alten Busses leben und ungesund essen müssten. Mein Wunsch war: Die Kinder sollten nicht in einer angespannten Atmosphäre und mit dem Gefühl leben, dass ihr Vater eine Marionette sei, die man dulden müsse. Meine erste Ehe endete nach ein paar Monaten. Ich entschloss mich, dass, wenn ich nochmals heiratete, ich es dann richtig machen würde. Als ich zum zweiten Mal heiratete, kam ich von meinem Weg ab und wurde mir dessen nicht einmal bewusst. Als ich erfuhr, dass wir umziehen mussten, weil mein Mann seine Arbeitsstelle verlor, packte ich, mit Bitterkeit erfüllt, unsere Sachen. Im Stillen beschuldigte ich ihn dafür, ein schlechter Versorger zu sein, welchem wir es zu verdanken hätten, unser schönes Zuhause verlassen zu müssen. Dann schaute ich eines Tages zu ihm auf und sah in seinem Gesicht denselben verlorenen Ausdruck, den ich tausendmal im Gesicht meines Vaters gesehen hatte, wenn Mutter „die Familie versorgte". Ich war genau wie Mutter. Irgendetwas in mir brach zusammen und ich hasste die „fehlerlose Person", die ich bis dahin in meinen Augen gewesen bin. Da erinnerte ich mich an mein Versprechen, dass ich mir einst selbst gegeben habe; ich wollte nie so wie meine verurteilende Mutter sein.

Ich hatte eure „Joy of Training"-DVDs und die Ehe-Kassetten Monate vor unserem Umzug gekauft, aber mir sie noch immer nicht angeschaut. Ich wusste: Jetzt war die Zeit gekommen! Ich setzte mich im Wohnzimmer zwischen all den Kartons hin und es dauerte nicht lange, bis die ganze Familie dazukam. Wir lachten und lachten über den großen alten Bergmann, der die witzigen Geschichten erzählte. Wir schickten die Kinder in ihre Zimmer und schauten uns die Kassette von „Wives Honor Your Husband" an. Mein Lachen verwandelte sich in Weinen und mein lieber Mann hielt mich in seinen Armen, während ich ihn um Verzeihung bat. Ich kann euch nicht beschreiben, wie verändert unsere Familie nun ist. Mein Mann möchte ein Geschäft anfangen. Er hatte es schon vor Jahren gewollt, aber meine Ängste davor, dass

er einen Misserfolg haben würde, hielten ihn zurück. NICHT MEHR. Es ist auch ganz egal, wenn wir in der hintersten Ecke eines Busses landen. Ich bin traurig darüber, dass ich solch ein schlechtes Vorbild für meine Kinder gewesen bin. ***Mehr als alles andere will ich jetzt um meiner Töchter willen diese hässliche Kette von bitterem, kritisierendem Frausein brechen.*** *Ich habe sie um Verzeihung gebeten und sie waren froh, dass die Spannung in der Familie nun ein Ende genommen hat. Sie wissen, dass sie von jetzt an eine Mutter haben werden, die überzeugt ist, einen großartigen Mann zu haben, auch dann, wenn er nicht ist, was er nach meiner Vorstellung sein sollte. Er ist wirklich ein prima Kerl. Ich schäme mich, wenn ich an die irdische Hölle denke, die ich meinem Mann bereitet habe. Unsere Kinder werden sicherlich in Liebe aufwachsen, NICHT in einem pieksauberen Haus, vielen Versicherungen und Markenkleidern. Das Leben ist nie so gut wie jetzt gewesen. Besser später, als nie. Von uns allen ein großes Dankeschön,*

Shelia

Shelia gehorcht Gottes Wort; sie liebt ihre Kinder, indem sie deren Vater liebt. Der nächste Brief zeigt das typische Verhalten so vieler Frauen, die viel mehr sich selbst, als ihren Mann und ihre Kinder lieben.

Etwas Höheres suchen, als Gott

Liebe Frau Pearl,

ich bin eine beschäftigte Mutter, deren Kinder in eine christliche Schule gehen. Ich glaube, dass es ohne eine Frau, die mir bei meinen Aufgaben im Haus hilft, schwerer für mich ist, als es sein sollte. Ich treffe mich jede Woche mit zwei Gebetsgruppen, in denen für mich und meine Familie gebetet wird. Ich brauche jemanden, der mir physisch im Haushalt hilft und andächtig bei mir sitzt. Ich brauche pro Woche mindestens 4 Stunden Zeit zum Nachsinnen und zur Selbstverwirklichung. Es ist jetzt vier Uhr morgens und ich schreibe meinen Freunden, dass sie für mich beten sollen und frage sie, ob sie noch andere Frauen kennen, die fünf Kinder haben und so überlastet sind wie ich. Ich bin frustriert wegen meiner mangelnden Bildung und meiner Isolation von regelmäßi-

ger und enger Gemeinschaft mit intelligenten Frauen. Ich habe ein herzliches Verlangen danach, meine gegenwärtige Lebensweise zu ändern und ein reiches, ausgefülltes und bedeutungsvolles Leben zu führen, weil ich motiviert bin, das Beste für Gott zu wollen. Ich hoffe, Sie werden mir einen guten Rat geben.

In Liebe,

T. P.

Liebe Schwester T. P.

Deine göttliche Berufung ist, deine Familie zu betreuen. Wahrhaftige Gottesverehrung ist nicht von anderen Personen oder Umständen abhängig. Und Nachsinnen benötigt auch keine Zeit. Gottes Geist ist mit dir, wenn du das Geschirr spülst, die Wäsche aufräumst und er ist auch da, während du das Abendessen für deine Familie zubereitest. Gott hat für dich nie beabsichtigt, eine enge Beziehung mit einer anderen Frau zu pflegen, sei es aus dem Grund, Gott zu verehren oder aus einem anderen Grund. **Dein innerliches Verlangen im Namen der Anbetung Gottes auszuleben, ist selbstsüchtiger Spott, der Anfang vom Götzendienst.** Dein Suchen nach „Selbstverwirklichung" unter geistlichem Namen ist eine Mischung törichter Psychologie und seelischer Unsicherheit.

Du bist Teil einer Strömung, die durch die Frauenkreise der Kirche zieht – du jagst nach Intimität und tiefgründigen Gefühlen, die mit deinem Mann nichts zu tun haben. **Diese innere Selbstanregung nennt mein Mann „geistliche Masturbation". Es hat nichts mit dem Gott der Bibel zu tun.** Es hat in geistlicher Hinsicht mehr zu tun mit orientalischer geheimnisvoller Meditation. Wenn deine Geistlichkeit mit deinem Dienst an anderen (besonders an deinem Mann und deinen Kindern) im Wettbewerb steht, ist es nichts anderes, als „deine Geistlichkeit." Jesus sagte zu Petrus: „**Liebst du mich** … dann **weide meine Lämmer**." Gott beruft Frauen nicht zu religiösen Führerinnen oder dazu, einen Führer für den eigenen Nutzen zu suchen. Er gebot den Frauen, **„häuslich"** zu sein, ihren Männern zu **„gehorchen"**, ihnen **„schuldiges Wohlwollen zu leisten** (ihm guten Geschlechtsverkehr zu geben)" und sie zu **„ehren"**. Denke daran, dass Evas Sünde darin bestand, dass sie tiefere Erkenntnis suchte und so *wie* die Götter sein wollte. Von ihrem Mann unabhängig, versuchte sie tiefer zu gehen. Ihr Wunsch war persönliche, geistliche Erfüllung, was der selbstsüchtigste Trieb ist, den ein Mensch besitzen kann und der, menschlich gesehen, am leichtesten zu rechtfertigen ist. Es ist das Fundament der Sünde und Rebellion.

Lerne, täglich hier und da einige Minuten in der Heiligen Schrift zu lesen und sinne darüber nach, während du arbeitest. Singe dem Herrn. Gib der geistlichen Einstellung des „einsamen Frauenvereines" nicht die Erlaubnis, dich von deiner Rolle als Frau und Mutter wegzuholen. Du verbringst genug Zeit mit anderen Frauen in der Kirche und im Gebetskreis. Konzentriere dich auf dein Heim, deinen Ehemann und deine Kinder.

Es ist sehr gefährlich, seelisch abhängig von anderen Frauen zu werden. Zu oft schon habe ich gesehen, wie es zu etwas Krankhaftem und Unnormalem führt. **Dein Mann und Gott sollten diejenigen sein, an die du dich bei Bedarf an seelischer Unterstützung und Intimität wendest.** Frauen, die höhere Geistlichkeit suchen, finden sich in Gefühlen und Taten, die sich über die ihrer Männer und anderer in der Kirche erheben, wieder und es bedeutet das Todesurteil für ein gesundes Eheverhältnis. Verbringe diese „erwünschte" geistliche Zeit mit deinem Mann, in der du wahrhaftigen Wachstum und Reife in Gott finden wirst.

Versuche, deiner Familie zu dienen, indem du deinem Kleinen die Schuhe zubindest, dem Kleinkind eine Geschichte vorliest, der ganzen Bande eine Geschichte aus der Bibel erzählst und innige Liebe mit deinem Mann pflegst. Das sind Dinge, die für Gott wichtig sind, wenn wir Ihn kennen und lieben.

-Debi

„Eine weise Frau erwartet nie, von jemandem bedient zu werden und wird deshalb nie enttäuscht. Sie ist bereit, zu helfen; sie ist immer der Geber. Nach ihrem Vorbild lernen die Kinder, froh und tatkräftig zu dienen."

Kühe oder Kinder aufziehen

„Gewöhne einen Knaben zu Beginn seines Weges, dann lässt er auch nicht davon ab, wenn er alt wird" (Sprüche 22,6).

Gott hat Mütter mit dem Vorrecht beschenkt, die täglichen Erzieher ihrer Kinder sein zu dürfen. Er legte diese Verantwortung nicht in die Hände der Großmütter, guter Freunde, der Lehrer oder Babysitter. Eine jede Mutter wird eines Tages vor Gott für die Erziehung ihrer Kinder Rechenschaft ablegen müssen. Unsere Kinder zu lieben, heißt, uns selbst vollständig der Erziehung der Kinder zu widmen. Wenn wir hierin scheitern, scheitern wir auch als Gehilfin. Ehemänner fahren zur Arbeit und lassen die kleinen Kinder in unserer Obhut zurück. Sie vertrauen darauf, dass wir unser Bestes geben, sie zu erziehen. Wenn wir unsere Kinder vernachlässigen, vernachlässigen wir unsere Männer und damit auch Gott.

In einigen der neuen handelsüblichen Bibelübersetzungen heißt es: „Führe dein Kind durch das Bestrafen auf den Weg, den es gehen soll…" Wir haben diesen Vers nicht fettgedruckt, weil er der Betrachtung seiner als Bibelstelle nicht wert ist. Nur jemand, der wenig von Gott und der hebräischen Sprache und noch weniger von Kindern versteht, würde das, was Gott gesagt hat, auf diese Weise übersetzen. Gott sagte **„gewöhnen"**, nicht „bestrafen". Das aus dem Hebräischen übersetzte Wort „gewöhnen" kommt nur viermal in der Bibel vor und jedes Mal wird es als „weihen" übersetzt. *Eltern erziehen ihre Kinder, indem sie ihnen sich selbst und ihre Zeit weihen und sie an das gewöhnen, was Gott von ihnen als Erwachsene fordert.* Das ist nicht Bestrafung; es ist ein Auftrag von Gott zur Vollzeitbeschäftigung in der Kindererziehung. **Kinder zu erziehen, heißt, ihnen zu zeigen**, wie man Maistortillas macht, Dreirad fährt, das Bett macht, Spielzeug wegräumt, in einer Stunde für vierzig Menschen kocht, liest, Respekt für andere zeigt und tausend andere wundervolle Dinge. Für eine Mutter, die ihre Kinder liebt, ist die Erziehung keine Hausarbeit, sondern eine vollzeitige, glühende Leidenschaft. Für jede „geweihte" Mutter sind sie jede Minute Zeit und alle Schwierigkeiten wert.

Gott hat Mütter mit dem Vorrecht beschenkt, die täglichen Erzieher ihrer Kinder sein zu dürfen.

Klein-Esther

Klein-Esther ist erst fünf Jahre alt. Sie ist durchaus zuverlässig und fähig, den Tisch zu decken oder die Kleider zu falten. Sie kennt die unterschiedlichen Verwendungsmöglichkeiten von Kohl und Blattsalat, denn wenn sie mit dem Zubereiten von frischem Salat und Krautsalat hilft, erklärt die Mutter die „Warums“ und „Wofürs“ von allem, was sie zusammen tun. Wenn das Mädchen gebeten wird, den Brokkoli oder Blumenkohl zu waschen, weiß sie, wie und auch weshalb man dies tut.

Esther hilft, die Kleider zusammenzulegen und sie einzuräumen. Sie kennt alle deren Farben, denn schon von klein auf half sie, die schmutzige Wäsche nach Farben zu sortieren. Wenn Esther sich ein Buch aus dem Regal nimmt, wählt sie sorgfältig, denn sie möchte die Bücher haben, die, für sie lesbare, Wörter enthalten. Sie kann viele Wörter lesen, nicht weil sie speziell dazu geschult wurde, sondern weil ihre Mutter sich immer die Zeit nahm, um ihr vorzulesen und dabei gelegentlich stoppte, um auf einige Wörter und deren Aussprache hinzuweisen. **Dies alles hat Spaß gemacht.** Wenn Esther in die Schule kommt, wird sie schon vieles lesen können. Deshalb wird das Lernen für sie keine anstrengende, beängstigende Angelegenheit sein, sondern nur eine Fortsetzung des ungezwungenen Lernens ihrer ersten fünf Lebensjahre. Ihre Mutter bringt den ganzen Tag damit zu, ihren sich weiterentwickelnden Verstand mit faszinierenden Ideen zu fördern.

Esthers Mutter hat zehn Kinder und ist dennoch nicht zu beschäftigt, um sich für Esther oder ihren jüngeren Bruder Zeit zu nehmen. Viele Kinder sind nicht so gesegnet wie Esther. Manche Mütter behandeln ihre Kinder so, wie ich meine Kühe behandle. Ich füttere sie, gebe ihnen frisches Wasser und sorge dafür, dass sie genug Bewegung haben. Wenn sie Symptome einer Krankheit aufweisen, beginne ich sofort, sie zu pflegen. Das ist gut für Kühe, aber wenn du deine Kinder auf diese Weise erziehst, wirst du eine Schar kleiner Dummköpfe heranziehen. Anders als bei der Verpflegung der Kühe, ist die Erziehung deiner Kinder der tiefste Ausdruck deiner Liebe zu ihnen.

Mama, warum bin ich so dumm?

Ich bin einigen wirklich dummen Kindern begegnet. Ich frage sie: „Hast du die Finsternis gestern Abend mitbekommen?“ Starren. „Ich habe gehört, dass dein Vater ein neues Programm für die Flug-Schule entwirft?" Starren. „Hat deine Mutter Weizenmehl in diese Plätzchen getan?" Starren. Mama antwortet: „Sie kocht noch nicht und er weiß nicht, dass sein Vater in einem Raumfahrtzentrum arbeitet. Mein Mann und ich beobachteten die Verfinsterung gestern Abend, aber es war draußen zu kalt für die Kinder und außerdem schauten sie sich gerade einen Film an."

Wir besuchten eine andere Familie, deren Vater auch auf dem Flugplatz arbeitet und unterhielten uns mit einem fast drei Jahre alten Kind. „Donnie, hast du die Finsternis gestern Abend gesehen?" „Jap und die Milchstraße auch. Wir schauten durch ein ‚Teliskrop!'" „Ich habe gehört, dass dein Vater auf dem Flugplatz ein neues Programm für die Schule entwirft?" „Jap, mein Vater zeigt ihnen, wie sie ein besseres Flugzeug bauen können, weil er klug ist und ich bin auch klug; ich kann ein Flugzeug mit meinen Legosteinen bauen, aber es kann nicht fliegen, weil ..." „Weil, was?", fragte ich ihn und erwartete eine kluge Antwort. Immerhin muss jedes zweijährige Kind, das ein Flugzeug aus Legosteinen bauen kann, schon superklug sein. Er enttäuschte mich nicht. „Es hat keinen Motor", erklärte er.

Ich entschloss mich, seine Kenntnisse im Bereich Ernährung auf die Probe zu stellen: „Hat deine Mutter Weizenmehl in diese Plätzchen getan?" Wie aus der Pistole geschossen, antwortete er: „Jap, die sind sooooo gesund. Möchtest du meine Muskeln sehen? Mutter erlaubte mir, den Teig einzurühren, weil ich stark bin."

Kenntnis ist etwas, das einem Stück für Stück vermittelt wird. Es ist mit dem Bereich der Technik vergleichbar: Aus vielen kleinen Bits wird ein großes Byte. Dem folgen Kilobytes und Megabytes von Informationen, alle aufbewahrt in kleinen Bits! Die Schrift sagt: **„Wen will er denn Erkenntnis lehren? Wem will er die Predigt verständlich machen? Den von der Milch Entwöhnten, denen, die gerade abgestillt sind? Denn es ist Gebot auf Gebot, Gebot auf Gebot, Vorschrift auf Vorschrift, Vorschrift auf Vorschrift, hier ein wenig, da ein wenig"** (Jesaja 28,9.10)!

Steht die wirkliche Mama bitte auf?

Indem du dem Kind das Leben gibst, bist du noch lange nicht DIE Mutter des Kindes. Wenn du morgens in aller Eile aufstehst und dein Kleines schnell jemand anderem übergibst, welcher seine Tränen trocknet, ihm zu Essen gibt und ihm ein Buch vorliest, dann bezeichne dich bitte nicht als seine *Mama*. Das Kind wird jeden Tag weggegeben und noch dazu von einer Adoptivmutter zur anderen geschoben. **Damit das Kind enge Beziehungen aufbauen und sich auf emotionaler Ebene gut entwickeln kann, muss es den größten Teil seiner Zeit mit seiner eigenen wahren, beständigen Mama verbringen, die von Gott dazu bestimmt ist, täglich in dieses kleine Leben Kenntniss und Liebe hineinzupflanzen.**

Im Leben gibt es einige Sachen, die man gleich das erste Mal richtig tun muss.

Die Aufgaben der Väter unterscheiden sich von denen der Mütter. Väter versorgen das Kind mit einer Sicherheit, die lebensnotwendig für dessen seelische Gesundheit ist, aber kein Vater kann die Mutter ersetzen oder die Bedürfnisse der Kinder stillen, die nur eine weibliche Person erkennen kann. Die ständige Gegenwart der Mutter – dieselben tröstenden, nahrhaften Brüste, dasselbe Zimmer, dieselbe Decke, dieselbe Schnabeltasse und dasselbe Spielzeug – geben dem Kind ein sicheres Gefühl. Du kannst ein kleines Kind nicht von einem Babysitter zum anderen abschieben und erwarten, dass es mit vier Jahren selbstbewusst und gut ausgeglichen sein wird. Aber du kannst erwarten, dass ein Kind, das auf diese Weise erzogen wurde, seine Mutter nicht wertschätzen wird, wenn es 8, 10, 15 oder 25 Jahre alt ist, gerade dann, wenn sie selbst ein wenig Wertschätzung braucht! Wenn dein Kind dich später wertschätzen soll, dann musst du jeden Tag und jede Stunde seiner Entwicklung schätzen. Es gibt keine neutralen Momente im Leben eines Kindes. Jeder Moment ist eine Zeit, in der das Kind sich weiterentwickelt und Bedürfnisse hat.

Wir überspringen ganz kurz in unserer Liste die Gebote in Titus 2,5 und lesen, dass Frauen **„ihre Kinder lieben"** und **„häuslich"** sein sollen. Gott sagt, dass wir unseren Kindern nur dann ein *Maximum* an Liebe geben können, wenn wir **„häuslich"** sind. Betrachte dies als eine Warnung. Du kannst Gottes Plan nicht verbessern. Im Leben gibt es einige Sachen, die man gleich das erste Mal richtig tun muss.

Der Flur

Man kann von Genitalherpes oder anderen Erkrankungen, die auf sexuellem Wege übertragen werden, nicht endgültig geheilt werden. Dennoch leidet jeder fünfte Teenager in den USA unter einer Geschlechtserkrankung. Viele Statistiken sagen, dass **eins von vier kleinen Mädchen, die gerade erst ihr viertes Lebensjahr erreicht haben, schon sexuell missbraucht worden ist**. Einer von fünf kleinen Jungen ist Opfer einer homosexuellen Misshandlung. Unsere Kinder sind in der heutigen Welt einer ernsten Gefahr ausgesetzt; nicht nur wegen des seelischen Traumas, dass sie erleiden würden, sondern auch wegen der vielen Krankheiten.

Wie oft läuft dein Kleinkind den Flur entlang (während du im Zimmer, unter Freunden, in einem Film vertieft bist), bevor irgendein „vertrauenswürdiger" Junge im Teenageralter still von hinten an das Kind heranschleicht und es für eine vierminütige „Behandlung" ins Badezimmer manövriert? Wenn diese vier Minuten vorbei sind, wird dein Kind für immer zerbrochen und erkrankt sein. Du kannst Gott nicht darum bitten und erwarten, dass Er übernatürlich eingreift und beschützt. Gott hat durch dich schon für deine Kinder gesorgt. Du kannst und musst beten und Gott bitten, dass Er dir als Elternteil mehr Aufmerksamkeit und Nüchternheit schenkt, damit du deine Kinder besser beschützen kannst. **Du bist der Hüter deiner Kinder. Bitte hüte gut über sie.**

Das Buch „To Train Up a Child" von Michael und Debi Pearl ist ein Muss für jede Mama, die ihre Kinder liebt und sie freudig, gehorsam, fleißig und klug erziehen will. Schaue einmal auf der Internetseite nogreaterjoy.org nach.

Nachsinnen über … Ihre Kinder lieben

Die Frau, die sich für das Leben ihres Kindes einsetzt, die liebt ihr Kind und mit der wird das Kind sich verbünden, wenn es älter ist.

„Ich habe keine größere Freude als die, dass ich höre, wie meine Kinder in der Wahrheit leben“ (3. Johannes 1,4).

➢ *Schaffe eine neue Gewohnheit*

Schaue deinem Kind in die Augen und lächle oft. Mache ungefähr jede halbe Stunde eine fünf-Minuten-Pause, um mit ihm oder ihr zu spielen. Arbeite nie allein; habe deinen „kleinen Kameraden“ immer dabei, um ihn dir helfen zu lassen. **Gott hat deinen Kindern Schutzengel gegeben, welche sie vom Himmel her bewachen. Du bist hier auf Erden ihr Schutzengel.**

➢ *Eigenschaften einer guten Gehilfin*

- Eine gute Gehilfin stellt die Bedürfnisse ihrer Kinder vor ihr eigenes Interesse.
- Sie investiert ihre Zeit darin, ihnen viel Wissen zu vermitteln und ihnen zu zeigen, wie man dieses Wissen in die Praxis umsetzt.
- Sie schult sich selbst in den Bereichen Ernährung und Medizin, um besser für die Sicherheit ihrer Kinder ausgerüstet zu sein.

➢ *Werde stille vor Gott*

Gott leitet uns in der Erziehung an und wenn notwendig, sollen wir auch unsere Kinder auf deren Wegen korrigieren. Als Mütter, in unserer blinden Liebe, versäumen wir es oft, unsere Kinder zu strafen. Unser Empfinden diesbezüglich ist falsch und lieblos. Du kannst Gottes persönlichen Segen in deinem und deiner

Kinder Leben nicht erwarten, es sei denn, du tust es so, wie Gott es dich lehrt. Lies die folgenden Verse und bitte, dass Gott dir ein Herz voll Liebe und Weisheit schenkt, um nach Seinen Grundsätzen zu wandeln.

„Wer seine Rute schont, hasst seinen Sohn; wer ihn aber lieb hat, erzieht ihn beizeiten“ (Sprüche 13,24).

„Torheit steckt einem Knaben im Herzen; aber die Rute der Bestrafung wird sie daraus entfernen“ (Sprüche 22,15).

„Rute und Ermahnung verleihen Weisheit; aber ein Junge, der sich selbst überlassen ist, macht seiner Mutter Schande“ (Sprüche 29,15).

Kapitel 18

4. Besonnen sein

Titus 2,4.5: „Dass sie die jungen Frauen lehren, [züchtig sein], ihren Mann und die Kinder zu lieben, <u>besonnen zu sein,</u> ...“ [Luther Bibel 1912]

Besonnen sein: Bedacht; weise im Vermeiden von Fehlern und Auswählen der besten Mittel, ein Ziel zu erreichen; umsichtig; zuvorkommend, höflich, aufrichtige Handlungsweisen.

W**ir lernten die praktische Seite** der Ehe kennen, als wir das Wort „züchtig“ auslegten, die sexuelle Seite, als wir über „unsere Männer lieben“ sprachen und erfuhren, dass es unsere Aufgabe ist, zu jeder Zeit augenblicklich da zu sein, als wir das Thema, „unsere Kinder lieben“, behandelten. Der nächste Punkt auf unserer Liste ist „**besonnen sein**“. Wenn man an das Wort „Besonnenheit“ denkt, denkt man vermutlich an die Fähigkeit, zu vermeiden, etwas Unangebrachtes zu sagen oder zu tun; zu wissen, wann man sich wie zu benehmen hat, damit man andere nicht beleidigt oder verletzt. Wenn das alles wäre, was dieser Begriff aussagt, dann würde eine Person, die beabsichtigt, jemanden zu betrügen, stets versuchen, dies in einer sittsamen Weise zu tun, aber offensichtlich enthält dieses Wort viel mehr. Das griechische Wort für **„besonnen"** (in der „Guten 1912 Nachricht" als „sittlich" übersetzt), wird in der autorisierten Version der Bibel auch mehrmals als „Geschmack" übersetzt. In anderen Fällen wird es als „Benehmen" und „Urteil" übersetzt. **Daher bedeutet „sittlich zu sein" also, einen guten Geschmack, ein gutes Urteilsvermögen, ein gutes Verständnis zu haben.** Gott sagt, eine Frau, die nicht sittsam ist, sei wie der Nasenring eines Schweines. Sie ist lächerlich, fehl am Platz, beschämend, ein Witz. Etwas, das normalerweise als lieblich erscheint, wird als lächerlich betrachtet, wenn es eine unsittliche, d.h. geschmacklose Verwendung findet. Sie mag hübsch, eine wahrer Juwel sein, aber wenn dieser Juwel sich in der Nase eines Schweines befindet, dann ist er fehl am Platz. **„Eine schöne Frau ohne Anstand ist wie ein Schwein mit einem goldenen Ring im Rüssel"** (Sprüche 11,22).

Als ich mich mit dem Wort „besonnen" auseinandersetzte, begriff ich, wie leicht wir Frauen die Charaktereigenschaft Besonnenheit verwerfen und es uns an ihr fehlt und ich staunte über die Vielzahl von uns, die sich so oft wegen Mangels dieses Verhaltensmerkmales verschuldet. Lasst uns die Sittlichkeit in all ihren Bedeutungen sorgfältig betrachten.

SUCHE, ZUVORKOMMEND ZU SEIN *(Rücksichtnahme auf andere)*

Gefangene erzählen

Wenn du Lebensläufe von freigelassenen Gefangenen liest, wird dir eine Eigenschaft ins Auge fallen, die sie alle gemeinsam haben. Alle, ob gottesfürchtig oder nicht, schreiben, dass an dem Tag, an dem sie anfingen, andere rücksichtsvoll zu behandeln, sie es merkten, dass es gerade die Rücksichtslosigkeit war, die sie hinter Gitter gebracht hatte. Wieder in die Gesellschaft eingegliederte Männer berichten davon, dass sie gelernt haben, zu berücksichtigen, dass andere Männer ein Recht haben, unversehrt die Straße entlangzugehen, Frauen das Recht haben, ohne Angst zu leben, der alte Mann das Recht hat, in langsamem Tempo durch die Stadt zu fahren, ohne dabei geneckt oder geschmäht zu werden und dass ein Kind das Recht hat, frei von Missbrauch aufzuwachsen. Rücksichtnahme wird auch mit dem Satz zum Ausdruck gebracht: **„Und wie ihr**

wollt, dass euch die Leute tun sollen, so tut auch ihr ihnen“ (Lukas 6,31). Ein Kind lernt, rücksichtsvoll zu sein, indem es sieht, wie seine Eltern andere rücksichtsvoll behandeln, aber genauso lernt es auch, ein „guter“ Heuchler zu sein. Wenn ein Elternteil in Anwesenheit des Gastes viel Höflichkeit zeigt, aber über ihn herzieht, nachdem er weggefahren ist, lernt das Kind, unaufrichtig und heuchlerisch zu sein. Höflichkeit und Rücksichtnahme müssen nicht unbedingt dasselbe bedeuten – oder nicht einmal verwandt sein. **Höflichkeit ist nur das Ausführen einer kulturell annehmbaren Handlungsweise. Die Motivation dazu kann aber durchaus selbstsüchtig sein.**

Wenn du mit Versicherungsgesellschaften verkehrst, gekaufte Ware wieder zurück in das Geschäft bringst, wenn du Sachen ver- oder ausleihst und auch dann, wenn du auf andere Autofahrer reagierst, musst du bestrebt sein, das Wohlergehen der anderen zu berücksichtigen; du musst an die möglichen Ansichten oder Schwächen denken, die sie haben könnten.

Der alte rote Lastwagen

Die nächsten zwei Verse sind Beispiele dazu, wie das Adjektiv „verständig“ in Gottes Wort gedeutet wird.

> ***„Nun sehe der Pharao nach einem verständigen und weisen Mann, den er über Ägypten setze ...“*** (1. Mose 41,33).
>
> ***„Und der Pharao sagte zu Josef: ‚Weil dir Gott das alles kundgetan hat, ist keiner so verständig und weise wie du‘“*** (1. Mose 41,39).

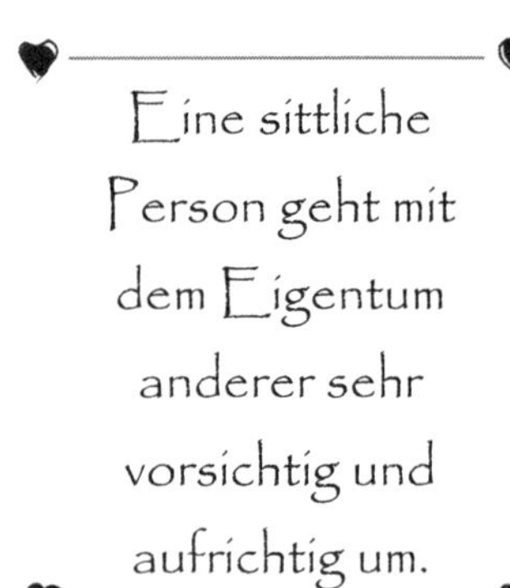

Vor fast zwanzig Jahren entschied sich mein Mann für uns, unser trautes Heim in Memphis zu verlassen und auf das Land, 170 Meilen weit weg, zu ziehen. Unsere neue Nachbarschaft bestand vorwiegend aus Amischen und Mennoniten. Wir konnten sehr schnell erkennen, dass Sittlichkeit ein Charakterzug war, der unter diesen einfachen Leuten hoch geschätzt wurde. Unsere amischen Nachbarn behandelten nie jemanden ungerecht und würden nie schwindeln noch stehlen. **„Niemand suche das Seine, sondern jeder, was dem andern dient"** (1. Korinther 10,24).

Wir hatten einen alten roten Lastwagen, der schon nahezu eine Schrottkarre war, aber noch lief. Ein junger Amischer, der kein Auto besaß, brauchte eines für ein kurzes Abschleppprojekt und wir erlaubten ihm, unseren roten Lastwagen zu benutzen. Vor Jahren schon schien es, als könnte der verrostete alte Boden durchbrechen. Als er uns den Lastwagen wieder brachte, waren wir sprachlos, denn der Boden war repariert. Und oh Wunder, der Junge hatte den Tank mit Benzin gefüllt! Wir hatten das Gefühl, die Menge an Treibstoff, die nun im Fahrzeug war, würde den Lastwagen selbst überdauern. Es haben schon viele Menschen Sachen bei uns ausgeliehen, aber noch nie hatte jemand unseren alten Lastwagen besser behandelt, als er seinen eigenen behandelt hätte. Jetzt waren wir bereit, ihm alles zu borgen, was wir hatten. Wie Joseph damals, erwies sich dieser junge Mann als verständig und weise. Er ging vorsichtig, rücksichtsvoll und wachsam mit unserem Eigentum um.

Wenn du besonnen, weise und freundlich im Umgang mit anderen Menschen bist, wirst du von dem Gewinn dein ganzes Leben lang profitieren. Wenn du dich jemandem gegenüber grob oder unfair verhältst, auch dann, wenn du einen guten Grund dazu hast, wird es nie vergessen werden. Andere werden hinter deinem Rücken über deine ungerechten Taten sprechen und ihre Kenntnis über deinen Mangel an ehrlichem Umgang mit ihnen kundtun. Es ist unmöglich, mit solch einem Ruf zu leben. Eine unbesonnene Person muss oft ihren Wohnort wechseln, um den schlechten Ruf weit hinter sich lassen zu können. Aufrichtigkeit, Liebenswürdigkeit, Rechtschaffenheit und Sittlichkeit zahlen sich aus.

SUCHE, AUFRICHTIG ZU SEIN *(Besonnen zu sein, bedeutet, gutes Urteilsvermögen zu besitzen)*

Das luxuriöse Schwein

Eine Person, die nicht sittsam ist, ist ohne Ehre. Erinnerst du dich an den Juwel in der Nase des Schweines? **„Eine schöne Frau ohne Anstand ist wie ein Schwein mit einem goldenen Ring im Rüssel"** (Sprüche 11,22). Wenn eine Frau ihre Freunde dazu benutzt, um sie um überflüssige Dinge zu bitten, oder etwas bei ihnen ausleiht und nicht zurückbringt, zeigt sie ihren Mangel an grundsätzlicher Höflichkeit, welche ein wichtiger Bestandteil der Sittsamkeit ist. Wenn eine Frau andere Menschen oder Situationen zu ihren eigenen Gunsten nutzt und diese Menschen sich ausgenutzt fühlen, während sie selbst darüber triumphiert, ihren Willen durchgesetzt bekommen zu haben, ist sie diejenige, die eigentlich verliert.

Frauen, die das beste Essen, die schönsten Kleider, die wertvollsten Möbel, den teuersten Schmuck usw. haben wollen, sind „Futter" für Satan. **„... den Unverständigen tötet der Eifer"** (Hiob 5,2) (Unverständig: grob, schlicht, verachtungsvoll). Solche Frauen sind leicht dazu zu bringen, einer Lüge zu glauben. Satan wird sie reichlich mit Gelegenheiten, Menschen auszunutzen, versorgen. Er will aus uns allen Narren machen, aber besonders Frauen, die nicht sittsam sind, sind leichte Beute und machen es ihm einfach, sie in die Irre zu führen.

Eine unbesonnene Frau geht ins Café und bestellt zehn Päckchen Zucker zum Süßen ihres Kaffees, wobei sie aber nur eines wirklich benötigt und die anderen dann mit nach Hause nimmt. Sie denkt, es ist „cool", sich unberechtigterweise am Eigentum anderer zu bedienen und prahlt damit anschließend vor ihren „Freundinnen". Die, welche es hören, werden vielleicht lachen und sie selbst wird es als Bewunderung ihrer annehmen. Aber sie gehen mit dem Wissen davon, dass etwas Abstoßendes an ihrer „Freundin" ist. Sie ist nicht zuvorkommend, höflich und rücksichtsvoll. Sie nutzt andere aus, ohne sich Gedanken darüber zu machen, wie viel Schmerzen es bei ihnen verursachen kann. Jetzt siehst du, warum Gott sie als Juwel in der Nase eines Schweines betrachtet.

Männer sind sich dessen bewusst, dass Frauen, wenn sie nicht das Gegenteil bewiesen haben, auf emotionaler Ebene manchmal sehr empfindlich sind und neigen deshalb dazu, ihnen in einer Art Ehrfurcht zu begegnen. Sie möchten glauben, dass ihre Frauen gut, gesund und sauber und ihre Gewissen rein sind. Es hat schon viele Kämpfe um die Ehre einer Frau gegeben. Die Männer in dem Gefängnis, in dem mein Mann jede Woche predigt, halten ihre Mütter hoch in Ehren, aber nur wenige scheren sich um ihren Vater. Wenn ein rechtschaffener Mann das Unglück hat, eine Frau zu haben, die den Ruf trägt, unehrlich zu sein, ist er beschämt; aber es ist eine stille Scham, die ihn, seine Seele und seine Ehre, auffrisst. **„Sondern der verborgene Mensch des Herzens im unvergänglichen Schmuck des sanften und stillen Geistes ist kostbar vor Gott. Schließlich aber seid alle gleichgesinnt, mitleidig, voll brüderlicher Liebe, barmherzig, freundlich"** (1. Petrus 3,4.8).

Der Herd

Liebe Frau Pearl,

ich weiß, dass man Freude erlangt, indem man Gott und dem Mann ganz untertan ist. Bedeutet es, dass ich nicht frustriert und völlig müde sein sollte? Ich habe eine Frage: Sollte man schweigen, wenn man weiß, dass der Mann dabei ist, eine schlechte Entscheidung zu treffen? Bedeutet, eine Helferin zu sein, nicht, dass ich ihm helfen sollte, bessere Entscheidungen zu treffen?

Letzte Woche fuhr mein Mann los, um einen neuen Herd zu kaufen, welchen wir auch dringend brauchten. Er suchte einen von bester Qualität aus und war auch bereit, viel Geld zu zahlen, um das Beste zu erhalten. Er rief mich an und bat mich, zu ihm zu fahren und mir den Herd anzusehen, um ihm mitteilen zu können, was ich über die Sache dachte. Ich teilte ihm meine Besorgnis darüber, dass ich den Herd einfach zu teuer fand, mit. Wir hatten zwar das Geld, aber ich sah keine Notwendigkeit darin, das Teuerste zu kaufen, wenn doch die nächstbeste Qualität genauso gut war. Er rief mich an und sagte, dass er diese Bestellung rückgängig gemacht und sich für den Herd entschieden hat, den ich empfohlen hatte. Wir waren hinterher beide froh über den Herd, den ich gewählt hatte. Hätte ich meinen Mund halten sollen? Ich sagte nicht, dass er ihn NICHT kaufen sollte. Ich dachte einfach, es wäre unklug, unnötig Geld auszugeben. Müssen Frauen in allen Dingen untertan sein, auch wenn es darum geht, in welcher Farbe die Wände angestrichen werden oder was für Möbel gekauft werden sollen? Sind wir nur dumme Roboter?

Er schickte meine zwei ältesten Kinder gegen meinen Willen in staatliche Schulen, und ich kann jetzt sehen, was es für negative Folgen mit sich gebracht hat. Ich nehme an, ich werde damit leben müssen. Ich glaube, ich schütze ihn, mich selbst und meine unachtsame jüngste Tochter vor mancherlei Unangenehmem. Ich muss stets dafür kämpfen, die richtigen Entscheidungen für uns alle zu treffen.

Ich will echte Freude, aber sie ist einfach nicht da.

Ruth

Liebe Schwester Ruth,

Du schriebst von einem Herd, aber die Sache, die dich zum Schreiben trieb, war dein Mangel an Freude. Diese ungemütliche Leere ist dein Gewissen, welches deine Verschuldungen in vielen Angelegenheiten des Lebens bezeugt. Du willst dich ändern, die Person sein, die nicht versucht, zu kontrollieren, die Frieden hat und solch ein Problem wie dieses umgehen kann. Aber ein Teil von dir will noch festhalten und die Taten, die deinem Gewissen solch ein Elend bereiten, rechtfertigen.

Der Herd, den dein Mann ausgewählt hatte, bestätigt seinen Versuch, seine Wertschätzung dir gegenüber zum Ausdruck zu bringen; er wollte dir gefallen und dich erfreuen. Dein Infrage stellen seiner Entscheidung, die er getroffen hatte, auch wenn es berechtigt gewesen wäre, zeigt ihm, wie viel mehr du den Dollar achtest, als ihn selbst. In Wirklichkeit sagst du mit deinem Verhalten, dass er nicht in der Lage ist, eine solch einfache Entscheidung, wie z.B. einen Herd zu kaufen, zu treffen. Deine Erzählungen über dein „weises Leiten" zeigen mir, dass du dich selbst als eine kluge Frau siehst, aber deinen Mann und deine „unachtsame" Tochter betrachtest, als mangele es ihnen an gesundem Menschenverstand. Du glaubst, dass es deinem Mann im Umgang mit Geld, in der Kindererziehung und in vielen anderen Gebieten an Weisheit mangelt, aber es ist nicht deines Mannes Mangel an Weisheit, der dein Gewissen beunruhigt. Es ist deiner.

Dein Mangel an Freude offenbart den wahren Zustand deiner Seele. Du magst dich selbst nicht, doch weißt du nicht, warum. Die meisten Frauen können ihren Männern sagen, welchen Herd sie wollen oder welchen Farbanstrich sie bevorzugen; sie können sogar darüber diskutieren und es würde nie ein Problem sein. Es ist ein Problem für dich, weil es nicht nur der Herd ist, sondern die Tatsache, dass du deinen Mann als ungeschickt siehst. Er weiß, was du fühlst. Das ist auch die Ursache, warum das Leben ein ständiges Straucheln ist, warum du nicht glücklich bist, warum deine Tochter „nachlässig" ist und warum (ich vermute nur) du kein gutes Eheleben in sexueller Hinsicht hast. Es ist alles miteinander verbunden. Deine Handlungsweise scheint zu sagen, dass du dich selbst für weise und deinen Mann für einen Dummkopf hältst. Dein Gewissen spricht lauter, als die Weltanschauung, die du angenommen hast – lauter als deine Logik, lauter als deine „Weisheit", mit der du deine Familie vor Unannehmlichkeiten zu „retten" glaubst. **Schließlich sagt dein Gewissen die**

Wahrheit und das ist die Ursache, warum du mir geschrieben hast.

Du hast vergessen, was für ein Glück es ist, einen Mann zu haben, der etwas Besonderes für dich tut. Du hast den wichtigen Dingen des Lebens keine Beachtung geschenkt. **„Eine anmutige Frau erlangt Ehre"** (Sprüche 11,16).

Du hast vergessen, was für ein Glück es ist, einen Mann zu haben, der etwas Besonderes für dich tut.

Wärst du weise, gütig und liebevoll gewesen, als dein Mann dich anrief und dich über den Herd informierte, den er geplant hatte zu kaufen, würdest du gejubelt und dich über deines Mannes Wahl gefreut haben. **Hättest du die Anschaffung so gesehen, wie man einen Blumenstrauß sieht, – als eine wunderbar schöne Geldverschwendung und extravagante Geste, die von inniger Liebe des Ehemannes zeugt – wäre vor allem dein, aber auch sein Leben dafür reicher und voller gewesen.** Immerhin ging es nur um Geld und du sagtest selbst, dass ihr die Mittel dazu hättet, den Herd zu kaufen, den dein Mann ausgesucht hatte. Er würde so erfreut gewesen sein, dass dir es gefiel, was er ausgewählt hatte. So etwas Einfaches hätte euer Verhältnis zu etwas Wunderbarem verändern können. Jedes mal, wenn du am Herd stehen und kochen würdest, würde es dich an die Liebe deines Mannes erinnern. Und wenn dein Mann dich am Herd stehen sehen würde – stell dir die tiefe Zufriedenheit vor, die er darüber fühlen würde, dass er dir gegenüber so großzügig gewesen ist. Aber jetzt wirst du jedes Mal an deine eigene Weisheit und Sparsamkeit denken, wenn du am Herd stehst, den *du* ausgewählt hast; dein Mann wird sich an deine Ablehnung und seine Torheit erinnern und das Essen wird nie besonders gut schmecken. Der Herd, den du nun benutzen musst, wird dich beständig daran erinnern, was für ein Dummkopf dein Mann ist.

Erinnerst du dich noch an die Frau, um die es einige Seiten zuvor ging, die ihres Mannes Arm von ihrer Schulter zerrte, weil er ihr Haar durcheinander gebracht hatte? In Wirklichkeit hast du dasselbe getan, indem du seine Wahl des Herdes ablehntest. Es ist kein Wunder, dass du „frustriert und völlig müde" bist. Ich bin einfach müde davon, daran denken zu müssen, was für einen Schaden du angerichtet hast und was du verpasst hast. Dein Mann ist wahrscheinlich auch müde ... müde von dieser Ehe.

Du fragst dich, ob du lieber still sein oder deine Meinung sagen sollst, wenn es darum geht, diesen oder jenen Herd zu kaufen oder diese oder jene Wahl zu treffen. **Der Punkt aber ist deines Herzens Zustand.** Wenn dein Herz in all den Angelegenheiten recht stünde, könntest du reinen Gewissens mit deinem Mann darüber diskutieren, welcher Herd nun gekauft werden soll und niemand würde sich letztendlich abgewiesen fühlen. Nun haben gewisse Situationen in deinem Leben, wie die Sache mit dem Herd, dich zu dem Punkt gebracht, an dem du das wahre Problem erkanntest, das du in deinem Verstand und Herzen bezüglich des Verhältnisses zu deinem Mann fühlst. Es wird dir nicht genügen, zu schweigen und deinen Willen aufzugeben. Es wird Zeit für dich, damit zu beginnen, deinen Mann zu verehren. Blättere einige Seiten zurück, zu der Geschichte von Sunny und bitte Gott, in deinem Herzen genauso zu arbeiten, wie er in Sunnys Herzen gearbeitet hat. Ich weiß, dass du Gott suchst. Wenn du versuchst, es auf Gottes Weise zu tun, wird Er dir helfen, eine himmlische Ehe zu gründen. Lies nochmals die Geschichte von Jezebel, die du im ersten Teil des Buches findest und erstelle eine Liste von Dingen, die du in deinem Leben ändern willst. Lies den Teil von Freude und Dankbarkeit noch einmal nach und fange an, Freude und Dankbarkeit zu zeigen. Dann lies den Teil „Ihren Mann lieben" auch noch ein weiteres Mal und **vielleicht könnt ihr beide dann etwas wirklich Schönes „aufkochen", ohne irgendeinen bestimmten Herd.**

-Debi

Das magere Schwein

Mangel an Urteilsvermögen

> **„Durch weise Frauen wird das Haus erbaut; eine Närrin aber zerbricht es mit ihrem Tun“** (Sprüche 14,1).

„Eine weise Frau versucht nicht, ihren Mann durch geheuchelte Fragen zu belehren. Ihre Fragen sollten aufrichtige Erkundigungen sein, die seine Wünsche angehen.“

Die magere Frau, die folgende Fragen stellte, sah sich selbst zweifellos als nette Person, wunderbare Mutter und erstklassige Ehefrau, obwohl sie dabei war, ihr eigenes Haus allmählich niederzureißen.

Zwölf Fragen, durch die eine Frau ihr Haus niederreißen kann

1. **Fühlst du dich wohl dabei, soviel Geld auszugeben und dieses ______ zu kaufen?**

   Er beginnt an seiner Fähigkeit, gute Entscheidungen zu treffen, zu zweifeln.

2. **Bist du sicher, dass Gott es für gut achtet, dass du in diesem Beruf arbeitest und immer von uns allen fort bist?**

   Er zweifelt an seinem Beweggrund, dort zu arbeiten, obwohl es eine gute Arbeit ist. Er denkt, er hat so die Gelegenheit, von seinem Glauben zu zeugen. Und nun? Nun fühlt er sich zunehmend unsicherer darin, seine Familie zu leiten.

3. **Liebling, ich muss dich einmal etwas wirklich Wichtiges fragen, dass mich innerlich zerreißt. Trübt diese Tätigkeit, die du ausübst, nicht deinen Geist?**

   Gottes Geist hatte es ihm schon nahe gelegt, aber er wollte nicht gehorchen; er hätte dieses Thema gestern Abend fast selbst angeschnitten, aber jetzt ist sie von ihm enttäuscht. Er zweifelt selbst daran, ob er geistlich ist, aber irgendwie verärgert ihn diese Sache. Er fühlt sich bedrängt. Jetzt gibt er ihr nur deshalb kein Recht, weil er die Kontrolle behalten möchte.

4. **Warum willst du nie mit mir zu ____________ gehen?**

   Er fühlt sich in Gegenwart dieser Leute unbehaglich; sie wirken so gekünstelt und haben weinerliche Kinder. Der Mann spricht in einer stillen, demütigen Art, die ihm auf die Nerven geht; es scheint alles wie eine aufgesetzte Maske zu sein, aber seine Frau sieht es nicht so an. Er denkt, er muss wohl fleischlich gesinnt sein. Nun kümmert er sich nicht mehr darum.

5. **Bevor wir heirateten, hast du in deiner Bibel gelesen; jedenfalls hast du das gesagt. Warum liest du sie jetzt nicht mehr und lehrst mich und die Kinder nicht?**

   Er hat eine verschwommene Erinnerung daran, dass er mit Freude die Geschichte von Moses gelesen hat; wie dieser sich so vor der Aufgabe gefürchtet hat, die Gott ihm gegeben hatte. Dieser Bibelabschnitt war damals genau für ihn bestimmt gewesen. Aber irgendwie hat er das

Interesse am Lesen verloren. Er denkt, er ist vom Glauben abgefallen; jedenfalls scheint es, als sei seine Frau dieser Meinung.

6. **Warum verbringst du nicht mehr Zeit mit unseren Söhnen?**

   Die Freude darüber, Söhne zu haben, ist erloschen. Die wenigen Male, die er sie gestraft hatte, hat er hinterher immer von seiner Frau hören müssen, dass er zu streng gewesen sei. Vielleicht war es auch so. Er ist jetzt lieber mit Männern zusammen; immerhin sind es Mutters Söhnchen. Nicht, dass sie verwöhnt sind; sie haben nur diese enge Beziehung zu Mama. Er fühlt sich von ihnen ausgeschlossen. Er ist einfach nicht so ein Typ. Er kann die Beschuldigung in den Augen der Jungen sehen; sie werden reflektiert von den Augen der Mutter. Er sieht an ihnen dieselben prüfenden Blicke, die ihn verurteilen. Er denkt: „Ich bin ein echter Verlierer. Ich bezweifle, dass ich überhaupt erlöst bin".

7. **Denkst du jemals daran, mich mal auf geistliche Art zu lieben, anstatt immer nur auf fleischliche Weise? Ich habe ein solches Verlangen nach tiefem, geistlichem Verständnis und weiser Unterhaltung.**

   Etwas tief in seinem Inneren ist so unzufrieden, so frustriert darüber, dass sie nur dann sexuell reagiert, wenn ihr danach ist. Es geht nicht um seine Männlichkeit. Seine Seele ist schwer krank. Er schläft ein mit Fantasien über die Frau, die er heute im Laden traf. „Gott, hilf meiner schmutzigen Seele."

8. **Liebling, warum hältst du nicht eine Andacht mit uns? Wir wollen, dass du uns im Gebet leitest und uns hilfst, geistlich zu wachsen. Die Bibel sagt, dass du unser geistlicher Leiter bist; warum willst du uns nicht leiten?**

   Innerlich lacht er darüber: „Machst du Witze? Ich kann das nicht tun. Ich würde mich wie ein totaler Heuchler fühlen. Ich kann sie nicht etwas lehren, was ich selbst nicht weiß. Ich gehe weg." Er verlässt den Raum und geht arbeiten oder schaut Fern; dies alles ist seine Art, ihnen auszuweichen.

9. **Warum, denkst du, sagte der Pfarrer das über Charles? Meinst du nicht, es war grausam? Manchmal denke ich, wir sollten uns eine andere Gemeinde suchen.**

   Er brodelt vor Wut, als er hört, wie seine Frau die Geschichte schon zum vierten Mal erzählt. Er denkt bei sich: „Der Pfarrer ist ein Heuchler. Er ist nichts besser als alle anderen. Ich weiß nicht, was ihn dazu bewegt hat, zu denken, er sei so gerecht."

10. **Armer Charles, es ist so traurig, mitansehen zu müssen, was des Pfarrers gemeine Worte der Familie angetan haben. Glaubst du nicht, wir sollten etwas tun, sie vielleicht anrufen und sagen, dass wir sie lieben und nicht mit dem Pfarrer übereinstimmen? Außerdem hat er mich selbst verletzt.**

    Frustration über seine eigenen Fehlschläge und die Bitterkeit über andere haben sich in ihm gesammelt und werden offenbar, als er sich im Stillen entschließt: „Alle diese selbstgerechten Leute machen mich krank. Es ist mir egal, was sie tun, aber mir werden sie es nicht antun.“

11. **Liebling, es ist Zeit zur Kirche zu gehen. Du musst dich anziehen. Was! Du kommst nicht mit? Du gehst doch immer in die Kirche. Sollte denn diese belanglose Sache mit Charles ein Grund sein, von der Kirche fern zu bleiben? Außerdem weißt du, dass der Pfarrer recht hatte, als er sagte, von Charles sei nichts Gutes zu erwarten. Du musst in die Kirche gehen. Was ist mit den Jungs? Du wirst einen schlechten Einfluss auf sie ausüben. Ist dir das egal?**
12. **Jane, ich will dich wissen lassen, dass ich ohne die enge, liebende Freundschaft mit dir, aus welcher ich jeden Tag Kraft schöpfe, nie fähig wäre, durch diese lieblose Ehe zu gehen. Er ist so kalt und distanziert. Er kümmert sich nicht um die Kinder. Ich weiß nicht, wie ich mich von ihm so habe betrügen lassen und glauben können, er sei ein guter, christlicher Mann, als wir heirateten. Wirst du die Mädchen bitten, diese Woche in der Frauenversammlung für ihn zu beten?**

NACHSINNEN ÜBER ...

Besonnen

„Die Frucht aber des Geistes ist Liebe, Freude, Friede, Geduld, Freundlichkeit, Güte, Treue, Sanftmut, Selbstbeherrschung. Gegen all das ist das Gesetz nicht“ (Galater 5,22.23). (Selbstbeherrschung ist eine Frucht des Geistes.)

➢ *Eigenschaften einer guten Gehilfin*

- Eine gute Gehilfin nimmt in Anstand und Kenntnis zu.
- Sie ist gütig und aufrichtig.
- Sie hegt ihrem Mann gegenüber keine Arglist.

➢ *Werde stille vor Gott*

Lass dich nicht betrügen. Wenn du andere Menschen regelmäßig als Babysitter benutzt, hier und da nach Mitfahrgelegenheiten fragst oder Sachen von anderen Leuten ausleihst, werden sie deine Selbstsüchtigkeit ertragen, aber dich nie wirklich mögen. Hinter deinem Rücken wird man dich eher als Plage und nicht als Freundin betrachten.

Noch nie hat jemand einen Nutznießer wirklich gemocht. Eine weise Frau gibt immer mehr, als sie nimmt.

➢ *Worte, die Gott benutzt, um eine gottesfürchtige Frau zu beschreiben*

Suche in der Bibel nach den Versen, die von den folgenden Eigenschaften sprechen. Unterstreiche die Worte, die dich beschreiben. Kennzeichne die Merkmale, von denen du weißt, dass du darin noch fehlst, mit einem X. Schreibe neben jede Eigenschaft was du tun kannst, damit du näher zu dem kommst, was Gott wünscht.

- keusch
- nüchtern
- züchtig
- schamhaft
- sanft
- stiller Geist
- unterwürfig
- gehorsam
- freundlich
- tugendhaft
- bedacht
- gütig
- sittlich
- häuslich
- anmutig

„Eine weise Frau weiß, wie sie die Einstellung ihres Mannes beeinflussen kann. Sie kann ihn leicht zur negativen wie auch zur positiven Seite bewegen."

Kapitel 19

5. Rein

Titus 2,4.5: „Dass sie die jungen Frauen lehren [züchtig sein], ihren Mann und die Kinder zu lieben, besonnen zu sein, rein, …"

[Luther Bibel 1912]

Wir, die älteren Frauen, sollen die jungen Frauen lehren, **rein** zu sein: *rein* in Gedanken, Wort und Tat und bescheiden und ehrenhaft in allen Dingen.

„Ebenso sollt ihr Frauen euch euren Männern unterordnen, damit, wenn auch einige dem Wort noch nicht gehorchen, sie durch den Lebenswandel der Frauen ohne Worte gewonnen werden, indem sie euer respektvolles, vorbildliches Leben ansehen. Nicht der äußerliche Schmuck mit Haarflechten und Goldketten oder Anziehen von prächtigen Kleidern, sondern der verborgene Mensch des Herzens im unvergänglichen Schmuck des sanften und stillen Geistes ist kostbar vor Gott. Denn so haben sich einst auch die heiligen Frauen geschmückt, die ihre Hoffnung auf Gott

setzten und sich ihren Männern unterordneten, wie Sara Abraham gehorsam war und ihn ‚Herr' nannte; deren Töchter ihr geworden seid, wenn ihr Gutes tut und euch nicht fürchtet und einschüchtern lasst" (1. Petrus 3,1-6).

Das Wort *keusch* finden wir dreimal in der Heiligen Schrift (Holy Bible KJV). Das griechische Wort für *keusch* (chaste) wird in vier Versen auch als *rein* (pure) und einmal als *lauter* (clear) übersetzt. Lies Philliper 4,8 und Jakobus 3,17 für eine vollständigere Auslegung.

Auf der Suche nach einem verborgenen Schatz

Liebe Frau Pearl,

ich bin ein 24-jähriger Mann und suche nach einer Frau. Es ist nicht einfach, eine bescheidene Frau zu finden. ***Ich will eine, die nicht nur sagt, dass sie bescheiden ist, sondern auch so AUSSIEHT.*** *Einer meiner Freunde heiratete ein gläubiges Mädchen aus der Kirche. Sie kleidete sich nicht besonders keusch, aber er war sicher, dass sie zur Erkenntnis kommen würde, wenn sie erst geheiratet hätten.* ***Sie sagt, sie sehe nichts Falsches an der Art ihrer Kleidung und er kann sie auch nicht zur Änderung bewegen.*** *Ich meide ihn seit seiner Heirat, weil ich die ganze Zeit, die ich in Gegenwart der beiden verbrachte, aufgebracht war und das nur wegen der Kleidung seiner Frau.* ***Es ekelt mich an,*** *frustriert mich und macht mich wütend, dass ein törichtes, unkeusches Mädchen so viel Unruhe stiften kann. Manchmal fühle ich mich, als würde mein eigener Körper mich betrügen, aber ich weiß, dass ich ein normaler Mann mit einem normalen Bedürfnis bin und dass das ein Problem ist, das durch sich gottlos kleidende Frauen verursacht wird. Wenn wir ansprechen, dass die Frauen die Männer mit ihrem unanständigen Äußeren verunehren, kleiden sich alle jüngeren weiblichen Personen in der Kirche umso unkeuscher. Ich würde lieber ledig bleiben, als mit einer törichten Ehefrau wie sie zu enden.*

So sehr wir auch das Verlangen danach haben, zu heiraten, schreckt es uns übriggebliebene unverheiratete Männer von diesem ab, wenn wir sehen, wie verlegen Jacob ist, denn wir wollen nicht so verunehrt werden wie er. Ich will ein Mädchen, das nicht schon tausende andere Männer mit der Art und Weise, wie sie sich kleidet, zum Ehebruch verleitet hat. ***Ich will eine Frau, welche ich stolz „MEIN EIGENER, verborgener Schatz" nennen kann.*** *Wie kann ein Mann je einer Frau trauen, die schon vor der Heirat alles „heraushängen" ließ, für jedermann sichtbar? Ich glaube, die große Frage für mich ist, wie wir alleinstehende Männer keusche Mädchen als Ehefrauen finden können, Mädchen, denen nicht danach verlangt, sich für andere sexy zu kleiden.*

James G.

Lieber James,

Die Bibel fragt: **„Wer findet eine tüchtige Frau?"** Die Frage deutet an, dass es kein leichter „Fund" ist. Die Suche nach einem keuschen, tugendsamen Mädchen wird es aber wert sein. Ich bete dafür, dass verheiratete Frauen und Mütter, die deinen Brief lesen werden, zur Kenntnis nehmen, wie geistliche Männer denken. Ich wünschte, ich hätte die Möglichkeit, weitere 25 Briefe wie diesen zu schreiben, aber auch einer muss genügen.

Die, welche Ohren hat ... LASS sie hören!

-Debi

Bescheidenheit

Eine keusche Frau ist eine bescheidene Frau. Gott sagt, man kann an der Kleidung der Frauen erkennen, ob sie keusch und rein sind: **„Desgleichen auch, dass sich die Frauen in schicklicher Kleidung mit Anstand und Sittlichkeit schmücken, nicht mit Haarflechten oder Gold oder Perlen oder kostbarem Gewand, sondern durch gute Werke, wie es sich für**

Frauen gehört, die sich zur Gottesfurcht bekennen (1. Timotheus 2,9.10). Die Kleidung einer Frau soll von Gottesfurcht zeugen. Ihre Kleider, ihr Haar und ihr Schmuck – nicht nur ihr Mund – verkündigen laut, dass sie bescheiden und gottesfürchtig ist oder aber, dass sie eitel und gottlos ist. Unser himmlischer Vater hat Maßstäbe für deine Kleidung! Würdest du den Maßstab missachten und Gott als „kleinlich" abstempeln, wenn Er uns sagt, *dass es einen schicklichen* **und** *einen unanständigen Weg gibt, sich zu kleiden?* Unsere Kleider sprechen zu jedem, der uns sieht. Kleider legen ein aussagekräftiges Zeugnis ab. Das heißt, sie offenbaren – und ertränken damit unsere Worte – unseren wahren Herzenszustand und unsere Einstellung zu uns selbst und zu anderen, die uns sehen. Um meinen Mann zu necken oder zu verführen, reicht eine leichte Veränderung des Äußeren oder des Verhaltens schon aus. Männer und Frauen sind sehr verschieden. Jesus warnte die Männer und nicht die Frauen, als er sagte: **„Wer eine Frau ansieht, um sie zu begehren, der hat schon mit ihr die Ehe gebrochen in seinem Herzen"** (Matthäus 5,28). Und dem Mann, der der Versuchung, hinzuschauen und zu begehren, nicht widerstehen kann, gebietet er: **„Verführt dich aber dein rechtes Auge zur Sünde, so reiß es aus und wirf es weg von dir. Es ist besser für dich, dass eins deiner Glieder verdirbt und nicht der ganze Leib in die Hölle geworfen wird"** (Matthäus 5,29). Das ist eine ernste Warnung!

Unser himmlischer Vater hat Maßstäbe für deine Kleidung!

Es ist unmöglich für eine Frau, zu verstehen, was Bilder in einem Mann bewirken können. Sie kann nur dem glauben, was ein aufrichtiger und offener Mann ihr sagt, aber nur wenige Männer sind bereit, ihre Schwäche einzugestehen. Der Körper einer Frau, der sich im Blickfeld eines Mannes bewegt, kann auf ihn genauso reizend wirken wie eine vollständige Entkleidung. Aber ein anständig bedeckter Körper sagt dem Mann, dass die Frau kein Interesse daran hat, seine Aufmerksamkeit auf ihren Körper zu lenken. Der Mann mag verständiger sein, als die sich unkeusch kleidende Frau und so viel Selbstbeherrschung besitzen, sein sexuelles Verlangen zu ersticken, aber eine solche Frau ist eher eine Versuchung zur Sünde für ihn, als eine Person, mit der er sich unterhalten kann.

Wenn du Gefallen daran hast, eine Quelle der Versuchung für Männer zu sein, bist du ohne Zweifel eine gottlose Frau und musst dringend Buße tun.

Jesus sagt, dass ein begehrender Mann Ehebruch MIT einer Frau begeht und nicht GEGEN sie, was heißt, dass sie für den Ehebruch mitverantwortlich ist. Frauen haben mir gesagt, sie würden ja von Gott nicht bestraft wegen der Art und Weise, wie sie sich kleiden; als ob Gott sie verfolgen und quälen müsste, bevor sie seinem Wort endlich Gehör schenken würden. Viele fühlen sich angegriffen, wenn ihre Art, sich zu kleiden, kritisiert wird. Sie sagen, sie wollen das Wort Gottes nicht so genau nehmen, obwohl Gott uns ganz klar gebietet, alle Seine Gebote, wie sie in der Bibel stehen, zu befolgen. Der Heilige Geist offenbart uns den Willen Gottes. Wenn du nicht vom Heiligen Geist im Hinblick auf deine eitle Art, dich zu kleiden, ermahnt wirst, dann bist du nicht von Gott geleitet. **„Denn alle, die sich vom Geist Gottes leiten lassen, die sind Söhne Gottes“** (Römer 8,14). Wenn du nicht nur dem Namen nach Gottes Kind bist, dann *wirst* du vom Heiligen Geist geleitet werden. Wenn du mit Gottes Leitung nicht übereinstimmst, musst du der furchtbaren Wahrheit, dass du den Geist nicht in dir wohnen hast, ins Auge schauen. **„Wer aber Christi Geist nicht hat, der gehört nicht zu ihm“** (Römer 8,9).

Gott hat uns Frauen Körper gegeben, welche von den Männern so sehr begehrt werden wie das Leben selbst. Es ist ein kostbares Geschenk, welches uns „hübsch“ und begehrenswert für DEN Ehemann macht, der Mann unserer jungen Jahre, der uns auch dann noch liebt, wenn unsere Blütezeit dahin ist und unsere Haut Krokodilsstiefeln gleicht. Wir haben eine Macht, die Männer dazu zu bringen, ihre Seelen zu verkaufen und blindlings dem Pfad zur Hölle zu folgen. Oder aber, wir benutzen diese Macht dazu, um sie zu besänftigen, zu heilen, zu betreuen und die Intimität auszuleben, wie sie zwischen Christus und seiner Braut besteht. Deshalb heißt es in dem Buch „Holy Sex“, das mein Mann geschrieben hat: „Nicht der Teufel hat das erotische Vergnügen erfunden, sondern Gott.“ Aber Gott hat im Gebrauch von Geschlechtsverkehr auch Grenzen gesetzt. Alle Bereiche unseres Lebens sind von Grenzen umgeben. Die Welt setzt uns einige Grenzen, die uns vor törichtem Handeln und manchen sündhaften Vergnügungen schützen mögen, aber sie setzt nie Grenzen, die so genau und sinnvoll sind wie Gottes Grenzen. Ich, als ältere Frau, sage euch jüngeren Frauen, dass *es Gottes*

Wille für euch ist, euch der Öffentlichkeit immer keusch gekleidet zu zeigen. Es ist euer Glaubensbekenntnis.

Und was ist mit Hosen?

Wir können dieses Thema nicht abschließen, bevor wir diese eine Frage, die immer und immer wieder gestellt wird, nicht geklärt haben. Ist es einer Frau erlaubt, Hosen zu tragen? Die Bibelstelle 5. Mose 22,5 sagt, dass es den Frauen verboten ist, Hosen zu tragen: **„Eine Frau soll nicht Männersachen tragen, und ein Mann soll nicht Frauenkleider anziehen; denn wer solches tut, der ist dem Herrn, deinem Gott, ein Gräuel."** Um diesen Vers als Verbot für Frauen, die Hose zu tragen, annehmen zu können, muss man vorher einige Unklarheiten aus dem Weg räumen. Gehören Hosen zur Männerkleidung? In welchem Vers steht das? Der Bibel nach zu urteilen, ist das übliche Kleidungsstück eines Mannes ein **Rock** oder ein **Mantel**. Siebzehnmal spricht die Bibel von Männern, die Röcke tragen wie z.B. Boas, König Saul und Aaron. Mal spricht die Bibel vom Frauenrock und mal von Gottes Rock. Sogar Gott trägt einen Rock wie auch die schottischen Männer und die römischen und griechischen Männer vor langer Zeit. Amerikanische Indianer trugen Miniröcke. Zur biblischen Zeit, soweit uns bekannt ist, sind die einzigen Menschen, die je Hosen getragen haben, östliche Frauen gewesen.

Wir möchten, dass die Bibel unsere Richtschnur bleibt, aber es besteht immer die Gefahr, dass wir etwas hineininterpretieren, das unseren persönlichen Gefühlen entspricht. Jeder, mit einem verständigen Geist, weiß, dass es in diesem Vers darum geht, Transvestismus (sich so zu kleiden, damit man wie das andere Geschlecht aussieht) zu vermeiden. Die Art der Kleidung ändert sich von Kultur zu Kultur und von Epoche zu Epoche. Männer und Frauen sollen die schöpferische Bestimmung ihres Geschlechtes nicht verdrehen oder vertuschen, denn es widerspricht der von Gott geschaffenen Ordnung. Er bestätigte Seinen Plan, einen Unterschied zwischen dem männlichen und weiblichen Geschlecht zu schaffen, mit der Beurteilung: „Es war sehr gut". **Es ist störend, wie Frauen, mit ihrer Art, sich zu kleiden, Geschlechtsunterschiede verwischen und es ist absolut ekelhaft, wenn ein Mann sich weiblich kleidet. Männer und Frauen, die sich wie das andere Geschlecht kleiden, sind**

für Gott ohne Zweifel abscheulich, weshalb er dieses Thema in Seinem Wort auch anspricht. Für Ihn ist es ein Gräuel, ein Angriff Seiner Herrschaft über die Schöpfung der Menschheit. Denke daran, wenn du deine Garderobe auswählst. **Anstand ist die Hauptregel, die das weibliche Geschlecht bezüglich des Ankleidens beachten muss.** Wenn du jemanden reizen willst, dann tue dies nur mit deinem Mann, im Privaten. Aber wenn du aus dem Schlafzimmer kommst und in die Kirche oder in ein Geschäft gehst, dann kleide dich so, wie du vor dem Gerichtsthron des Herrn erscheinen würdest.

> *Liebe Pearls,*
>
> *ich hab es satt, mir Fettleibigkeit anzuschauen. Weibliche Personen, die sich kurze Tops und Hüfthosen- oder Röcke anziehen, die ganz unten hängen, mit einer Fettrolle in der Mitte, erinnern mich an eine halb geöffnete Packung Kekse, die Verzehrfertig ist und dessen Inhalt bei sachtester Berührung herausplatzen würde. Unanständig. Ich bin ein Schweinezüchter und wenn ich diese „Keks-Frauen“ sehe, kann ich verstehen, was die Schrift mit den Schweinen, die einen goldenen Nasenring haben, meint. Sie sind etwa genauso wünschenswert wie eine meiner Säue! Pfui! Es sind nicht die Fettrollen selber, sondern vielmehr die Art und Weise, wie sie sie zur Schau stellen – so, als wären sie etwas Heißbegehrtes. Ich bin innig dankbar dafür, dass meine Frau sich wie eine Dame kleidet. Jedes Mal, wenn ich in der Stadt gewesen bin, komme ich sehr glücklich nachhause, zu einer Frau, die weiß, wie sie sich zu kleiden hat. Wenn du diesen Brief veröffentlichst, ändere bitte meinen Namen nicht, denn ich will als dankbarer Ehemann verzeichnet sein.*
>
> *Jonathan Beachy*

Schlechter Bob

Die folgende Geschichte haben wir den Beratungen zweier verschiedener Ehepaare entnommen und „Bob“ und „Lydia“ in dieser Geschichte sind ausgedachte Namen. Im Laufe unseres Beratungsdienstes haben wir sehr oft ähnliche Geschichten gehört.

Bob hatte eine Magenverstimmung und daher keinen Hunger, so beschloss die Familie, ihn an dem Hotel, wo sie übernachten wollten, abzusetzen, während sie selbst etwas essen gingen. Sein Vater erlaubte ihnen nie, im Hotel fernzusehen, aber Bob wusste, dass die Familie wohl eine Stunde ausbleiben würde und er hatte Langeweile. Die erste Szene fesselte ihn. Die Musik war sinnlich. Gefangen in seinem eigenen schockierten Schweigen, starrte er in den Kasten. Da, vor ihm, wie in einer Zeitlupe, stieg eine Frau die Treppen hoch. Alles, was er sah, war das Hinterteil der Frau, umhüllt von einem kurzen Lederrock mit einem langen Schlitz, der nach oben zeigte. Die Kamera bewegte sich langsam nach unten, ihren langen schlanken Oberschenkeln entlang, bis er ihre fersenfreien Schuhe mit hohen Absätzen sehen konnte. Dann bewegte sich die Kamera langsam wieder nach oben, entlang ihren Beinen und richtete sich auf den offenen Schlitz, während sie weiter die Treppen hoch stieg. Er beobachtete, wie sie die oberste Treppenstufe erreichte und in ein Zimmer trat; die Kamera immer noch auf ihre Beine gerichtet. Bobs Herz schlug voller Erwartung. Die sanfte Musik fing an, lauter zu werden, während die Kamera höher stieg. Ein Geräusch an der Hoteltür brachte Bob zurück in die Wirklichkeit. Er drückte den Ausschaltknopf mit einer Kraft, als wolle er die Fernbedienung zerbrechen und schleuderte sie auf der anderen Seite des Zimmers, als wäre sie eine giftige Spinne. Falscher Alarm, niemand war da. Aber schon nach nur zweiminütiger Einführung in sanfte Pornografie wird Bob nie mehr derselbe sein. Das war der erste Tag, an dem Bob masturbierte. Er war 13 Jahre alt.

Zwei Jahre später saß Bob in der Kirche, als Lydia, die Frau vom Jugendleiter, vor ihm aufstand, um mit ihrem jüngsten Kind zum Wickelraum zu gehen. Sein Mund wurde furchtbar trocken, als er auf ihr rundes Hinterteil starrte, das in einen engen Lederrock, mit einem Schlitz nach oben, gehüllt war. Ja, es stimmt, dass Lydias Rock mehrere Zoll länger war, als der, der jetzt Teil seiner Tagträume war, aber als Lydia sich bückte um ihr Kind aufzuheben, legten mehrere junge Männer ihr Gesangbuch in den Schoß. **Nachdem hasste Bob Lydia fast.** Sie war verantwortlich für seine Qualen und

Versuchungen. Die paar Sekunden von Pornografie zusammen mit dem ausgedehnten Stoff des Rockes, der in gefährliche Höhe nach oben rutschte, als Lydia sich nach vorne bückte, verursachten, dass er seinen Samen dort in der Kirche ausgoss, was einen großen, nassen Fleck auf seiner Hose hinterließ. Er wusste seine Bibel an jenem Tag nach der Kirche gut zu gebrauchen. Sie bedeckte seine Schande, als er nach der Kirche zum Fahrzeug rannte und seinen Platz auf dem hinteren Sitz einnahm. Eine Woche später schied Bob aus der Jugendgruppe aus. Sein plötzlicher Entschluss verdutzte den ernsthaften Jugendleiter und machte ihn traurig. Er ging zu Bob und fragte ihn, ob da irgendetwas sei, worüber er sprechen wolle. Bittere Galle füllte Bobs Mund, als er daran dachte, wie die Frau des Jugendleiters mit ihrem engen Rock und den hohen Absätzen langsam die Treppen zur Kirche hochstieg, genau wie die Frau im Fernsehen. Lydia, mit ihrem scheinfrommen Lächeln, konnte ihm nichts vortäuschen; wie konnte sie nur so dumm sein und nicht wissen, was sie ihm antat? Nein, er hatte nichts, worüber er reden wollte, sagte er zu Lydias gutgläubigem Ehemann.

Lydia wurde nie dessen gewahr, dass sie ihren Mann beschämt, sein Amt verletzt und einen jungen Mann dazu gebracht hatte, im bitteren Hass zu schwellen und seinen Glauben fast aufzugeben. Sie würde mir nicht geglaubt haben (oder sie würde im Stillen Gefallen daran gefunden haben, indem sie sich ihrer Schönheit rühmte), wenn ich sie zur Seite genommen hätte und ihr erklärt hätte, wie die jungen Männer in der Kirche auf sie reagierten und warum manche sie mit solcher Verachtung behandelten. Sie würde mir erklären, dass ihr Stil einfach „ihr Stil“ sei und es „denen“ an Verständnis fehle. Ich weiß dieses, weil ich schon zu vielen solchen „Lydias“ gesprochen habe.

Seit jenem Abend hatte Bob sich nie mehr Pornos angeschaut, aber sein Inneres befand sich in einem ständigen Auf und Ab und sein Kampf mit Selbstbefriedigung nahm kein Ende. Tiefausgeschnittene T-Shirts waren eine Misere für ihn. Nackte Taillen waren auch erregend, aber ein Mädchen, das lange schlanke Oberschenkel hatte und in einer kurzen Shorts oder einem kurzen Rock zu den Versammlungen kam, machten ihn unglaublich unglücklich.

Als Bob 22 Jahre alt war, traf er ein süßes, kleines Ding, ein Mädchen mit sanften warmen Augen, die ein gutes, reines Herz hatte. Sie heirateten und Bob war erleichtert, dass sein Elend endlich ein Ende hatte. Die ersten drei Jahre war sie an Sexualität sehr interessiert und er konnte vollständig genießen, was ihn in seiner Jugendzeit beschämt und frustriert hatte. Er war nun seinem alten Feind, der Lust, entkommen, die er mit seinem reinen Eheverhältnis unter Kontrolle gebracht hatte.

Aber scheinbar sollte sein Leben nicht so friedvoll weitergehen und nachdem Bob und seine Frau ihr zweites Kind bekamen, war sie nicht mehr so empfänglich für ihn im Schlafzimmer. **Ihre Entschuldigungen waren: Erschöpfung, Krankheit, die Angst, wieder schwanger zu werden, sie hatte kein Verlangen, es tat weh, weil etwas in ihr nicht richtig verheilt gewesen sei usw.** Sie wusste, dass sie ihm einmal pro Woche Geschlechtsverkehr bieten musste, aber sie war dann nur mit halbem Herzen dabei, welches die Ursache dafür war, dass er nie totale Befriedigung fand. Bob ärgerte sich über die Frauen auf der Arbeit, die sich immer sexy kleideten und versuchten, ihn zu verführen. Er schaute sie an, als wären sie krankhafte Tiere.

In der Kirche war es anders. Die Frauen in der Kirche schienen rein und verständig zu sein. Mit 25 Jahren war Bob in seiner Blütezeit und brauchte seine Frau. Gott hatte seinen Körper mit einem empfindlichen Trieb versehen, der wenigstens zwei, dreimal in der Woche Befriedigung brauchte. Er hatte sich gewisse Verhaltensweisen angeeignet, die ihm halfen, unerwarteten Versuchungen vorzubeugen. Seine Frau hatte keine Ahnung, warum er solch merkwürdigen Angewohnheiten hatte wie den Platz auszusuchen, wo sie in der Kirche sitzen sollten, aber sie folgte ihm. Lydia war für ihn kein Problem mehr. Die Jahre hatten an Lydias Hintereil und Oberschenkeln verheerenden Schaden angerichtet. Bob lächelte und sagte „Hallo", wenn sie vorbei ging. Sie versuchte immer noch, das einfältige „ich hab' doch nichts getan"-Gesicht aufzusetzen, als wüsste sie nicht, warum er sie nie gemocht hatte. Es stimmte, er mochte sie nicht und fand eine gewisse Genugtuung darin, dass es mit ihrer Schönheit vorbei war. Wenn er sie sah, erinnerte sich Bob daran, wie Lydias Mann, der Jugendleiter, eine kleine Gruppe junger, verheirateter Männer unterrichtete und ihnen erklärte, dass alle Frauen durch eine Zeit gehen, in der sie geschlechtlich total desinteressiert sind, seine Frau mit eingeschlossen und wie wichtig es sei, wachsam zu sein bezüglich der Lüste, die in dieser Zeit entstehen könnten. Damals hatte Bob Mitleid mit ihm gehabt, aber jetzt war es sein eigener kleiner Liebling, der den Wasserzapfen der süßen Liebe zugedreht hatte.

„Wachsam, ich muss wachsam sein." Bob ließ seinen Blick durch das Kirchengebäude wandern, um nach einem sicheren Sitzplatz zu suchen, als seine Frau ihn am Arm zog. „Ich möchte drüben, hinter der Chandler-Familie sitzen." Das löste bei Bob Alarm aus. Drei hohe, langbeinige, hübsche Teenagermädels, die engere, kürzere Röcke mochten, gehörten zur Chandler-Familie. Er stöhnte unwillig. Seine Frau hörte es und war beleidigt. Er wünschte, er könnte seiner Frau dieses komplizierte Schlamassel erklären, aber sie würde nur eifersüchtig werden und den Rest ihres Lebens damit verbringen, aufzupassen, wohin und zu wem sein Blick ging. Er schaute sie an, die Frau, die er von ganzem Herzen liebte und wünschte, sie wäre ein wenig verständnisvoller und würde sich nicht so schnell verletzt fühlen. **Er wünschte, sie liebte ihn auf eine Art, wie er sich wünschte, geliebt zu werden; er wünschte, sie würde seine *Gehilfin* sein, wenn er sie am Nötigsten brauchte. Er wünschte, sie hätte genug Weisheit, um taktvoll und aufmerksam zu sein und würde ihm in diesen Zeiten beistehen.** Er wünschte, sie würde nicht nur gehorchen, weil sie seine Bitte akustisch verstand, sondern, weil sie ihn genug schätzte, um ihm gehorchen zu wollen. Er wünschte, sie wusste, wie sehr er sie brauchte und dass es an ihr lag, ob ihr Mann Not leiden oder glücklich sein würde. Er erlaubte ihr, ihn in die Reihe der Versuchung zu führen. Hätte irgendjemand seine Gedanken in der Zeit, wo er hinter den Chandlers saß, lesen können, würde er verhaftet worden sein. Er wusste, er war ein „schlechter Bob", voll von Lust und Ärger, Frustration und Niederlagen. Irgendwie dachte er immer voll Bitterkeit an Lydia, wenn er sich in einer Niederlage befand: „Was für eine fette Kuh; nein, nicht Kuh, sie's ein Schwein."

Bob, Frank, Tom und euer Pfarrer

„Schlechter Bob" ist die Geschichte von tausenden solchen Bobs und Franks und Toms. Wenn du denkst, dass Bob irgendein abnormaler Verrückter ist, dann kennst du die Männer nicht. Es ist die Aufgabe eines Seelsorgers, sich ihre Geschichten und ihre Bitterkeit anzuhören. Über Jahre haben mein Mann und ich uns gewünscht, wir könnten all den jungen Frauen, die mit ihrer unzüchtigen Kleidung und ihrem unanständigen Benehmen das sexuelle Verlangen in zahlreichen jungen Männern erregen und zu einem Augen-Ehebruch verführen, diese Geschichten erzählen. „Schlechter Bob" ist da, um dich zu informieren und dich davor zu warnen, dich so wie „Lydia" zu verhalten. „Schlechter Bob" ist der gewöhnliche Typ aus deiner Gemeinde. Er ist dein Pfarrer oder der Sonntagschullehrer deiner Tochter. Er sitzt hinter dir in der Kirche oder vielleicht ist er auch derjenige, der es meidet, hinter dir und deinen Töchtern zu sitzen.

Ich bin meines Bruders Hüter

Weil Bathseba nicht sittsam war, verursachte sie großes Unglück, das Blutvergießen und Leid für viele mit sich brachte. **Ihre Sittenwidrigkeit** kostete das Leben ihres Mannes, seiner Kameraden im Krieg, ihres Sohnes und die Rechtschaffenheit eines Mannes, den Gott einen Mann nach Seinem eigenen Herzen nannte. Dadurch, dass Bathseba tat, was sie für Recht hielt, wurde ihre ganze Familie bis aufs Äußerste ruiniert; hinzu kamen Vergewaltigung, Blutschande, Rebellion und Mord. Nicht, dass David auf der Suche nach einer Frau gewesen ist. Es war Bathseba, die bei dieser Gelegenheit die Lust in ihm erregte, weil sie nicht weise gehandelt hatte, als es darum ging, sich einen geeigneten Badeort zu wählen. Ihr wunderschöner Körper löste einen Kampf zwischen seinem Fleisch und seiner Liebe zu Gott aus. Und das Fleisch siegte. Generationen hindurch wurde Bathseba als boshafte Frau bezeichnet, obwohl sie die Frau eines vornehmen Militärmannes war. Ihr fehlte es an Anstand und Einsicht und sie lebte nach ihrem eigenen Gutdünken. So manche Tragödien im Leben wären nicht passiert, wenn nur …

Dein Leben ist nicht dein eigenes. Du bist mit einem teuren Preis erkauft, mit dem Blut unseres Herrn Jesus Christus. Wir werden einmal alle unseres Fleisches Taten, auch die, die wir unbedachter Weise begangen haben, vor Gott verantworten. Denke an die Warnung in Matthäus 5,28: Die Frau ist der Grund des Ehebruches, wenn sie unsittlich vor die Augen der Männer tritt und in ihnen die Lust erregt.

Nachsinnen über ...

Rein

➢ *Das Aussehen einer guten Gehilfin*

Denke mit mir zusammen einmal über deinen letzten Besuch in der Kirche nach. Lass deine Augen in Gedanken nochmals durch den Raum wandern und erinnere dich, wie die Frauen, du eingeschlossen, angezogen waren. Jetzt lies, was Gott sagt:

„Desgleichen auch, dass sich die Frauen in schicklicher Kleidung mit Anstand und Sittlichkeit schmücken, nicht mit Haarflechten oder Gold oder Perlen oder kostbarem Gewand, sondern durch gute Werke, wie es sich für Frauen gehört, die sich zur Gottesfurcht bekennen. Eine Frau lerne in der Stille mit aller Unterordnung. Einer Frau aber gestatte ich nicht, dass sie lehrt, auch nicht, dass sie über den Mann herrscht, sondern sie soll still sein. Denn Adam wurde zuerst gemacht, danach Eva. Und Adam wurde nicht verführt, die Frau aber wurde verführt und ist in Übertretung geraten. Sie wird aber gerettet werden durch Kindergebären, wenn sie im Glauben, in der Liebe und in der Heiligung bleiben mit Sittlichkeit“ (1.Timotheus 2,9-15).

➢ *Werde stille vor Gott*

In 2. Samuel 11 lesen wir von der Geschichte von David, wie er mit Bathseba sündigte. Der letzte Vers in dem Kapitel sagt uns: **„Aber die Tat, die David getan hatte, missfiel dem Herrn.“** Lies die Geschichte in 2. Samuel 11 u. 12 und Davids Flehen nach Buße in Psalm 51. Gott will dich durch die Geschichte über das Elend der Sünde unterweisen, verändern und in dir den Wunsch erwecken, dich so anzuziehen, dass du nie einen Bruder im Herrn zum Ehebruch verleitest.

Kapitel 20

6. Hüter des Hauses sein

Titus 2,4.5: „Dass sie die jungen Frauen lehren [züchtig sein], ihren Mann und die Kinder zu lieben, besonnen zu sein, rein, häuslich, …“

[Luther Bibel 1912]

Hüter: Auf der Hut sein, überwachen, Aufseher
Haus: Platz des häuslichen Familienlebens

Der Hüter

Gott befiehlt mir als ältere Frau durch sein Wort, die jüngeren Frauen zu lehren, **Hüterinnen des Hauses** zu sein. Es ist das sechste von den acht Geboten für junge Frauen. *Es ist keine Empfehlung; es ist Gottes Wille für Ehefrauen.*

Ihr erinnert euch noch, dass ich einige Kapitel zuvor davon schrieb, wie ich Gott bat, mir zu zeigen, warum Sein Wort *verlästert* wird, wenn junge Frauen eines dieser acht Gebote übertreten. Folgendermaßen hat mir Gott Erkenntnis geschenkt:

Gleich an dem Morgen, an dem ich Gott um Weisheit bat, ging ich in mein Büro und las meine E-Mails. Ich fand einen Brief von einem jungen Mann. Ich kenne seine Frau und ihn sehr gut, weil wir oft beisammen waren. Tränen strömten über mein Gesicht, als ich die tragische Nachricht des jungen Mannes, der in völliger Hingabe auf einem Missionsfeld den Menschen das Evangelium verkündet, las. Er erzählte, wie ihr Baby, ein kleines Mädchen, belästigt worden war, sehr wahrscheinlich von jemandem mit einer furchtbaren Krankheit. Mir schien, als fragte mich Gott: „Verstehst du das Wort ‚lästern' jetzt?" Dann konnte ich verstehen, warum Gott das Wort „lästern" für alle acht Dinge auf der Liste gebrauchte. Wenn eine Mutter ihren Posten in der Familie verlässt und sich anderen Dingen, scheinen diese auch notwendiger und wichtiger zu sein, zuwendet, wird das Wort Gottes verlästert.

> Mir schien, als fragte mich Gott: „Verstehst du das Wort ‚lästern' jetzt?"

Die Tragödie dieses jungen Paares hätte genauso meine eigene Tragödie sein können. Ich weiß noch, wie ich einen Babysitter fand, der auf meine älteste Tochter aufpassen sollte, als sie etwa zwei Jahre alt war, damit ich meinen Einkauf schneller und einfacher erledigen konnte (wie töricht). Ich erinnere mich noch ganz genau, obwohl es schon 28 Jahre her ist, wie ich in das Haus ging, meine Tochter absetzte und dann in die Augen des alten Mannes, des Ehemanns der Babysitterin aufschaute. Irgendwie wurde ich ängstlich und nahm meine Tochter zurück auf den Arm und ging hinaus. Ich frage mich, ob meine Tochter mit 22 Jahren genug moralischen Mut gehabt hätte, um allein auf einer Bergspitze in Papua New Guinea zu wohnen und für einen armen Stamm zu übersetzen, wenn ich sie an jenem Tag dort bei der Babysitterin gelassen hätte (ließ *Rebekah's Diary* auf nogreaterjoy.org). Die Ewigkeit wird es zeigen. Dieses Missionarsehepaar setzte ihr Kind nicht beim Babysitter ab, um Einkäufe zu erledigen oder sich einen Film anzuschauen. Sie ließen ihr Kind für weniger als 10 Minuten dort, weil die Frau gebraucht wurde, um im „geistlichen Amt" mitzuhelfen. Das Wort Gottes bleibt dasselbe, gestern, heute und für immer und ist auch heute noch eine Anweisung für die Familie. **Der Platz einer**

jungen Mutter ist ihr Heim, um es zu hüten, es zu beschützen und die zu überwachen, die ihr anvertraut wurden. Etwas anderes zu tun, wird mit Sicherheit dazu führen, dass Gottes Wort verlästert wird. Auch wenn dein Gehorsam Gott gegenüber ohne sichtbare Folgen bliebe; dies würde nur beweisen, dass Gott geduldig ist, wie Er es mit Israel war, aber das Gericht wird ganz sicher kommen. Das Wort Gottes sagt, was wahr und recht ist. Wenn du ignorierst, was Gott sagt, indem du die Heilige Schrift ignorierst, lästerst du Sein Wort und redest schlecht davon.

Wem gehorche ich?

Aber wie ist es, wenn dein Mann dir sagt, du sollst arbeiten gehen und die Kinder in eine Kindertagesstätte oder zu einem Babysitter bringen? Es steht ja im Widerspruch zum Worte Gottes, dass du eine Hüterin deines Hauses sein sollst. Es ist Gottes Wille für eine Frau, ihren Mann zu lieben und ihm zu gehorchen und es ist auch Gottes Wille, dass sie eine Hüterin des Hauses ist. Wem gehorchst du? Hier ist es, wo ein fester Glaube und völliges Vertrauen auf Gott lebenswichtig sind. Gott kann dir eine Möglichkeit schaffen, beiden gehorchen zu können. **Das Wichtige dabei ist die Einstellung.** Wenn du ein Herz hast, das mit Hingabe den Willen deines Ehemannes tun will und ein Herz, das Gott gehorchen will, dann liegt es bei Gott, dieses Problem zu lösen. Wir werden später klären, wie man dem Mann widersprechen kann aber momentan musst du verstehen, dass, wenn du bereit bist, in allen Bereichen zu gehorchen, und dich nicht rebellisch deinem Mann oder Gott gegenüber verhältst, dein Widerspruch vermutlich besser aufgenommen wird.

Befiehl Gott deinen Weg an und sage deinem Mann, dass du tun wirst, was er sagt. Dann bringe deine Bedenken wegen der Kinder zur Sprache und zeige ihm den Schriftabschnitt, der erklärt, warum du dich in einer Zwangslage befindest. Sage ihm, dass du zur finanziellen Versorgung der Familie beitragen willst, aber auch, dass du deine Kinder beschützen und erziehen willst. Frage ihn, wie du beides tun kannst. Dein Verhalten ihm gegenüber muss Vertrauen zeigen, nicht beschuldigend oder verurteilend wirken. Keine Spur eines Ultimatums oder bevorstehender Rebellion sollte sich darin befinden. ***Vertrauen* ist das Schlüsselwort. Verlasse dich auf deines Mannes Weisheit und Führung.** Frage ihn, ob eine Möglichkeit für dich besteht, zu Hause zu bleiben und mit den Kindern zusammen eine Arbeit zu tun, die das Einkommen erhöhen würde. Frage ihn, ob es eine Möglichkeit gibt, die Ausgaben für den Alltag einzuschränken, damit die Familie mit seinem Lohn allein auskommen könnte. Bitte um eine Probezeit. Zeige ihm, dass du unnötige Ausgaben vermeiden kannst. Kaufe in Gebrauchtwarengeschäften ein. Sucht eine günstigere Wohnung, falls es notwendig ist. Versucht, mit einem Auto weniger auszukommen. Kauft keine neuen Möbel. Wenn der Kühlschrank nicht mehr funktioniert, sucht nach Anzeigen und kauft einen gebrauchten. Verzichtet auf teuren Urlaub. Benutzt eure Ferienzeit, um mit der ganzen Familie das Haus anzustreichen, anstatt jemanden dafür einzustellen. Bitte eine ältere Freundin, dir zu zeigen, wo du an Geld sparen könntest.

Die meisten Männer würden es ihren Frauen erlauben, zu Hause zu bleiben, wenn die Frau es beweisen könnte, dass es ihr inniger, vom Geist geleiteter Wunsch ist, Gott in dem Bereich der Kindererziehung gehorsam zu sein **und wenn sie lernen würde, sparsamer zu sein und sich mit Wenigem zu begnügen.** Bete und bitte Gott, deines Mannes Herz und eure finanzielle Lage zu verändern. Stell dich auf eine radikale Veränderung eures Lebensstils ein. Gott wird ein vertrauendes Herz aus der Not retten.

Das Heim wegen Telefon, E-Mail und Chatrooms verlassen

„So will ich nun, dass die jüngeren Witwen heiraten, Kinder gebären, den Haushalt führen und dem Widersacher keinen Anlass zur Schmähung geben“ (1.Timotheus 5,14).

Diesem Verse nach ist es Gottes Wille für Frauen, **Haushälterinnen** zu sein und dem Satan **keine Gelegenheit** geben, Schande über die Familie zu bringen. Im vorigen Vers schreibt Paulus, was die jungen Frauen taten, um es Satan zu ermöglichen, die Familie zu beschämen. **„Daneben sind sie auch faul und lernen, in den Häusern umherzulaufen; sie sind aber nicht nur faul, sondern auch geschwätzig und vorwitzig, indem sie reden, was sich nicht gehört.“**

Die Summe ihrer Sünde war, **faul**, anstatt fleißig zu sein, indem sie von **Haus zu**

Haus liefen (von einem Telefonanruf zum anderen), **geschwätzig** waren (nur über Menschen redeten) und alles weitergaben, was sie gehört hatten und ihr „gerechtes" Urteil über jedermanns Handeln bekannt gaben. Die Schrift befiehlt jungen Frauen, Haushälterinnen zu sein, weil sie eine natürliche Neigung dazu haben, herumzulungern und nichts anderes zu tun, als Unterhaltung zu suchen.

Moderne Erfindungen haben Frauen eine Möglichkeit zur Verfügung gestellt, zuhause zu bleiben und **trotzdem nicht Hüter des Hauses zu sein**. Wir können körperlich zuhause sein, während wir im Geiste, per Telefon oder Computer, herumreisen. Du kannst nicht gleichzeitig dein und jedermanns Haus hüten. Viele Gemeinden und Einzelpersonen wurden mehr durch den Strickapparat, das Telefon und jetzt den Computer vernichtet, als durch irgendwelche andere Mittel. **„Eine tüchtige Frau ist eine Krone ihres Mannes; aber eine böse ist wie Eiter in seinem Gebein"** (Sprüche 12,4).

„Haushälterinnen sein" bedeutet mehr, als nur zu Hause bleiben; es bedeutet, ein Herz zu haben, das auf das Heim gerichtet ist. Eine Gehilfin zeigt kreative Unternehmungslust, die ihre Kinder herausfordert und anspornt. Sie bewahrt ihr Heim vor äußeren Einflüssen und ist immer darauf bedacht, ihre Kinder vor deren eigenen bösen Erfindungen zu bewahren. *Weder sie noch ihre Kinder sind faul.* Sie macht ihrem Mann das Leben leichter, indem sie den Flur anstreicht und den Rasen mäht. Sie ist genügsam in allen ihren Bestrebungen und lehrt die Kinder, dem Vater mit Freude zu dienen. Sie erhält ihr zu Hause so, dass es ein Heiligtum des Friedens, der Liebe und der Ordnung ist, wenn Vater heimkommt.

Eine wahre Gehilfin macht sich für ihren Mann brauchbar, anstatt ihre Zeit zu verschwenden. ☺

> Die Summe ihrer Sünde war, faul, anstatt fleißig zu sein, indem sie von Haus zu Haus liefen (von einem Telefonanruf zum anderen), geschwätzig waren (nur über Menschen redeten) und Dinge erzählten, die sie nicht hätten erzählen sollen.

NACHSINNEN ÜBER ...

Hüter des Hauses sein

➢ *Eigenschaften einer guten Gehilfin*

- Eine gute Gehilfin findet man daheim.
- Sie nimmt ihre Verantwortung ernst.
- Sie schützt ihre Kinder in dem Zufluchtsort, in welchen Gott sie gestellt hat.
- Eine Gehilfin fürchtet sich davor, das Wort Gottes zu lästern. Sie weiß, dass man das, was man sät, auch ernten wird.
- Eine gute Gehilfin ist der Schutzengel ihrer Kinder hier auf Erden, indem sie zuhause ist.
- Eine gute Gehilfin verbringt ihre Zeit daheim und schafft einen reinen und angenehmen Hafen.

Suche in der Bibel einmal nach dem Wort „lästern". Es kommt zehnmal im Worte Gottes vor. Es ist etwas Furchtbares, zu lästern. Lies diese Verse und bitte Gott, dich die Furcht davor zu lehren, schuldig an Seinem Wort zu werden, dadurch, dass du die acht Aufforderungen, die den jungen Frauen in Titus 2 gegeben wird, nicht gehorchst und somit Sein Wort verlästerst.

➢ *Gastfreundschaft*

Gastfreundschaft ist eine Art, anderen zu dienen. Viermal ermahnt Gott uns in Seinem Wort, Gastfreundschaft, als einen Dienst an andere, auszuüben. Schlage die vier Verse in der Bibel nach, die von Gastfreundschaft sprechen und suche nach Wegen, anderen Gastfreundschaft zu erweisen.

„Seid gastfreundlich zueinander ohne Murren" (1.Petrus 4,9).

Kapitel 21

7. Gütig

Titus 2,4.5: „Dass sie die jungen Frauen lehren [züchtig sein], ihren Mann und die Kinder zu lieben, besonnen zu sein, rein, häuslich, gütig, …" [Luther Bibel 1912]

Eine **gütige** Frau ist aufrichtig, freudig, tugendhaft, nützlich, tüchtig, in Bereitschaft, sanft, gutmütig, gnädig, fleißig, angenehm, erfreulich, sympathisch, ehrenhaft, treu, barmherzig und weise.

Güte ist, wie Güte tut

James Hamilton beschreibt Güte wie folgt: „Güte ist Liebe in der Tat, Liebe mit der Hand am Pflug, Liebe mit der Last auf der Schulter. Güte ist Liebe, die den Kranken Medizin und den Hungernden Nahrung bringt. Güte ist Liebe, die den Blinden aus der Bibel vorliest und dem Schwerverbrecher in seiner Zelle das Evangelium erklärt. Güte ist Liebe zur Sonntagsschule, zur Schule oder zur Mission im fernen Land – wann auch immer und was auch immer, es ist dieselbe Liebe, die den Fußstapfen dessen folgt, der stets Gutes tat." Hamilton geht es hier um die Mahnung, die wir in Titus 3,14 finden: **„Lass aber auch die Unseren lernen, sich eifrig zu erzeigen in guten Werken, wo sie nötig sind, damit sie nicht ohne Frucht des Glaubens sind."** Eine Person ist das, was sie tut.

Die Krone

> **„Eine tüchtige Frau ist eine Krone ihres Mannes; aber eine böse ist wie Eiter in seinem Gebein"** (Sprüche 12,4).

Eine weise Frau ist ihrem Mann eine Krone. Sie kann erreichen, dass ein unbedeutender Mann genauso verehrt wird wie einer, der eine Krone trägt.

- Eine weise Frau mag mit einem Mann verheiratet sein, der faul ist oder einfach wenig Geld verdient. Doch weil sie eine weise Einkäuferin ist und nicht sinnlos Geld verschwendet durch Restaurantbesuche oder andere teure Vergnügungen und weil sie eine Hüterin des Hauses ist, schafft sie es, dass sein „bisschen Geld" für alles reicht. Infolgedessen erscheint er weiser und reicher, als er wirklich ist und kommt dadurch zu Ehren.
- Eine weise Frau kann mit einem Mann verheiratet sein, der kein aufmerksamer Vater oder geduldiger Erzieher der Kinder ist. Dennoch entehrt eine gute Frau ihn nie. Wenn Leute ihre Kinder sehen, nehmen sie an, dass deren Vater ein guter Mann sein muss, weil die Kinder so wohl geraten sind.
- Eine weise Frau könnte einen Mann geheiratet haben, der ein schlechtes Vorbild als Vater und Ehemann ist. Er mag selbstsüchtig und ichbezogen, womöglich nicht einmal aufrichtig sein, doch weil sie sich unterordnet und ihn ehrt, behandelt er sie mit Liebenswürdigkeit. Die Leute sehen deren Verhältnis zueinander und denken, er sei ein guter Mann, weil er eine weise Frau hat und sie miteinander glücklich zu sein scheinen.

Wahrscheinlich fragst du dich jetzt: „Warum sollte die Frau sich das antun und einen faulen, ungeduldigen, selbstsüchtigen Mann als gut vor anderen erscheinen lassen?" Warum sollte sie nicht? **Indem sie die Krone ihres Mannes ist, zieht sie Kin-**

der heran, die sie mit Respekt behandeln werden. Wenn sie zu Teenagern heranwachsen, werden sie erkennen, dass ihr Vater nicht das ist, was er eigentlich sein sollte, aber sie werden ihn ehren, weil ihre Mutter ihnen darin ein Vorbild gewesen ist. **Indem sie die Krone ihres Mannes ist, gewinnt sie seine Liebe und Wertschätzung** und wird von ihm besser behandelt, als wenn sie sich gegen ihn auflehnt. Und **durch ihren weisen Umgang** mit dem spärlichen Einkommen, das ihr gegeben wird, **schafft sie ein behagliches Heim, in dem sich ihre Familie wohl fühlt**. Das endgültige Ergebnis ist, **dass sie genau das tut, wovon Gott gesagt hat, dass das ihren Mann dazu bringen wird, zu Ihm zu kommen.** Und vor allem ehrt sie Gott, weil sie ihren Stand als Gehilfin einnimmt. Am Ende werden die Menschen, die sie kennen, auch die Wahrheit kennen.

Die Jo-Jo-Frau

„… aber eine böse ist wie Eiter in seinem Gebein“ (Sprüche 12,4).

- **Eine Jo-Jo-Frau** ist eine Frau, die ihres Mannes bescheidenes Einkommen ausgibt, fünf Dollar hier und zehn Dollar dort, für Dinge, die **keinen dauerhaften Bestand** haben. Am Ende des Tages heißt es: „Ich bin zu müde zum Kochen“ oder „ zu Hause ist nichts zu Essen“, weshalb sie zum Essen ausgehen will. Nie scheint genug Geld da zu sein, um mit etwas voranzukommen. Er scheint ein armer Mann zu sein und sie lässt ihn den Mangel jeden Cents spüren. Er ist entmutigt, denn egal wie viel er verdient, es scheint nie zu reichen. Wenn es scheint, dass sie endlich ein klein wenig vorwärtskommen, frisst ein Urlaub oder ein neues Möbelstück, das sie gekauft hat, die Vorräte wieder auf. Andere sehen ihn als einen Verlierer. Anstatt ihm eine Krone zu sein, bringt sie Schande über ihn und ist wie Eiter in seinem Gebein.
- **Eine Jo-Jo-Frau** kann auch mit einem Mann verheiratet sein, der ein aufmerksamer Vater und geduldiger Erzieher der Kinder ist. Doch weil **sie tagsüber unterwegs sein will**, während er arbeitet, bleiben seine Kinder beim Babysitter. Gottes Wort wird somit verlästert, dadurch, dass sie keine Hüterin des Hauses ist und die Möglichkeit zulässt, dass böse Saat in die Herzen ihrer Kinder gestreut werden kann, die einst bittere Ernte für beide einbringen wird. Wenn die Kinder

dann „irre gehen“, werden die Menschen sagen: „Nun, *er* hat wohl etwas falsch gemacht“. Diese Frau wird auch Schande und große Traurigkeit über ihren Mann bringen. Es ist wie ein Jo-Jo-Effekt: Mit jedem Schritt, den er vorwärts geht, wird er wieder zurückgezerrt.

- **Manche Jo-Jo-Frauen** haben pflichtbewusste Männer geheiratet, doch weil die Frauen mit der Zeit oder den Gegenständen anderer Leute unverantwortlich umgehen, sind sie beide nicht hoch angesehen. Der Mann wird nach den Taten seiner Frau beurteilt, aber selten wird auf eine Frau wegen der Taten ihres Mannes herabgeschaut. Er weiß, dass etwas falsch ist und verbringt sein Leben damit, zerbrochene Vorstellungen und Verhältnisse zu reparieren und kommt nie weiter. Er liebt sie und dennoch ist sie wie Eiter in seinem Gebein.

Obzwar eine **gute Frau** einen schlechten Ehemann in besserem Licht erscheinen lassen kann, kann aber ein guter Ehemann die Fehler seiner Frau nicht ausbügeln und der Familie einen guten Ruf verschaffen. Ein Mann, der eine solche Frau geheiratet hat, wird oft zum lebenslänglichen Verlierer, egal wie mutig er versucht, zu gewinnen. Anfangs hat er noch Hoffnung, aber mit der Zeit beginnt er, Eiter in seinem Gebein zu spüren und Verzweiflung verzehrt all diese Hoffnung.

Die bequeme Dame

- „Ich gebe zu, dass ich teure Fertigprodukte kaufe, die ungesund sind, aber wenigstens gehen wir nicht immer zum Essen aus“.
- „Ich streune nicht herum und setze meine Kinder beim Babysitter ab, aber hin und wieder setze ich sie vor den Fernseher, damit ich meinen Roman lesen kann, anstatt sie zu lehren, wie man kocht oder Puppenkleider näht.“ **„... aber ein Junge, der sich selbst überlassen ist, macht seiner Mutter Schande“** (Sprüche 29,15).
- „Ich würde nicht wagen, zu lügen und ich glaube, es ist falsch, wenn Menschen mich dessen beschuldigen, dass ich meine Zeit damit verschwende würde, am Telefon zu plaudern oder vor dem Computer zu sitzen.“

Eine weise Frau ist verständig

Gott sagt uns in Sprüche 19,14: **„... eine vernünftige Frau kommt vom HERRN.“**

> *Liebe Frau Pearl,*
>
> *ich bin müde und entmutigt. Ich habe das Gefühl, mein Mann kommt seinen Pflichten als Familienvater nicht nach und liebt mich nicht. Das Haus fällt auseinander. Der Hof ist voller Abfall. Zu allem Überfluss tropft auch noch das Waschbecken so sehr, dass der Boden darunter immerzu nass ist. Er ist sofort bereit, zu helfen, wenn ihn jemand anders darum bittet, aber hier zuhause etwas zu erledigen, ist für ihn unmöglich. Gestern Abend hatten wir eine große Auseinandersetzung wegen des Fliegengitters vor der Eingangstür. Es hat ein großes Loch und ich bat ihn schon vor Monaten, es zu reparieren, doch es ist bis jetzt noch nicht geschehen. Dann rief irgendeine alte Frau an, weil sie Hilfe beim Starten ihres Autos brauchte und er war sofort auf und davon, um ihr zu helfen. Was ist bloß los mit ihm? Warum sieht er nicht ein, dass zuerst die Familie kommt? Was soll ich tun?*
>
> *Vicky*

Liebe Vicky,

bevor ich deine Fragen beantworte, möchte ich, dass du dich selbst prüfst, indem du folgende Fragen beantwortest.

Ein Dumme-Gans-Test

- Bevorzugst du nicht den natürlichen Heilungsprozess?
- Hast du dich darüber informiert, wie sich Impfungen auf die Gesundheit deines Kindes auswirken können?
- Hast du einmal überlegt, was gekauftes Müsli alles enthält?
- Bringen finanzielle Angelegenheiten dich durcheinander oder langweilen sie dich gar?
- Begnügst du dich damit, dass du dich in der Welt der Hollywoodstars auskennst und es dir nichts ausmacht, wer das Schicksal und die Zukunft deiner Kinder bestimmt?

- Liest du lieber Romane und findest dagegen Bücher, die praktische Kenntnisse vermitteln, öde?
- Hast du je das Öl in deinem Auto überprüft?
- Kannst du mit Hammer, Säge, Bandmaß und Schraubenzieher umgehen?

Nun, bist du eine Dumme Gans? Du fragst, was das mit deinem faulen Ehemann zu tun hat? Mehr als du denkst!

Vicky, du fragtest mich: „Was soll ich tun?" Du solltest von deinem bequemen Stuhl aufstehen und lernen, praktische Arbeiten zu verrichten. **Jede gute Frau sollte fähig sein, ein Fliegengitter zu reparieren.** Rohrleitungen wieder instand zu setzen, ist auch nicht so schwer. Ich habe im Winter selbst mehrere zerbrochene Rohre wieder in Ordnung gebracht und mindestens zwei Toiletten ausgetauscht. Es gibt so manche gute Bücher in der Bibliothek, die dir in solchen Sachen eine Hilfe sein können. Wenn ein Mann es tun kann, warum könnte eine Frau es dann nicht? Es braucht keine große Anstrengung. Du bist doch die Hüterin des Hauses, stimmt's? Der Hof gehört sicherlich nicht zu seiner Aufgabe. Stehe vom Sofa auf, gehe mit den Kindern nach draußen und fangt an, den Hof zu säubern. Du wirst erstaunt darüber sein, wie positiv sich das auf die Erziehung der Kinder auswirken wird und dein Mann wird es schätzen, dass du mal etwas Initiative zeigst.

Außerdem versäumst du viele wunderbare Gelegenheiten, den Kindern praktische Dinge beizubringen, so wie du es auch unterlässt, sie mit charakterbildenden Erfahrungen zu versorgen. Beginnt mit einer Arbeit am Haus, bei der du den Kindern jeden Schritt erklärst. Lass sie das machen, wozu sie fähig sind. Habt Spaß dabei!

Ein Mann arbeitet den ganzen Tag und kommt nach Hause zu einem schmutzigen Hof, einem unordentlich geführten Haushalt, einem tropfenden Waschbecken und einer faulen, nörgelnden Frau. Er sieht die sich angehäufte Arbeit, die verrichtet werden muss und fühlt sich einfach überfordert angesichts der Tatsache, dass er die ganze Last scheinbar allein tragen muss. Ihm kommt es vor, als ob er durch die Heirat zu einem Sklaven wurde. Er hat keine Gehilfin, die die Last mit ihm teilt; er hat als Frau einen griesgrämigen, anspruchsvollen Blutegel, der ihn vollständig aussaugt. Deshalb lässt er alles stehen und liegen, um einer kleinen alten Frau aus der Not zu helfen, wenn sie ruft. Sie wird ihn freundlich anlächeln und ihm sagen, wie sehr sie ihn achtet. Wenn er ihr Auto wieder zum Laufen gebracht hat, wird eine Arbeit verrichtet sein und er selbst würde sich gut fühlen. Wäre er zuhause geblieben und hätte das Gitter in Ordnung gebracht, würde das Waschbecken immer noch tropfen und du würdest immer noch unglücklich sein.

Er wurde nicht geschaffen, um dein Diener zu sein. Du wurdest geschaffen, um seine Helferin zu sein; das musst du verstehen. Lerne, dich selbst nützlich zu machen. Ich habe festgestellt, dass, wenn mir eine Aufgabe mal zu schwer erschien und ich sie trotzdem in Angriff nahm, mein Mann dann früher oder später erkannte, dass sie mir über den Kopf stieg und sofort einsprang, um die Arbeit für mich zu Ende zu bringen. Anschließend hat er damit geprahlt, wie klug er sei und dabei nicht einmal gemerkt, dass ich ihn eigentlich zu der Aufgabe motiviert hatte.

-Debi

Eine gute Frau ist mit Weisheit gekrönt

Eine gute Frau hat viel, was sie der Ehe bieten kann. Ein Mann ist weiser und erfolgreicher in seinen Bemühungen, weil seine Frau eine Menge nützliche Informationen und viel harte Arbeit in die Lebensgemeinschaft miteinbringt. Gott sagt uns, dass eine verständige Frau von Ihm kommt.

„Die Unverständigen erben Torheit; aber es ist die Krone der Klugen, einsichtig zu handeln“ (Sprüche 14,18). Verständig sein bedeutet, in der Weisheit zu wachsen. Es erfordert ein gewisses Maß an Anstrengung, etwas Neues zu lernen und von deinen Informationen oder deiner Fähigkeit sinnvoll Gebrauch zu machen, egal ob dir die neu erlernte Tätigkeit Freude bereitet oder nicht.

In Sprüche 18,15 beschreibt Gott die Eigenschaft der Verständigen: **„Ein verständiges Herz erwirbt Erkenntnis; und das Ohr der Weisen sucht Erkenntnis.“**

„Ein Verständiger wird als weiser Mann gerühmt, und liebliche Reden sind gute Lehre“ (Sprüche 16,21). An diesem Vers gefällt mir besonders der Ausdruck „ein verständiges Herz“. Wir haben schon über die Weisheit gesprochen und wissen, dass Weisheit mit Gottesfurcht hinsichtlich der Folgen unserer Taten beginnt. Furcht lenkt unsere Aufmerksamkeit auf das, was Gott sagt, da wir wissen, dass Gott es durchaus ernst meint, sowohl mit Seinen Segnungen, als auch mit Seinen Verfluchungen.

Gott hat Gefallen daran, wenn wir unsere Kenntnisse erweitern. Er nennt es, verständig zu sein. Zu lernen, gesunde kostengünstige Mahlzeiten zu kochen, ist eine gute Sache und würde uns zweifellos als „fähige Frau" kennzeichnen. Zu lernen, wie wir unsere Kinder auf natürliche Art, mit Hausmitteln, gesund pflegen können, anstatt sie zum Arzt zu bringen (welches hohe Arztrechnungen und auch ein unnötiges Risiko bedeuten kann), wäre eine gute Sache und würde uns ebenfalls zu einer fähigen Frau machen.

Eine gute Frau ist eine verständige Frau

Bedenke folgendes:

- Eine verständige Frau ist nicht dumm.
- Eine verständige Frau ist nicht faul.
- Eine verständige Frau verschwendet ihre Zeit nicht.
- Eine verständige Frau ist eine Schülerin.

Männer schätzen arbeitsame Frauen, die gerne neue Dinge lernen. Kein Mann will eine langsame, unfähige Frau am Hals haben. Ich habe oft meine Söhne mit deren Freunden darüber sprechen hören, was für eine Art Ehefrau sie sich wünschen würden. Sie stimmten alle darin überein, dass sie keine nichtsnutzige Klatschtante heiraten wollten. Kein junger Mann will ein „faules, geschwätziges, ‚Lass uns essen gehen' – Mädel."

Alle Männer sind sich in diesem Punkt einig: **Eine gute Frau ist eine Helferin, kein Hindernis.** Eine Gehilfin arbeitet, lernt dazu und hilft, die täglichen Aufgaben des Lebens zu bewältigen. Wenn ein Mann von der Arbeit nach Hause kommt, sollte eine spürbare Veränderung an seinem Haus, seinen Kindern, seinem Essen und sogar seinem Einkommen, das sie half zu erwerben, zu erkennen sein. Er weiß, dass seine Frau etwas zustande bringt, etwas leistet und nicht nur ein „feg-den-Boden und spül-das-Geschirr-Mädel" ist. Sie ist eine wahre Unternehmerin, jemand, der die Initiative ergreift.

Vielleicht hast du mal gehört, wie ein Mann über einen anderen sagte: „Er hat eine gute Frau." Solltest du den Mann bitten, die Frau zu beschreiben, welche er als *gut* bezeichnet hatte, würde er sie genauso ausmalen, wie sie Sprüche 31 dargestellt wird.

Es ist der allgemeingültige Plan dessen, wie eine Frau, die Gott verehren will, ihr Leben gestalten soll. Es ist die Art Frau, die ein Mann am meisten schätzt.

Eine gute Frau ist tugendhaft

Sprüche 31 ist die Niederschrift eines König, der sich auf einige wichtige Dinge, die ihn seine Mutter gelehrt hatte, besann. Er nannte diese Weisheit: **„die Weissagung, die ihn seine Mutter lehrte."** Seine Mutter ermahnte ihn, bestimmten lüsternen Frauen fernzubleiben. Sie warnte ihn vor dem Übel des Alkohols und erklärte ihm, dass dieser das Urteilsvermögen eines Königs negativ beeinflussen würde. Sie ermutigte ihn, für den Mann zu sprechen, der nicht für sich selbst sprechen kann und sich für die Armen und Notleidenden einzusetzen. Dann brachte seine Mutter ihr Anliegen, dass er eine gute Frau finden möge, zum Ausdruck. Sie begann mit der Aussage, dass eine tugendhafte Frau selten und wertvoll ist. Und damit er wisse, wonach er zu schauen hatte, beschrieb sie ausführlich, wie eine wirklich gute Frau ihre Zeit verbringt und was sie leistet. Es war, als ob sie ihrem Sohn, der bald König werden sollte, sagte: „Du wirst sie erkennen, Sohn, in dem, was sie TUT."

Eine gute Frau ist eine handelnde Frau

Alle Schlüsselworte in Sprüche 31 sind **Tätigkeitsworte**. Sie ist eine kreative Händlerin. Sie ist eine Arbeiterin. Fast jeder Vers spricht von alltäglichen Hausarbeiten oder einer neuen, anspruchsvollen Aufgabe, die sie in Angriff nimmt. Niemand, nicht einmal ihr Feind, würde diese Frau als faul oder träge bezeichnen. Sie verrichtet ihre Arbeit gewissenhaft, wenn sie ihr Freude macht, aber auch dann, wenn ihr gar nicht nach arbeiten zumute ist. Am Ende ist es die Arbeit der Frau, die von ihrem Wert spricht.

Am Ende ist es die Arbeit der Frau, die von ihrem Wert spricht.

Wonach urteilt Gott, wenn Er eine Frau als *gut* und die andere als schlecht beschreibt? Das Gegenteil von Fleiß ist Faulheit und **„wer lässig ist in seiner Arbeit,**

ist ein Bruder dessen, der das Seine durchbringt“ (Sprüche 18,9). Einer, der „das Seine durchbringt“, ist ein Verschwender und damit ein Verlierer. Eine faule Frau ist eine Verschwenderin, weil sie sich nicht zur rechten Zeit um Dinge kümmert, die Priorität haben, weshalb ihr Eigentum dann Schaden nimmt. Eine faule Frau verschwendet ihre und oft auch die Zeit ihrer Freunde. Eine faule Frau schiebt ihre Arbeit auf und sagt, sie könne auch morgen getan werden. Gott entschied sich, das Bild einer tugendhaften Frau in Seinem Wort einzusetzen, damit wir sie klar erkennen können, wenn wir ihr begegnen. Diese gute Frau, von der Gott sagt, sie sei köstlicher als Perlen, ist keine gewöhnliche Frau; sie wird als eine fleißige **Arbeiterin** beschrieben.

Eine tugendhafte Frau verbringt ihre Zeit mit sinnvollen Tätigkeiten. Sie erkundigt sich über wirtschaftliche Angelegenheiten. Sie spart Geld, erwirbt Geld und investiert Geld. Ich begann, diese Frau zu bewundern, als ich mich mit ihren alltäglichen Aufgaben befasste. Ich hielt inne und fragte mich selbst immer wieder: „Was kann ich tun, um eine aktivere Gehilfin meines Mann zu werden?“

Eine gute Frau ist kein Tor

Nachdem du dies gelesen hast, entschließe dich bloß nicht, ins Internet zu gehen und im Wert von $100,000 einen Vorrat einzukaufen im Namen einer guten Frau. Du würdest dich als einen Narren, anstatt als eine weise, tugendhafte Frau erweisen. Denke auch nicht, dass du jetzt für $40 Stoff kaufen musst, um nähen zu lernen oder im Wert von $170 Pflegeprodukte erwerben musst, um sie dann einzeln verkaufen zu können. Sei weise und verständig und denke als Erstes an deines Mannes Wünsche, deine Möglichkeiten und deine Gaben. Erinnerst du dich an den Brief von Vicky? Sie hätte ihren Hof säubern, das Gitter in Ordnung bringen und das tropfende Waschbecken reparieren können. Abgesehen von ihrer Arbeit würde es sie nichts gekostet haben. Ich schlage vor, dass wir alle, um „gut“ sein, mit Dingen anfangen, die mehr praktisch als glamourös sind.

Eigenschaften einer guten Frau

(Sprüche 31,10-31)

Vers 10 – Eine gute Frau, wie sie hier beschrieben wird, ist sehr wertvoll. Solche Frauen wie sie sind selten.

„Wem eine tüchtige Frau beschert ist – die ist viel edler als die köstlichsten Perlen.“

Schlüsselwörter: ***viel edler***

Selten, außergewöhnlich, ungewohnt gut, einzigartig, kostbar, unvergleichlich.

Vers 11 – Eine gute Frau ist ehrenhaft, treu und sittsam. Sie sagt und tut nichts hinter ihres Mannes Rücken.

„Das Herz ihres Mannes kann sich auf sie verlassen, und an Nahrung wird es ihm nicht fehlen.“

Schlüsselwörter: ***kann sich verlassen***

Vertrauenswürdig, zuverlässig, erweckt Vertrauen, verlässlich, aufrichtig, lobenswert.

Vers 12 – Eine gute Frau ist vertrauenswürdig, ehrlich und weise. Sie ist nicht mal feindselig und mal liebenswürdig. Sie ist jeden Tag gut zu ihm.

„Sie tut ihm Liebes und kein Leid ihr Leben lang.“

Schlüsselwort: ***tut***

Beständig in ihrer Liebe, unerschütterlich, standhaft, gewissenhaft, dauerhaft, unveränderlich, treu.

Vers 13 – Eine gute Frau ist willig, eifrig, tüchtig. Sie SUCHT nach Aufgaben, mit denen sie ihrer Familie zum Vorteil ist.

„Sie geht mit Wolle und Flachs um und arbeitet gern mit ihren Händen.“

Schlüsselwörter: ***geht um, arbeitet gern***

Arbeitsam, fleißig, beschäftigt, tüchtig, geduldig.

Vers 14 – Eine gute Frau ist verständig. Sie ist eine fähige, weise Käuferin.

„Sie ist wie ein Kaufmannsschiff, das seine Nahrung von fern herbeibringt.“

Schlüsselwörter: ***ist wie, herbeibringt***

Genügsam, nicht verschwenderisch, sparsam und gut verwaltend.

Vers 15 – Eine gute Frau steht früh auf und bedient andere.

„Sie steht vor Tagesbeginn auf und gibt ihrem Hause die Speise und ihren Dienerinnen ihr Essen."

Schlüsselwörter: ***steht auf, gibt***

Initiativ, tatkräftig

Vers 16 – Eine gute Frau ist unternehmungslustig. Sie kauft ein Grundstück, pflanzt eine Bargeld-Saat und vermehrt ihre Erträge. Sie hat nicht Angst, ihre Hände zu beschmutzen.

„Sie denkt über einen Acker nach und kauft ihn und pflanzt einen Weinberg von den Früchten ihrer Hände."

Schlüsselwörter: ***denkt, kauft und pflanzt***

Unternehmungslustig, wagemutig, dennoch vorsichtig, einfallsreich.

Vers 17 – Eine gute Frau verrichtet physische Arbeit und ist somit stark.

„Sie gürtet ihre Lenden mit Kraft und stärkt ihre Arme."

Schlüsselwörter: ***gürtet, stärkt.***

Physisch stark, arbeitet hart.

Vers 18 – Eine gute Frau ist fähig; sie begutachtet ihre Arbeit und ist zufrieden darüber, dass sie ihr gelungen ist. Sie ist zuverlässig.

„Sie merkt, wie ihr Handel Gewinn bringt; ihre Lampe verlischt auch nachts nicht."

Schlüsselwörter: ***merkt***

Bereit, viele Stunden zu arbeiten.

Vers 19 – Eine gute Frau ist bereit, sich stets wiederholende, langweilige Arbeit zu tun.

„Sie streckt ihre Hand nach der Spinnrolle aus, und ihre Finger fassen die Spindel."

Schlüsselwörter: ***streckt, fassen***

Bereit, eintönige Arbeit zu tun.

Vers 20 – Eine gute Frau ist gütig; sie gibt denen, die in Not sind.

„Sie breitet ihre Hände zum Armen aus und reicht dem Bedürftigen ihre Hand."

Schlüsselwörter: ***breitet, reicht***

Mitleidig, gnädig, großzügig, die Bedrängnisse und Leiden anderer gehen ihr zu Herzen.

Vers 21 – Eine gute Frau ist selbstsicher darin, wie sie ihren Haushalt führt. Dieser ist wohl ausgestattet dank ihrer Organisation und harten Arbeit. Sie wartet nicht bis zur letzten Minute mit dem Zubereiten der Mahlzeit. Eine gute Frau plant und bereitet im Voraus.

„Sie fürchtet für ihr Haus nicht den Schnee; denn ihr ganzes Haus hat zweifache Kleidung."

Schlüsselwörter: ***fürchtet nicht***

Sie ist auf die Zukunft vorbereitet.

Vers 22 – Eine gute Frau ist ein Handwerker. Sie erstellt geschickt wunderschöne Wandteppiche und Bettbezüge für ihr Haus sowie hübsche Kleider für sich selbst.

„Sie macht sich selbst Decken; feines Leinen und Purpur ist ihr Kleid."

Schlüsselwörter: ***macht***

Beherrscht die Gabe der Handarbeit und des Nähens, entwirft schöne Kleider.

Vers 23 – Der Mann einer guten Frau hat die Zeit und Ehre, ein Herrscher zu sein. Sie erweist ihrem Mann dadurch Ehre, dass sie über seinen Herrschaftsbereich hütet.

„Ihr Mann ist bekannt in den Toren, wenn er bei den Ältesten des Landes sitzt."

Schlüsselwörter: ***ist bekannt, sitzt***

Ihre Unterstützung half ihm, diese Stellung einzunehmen.

Vers 24 – Eine gute Frau ist eine Kauffrau. Sie erstellt, verkauft und liefert Waren guter Qualität ab.

„Sie macht einen Rock und verkauft ihn; einen Gürtel gibt sie dem Händler."

Schlüsselwörter: ***macht, verkauft, gibt***

Sie organisiert, verwaltet, überlässt ihre Arbeit nicht anderen.

Vers 25 – Eine gute Frau ist bekannt für ihre Ehre und Charakterstärke. Ihre harte Arbeit und gute Einstellung wird hohen Gewinn einbringen.

„Kraft und Hoheit sind ihr Gewand, und sie lacht dem kommenden Tag entgegen."

Schlüsselwörter: ***sie lacht***

Nicht durch Umstände beeinflussbar oder verstimmt, beständig, tapfer.

Vers 26 – Eine gute Frau lernt dazu und teilt ihre Weisheit und Kenntnisse mit anderen, mit dem Ziel, ihnen zu helfen. Sie nutzt ihre Information auf eine angenehme und freundliche Weise.

„Sie tut ihren Mund auf mit Weisheit, und auf ihrer Zunge ist freundliche Belehrung."

Schlüsselwort: ***tut auf***

Urteilsfähig, rücksichtsvoll, sanft.

Vers 27 – Eine gute Frau ist sich ihrer Verantwortung bewusst. Sie verschwendet nicht ihre eigene und die Zeit der anderen.

„Sie schaut darauf, wie es in ihrem Haus zugeht, und isst ihr Brot nicht mit Faulheit."

Schlüsselwörter: ***schaut, isst nicht***

Verantwortungsbewusst, zuverlässig, nicht faul.

Vers 28 – Eine gute Frau erkennst du daran, wie sehr ihr Mann und ihre Kinder sie schätzen und ihre Gesellschaft genießen.

„Ihre Söhne stehen auf und preisen sie glücklich; ihr Mann lobt sie."

Schlüsselwörter: ***stehen auf, preisen***

Sie erntet ihre wohlschmeckenden Früchte.

Vers 29 – Gott beschreibt eine tugendhafte Frau als eine Frau, deren schwere Arbeit ihren Wert beweist. Sie hat das Recht gewonnen, da zu sein, wo sie ist und zu haben, was sie sich erarbeitete – Ehre, Anerkennung, Achtung und Liebe.

„Viele Töchter haben sich als tüchtig erwiesen; aber du übertriffst sie alle."

Schlüsselwörter: ***übertriffst***

Tagein, tagaus, in allen Jahreszeiten, fährt sie mit ihrer kreativen Arbeit fort; für dieses Bemühen wird sie als die Wertvollste von allen betrachtet. Tugend bedeutet „wirkende Kraft." Sie besitzt die Stärke, die Dinge, die sich um sie herum befinden, zu beeinflussen oder zu verbessern.

Vers 30 – Eine gute Frau weiß, dass nicht ihr Äußeres ihren Wert bestimmt. Sie ist sich ihrer Gottesfurcht bewusst. Sie verlebt jeden Tag so, als wenn sie glaubt, dass sie das Gesäte einmal ernten wird.

„Anmut ist trügerisch und Schönheit vergeht; eine Frau, die den HERRN fürchtet, soll man loben."

Schlüsselwörter: ***fürchtet***

Gottesfurcht ist der Anfang der Weisheit.

Vers 31 – Eine gute Frau erntet, was sie gesät hat, und es ist gute Frucht. Die Unternehmen, die sie geführt hat, bringen Gewinn ein. Die Handarbeiten, Waren und Kleider, die sie geschaffen hat, sind bekannt für ausgezeichnete Qualität. Ihr Haus wird gut verwaltet, ist heimisch und ordentlich. Ihre Kinder sind ehrenhaft und suchen Gott. Ihr Mann hat die Zeit und das Herz, für andere Menschen da zu sein, weil seine Frau eine gute Gehilfin ist. Eine gute Frau erntet eine Menge guter Frucht.

„Gebt ihr von den Früchten ihrer Hände, und ihre Werke werden sie in den Toren loben."

Schlüsselwörter: ***gebt, werden***

Lobenswert, geehrt, anerkannt, verdienstvoll, bewundernswert, würdig.

„Eine anmutige Frau erlangt Ehre, ..." (Sprüche 11,16).

„Eine weise Frau ist nicht mitleidserregend, schwächlich oder weinerlich. Sie erweist sich als vertrauensvoll, fähig, brauchbar und dankbar."

Gottes Beurteilung einer tugendhaften Frau?

Eine tugendhafte Frau ist eine tüchtige Frau.

Sprüche 18,9: **„Wer lässig ist in seiner Arbeit, ist ein Bruder dessen, der das Seine durchbringt."**

Eine faule Person ist ein Verschwender.

NACHSINNEN ÜBER ...

Gütig

„Die Frucht aber des Geistes ist Liebe, Freude, Friede, Geduld, Freundlichkeit, Güte, Treue, Sanftmut, Selbstbeherrschung. Gegen all das ist das Gesetz nicht" (Galater 5,22.23).

Güte ist eine Frucht des Geistes. Unsere Güte sollte vorrangig an unsere Familie gerichtet sein.

➢ *Eigenschaften einer guten Gehilfin*

- Eine Gehilfin **hilft**.
- Eine gute Frau ist ein Handelnder. Sie verbringt stets ihre Zeit damit, anderen zu dienen.
- Sie dient zuerst ihrem Mann, als Nächstes den Kindern, dann den anderen und zuletzt sich selbst.
- Sie ist aufrichtig und gut gesinnt.

„Sie schaut darauf, wie es in ihrem Haus zugeht, und isst ihr Brot nicht mit Faulheit" (Sprüche 31,27).

➢ *Schaffe eine neue Gewohnheit*

Habe immer Bücher griffbereit mit Informationen über Gesundheit, Gartenarbeit, Kochen, Kindererziehung und andere Bereiche der Praxis. Verbringe genauso viel Zeit damit, etwas zu lesen, das dir hilft, als Person zu reifen, wie damit, dir Filme anzuschauen oder Romane zu lesen. Du wirst staunen, wie schnell du das „echte Zeug" dem „Fantasie-Zeug" vorziehen wirst.

→

➤ *Das ABC einer guten Gehilfin*

A- Aufhören mit Nörgeln
B- Bete für ihn
C- Charmant, reizend und liebenswürdig sein
D- Denke an ihn
E- Ermutige ihn
F- Frühstück zubereiten für ihn
G- Gestehe es, wenn du im Unrecht bist

H- Höre ihm zu
I- Ihn ehren und respektieren
J- Jeden Tag mehrmals „Ich liebe dich" sagen
K- Kenne sein Bedürfnis nach Anerkennung
L- Leite deinen Haushalt gut

M- Mit deiner Liebe ihn schützen
N- Niemals einen Groll in dir hegen
O- Öffne deine Augen am Morgen und lächle
P- Positiv sein
Q- Quelle des Gefallens für ihn sein; suche, ihm zu gefallen
R- Rückblickend an gute Zeiten erinnern
S- Schutzbedürftigkeit verbessern; eine weibliche Eigenschaft
T- Tue es auf seine Art und Weise
U- Umarme ihn oft, scherze auf verspielter Art und Weise
V- Vertraue ihm und erwirb dir sein Vertrauen
W- Wisse, was seine Bedürfnisse sind
X und **Y-** sind für private Zeiten
Z- Zwinkere ihm zu

Kapitel 22

8. Ihren eigenen Männern untergeordnet sein

Titus 2,4.5: „Dass sie die jungen Frauen lehren, [züchtig sein], ihren Mann und die Kinder zu lieben, besonnen zu sein, rein, häuslich, gütig, ihren Männern untergeordnet, ...“ [Luther Bibel 1912]

Untergeordnet: Nachgiebig, willig und eifrig, Befehle oder Wünsche zu erfüllen, sich Verbotenem enthaltend

Jetzt hast du sicher schon verstanden, was gemeint ist, wenn es heißt, dass die älteren Frauen **„die jungen Frauen lehren [sollen,] ... ihren Männern untergeordnet [zu] sein, damit das Wort Gottes nicht verlästert wird“**. Dennoch ist ein kurzer Rückblick auf einige dieser Schriftstellen angebracht.

„Und zu der Frau sagte er: ‚Ich will dir viel Mühsal schaffen,

wenn du schwanger wirst; du sollst mit Schmerzen Kinder gebären. Und dein Verlangen soll nach deinem Mann sein, aber er wird über dich herrschen' " (1. Mose 3,16).

Gottes Worten zufolge, unabhängig von jeglichem kulturellen Zusammenhang, ist es die Natur der Frau, ihre ganze Aufmerksamkeit und ihr Interesse ihrem Mann zu widmen und sich ihm zu unterordnen. Das ist der Wille Gottes, wenn auch die Predigerinnen und die griechischen und hebräischen Gelehrten das Gegenteil behaupten.

„Ich will euch aber wissen lassen, dass Christus das Haupt jedes Mannes ist; der Mann aber ist das Haupt der Frau; Gott aber ist das Haupt Christi" (1.Kor. 11,3).

Ich unterordne mich keinem anderen Mann so, wie ich mich meinem Mann unterordne. Kein Pastor oder Prediger hat mir mehr zu sagen, als mein Mann.

Kein kultureller Zusammenhang kann diesen Vers für nichtig erklären, denn er sagt ganz klar, dass der Mann über die Frau herrschen soll. Genauso, wie Gott das Haupt Christi ist und Christus das Haupt des Mannes, so ist der Mann das Haupt der Frau (seiner Frau). Mein Mann verliert keine Würde, indem er sich Christus unterordnet, und ich verliere auch keine Würde, wenn ich mich meinem Mann unterordne. Und genauso, wie mein Mann Sicherheit und Kraft aus seiner Unterordnung seines Hauptes schöpft, so werde ich zu der Person, zu der Gott mich erschaffen hat, indem ich mich meinem Haupt – meinem Mann – unterordne. **„Ihr Frauen, ordnet euch euren Männern unter wie dem Herrn. Denn der Mann ist das Haupt der Frau, wie auch Christus das Haupt der Gemeinde ist, und er ist der Retter des Leibes. Aber wie die Gemeinde Christus untergeordnet ist, so auch die Frauen ihren Männern in allen Dingen"** (Epheser 5,22-24).

Hier abermals – die zweite Bestätigung der Schrift – werden wir Frauen gelehrt, uns unseren Männern mit derselben Liebe und Leidenschaft zu unterordnen, wie wir uns dem Herrn in Liebe unterordnen sollen. Indem ich mich meinem Mann unterordne, da meines Mannes Autorität von Gott bestimmt ist, erkenne ich Gottes Autorität an und unterordne mich in der Tat Gott.

Das Wort fordert uns auf, uns unseren **eigenen** Männern zu unterordnen. Ich unterordne mich keinem anderen Mann so, wie ich mich meinem Mann unterordne. Kein Pastor oder Prediger hat mir mehr zu sagen, als mein Mann. Mein Mann ist mein Haupt, genauso wie Christus sein Haupt ist.

Viele Frauen haben mir geschrieben und gesagt, ihr Pastor habe ihnen befohlen, das Zehnte abzugeben, die Gottesdienste zu besuchen, ihre Kinder zur Kinderstunde oder zur Jugendstunde zu schicken oder hunderte andere Dinge zu tun, die gegen den Willen ihres Mannes gehen. Der Pastor behauptet, das Haupt der lokalen Gemeinde und somit die höchste religiöse Macht auf Erden zu sein. Die Reaktion meines Mannes gegenüber einem solchen Pastor, der behauptet, geistliche Autorität über die Familie zu haben, wäre, ihn als Lügner und Betrüger zu bezeichnen. Die Schrift lehrt unmissverständlich, dass die Frau ihrem **eigenen** Mann gehorchen soll.

Zwei Monate vor ihrer Hochzeit stellte unsere älteste Tochter ihrem Vater eine theologische Frage. Ihr müsst wissen, sie hatte die Bibelschule absolviert und drei Jahre als Missionarin im Ausland verbracht. Aber anstatt ihr eine Antwort auf ihre Frage zu geben, wie er es in den vergangenen 26 Jahren getan hatte, sagte er ihr: „Ich kann deine biblische Frage nicht beantworten, denn ab jetzt glaubst du das, was dein Mann glaubt. Er wird dein Haupt sein und du wirst ihm folgen. Es ist Zeit, dass du dich deiner neuen Rolle anpasst. Frage ihn, was er darüber denkt".

Das ist mit dem Ausdruck gemeint, „seine Tochter in die Ehe zu **geben**". Es bedeutet das Weiterreichen der Fackel an einen neuen Familienverband.

> **„Doch auch ihr, ja, jeder liebe seine Frau so wie sich selbst; die Frau aber fürchte den Mann"** (Epheser 5,33).

Als Frauen sollen wir unsere Männer ehren als unsere von Gott eingesetzten Häupter. In 1. Petrus 3,6 wird uns gesagt: **„... wie Sara Abraham gehorsam war und ihn ‚Herr' nannte"**. Wenn dies nicht deinem religiösen Verständnis entspricht, fasse Mut; denn Gott wusste, dass es ein Schlag ins Gesicht für uns sein würde. In demselben Vers ermutigt der Herr uns, Gutes zu tun und uns nicht zu fürchten und einschüchtern zu lassen. Sei nicht bestürzt über das, was Gott dir gebietet und habe keine Angst davor, dich deinem Mann zu unterordnen, wie Gott es gebietet.

> **„Ihr Frauen, ordnet euch euren Männern unter, wie es sich im Herrn gebührt“** (Kolosser 3,18).

Dieser Text sagt, dass eine Frau ihrem Mann so gehorchen soll, **wie es sich im Herrn geziemt oder gebührt** – das gehört sich für eine christliche Frau. Denke darüber nach. Dies ist keine kulturell bedingte, vergängliche Sitte. Es hat Ewigkeitswert. Nach Gottes Vorstellung von der Ehe, wie sie hier auf Erden sein soll, gehört es sich so. Denn genauso verhält sich sein Sohn Ihm gegenüber.

> **„Ebenso sollt ihr Frauen euch euren Männern unterordnen, damit, wenn auch einige dem Wort noch nicht gehorchen, sie durch den Lebenswandel der Frauen ohne Wort gewonnen werden“** (1. Petrus 3,1).

Es ist das dritte Mal, dass Gott betont, dass unsere Untertänigkeit unter unseren eigenen Mann nichts mit der Überheblichkeit des männlichen Geschlechts über das weibliche zu tun hat. Gott stellt nicht ein Geschlecht höher, als das andere. Es bezieht sich nur auf das eheliche Verhältnis, in dem eine Frau ihrem Mann untertan sein soll. Es ist ihre von Gott bestimmte Stellung, die ihr gebietet, der zweitrangige Führer der Familie zu sein.

Der Abschnitt 1. Petrus 3,1-6 führt uns zu einem anderen Thema, das immer wieder zur Sprache kommt. Was ist, wenn mein Mann nicht gerettet ist und er Christus nicht als sein Haupt anerkennt? Muss ich einem Mann gehorchen, der nicht Christus nachfolgt? Dieser Brief ist nur ein Beispiel der vielen Briefe, die von diesem Problem handeln.

Wie gewinnt man den verlorenen Mann

> *Liebe Pearls,*
>
> *Mein Mann ist verloren. Er ist ganz voller Zorn. Ich habe meine Hoffnung auf eine himmlische Ehe aufgegeben. Ist je einer aus dem Dunkel und Verderben, in dem ich mich befinde, herausgekommen und hat eine himmlische Ehe erlangt? Hat Gott in Seiner Gnade und Barmherzigkeit einen Plan und eine Verheißung, wie ich meinen gottlosen Mann für die heilbringende Gnade gewinnen kann? Wie lange noch? Wie lange noch? Ich will fest glauben, dass da*

noch Hoffnung ist. Ich will Gott vertrauen und gehorchen, egal ob mein Mann sich je bekehrt oder nicht, aber ich würde gerne etwas Hoffnung und Anweisungen dazu haben, wie ich meinen Mann für Christus gewinnen kann. Ich habe zu Gott geschrien und gebetet. Ich bin treu zur Andacht gegangen und habe die Bibel studiert. Ich habe den Zehnten und Opfer gegeben, aber ich habe immer noch keine Reue in meinem Mann gesehen. Ich will ihn nicht verlassen. Ich will ihn lieben, aber das ist schwer. Gibt es noch Hoffnung?

Amy

In 1. Petrus 3 gibt Gott uns Hoffnung und einen Plan

> **„Ebenso sollt ihr Frauen euch euren Männern unterordnen, damit, wenn auch einige dem Wort noch nicht gehorchen** [verlorene Männer], **sie durch den Lebenswandel der Frauen ohne Wort gewonnen werden** [nicht durch Bibelunterricht und Predigten]**, indem sie euer respektvolles, vorbildliches Leben ansehen. Nicht der äußerliche Schmuck mit Haarflechten und Goldketten oder Anziehen von prächtigen Kleidern, sondern der verborgene Mensch des Herzens im unvergänglichen Schmuck des sanften und stillen Geistes ist kostbar vor Gott. Denn so haben sich einst auch die heiligen Frauen geschmückt, die ihre Hoffnung auf Gott setzten und sich ihren Männern unterordneten, wie Sara Abraham gehorsam war und ihn ‚Herr' nannte; deren Töchter ihr geworden seid, wenn ihr Gutes tut und euch nicht fürchtet und einschüchtern lasst"** (1. Petrus 3,1-6).

In diesen sechs Versen offenbart Gott Seinen Plan, wie eine Frau ihren verlorenen Mann für den Glauben an Christus gewinnen kann. Die folgende wahre Geschichte, ein Teil meiner eigenen Erfahrung, veranschaulicht eine Frau, die diese Anweisung befolgt und ihren Mann mit einem keuschen Wandel gewinnt – ohne, dass sie ihm die Bibel predigt.

Meine Freundin, die Königin

Als ich noch eine junge Frau war, hat meine beste Freundin einen ungläubigen Mann geheiratet. Sie erinnerte mich immer an eine Königin. Sie hatte eine gewisse Schönheit in ihrer Haltung und besaß außerdem Gelassenheit und Intelligenz. Sie war die Tochter eines Pastors; sehr religiös und streng erzogen. Aber als sie siebzehn war, traf sie auf einen jungen bezaubernden Mann, der Erste, der Interesse an ihr zeigte. Es war Liebe auf den ersten Blick und sie brannten durch und heirateten. Sie lernte bald, dass ihr Mann hart arbeitete, wenn er denn mal arbeitete. Aber er hatte einige schlechte Angewohnheiten wie den Gebrauch von Tabak, das Fluchen, sie anzuschreien, wenn er zornig war und das Anschauen von Pornos. Als ich sie traf, hatte sie schon Buße getan und versuchte, aus dieser ungleichen Ehe etwas zu machen. Durch Gottes Gnade und ihre wachsende Gottesfurcht konnte sie den Liebesabschnitt aus 1.Kor. 13 für sich zum Gebrauch machen.

> **„Die Liebe ist langmütig und freundlich, die Liebe eifert nicht, die Liebe tut nicht groß, sie bläht sich nicht auf, sie benimmt sich nicht unanständig, sie sucht nicht das Ihre, sie lässt sich nicht erbittern, sie rechnet das Böse nicht zu, sie freut sich nicht über die Ungerechtigkeit, sie freut sich aber an der Wahrheit; sie erträgt alles, sie glaubt alles, sie hofft alles, sie erduldet alles“** (1.Kor. 13,4-7).

Wenn er grob oder gefühllos gewesen ist, **blähte** sie sich nicht mit gerechtfertigter Entrüstung auf. Wenn er zornig war und fluchte, war sie **freundlich** und **langmütig**. Sie **ertrug** seine Schlamperei und **glaubte**, er würde seinen Lohn mit nachhause bringen, anstatt ihn auf dem Heimweg auszugeben.

> Sie gewann ihn nicht durch Kirchenbesuche oder durch die tägliche Stille Zeit mit Gott. Sie gewann ihn, indem sie ihm mit Ehre und Zuneigung begegnete.

Meistens **erduldete** sie **alles** mit Fröhlichkeit und Dank.

Als sie mich um Rat bat, versteckte ich meinen Ärger und sagte ihr, was die Bibel dazu sagt (nicht das, was ich fühlte): **„Um Gott zu ehren, musst du deinen Mann ehren“**. Es war so, als ob ich jeden Tag einen himmlischen Krieg beobachtete, bei dem Gott immer gewann. Abgesehen von seinem Interesse an Pornographie störte seine körperliche Unreinheit sie am meisten. Oft verlangte er „Dinge“ von ihr, die abstoßend waren, weil er sich nicht geduscht hatte. Mir wurde wirklich schlecht, als ich mir diese Situation vorstellte. Aber sie unterordnete sich ihm und tat, was er verlangte. Natürlich würde sie ihm lieber sagen, wie froh sie wäre und wie froh er selber wäre, wenn er sich duschen würde. Sie hielt sich an das Gebot aus 1. Petrus 3,1.2: **„Ebenso sollt ihr Frauen euch euren Männern unterordnen, damit, wenn auch einige dem Wort noch nicht gehorchen, sie durch den Lebenswandel der Frauen ohne Wort gewonnen werden, indem sie euer respektvolles, vorbildliches Leben ansehen“.**

Gott zu ehren, gibt einer Frau die Macht, ihren Mann zu ändern.

Sie gewann ihn nicht durch Kirchenbesuche oder durch die tägliche Stille Zeit mit Gott. **Sie gewann ihn, indem sie ihm mit Ehre und Zuneigung begegnete.** Es kam ihr nie in den Sinn, ihn mit ihrer „Religion“ zu beschämen oder zu beeindrucken. Und sie ehrte ihren Mann nicht, weil sie zu diesem erzogen worden ist. Es war ein tagtägliches Wunder für sie. Ihre Erfahrung mitzuerleben, erbaute mich selbst im Glauben, wie es noch nie etwas zuvor tat. In den sechziger Jahren, als die „Jesus-Bewegung“ war, wurde ich Zeuge dessen, wie tausende von Menschen zum Glauben kamen. Ich war dabei, als Teufel ausgetrieben wurden und sah, wie Menschen von schrecklichen Krankheiten geheilt wurden, aber zu sehen, wie ein 18-jähriges schwangeres Mädchen vor Gott im Gehorsam wandelte, das war wahrhaftig ein Wunder der Wunder.

Ihr Mann arbeitete nachts in einer Fabrik. Alle seiner Arbeitskollegen waren Trunkenbolde und vergnügten sich mit Huren. An einem frühen Morgen, kurz vor Arbeitsende, fingen einige Männer an, sich über ihre Frauen zu beklagen. Sie erzählten einander, wie faul, verantwortungslos, unehrlich, untreu, billig, armselig, fett und hässlich ihre Frauen waren. Jim, der Mann meiner Freundin, sagte nichts. Schließlich fragte einer der Männer Jim nach seiner Frau. Es war das erste Mal, dass er dazu kam, seine Frau mit den Frauen anderer Männer zu vergleichen und er war plötzlich äußerst dankbar und sagte: „Ich werde euch lieber nicht von meiner Frau erzählen, denn das würde euch nur alle verrückt machen.“ Aber die Männer bestanden darauf, also sagte er zu ihnen: „Sie ist schön, hat langes, prächtiges blondes Haar. Sie ist immer so liebevoll; sie würde alles für mich tun. Sie denkt, ich bin der Größte“. Alle waren sie verärgert und waren davon überzeugt, er erzählte ihnen eine Lügengeschichte. Er versicherte ihnen: „Wenn ich heute nach Hause komme, wird sie sich schön gemacht und den Frühstückstisch gedeckt haben und sie wird mich an der Tür mit einem prickelnden Kuss begrüßen.“ Da alle Männer ihre Frauen schon als Langschläferinnen, die ihnen nie ein Frühstück vorbereiteten, beschrieben hatten, wollten sie Jim einfach nicht glauben. Nach einer hitzigen Unterhaltung, die überwiegend aus Schimpfen und Beleidigen bestand, prahlte Jim: „Ich wette, ich könnte euch alle zum Frühstück mit nach Hause bringen und sie würde mit Fröhlichkeit für euch das beste Frühstück bereiten, das ihr je gegessen habt – und das mit einem Lächeln im Gesicht. „Das gibt es nicht“, sagten sie. Nachdem er noch mehr prahlte, nahm er an jenem Morgen fünf von ihnen mit nach Hause, ohne vorher seine Frau anzurufen und sie zu warnen.

Seine ahnungslose junge Frau wusste zuhause nichts von der strittigen Unterhaltung und hatte keine Ahnung davon, dass ihres Mannes Rechtschaffenheit auf dem Spiel stand. Die Bibel sagt: **„Eine tüchtige Frau ist eine Krone ihres Mannes; aber eine böse ist wie Eiter in seinem Gebein“** (Spr. 12,4). Diese junge Frau würde sich nun entweder als ihres Mannes „Krone“ oder als „Eiter in seinem Gebein“ erweisen. Obwohl er es nicht verdient hatte, kannte er sie gut und konnte sich auf sie verlassen. Sie hatte sein Vertrauen gewonnen.

> **„Das Herz ihres Mannes kann sich auf sie verlassen, und an Nahrung wird es ihm nicht fehlen“** (Spr. 31,11).

(Verlässlichkeit: vertrauenswürdig, glaubwürdig, ehrlich, verdienstvoll)

> **„Sie tut ihm Liebes und kein Leid ihr Leben lang“** (Spr. 31,12).

(Beständig in ihrer Liebe, unerschütterlich, standhaft, gewissenhaft, dauerhaft, unveränderlich, treu.)

An jenem Morgen um 6:30 begegnete sie ihm an der Tür mit einem strahlenden

Gesicht, das Liebe ausdrückte, das Haar frisch gebürstet und mit einem schönen Kleid. Aber statt nur eines einzigen übel riechenden, Tabak kauenden Mannes, waren es sechs – fünf von ihnen sahen ziemlich beschämt und ängstlich aus. Obwohl sie überrascht war, reagierte sie mit Freude: „Oh, Schatz, ich sehe, du hast deine Freunde mitgebracht". Vor diesen Männern war diese Erklärung an sich schon ein großer Sieg und eine Ehre für Jim. Er führte seine Mitarbeiter in sein Haus und sagte in barschem Ton zu seiner Frau: „Bereite ein Frühstück für meine Freunde." Das war viel verlangt, da diese Männer alles aufessen würden, was sie für die folgende Woche eingekauft hatte. Jim bekam einen spärlichen Lohn und er ging auch nicht weise damit um. Mit dem, was davon übrig blieb, musste sie zurechtkommen. Sie ging in die Küche und betete im Stillen: „Herr, du weißt, dass ich heute Morgen sechs Männer satt bekommen muss. Bitte hilf mir." Sie kochte alle Eier und briet alle Kartoffeln und Speck und backte einen ganzen Haufen Pfannkuchen, dazu machte sie noch eine Milch-Soße. Ihren ganzen Frühstücksvorrat für eine Woche servierte sie wohlwollend auf einer schneeweißen Tischdecke. Die schmutzigen Männer saßen in angespannter, verlegener Stille am Tisch, während die Frau sie bediente. Es war Jims krönender Moment. Alle Männer wussten instinktiv, dass zwischen ihnen nichts mehr so sein würde, wie es einmal war. Jims Frau behandelte ihn mit Ehre. Er war anders, als sie. Die Männer aßen, standen auf und gingen hinaus. Sie müssen gemerkt haben, dass Jim seiner gutherzigen Frau nicht einmal gedankt hatte.

Er würde nie wieder nur einer ihrer Kumpels sein. Sie würden immer das Gefühl haben, er sei etwas klüger; er sei nicht der Trottel, für den sie ihn gehalten hatten. In der darauffolgenden Nacht waren die Männer auf der Arbeit immer noch in sich gekehrt. Sie hatte ihn geehrt, als es für ihn von größter Bedeutung war – vor den Männern. Sie ehrte ihn, weil sie an Gott glaubte und entschied sich, Gott zu ehren, indem sie einen Mann ehrte, der ihrer Ehre nicht wert war. Sie legte ihre Gefühle der Abscheu und Verletzung und das Gefühl, ausgenutzt zu werden ab und wandelte in Keuschheit. Sie war eine Krone für ihren Mann.

Siehst du, wie ihr Mann durch ihren vorbildlichen Wandel gewonnen wurde – und so auch jeder Mann gewonnen werden kann? Jahre später fing er an, sie mit Respekt zu behandeln. Ihre königliche Art veranlasste ihn, sich selbst in einem anderen Licht zu sehen. Die anderen Männer waren mit schmutzigen, lärmenden, feiernden, unehrenhaften Frauen verheiratet, aber seine Frau hatte Qualität. Er fing an, die Christen als eine würdigere Klasse von Menschen anzusehen – gütig, langmütig, liebend, respektvoll, gebend, ehrlich und bescheiden. Was für ein Zeugnis war sie für die Welt! Die rauen und abscheulichen Dinge fielen auf einmal eins nach dem anderen weg und es kam ein liebevolles, freundliches Verhalten zum Vorschein, nicht weil sie es forderte, sondern weil sie ihn durch ihren vorbildlichen Wandel für sich gewann. Sogar als unbekehrter Mann fing er an, sie zu ehren, weil sie so gütig war. Wenn er in ihre Augen sah, erblickte er einen besseren Mann, als den, der er in Wirklichkeit war. Ihre Liebe und ihr Glaube weckten in ihm das Bedürfnis, ihrer würdig zu sein. Die Lehre, die wir dieser Geschichte entnehmen können, ist, dass 1. Petrus 3 wahr ist. Indem sie ihren Mann wie einen König behandelte, wurde sie eine Königin, die Gott benutzte, um ihn für Jesus Christus zu gewinnen. Die **„Güte Gottes leitet dich zur Buße“**; ebenso tut es auch die Tugend einer guten Frau.

Jahre später kam er endlich zur wahren Buße und machte Jesus zum Herrn über sein Leben. Als wir das Ehepaar kürzlich besuchten – ihre Kinder sind schon alle erwachsen – pries der Mann den Herrn und erfreute sich an Gottes Güte seiner Familie gegenüber.

Würde, gebührend für eine Königin

Meine Freundin vergalt ihrem Mann mit einer Würde, gebührend für eine Königin. Er war stolz auf ihre Schönheit. Er war stolz auf ihre Würde und Haltung. Er fühlte sich dessen geehrt, dass eine solche Frau ihm solche Achtung entgegenbrachte.

Ein Mann wehrt sich mit ganzer Kraft gegen jeden, der ihm in die Quere kommt. Die meisten Frauen verbringen ihr ganzes Leben im Konflikt mit ihren Männern und versuchen, sie zu ändern. Es ist ein Machtkampf, den keine Frau je wirklich gewinnen wird, denn wenn sie auch seine Unterwürfigkeit erreicht, verliert sie aber sein Herz und er verliert seine Selbstachtung.

Während wir Frauen dazu tendieren, alles aus dem Standpunkt „wer hat Recht und was ist Recht“ zu betrachten, zeigt Gott uns eindeutig, was wirklich zählt: „Wem übergab ich die Leitung und wen habe ich als Gehilfin erschaffen?“ Wenn eine Frau sich widersetzt oder versucht, ihren Mann zu ändern, führt das nur dazu, dass er noch hartnäckiger und ihr eigenes Herz mit Bitterkeit gefüllt werden wird. Wenn eine Frau Gott gehorcht, dann hat der Mann niemanden, dem er sich widersetzen, den er beherrschen, bezwingen oder erniedrigen kann. Wenn eine Frau ihren Mann ehrt und ihm gehorcht, ist sie Gott gehorsam und darin liegt ihre größte Kraft. Wenn sie Gottes Ordnung verlässt, trifft sie die Entscheidung für ein Leben, gefüllt von Aufruhr, Bitterkeit und Niederlagen – für sie beide.

In den Briefen vieler Frauen hieß es: „Deinem Schreiben nach scheinst du zu denken, alle Männer seien so wie deiner." Nein, auch mein Mann war nicht immer so, wie er jetzt ist. Er ist jetzt ein Kunstwerk, aber damit meine ich nicht seinen Körper. Gott hat ihn im Laufe der Jahre verändert und wenn einige von euch mit ihm, so, wie er jetzt ist, verheiratet wären, würdet ihr mir auch noch Briefe schreiben und fragen, wo ihr die Kraft zum Aushalten finden könnt. Ich habe angefangen, den Bären in ihm zu lieben – manchmal einen Teddy Bären und manchmal einen wahrhaftigen Bären, aber er ist immer „mein Bär!"

Ich weiß von Frauen, die durch schwere Zeiten gehen mussten, um zu einer himmlischen Ehe zu gelangen. Ihre Ehe begann auch nicht mit einem rechtschaffenen Mann, aber Gott ist der Meister in der Schaffung himmlischer Ehen. Ich kenne eine junge Frau, dessen Mann so gewalttätig, abscheulich und uneinsichtig war, dass sie die Gemeinde bat, folgendermaßen zu beten: „Herr, errette oder töte ihn so schnell wie möglich." Zwei Wochen später war er tot. Ich rate nicht zu einem solchen Gebet, denn wenn Gott alle Männer töten würde, die es verdient hätten, zu sterben, würden wir Frauen uns um die wenigen streiten, die übrig geblieben wären. Außerdem, wenn Gott sich entscheiden würde, fair zu handeln und alle Frauen, die es verdient hätten, auch töten würde, nun … ihr versteht, dass wir doch besser dran wären, wenn wir um Gnade und Barmherzigkeit für unsere Männer flehten.

Wie man einem wütenden Mann dienen kann

Im Allgemeinen reagieren Männer mit schlagartiger Verärgerung, wenn etwas nicht nach ihrem Willen geht. Sie ärgern sich über den Rasenmäher, ein fehlerhaftes Gerät oder ein Kind, das zuviel erzählt. Es ist das unkontrollierte Testosteron, das Streit sucht. Und meistens gibt es nicht einmal einen Grund, wütend zu werden, welches uns Frauen sinnlos erscheint, weil wir eine Ursache brauchen, um uns zu ärgern. Das heißt, in der Regel werden wir von Männern wegen törichter Belanglosigkeiten beschuldigt. Frauen tendieren bezüglich ihrer Gefühle eher zu Sentimentalität, wogegen Männer schnell aggressiv oder gar gewalttätig werden können. Männer sollten ihre männliche Energie an den herausfordernden Schwierigkeiten des Lebens auslassen, anstatt sich am Abend auszutoben. Für sie ist es Sünde, wenn sie nicht mehr Selbstbeherrschung besitzen, als Jungs aus einer Erziehungsanstalt, aber das ist ihre *Sünde*, nicht deine. Es gibt nichts, was wir Frauen tun können, um diese Neigung zu ändern – wie sie sich äußert, können wir beeinflussen, ja, aber nicht die Neigung an sich. Gott kann einem Mann völlige Selbstbeherrschung geben. Der Mann, der im Geist wandelt, wird genauso sanft sein wie Christus, aber seien wir ehrlich, die meisten Ehen starten mit einem Mann, der nicht Christus-ähnlich ist. So sind die Söhne Adams.

Die Frage ist, wie wir als Frauen vorgehen sollen, um unser eigenes Leben zu bereichern und unseren Männern eine Chance zu geben, Gott gehorsam zu sein und sich in diesem oder in anderen Bereichen zu bessern. **Die wichtigste von allen Lektionen** ist: Du kannst nicht zu seinem Gewissen oder Ankläger werden und erwarten, dass der Druck ihn zur Buße leiten wird. Es wird genau das Gegenteil bewirken – es wird seinen Eigensinn verstärken, seinen Kampfinstinkt wecken und als Folge wird er diese Frau, die ihn herausfordert, bekämpfen, um sie zu gewinnen. Außerdem würdest du somit mit dem Heiligen Geist darum wetteifern, ihn wegen seiner Sünden zu verurteilen.

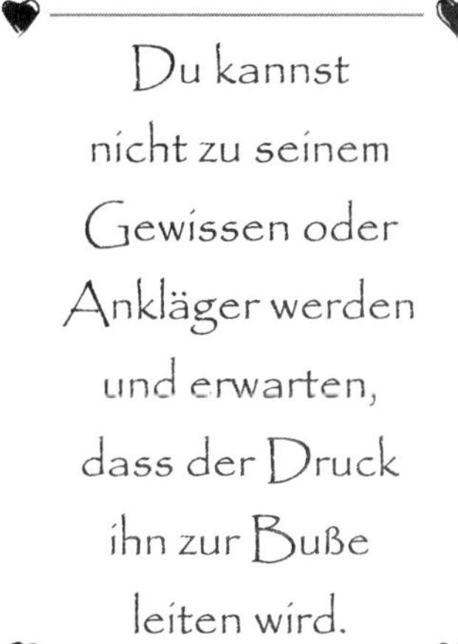

Die weiseste Art, mit einen streitsüchtigen Mann umzugehen, ist, sich von seinen Äußerungen nicht beleidigen zu lassen. Vermeide immer, ihn zu provozieren, es sei denn, du provozierst ihn dazu, zu lieben und gute Werke zu tun. Die meisten Frauen kennen die Ursache, die ihren Mann dazu bringt, seine Gelassenheit zu verlieren. Gib ihm Zeit, abzukühlen; er wird sich schon bald darauf seiner Schuld bewusst sein und sich beschämt fühlen. Wenn dieser explodierende Ärger einen auch emotional aufbringt und sicherlich nicht angenehm ist, ist es eine Sache, mit der eine kluge Frau lernen kann, weise umzugehen.

Diese Art Ärger, von der wir reden, wird nicht direkt durch das Verhalten der Frau ihrem Mann gegenüber verursacht. In einer solchen Situation darf die Frau die in Zorn ausgesprochenen Worte nicht persönlich nehmen und muss sich dessen bewusst sein, dass, obwohl sie durch eine falsche Reaktion auf den Wutausbruch das Problem vergrößern kann, sein Zorn aber nicht durch ihr Benehmen ihm gegenüber ausgelöst worden ist.

Eine andere Art Ärger

Es gibt aber auch eine andere Art Ärger, die tiefer und persönlicher ist. Sie wird durch Bitterkeit verursacht. Dieser Ärger hat seine Wurzeln im Wesen des Geistes. Es ist das beständige Durchsickern einer bösen Seele. Du kannst dich bestimmt daran erinnern, dass wir von Frauen gesprochen haben, die das Ärgerlichsein üben, genauso wie wütende Musikanten am Klavier üben, bis auch ihre Seelen ohne Denken oder Anstrengung Tasten des Missklangs schlagen. Diese bitter-böse Art Ärger kommt bei Männern nicht so oft vor wie bei Frauen, aber dennoch neigen einige dazu und es ist wichtig, dass du als Frau lernst, wie du dich deinem Mann gegenüber verhalten musst, wenn seine Gefühle in diese Richtung gehen. Um gut auf ihn eingehen zu können, musst du diese zwei Arten von Ärger im Kopf haben: den grundlosen Ärger, von dem wir sprachen und den Ärger, der aus Bitterkeit über Angelegenheiten entspringt.

Gewöhnlich sind Frauen die Ursache für den bitteren Ärger ihres Mannes. Sie reden und reden von Problemen aus der Familie, der Umgebung oder der Gemeinde, bis ihr Mann schließlich gereizt und böse auf sie ist. Für eine normale, gesprächige Frau ist es nur etwas, worüber sie diskutieren will, aber der Mann wird plötzlich wütend und die ganze Sache gerät außer Kontrolle und wird beängstigend. Ich erwähne dieses, weil es so oft vorkommt, dass eine Frau sich über den Ärger ihres Mannes beklagt, während **ihre Worte das Feuer seiner Wut anfachen**.

Wenn dein Mann sich oft über die Nachbarn oder die Gemeindemitglieder ärgert oder wenn er annimmt, dass alle es auf ihn abgesehen haben oder etwas Schlechtes über ihn erzählen, dann wurzelt sein Ärger in Bitterkeit. Dann sollte dein erstes Anliegen sein, deinen Teil in dem Problem festzustellen. Nur so kannst du deinem Mann helfen, darüber klar zu denken, wenn du aufhörst, ihm Nahrung für seinen Ärger zu liefern.

Erst, wenn du den Ursprung seines Ärgers erkennst und ihm mit deinen Worten und mit deiner Einstellung hilfst, begreifst und aufhörst, das Feuer zu schüren und ihm gestattest, abzukühlen, dann erst kannst du auf Veränderungen warten. Lerne, von allen Menschen gut zu denken und zu sprechen. Übe dich darin, das Gute in anderen Menschen zu sehen. Schreibe die Bibelstelle Phil. 4, 8 auf eine Karte und klebe sie an eine Stelle, wo du sie oft lesen kannst.

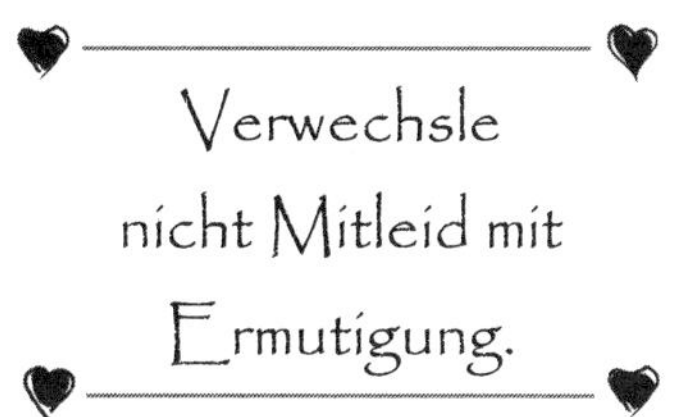

„Im Übrigen, Brüder, was wahrhaftig ist, was ehrbar, gerecht, rein, lieblich und wohllautend ist, irgend eine Tugend, irgend ein Lob, darüber denkt nach!"

Lerne es, über alle Menschen gut zu denken und zu sprechen. Liebe **„rechnet das Böse nicht zu"** (1.Kor.13,5). Erinnerst du dich an die 40.000 Gedanken pro Tag? Habe keine kritischen und richtenden Gedanken und sprich niemals geringschätzig über andere Menschen in der Gegenwart deines Mannes. Es kann der Auslöser für seine Wut ihnen gegenüber, dir gegenüber und gegenüber deinen Kindern sein. Es verdirbt auch den Frieden, der euer Heim erfüllen sollte.

Lass dich auch nicht zu kritischen Beurteilungen verleiten, wenn er dir immer wieder erzählt, was jemand über dich gesagt hat. Wenn du merkst, dass er sich aufregt, dann bleibe gelassen und vorurteilslos und ermutige ihn, die gute Seite zu sehen. Halte keine Strafpredigt. Sei nur ein Vorbild, indem du mit Vergebung und Frieden antwortest.

Verwechsle nicht Mitleid mit Ermutigung. Wenn du ihn wegen seiner verletzten Gefühlen bedauerst und ihm dein Mitleid zeigst, wirst du nur Öl auf sein emotionales Feuer gießen. Ich habe viele Paare gesehen, deren Verhältnis sich zu etwas Krankhaftem entwickelt hat. Sie verfolgen sich gegenseitig, sie empfangen gern Ablehnung von außen, um sich in ihrer Bitterkeit näher zu kommen, sie schließen die grausame Welt aus, bis sie auch zueinander kein Vertrauen mehr haben werden und sich bis zu ihrem emotionalen Tod bekämpfen.

In fast jeder Gemeinde wirst du solche Ehepaare finden, die von Zeit zu Zeit fernbleiben, weil die Frau ihren Mann dazu gebracht hat, sich über kleine Dinge aufzuregen, bis seine Bitterkeit und Ärger ihn aus der Gesellschaft der „Heuchler" getrieben haben. Sie beklagen sich über den Pastor, seine Kinder oder etwas, dass die Frau vom Diakon gesagt hat. Die Frau läuft zu ihrem Mann mit jedem wahren (und manchmal unwahren) Bericht von Gerüchten über sie. Die Frau beklagt sich manchmal: „Am Sonntag hat uns niemand gegrüßt" oder „Als ich im Krankenhaus war, kam mich niemand besuchen", oder „In unserer Gemeinde ist eine Clique und die mag uns (oder unsere Kinder) nicht." Der Mann wird wütend gemacht, bis dass er etwas tut, nur um Ruhe zu erlangen.

Dieser Weg führt zum Verderben der Kinder. Mit der Zeit wird die Frau zu einer Märtyrerin, die in leisen Tönen von dem Leiden unter den Händen ihres Mannes spricht. Sie teilt seine Auffassung von Kindererziehung nicht und beschützt sie vor seinem Ärger. Die Kinder wachsen verbittert und abgesondert von christlicher Gemeinschaft auf. Die Frau besucht Frauenversammlungen und legt Fürbitte für ihren Mann ein. Dort wird sie geehrt, weil sie so viel auszuhalten habe. Sie ist in Selbstmitleid verfallen und hat gelernt, Freude an diesem krankhaften Verhalten zu finden.

Die Frau macht den Unterschied

Ich kannte einmal einen jungen Mann, der in der Umgebung sehr geachtet war, ein guter Führer seiner Familie und Mitarbeiter in der Gemeinde. Seine junge Frau starb und ließ ihn mit einigen kleinen Kindern zurück. Nach einiger Zeit heiratete er eine feine Witwe. Allem Anschein nach waren sie glücklich verheiratet, aber nach kurzer Zeit fing der Mann an, eine schwache und zurückgezogene Persönlichkeit aufzuweisen. Er begann, sich zu verteidigen und war über das Verhalten anderer Menschen, die nichts Böses im Sinn hatten, beleidigt. Ihm fehlte die Autorität, die er einmal besessen hatte und er war kein Leiter mehr. Er hielt sich und seine Kinder immer mehr von den Menschen und schließlich von der Gemeinde fern, obwohl er nicht den Glauben verließ. Genauer gesagt hielt er sich selbst für gerechter, als alle anderen. Ich glaube, was mich am meisten erschütterte, war die Veränderung in seiner Haltung und in seinem Wandel. Während seiner ersten Ehe hatte er einen großspurigen, fast überheblichen Gang. Nachdem er die zweite Frau heiratete, wurde sein Gang zögernd und unentschlossen. Er ging mit gebeugten Schultern und sah nicht mehr herausfordernd aus.

Er schien sich allem und allen zu entziehen. Mit der ersten Frau kam er immer frühzeitig zur Andacht und übernahm die Leitung; mit der zweiten Frau kam er meistens spät und verließ früh wieder das Gemeindehaus.

Ermutigung im Vergleich zu Mitleid

Können Frauen einen Mann so unterschiedlich beeinflussen? Aus meiner Sicht waren beide Frauen so gut wie Gold. Es ist offensichtlich, dass die erste Frau eine *Mutmacherin* war. Ich kann sie, wenn er sich geschlagen oder beleidigt fühlte, fast sagen hören: „Steh auf, du kannst es. Mach dir nichts aus dem, was sie sagen. Du bist der Mann“. Die zweite Frau war freundlich, liebevoll, sanft und mitleidig. Sie würde also erwidern: „Schatz, du weißt, dass ich dich liebe und es tut mir so leid, dass diese scheußlichen Menschen dich so schlecht behandeln. Komm und lass mich dich halten. Ich möchte, dass du glücklich bist.“

Es erinnerte mich an Ahab, der auf seinem Bett lag und sein Gesicht zur Wand gerichtet hielt, weil er den Weingarten, den er kaufen wollte, nicht bekommen hatte. **Isebel war auch ganz voll Mitleid.** Diese zweite Frau meinte es gut. Sie fand Trost und Erfüllung im Trösten. Sie verhätschelte ihren Mann, sodass er begann, sich kindisch zu verhalten. Die Eheleute umklammerten sich und hielten die harte Welt von sich fern. Er hörte auf, „der Mann“ zu sein. Es war ein erstaunliches Beispiel davon, welchen Einfluss eine falsche Gehilfin auf ihren Mann ausüben kann.

Wenn du merkst, dass dein Mann in die Richtung geht, über andere beleidigt zu sein oder die Motive der Menschen um ihn herum anzuzweifeln, dann bemitleide und unterstütze ihn in dieser Hinsicht nicht. Mache Phil. 4,8 zu deinem Lebensmotto und erinnere dich an das, was in 1.Petr. 3 geschrieben steht: dass wir unsere verlorenen Männer mit unserem keuschen Wandel gewinnen können. Ein keuscher Wandel hat größere Macht über einen Mann, als Mitleid.

Gibt es noch Hoffnung?

Es gibt noch Hoffnung. Wir können uns auf Gottes Wort verlassen, auch wenn Umstände und Ratschläge anderer dagegen sprechen.

Ich hörte einmal von einer hübschen gottesfürchtigen Frau mit Namen Teresa, die mit einem gottlosen, heroinabhängigen Kriminellen verheiratet war. Ihre Gemeinde betete und betete für ihn, aber es half nichts. Schließlich wurde er für seine Verbrechen verhaftet und bekam viele Jahre Gefängnisstrafe. In derselben Gemeinde war ein anständiger, gottesfürchtiger Mann, dessen Frau vom Glauben nichts wissen wollte und sich auch nicht für ihren Mann interessierte. Als Teresas Mann ins Gefängnis kam, wurde Ben geraten, sich von seiner Frau scheiden zu lassen und Teresa zu heiraten, die er ohnehin schon viele Jahre gemocht hatte. Er folgte diesen Ratschlägen und die Gemeinde feierte eine fröhliche Hochzeit zu diesem neuen Bund.

Die Frau, die mir diese Geschichte erzählte, unterbrach sich einige Male, um auszurufen: „Sieh, was Gott getan hat! Ist es nicht wundervoll?" Nachdem ich die ganze Geschichte gehört hatte, war mein Herz sehr betrübt und ich sagte der Erzählerin, sie solle aufhören, auf Gott hinzuweisen. Wir Menschen sehen nur das Hier und Jetzt; wir suchen nur nach dem, was uns heute froh machen wird. Gott sieht so viel mehr, darum hat er uns Sein Wort als Licht gegeben, das uns den Weg zeigt, wenn wir nicht klar sehen können.

Ich wusste, dass dieses ganze Durcheinander Gott entehrte. Hätte die hübsche, kleine Teresa Gott geglaubt und vertraut und wäre sie bereit gewesen, das Alleinsein zu ertragen, hätte sie ihren Mann im Gefängnis besuchen, ihm Bücher und CDs mitbringen und ihre kleinen Kinder mitnehmen können, damit sie ihren Papa sahen. Er würde mit der Zeit anfangen, seine treue Frau und die Kinder zu schätzen und würde begreifen, dass nur die Kraft Gottes eine Frau bewegen kann, solch einen verdorbenen, gemeinen Sünder wie ihn zu lieben. „Herr Süchtig" wäre dann für Gott offen gewesen. Wer weiß, wie viele Männer in dem Gefängnis die uralte Geschichte vom Heiland, der vom Himmel hernieder kam, um sie von ihren Sünden zu retten, gehört hätten, nur weil eine kleine Frau bereit war, für Jesus zu leben, indem sie den Mann, der ihr Ehemann war, ehrte und achtete? Er war ihre Hoffnung und sie war seine. Wenn doch nur weise Männer und Frauen Teresa geholfen hätten, das Wunder zu erkennen, das Gott durch sie tun wollte.

> **„Den Verheirateten aber gebiete nicht ich, sondern der Herr, dass die Frau sich nicht vom Mann scheide – wenn sie aber schon geschieden ist, so bleibe sie unverheiratet oder versöhne sich**

mit dem Mann – und dass der Mann seine Frau nicht entlasse. Den andern aber sage ich, nicht der Herr: Wenn ein Bruder eine ungläubige Frau hat, und es gefällt ihr, bei ihm zu wohnen, der scheide sich nicht von ihr. Und wenn eine Frau einen ungläubigen Mann hat, und es gefällt ihm, bei ihr zu wohnen, die scheide sich nicht von ihm. Denn der ungläubige Mann ist geheiligt durch die Frau, und die ungläubige Frau ist geheiligt durch den Mann. Sonst wären ja eure Kinder unrein; nun aber sind sie heilig. Wenn aber der Ungläubige sich scheidet, so lass ihn sich scheiden. Der Bruder oder die Schwester ist in solchen Fällen nicht gebunden. Denn zum Frieden hat uns Gott berufen. Denn was weißt du, Frau, ob du den Mann retten wirst? Oder du, Mann, was weißt du, ob du die Frau retten wirst?“ (1.Kor. 7,10-16)

Gibt es noch Hoffnung? Ja, es gibt noch Hoffnung! Manchmal haben wir eine falsche Hoffnung. Gott hat uns einen Plan gegeben, mit welchem Er durch unsere Untertänigkeit und Ehrerbietung jedes Männerherz verändern kann. Die Heilige Schrift lehrt uns, dass Gott für uns etwas Wichtigeres und Größeres hat, als nur unsere Gefühle. Das ist nicht unser Glück, es ist unsere Heiligkeit. Ganz gleich, wie weh es tut, ob wir Erfolg sehen oder nicht, auch wenn unser Mann sich nicht bekehrt, Gott gebührt unser Gehorsam, der in Seinen Augen Anbetung ist.

„Sieh, das Auge des Herrn sieht auf die, die ihn fürchten, die auf seine Güte vertrauen“ (Ps. 33,18).

Lerne, Einspruch zu erheben

In unseren ersten Ehejahren gab es einige Male Unstimmigkeiten zwischen meinem Mann und mir, bei denen ich meinen eigenen Kopf durchzusetzen versuchte. Ich dachte, ich müsste reden und er sollte mir zuhören. Zuerst hatte er die Angewohnheit, mich abzuschieben und meine „Launigkeit“ auf die weiblichen Hormone zu schieben. Wenn ich mich über etwas aufregte, fragte er mich als Erstes, ob ich meine Monatsregel habe. Meistens hatte er Recht, aber es störte mich, dass er *alles*, was ich tat, auf meine Hormone zurückführte. Es schien, als würde er meine Anliegen nicht ernst nehmen. Wenn ich meine Schmerzen oder mein Besorgnis um etwas äußerte, war ich gefühlsbetont, was für mich verständlich, aber für ihn unvernünftig war. Meine Gefühle und seine kalte, männliche Logik konnten nicht miteinander sprechen. Ich brauchte eine Weile, bis ich lernte, so Einspruch zu erheben, dass er es respektierte und aufhörte, mich nach meiner Monatsregel zu fragen – er vermutete es nur noch im Stillen.

Wir entschieden uns frühzeitig in unserer Ehe, dass, wenn mir eine Angelegenheit so wichtig war und ich sie unbedingt geklärt haben wollte, er dann all seine geistliche Arbeit und die Geschäfte liegen lassen und mir mit Aufmerksamkeit und Ernst zuhören würde. **Ich sollte dann bereit sein, die Sache loszulassen, nachdem er sie betrachtet hatte und die Entscheidung ihm überlassen, auch wenn mir diese nicht passte.** Wir vereinbarten, dass ich mein Recht, ihm zu widersprechen nie als Trick nutzen würde, um ihn zu kontrollieren; ich würde nur dann davon Gebrauch machen, wenn mein Mann für meine Nöte blind war und er würde mir zuhören, wenn ich ihn auf etwas ansprechen würde. Wir einigten uns, dass ich meine Hände erheben und auf eine ernste, sachliche Art sprechen würde: „Diese Angelegenheit muss geklärt werden." Was dabei herumkam, ist, dass ich im ganzen Verlauf unserer Ehe nur vier- oder fünfmal davon Gebrauch gemacht habe.

Wenn ihr meinen Mann kennen würdet, wäret ihr erstaunt darüber, dass ich ihm so selten widersprochen habe. Er wurde mit erstaunlicher Dynamik und Dominanz geboren und wie es einigen scheint, mit einem Mangel an Sanftheit. Ich meine dies aber als Kompliment. Er ist ein Leiter. Er erwartet, bedient zu werden. Wenn er einen von Menschen gefüllten Raum betritt, sei es die Kirche oder eine Tankstelle, spüren die anderen seine Gegenwart. Wo die meisten Männer in ihrem Leben Meilen gehen, hat er Galaxien durchwandert. Er hat von mir dasselbe erwartet. Mein Leben ist nie mein eigenes gewesen; ich war jeden Tag und jede Minute auf Abruf.

Was ich dabei lernte, als wir uns auf diese „Einspruchsweise" einigten, war, dass die meisten täglichen Aufgaben doch irgendwie zu bewältigen sind. Und als ich erst einmal wusste, dass ich Gehör bekommen würde, wenn ich es nötig hätte, entdeckte ich, dass ich plötzlich bereit war, mehr zu ertragen. Der Grund, warum ich ein paar Mal meinen „Widerstand" gebrauchen musste, war hauptsächlich seine Unfähigkeit, eine Sache aus der Sicht einer Frau zu sehen. Als er meinen Einspruch hörte, war er bereit, darüber aus der Sicht einer Frau nachzudenken. Er ließ sich die Angelegenheit noch einmal gründlich durch den Kopf gehen und kam dann zu einem Kompromiss, der für uns beide zufriedenstellend war. **Der Schlüssel war, dass ich meine Freiheit niemals missbrauchte; dafür respektierte er meine Äußerungen.**

Nachsinnen über …

Ihren eigenen Männern untergeordnet sein

➢ *Werde stille vor Gott*

Deutliche Aussagen von Gott bezüglich Frauen

Suche die Verse aus der Bibel, die die folgenden Aussagen beinhalten, heraus und kennzeichne sie. Gehorchst du Gott? Kennzeichne die Aussagen, die dir zeigen, dass du Gott verunehrt hast und bitte Ihn, dir zu helfen, den Pfad des Gehorsams zu betreten.

- Jüngere Frauen, gebärt Kinder.
- Jüngere Frauen, hütet das Haus.
- Ehefrauen, gebt dem Widersacher keine Gelegenheit, vorwurfsvoll zu sprechen.
- Ehefrauen, seid euren eigenen Männern untertan.
- Ehefrauen, liebt eure eigenen Männer.
- Ehefrauen, liebt eure Kinder.
- Frauen, seid besonnen.
- Frauen, seid keusch.
- Frauen, seid häuslich.
- Frauen, seid nüchtern.
- Die Frau soll im Stillen lernen.
- Ich dulde es nicht, wenn eine Frau lehrt.
- Frauen, reißt nicht die Autorität des Mannes an euch.
- Ehefrauen, ehrt eure eigenen Männer.
- Ehefrauen, führt einen keuschen Wandel.
- Frauen, kleidet euch anständig.
- Frauen, seid züchtig und mäßig.
- Lasst euren Schmuck den verborgenen Menschen des Herzens sein.
- Ehefrauen, habt einen stillen und sanften Geist.
- Ehefrau, erweise ihm gebührende Gutmütigkeit.
- Ehefrauen, seid darauf bedacht, eure Männer zu erfreuen.
- Frauen, verhaltet euch still in den Gemeinden.
- Frauen ist es nicht erlaubt, auf dem Gottesdienst zu sprechen.
- Ehefrauen, seid nicht müßig.
- Ehefrauen, wandert nicht von Haus zu Haus.
- Ehefrauen, seid keine Klatschbasen oder Wichtigtuer.

Kapitel 23

Gehorchen oder nicht gehorchen?

(Das ist die Frage)

Steinewerferin

> *Liebe Pearls,*
>
> *vor etwa 6 Monaten fiel mir auf, dass mein Mann jeden Abend in unser Gästezimmer zu gehen pflegte, um an seinem Computer zu „arbeiten“. Eine unserer jüngeren Töchter weinte oft, wenn er in der Nähe war und so gab er vor, sich fernhalten und es somit vermeiden zu wollen, sie aufzuregen. Außerdem sei er müde und wolle sich ausruhen nach einem langen Arbeitstag. Ich wunderte mich, ließ es aber geschehen.*
>
> *Seine Abende im „Zimmer“ begannen immer früher und endeten mit der Zeit auch immer später. Wenn ich ihn fragte, was er dort tat, sagte er, er sei*

mit Forschungsarbeiten beschäftigt oder dabei, eine Webseite zu gestalten. Gelegentlich versuchte ich, ins Zimmer zu gelangen, um ihn etwas zu fragen, aber die Tür war verschlossen und mein Mann rief von innen, er habe sie verschlossen, um von den Kindern nicht gestört zu werden.

Eines Tages kam eine Freundin zu mir, die ich gebeten hatte, mir einiges am Computer zu zeigen, weil ich mich selbst nicht auskannte. Sie war überrascht, als sie sah, dass ein Teil der Verkabelung entfernt worden war und so der Computer nicht eingeschaltet werden konnte. Da wurde mir bewusst, dass mein wunderbarer Mann, der zu Hause Kinder belehrte und die Kirche leitete, wohl in Pornographie verwickelt sein musste.

Ich zog die Jalousien so weit hoch, dass ein schmaler Spalt offen blieb und änderte die Position des Computers ein wenig, damit ich den Bildschirm sehen konnte, wenn ich von draußen durch den Spalt schauen würde. Im Verlauf des Tages wurde mein Blut immer heißer. ***Ich war so böse, dass es mich bestürzte.*** *Mein Mann ging sogleich nach dem Essen in das Computerzimmer. Ich wartete, bis ich sicher war, dass die Kinder schliefen und ging dann hinaus, um ins Büro zu spähen. Was ich dort auf dem Bildschirm sah, war schockierend – ich werde es mein Leben lang nicht vergessen. Mich ekelt es an, dass ihn so etwas anzieht. Ich trat in Verwirrung und Ärger zurück und wünschte, dass der* ***Zorn Gottes*** *auf ihn herabfiel. Da erinnerte ich mich an die großen Steine, die um das Blumenbeet herum lagen, in dem ich stand. Ich nahm einen Stein, der ungefähr so groß wie ein Teller war und warf ihn durch die Fensterscheibe, so kräftig ich konnte. Er prallte genau durch das neulich eingebaute Andersen-Fenster. Als ich ins Haus kam, rannte mein Mann gerade hinaus, um den ungezogenen Bengel zu stoppen. Ich rannte an ihm vorbei, direkt in sein Zimmer, mit noch einem Stein und* ***beendete meine Arbeit****. Ohne Zweifel begriff er, dass er erwischt wurde, als er die Zertrümmerung im Haus hörte. Ich schrie wie eine verrückte Frau und blutete aus einigen oberflächlichen Wunden von den Glassplittern. Die Kinder wachten auf und kamen weinend herein; es war die denkbar schlimmste Szene.*

Mein Mann versuchte, es so darzustellen, als wäre ich eine hysterische Frau und keine, die Pornos gesehen hatte, ***aber ich hatte die Nase voll von seinem***

selbstgerechten Getue. Ich sagte ihm, dass ich am folgenden Tag alle Personen, die wir kannten, seine Mutter mit eingeschlossen, anrufen und ihnen genau sagen würde, was ich gesehen hatte. Dann sagte er, es sei das erste Mal gewesen. Das machte mich noch wütender. Er sah schließlich ein, dass er mich nicht mehr täuschen konnte und bekam Angst, dass diese Schande offenbar werden würde. Ich bereue mein Handeln nicht. Ich empfand, dass Gott mindestens genauso böse war wie ich. Und dieser Mann erwartete, dass seine Frau und Kinder Christus verherrlichen sollten, während er sich hinter Türen verkroch und sich schmutzige Bilder anschaute. Ich sagte es ihm nicht, aber er weiß, dass, wenn er je wieder hineingeht und die Tür schließt oder sich von seiner Familie absondert, ich dann annehmen werde, dass er seinen bösen Trieben nachgeht und ich reden und reden und reden werde. Ich betrachte es nicht als Erpressung; **es ist Verantwortlichkeit**. Er hat bewiesen, dass er nicht vertrauenswürdig ist; dass er seine Autorität und seinen religiösen Einfluss als Deckmantel für seine Sünde benutzt. Also werden die Turen offen sein und die Kinder und ich werden allezeit zu ihm Zugang haben. Er wird keinen Arbeitsplatz annehmen, bei dem er sich ungestört am Computer vergnügen kann, er wird abends nicht ohne eines der Kinder ausgehen, er wird direkt nach der Arbeit nachhause kommen und auch nicht für eine Stunde irgendwo hinfahren, um was auch immer zu tun. Ich erwarte, dass er sich wie ein Ehemann und Vater verhält. Ich werde ihm vergeben, ihn lieben und ehren, aber er muss wissen, dass ich auf einige Dinge bestehen muss, um sicher zu sein, dass er treu bleibt. Seine Offenheit wird mir Frieden schenken und bewirken, dass ich ihm glaube.

Ich schreibe dies hier als ein Zeugnis, das ich mit anderen teilen möchte. Ich weiß, dass ihr gegen gläubig kontrollierende Frauen seid, doch irgendwie denke ich, dass ihr verstehen und gutheißen werdet, was ich tat. Drastische Zeiten fordern drastische Maßnahmen. Ich glaube, dass, wenn ich meinen Verdacht für mich behalten und versucht hätte, mit meinen Mann zu argumentieren, er *nie seine Sünde bekannt hätte und* ***ich alt und bitter geworden wäre*** *mit dem Wissen, dass er ein untreuer Heuchler ist. Ich weiß, dass ich angefangen hätte, ihn zu hassen und das hätte uns genauso vernichtet, wie seine Pornographie uns vernichtete. Er ist jetzt dankbar, dass ich den Stein warf. Er erzählte mir, dass sein erster Gedanke war, dass Gott ins Zimmer eingebrochen war und das hatte ihn arg erschreckt. Er sagte, dass er hatte sehen müssen, wie wütend mich die Pornographie gemacht hatte, um zu begreifen, wie übel sie wirklich ist. Wir bauen unsere Ehe wieder auf und wissen, dass es einige Zeit dauern wird. Ich habe das Gefühl, als wären wir durch einen schrecklichen Kampf gegangen und wir sind nun beide müde, aber dennoch erleichtert, dass er vorbei ist.*

Ich weiß, dass es tausende Frauen gibt, die dasselbe erfahren. Betet für uns. Betet für meinen Mann.

Shannon

Wann man NICHT gehorchen soll – Ausnahmefall

In der Bibel wird uns eine Situation geschildert, in welcher es für eine Frau unangebracht ist, ihrem Mann zu gehorchen.

Apostelgeschichte 5,1-10:

1. „Aber ein Mann mit Namen Hananias verkaufte mit seiner Frau Saphira ein Gut

2. und unterschlug etwas vom Geld mit Wissen seiner Frau und brachte einen Teil und stellte es den Aposteln zur Verfügung.

3. Petrus aber sagte: ‚Hananias, warum hat der Satan dein Herz erfüllt, dass du den Heiligen Geist belogen und etwas vom Geld des Ackers unterschlagen hast?

4. Hättest du ihn behalten, blieb er da nicht dein? Und als er verkauft war, war es nicht auch in deiner Verfügung? Warum hast du dir denn diese Tat in deinem Herzen vorgenommen? Du hast nicht Menschen, sondern Gott belogen‘.

5. Als Hananias diese Worte hörte, fiel er zu Boden und starb. Da kam eine große Furcht über alle, die das hörten.

6. Die jungen Männer aber standen auf, hüllten ihn ein, trugen ihn hinaus und begruben ihn.

7. Etwa drei Stunden später kam seine Frau herein und wusste nicht, was geschehen war.
8. Aber Petrus sprach sie an: ‚Sage mir: Habt ihr den Acker für so viel verkauft?' Sie sagte: ‚Ja, für so viel'.
9. Petrus aber sagte zu ihr: ‚Warum seid ihr denn eins geworden, den Geist des Herrn zu versuchen? Sieh, die Füße derer, die deinen Mann begraben haben, sind vor der Tür, und sie werden dich hinaustragen'.
10. Und sofort fiel sie zu seinen Füßen hin und starb. Da kamen die jungen Männer und fanden sie tot, trugen sie hinaus und begruben sie neben ihrem Mann."

Dieses Buch wäre nicht vollständig, wenn wir nicht die Frage ansprechen würden, was eine Frau tun soll, wenn sie weiß, dass ihr Mann Gottes Gesetz und das der Menschen bricht oder seine Sünde sie in Gefangenschaft bringen oder seine Handlungsweise sie oder ihre Kinder töten könnte – wie zum Beispiel, sie durch ihn an AIDS erkranken zu lassen. Kurz gesagt: Gibt es eine Situation, in der eine Frau ihrem Mann ungehorsam sein sollte? Weil dieses eine lehrmäßige Angelegenheit ist, habe ich meinen gelehrten **Ehemann** gebeten, mir damit auszuhelfen. Er hat zu dem Abschnitt **„Wann man nicht gehorchen soll"** beigetragen.

Michael Pearl trägt bei:

Alle Autorität gehört Gott

Paulus lehrte, dass wir den höheren Mächten gehorchen sollen. Dennoch gab es Zeiten, in welchen er und die Apostel nur Gott gehorchten. Wir wissen, dass Petrus sagte, **„man muss Gott mehr gehorchen als den Menschen"** (Apostelgeschichte 5,29), als die jüdische und römische Regierung der damaligen Kirche befahl, gegen Gottes Wort zu handeln. Dieses und andere Beispiele begründen die Tatsache, dass es Ausnahmen darin gibt, der Autorität zu gehorchen, die über einem ist. Viele Frauen sind ihren Männern ungehorsam, in der Meinung, dass sie damit Gott gehorchen. Sie geraten in die Gewohnheit, sein Urteil immer anzuzweifeln, seine Ideen zu kritisieren und ihn zu korrigieren und zu denken, sie hätten bessere Ideen. Sie lassen ihn „leiten", wenn sie denken, er habe Recht und so vertauschen sie effektiv die männliche mit der weiblichen Rolle. Wann ist es angebracht für eine Frau, ihrem Mann den Gehorsam zu verweigern?

Autoritätsbereiche

Alle Autorität kommt von Gott und muss sich vor Ihm verantworten, aber Er hat einen Teil der Autorität den Engeln zugeordnet, einen Teil der Regierung, einen Teil der Kirche, einen Teil den Ehemännern und einen Teil den Ehefrauen. Engel haben Autorität, die die Propheten nicht haben und Ehemänner haben Autorität, die die Regierung nicht hat. Ebenso hat die Regierung Autorität, die weder Engel noch Ehemänner haben. Gott hat der Zuständigkeit jeder Autorität eine Grenze gesetzt. Beispielsweise haben weder Regierungen noch Ehemänner das Recht, Gesetze für Glaubenslehre oder Moral aufzustellen. Gott behält das Recht. Die Gemeinde hat kein Recht, sich in Familienangelegenheiten einzumischen, außer, wenn falsche Lehren oder Unmoral darin verwickelt sind. Ein Ehemann hat kein Recht, die gerechten Gesetze Gottes oder die der Menschen zu übertreten und auch nicht, seine Frau oder seine Kinder zu diesem zu zwingen.

Denjenigen, die Autorität in bestimmten Bereichen haben, hat Gott ein gewisses Maß an Kontrolle anvertraut – mit allen Vor- und Nachteilen. Gott kontrolliert nicht jeden Autoritätsbereich bis ins Kleinste. Er gewährt der Autorität gewisse Freiheit, im Unrecht zu sein und dennoch das Amt zu behalten.

Unser ganzes Leben ist an eine Kette von Befehlen gebunden. Wir müssen uns vor anderen verantworten, die sich dann wiederum vor Gott verantworten müssen.

Jesus lehrte Autoritätsbereiche

Jesus bestätigte ausdrücklich, dass Gott verschiedene Autoritätsbereiche festlegte, als er sagte: **„Dann gebt dem Kaiser, was dem Kaiser gehört, und Gott, was Gott gehört!"** (Matthäus 22,15-22). Das bedeutet, dass die Regierung ihre und Gott Seine Zuständigkeit hat; es besteht kein Widerspruch in der Betrachtung eines jeden in dessen Bereich der Autorität. Als Gott der Regierung die Macht gab, im irdischen Gebiet zu regieren, gab Er ihr auch die Macht, die Höhe der Steuern festzulegen. Gott greift nicht ein und hält die Regierung davon ab, zu viel Steuern einzunehmen. Es gibt einen Autoritätsbereich, welcher der Regierung allein gehört – auch dann, wenn sie diese Macht missbraucht.

Dieser Grundsatz würde auf alle zuständige Autorität zutreffen: Polizei, Richter, Präsidenten, Könige, Ehemänner, Kirchen und Eltern. Nur in dem von Gott gegebenen Bereich der Autorität erlaubt dieser ihnen, ihre Macht zu gebrauchen bzw. zu missbrauchen, ohne sich selbst einzumischen. Wenn irgendeine Autorität ihre Macht über das, was Gott erlaubt, hinaus missbraucht, muss sie es vor einer höheren Macht verantworten – genauso, wie, wenn ein Mann seine Frau körperlich misshandelt, es dann an dem Staat liegt, den Fall zu klären.

Gott erlaubt es der Regierung, unrecht zu handeln und ihre Autorität zu missbrauchen und die Untergeordneten sind verpflichtet, ihr Gehorsam zu leisten. Aber wenn die Regierung versucht, sich in den Bereich der Glaubenslehre einzumischen und z.B. den Eltern verbietet, ihre Kinder zu lehren, dass Homosexualität Sünde ist, dann ist die Regierung aus ihrem Autoritätsbereich ausgetreten. **Die Schrift offenbart uns, welches Ausmaß an Zuständigkeit Gott jeder Autorität gegeben hat.**

Des Ehemannes Autoritätsbereich

Eine Frau braucht nicht zwischen Gott und ihrem Mann zu wählen. **So gebe dem Mann, was des Mannes ist, und Gott, was Gottes ist.** Die Autorität, die Gott deinem Mann gab, gehört ihm allein und Gott wird sich nicht einmischen und diese Berechtigung zurücknehmen; auch dann nicht, wenn dein Mann seine Befugnis innerhalb eines bestimmten erlaubten Rahmens missbraucht. Wir werden auf diese Ausnahmen sogleich eingehen. Aber als Erstes musst du wissen, dass ein Mann berechtigt ist, seiner Frau zu sagen, was sie anziehen soll, wohin sie zu gehen hat, mit wem sie reden darf, wie sie ihre Zeit verbringen soll, wann sie zu reden und wann zu schweigen hat, auch wenn er dabei unvernünftig und gefühllos ist. Aber er hat nicht die Berechtigung dazu, ihr zu befehlen, mit ihm zusammen Pornographie anzuschauen oder ihm beim Ausführen eines Verbrechens zu helfen.

Genauso geht auch die Befugnis der Eltern nicht so weit, dass sie das Recht haben, dem Kind zu befehlen, an Unmoral teilzunehmen, abzutreiben oder irgendetwas zu tun, dass das Gewissen des Kindes vor Gott beflecken würde oder es dazu bringen würde, die staatlichen Gesetzte zu übertreten. Dennoch muss ein Kind des Vaters **Amt** weiterhin respektieren, auch wenn dieser unreif ist und beleidigend handelt. Frauen müssen einem unvernünftigen und mürrischen Ehemann gehorchen, es sei denn, er würde der Frau befehlen, den Heiligen Geist zu belügen, wie Hananias es tat; in einem solchen Fall soll die Frau Gott gehorchen und nicht ihrem Mann. Ein Mann hat das Recht, natürlichen Geschlechtsverkehr mit der Frau zu pflegen, aber er darf sie nicht zwingen, an unnatürlichem (analem) Geschlechtsverkehr teilzunehmen. Ebenso hat die Frau die Autorität, auf den Körper ihres Mannes zuzugreifen, um sexuelle Befriedigung zu erlangen.

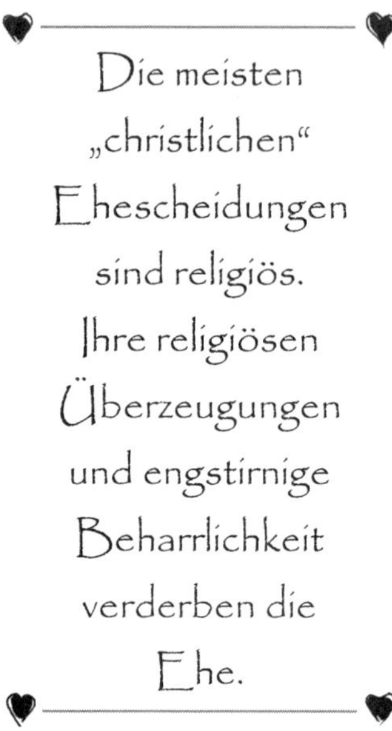

Theoretisch scheint dieser Grundsatz eindeutig und simpel zu sein. Diese „eheliche" Münze hat aber zwei Seiten. Auf der einen Seite muss die Frau ihrem Mann in allen Dingen gehorsam sein, ihn verehren, ihm dienen wie dem Herrn. Auf der anderen Seite aber, wenn er seinen Autoritätsbereich übertritt und versucht, ihr zu befehlen, gesetzeswidrige oder unmoralische Dinge zu tun, muss sie Gott bzw. der Regierung gehorchen.

Nun aber, wenn alle Männer ihr Heim in Heilig-, und Gerechtigkeit leiten würden, wären keine Ausnahmen im Gehorsam notwendig. Aber freilich ist das nicht der Fall, und ist es nie gewesen. Wahrlich, **„denn es ist kein Mensch so gerecht auf Erden, dass er Gutes tut und nicht sündigt"** (Prediger 7,20). Obwohl Gott die Tatsache der Sündhaftigkeit des Mannes kennt, befiehlt Er der Frau dennoch nichtsdestoweniger, ihren Mann – in dem Herrn – zu verehren und ihm zu gehorchen. Die Lösung ist, dass die Frau die Weisheit hat, zu erkennen, was in ihres Mannes Autoritätsbereich liegt und was unter die Autorität Gottes, der Regierung oder der Kirche gehört – eine überwältigende Aufgabe für den menschlichen Verstand.

Wenn alle Frauen von Natur aus dazu neigen würden, sich der Autorität zu unterordnen – sei es Gott, der Regierung, der Kirche oder dem Mann – ich bin mir sicher, dass dann alles glatt ablaufen würde. Frauen würden ihren Männern Tag für Tag fröhlich gehorchen und sich ihnen nur in seltenen Ausnahmen, das heißt, wenn der Mann seiner Frau befehlen würde, Böses zu tun und sie das Gesetz Gottes und das der Menschen übertreten müsste, widersetzen. Aber, oh weh! Frauen sind auch gefallene Kinder Adams und neigen nicht dazu, stets ausgeglichen und weise zu sein.

Die meisten „christlichen" Ehescheidungen sind religiös. Ihre religiösen Überzeugungen und engstirnige Beharrlichkeit treiben ihn, sie zu verlassen. Als eine Geschiedene erscheint sie den anderen als ein Opfer der Verfolgung und des Missbrauchs, aber in vielen Fällen waren es ihre eigenen „Maßstäbe", die die Kluft zwischen ihnen geschaffen haben und zur Scheidung führten. **Satan lacht, die Kinder weinen, und die Gruppe der Alleinstehenden in der Kirche wächst.** Ist es nicht ironisch, dass Frauen die Lehre Christi als Grund nehmen, ihren Männern ungehorsam zu sein und sie zu verunehren?

Gott erkennt dem Mann seine Autorität nicht ab, wenn dieser sie auf ungerechte Weise gebraucht.

Wo ist die Grenze?

Gott greift nicht ein und entzieht einem Vater die Autorität, auch wenn er unbeherrscht ist und seine Kinder vernachlässigt oder wenn er bei der körperlichen Züchtigung über die Strenge schlägt. Solange er nicht Landesgesetze übertritt oder an anderen Menschen Gewalt ausübt, gebührt ihm Autorität. Kinder sind verpflichtet, einem uneinsichtigen und mürrischen Vater zu gehorchen. Ebenso sollen Frauen uneinsichtigen und mürrischen Männern gehorchen, denn sie bleiben das Haupt und behalten die Autorität, es sei denn, sie werden kriminell und zwingen die Familienmitglieder zu Unmoral; in solchen Fällen würde Gott oder die Regierung eingreifen. Das ist in jeder Hinsicht biblisch. Lies den folgenden Abschnitt, in dem es um das Prinzip der Autorität geht, einmal sorgfältig durch.

Ungerechtes Leiden ertragen

Der Text in 1. Petrus wird eventuell in einer Diskussion über den Gehorsam der Frauen ihren Männern gegenüber enden, aber er beginnt genauso wie unsere Diskussion über dieses Thema, nämlich mit den allgemeinen Vorstellungen über die Autoritätsbereiche.

1. Petrus 2,13-23

13. „Ordnet euch um des Herrn willen jeder von Menschen eingesetzten Ordnung unter, es sei dem König als dem Obersten

14. oder den Statthaltern als denen, die von ihm beauftragt sind, die zu bestrafen, die Unrecht tun, und zu loben, die Gutes tun.

15. Denn das ist der Wille Gottes, dass ihr durch gutes Handeln den törichten Menschen, die unwissend sind, das Maul stopft.

16. Tut das als Freie, aber nicht, indem ihr die Freiheit zum Deckmantel der Bosheit nehmt, sondern als Gottes Knechte.

17. Ehrt jedermann, habt die Brüder lieb, fürchtet Gott, ehrt den König!"

Die Bibel ist so eindeutig. Uns wurde befohlen, der Regierung, unter welcher wir sind, Gehorsam zu leisten – sogar den unverständigen und törichten Regierenden. Vers 16 weist darauf hin, dass wir eigentlich frei vom Gesetz sind, denn wir sind unter einem größeren Gesetz, nämlich unter dem Gesetz Gottes. Wir haben Freiheit, aber wir werden gewarnt, unsere Freiheit nicht als Deckmantel für die Bosheit zu gebrauchen. Das heißt, wir sollen Bosheit nicht kleiden mit den Kleidern unserer Freiheit in Christus. Mit anderen Worten, wir sollen nicht aus selbstsüchtigen Motiven heraus rebellieren, indem wir behaupten, wir würden einer höheren, gerechteren Herrschaft dienen – was üblicherweise die Entschuldigung eines jeden Rebellen ist.

Der weitere Text beinhaltet denselben Grundsatz, aber es wird nun das Verhalten der Diener unter der Autorität ihrer Meister bzw. das Verhalten von Arbeitnehmer unter der Autorität ihrer Arbeitgeber, wie es auf die heutige Zeit zutrifft, veranschaulicht.

18. „Ihr Knechte, ordnet euch den Herren mit allem Respekt unter, nicht nur den gütigen und milden, sondern auch den launischen.

19. Denn das ist Gnade, wenn jemand um des Gewissens willen vor Gott das Übel erträgt und das Unrecht erleidet.

20. Denn was ist das für ein Ruhm, wenn ihr wegen böser Taten geschlagen werdet und es erduldet? Aber wenn ihr um guter Taten willen leidet und es erduldet, das ist Gnade bei Gott."

Hier wird die Angelegenheit geklärt. Diener sollen ihren Meistern untertan sein, ob sie **gütig und mild** oder **launisch** (unehrlich, verdorben, schlecht, ungerecht, mürrisch) sind. Sogar, wenn eine Person demjenigen, der unter ihm ist, **übel und unrecht antut** und bei ihm Trauer verursacht, befiehlt Gott dem Diener, dies zu **ertragen** und zu **erdulden**. Der Diener hat hier kein Recht, darüber zu urteilen, ob der Meister im Willen Gottes handelt oder nicht; in beiden Fällen hat er ihm zu gehorchen. Es ist für den Untergebenen **angenehm vor Gott** (Gottes Wille), das **Übel zu ertragen** und das **Unrecht zu erleiden**.

Bestimmt fragst du dich nun: „Warum ist es Gottes Wille für den Untergebenen, unter den Händen einer ungerechten und verdorbenen Autorität zu leiden?" Es gibt zwei Gründe dafür und einen davon haben wir schon erwähnt. Erstens, die Autoritätskette muss unangetastet bleiben, das geht sogar so weit, dass man ein gewisses Maß an Misshandlung erdulden muss. Der andere Grund ist uns in Vers 20 gegeben – **Ruhm**.

Wir sind von Gott erschaffen und auf diese Erde gestellt, um Seine Herrlichkeit kundzutun (Psalm 8,5; Jesaja 43,7; Römer 2,7; Hebräer 2,7). Jesus lebte kein leichtes, bequemes Leben, sowie es Ihm gefiel. Er lebte und litt für den Ruhm, der folgen sollte (1. Petrus 1,11). Frau, du wurdest erschaffen, um Gott zu rühmen. Wenn Gott dich unter die Herrschaft eines Mannes stellt, von dem Er weiß, dass er dir Leiden verursachen wird, ist es mit der Voraussetzung, dass du Gott gehorchen wirst, indem du ungerechtes Leiden duldest. Und wenn du ungerecht im Namen des Herrn leidest, bringst du Ihm großen Ruhm.

Der Text in Vers 21 sagt, dass du von Gott zu dem Zweck berufen wurdest, für Ihn zu leiden, so wie Er für dich gelitten hat.

> **21. Denn dazu seid ihr berufen, weil auch Christus für uns gelitten und uns ein Vorbild hinterlassen hat, damit ihr seinen Fußspuren folgt;**
> **22. Er hat keine Sünde getan, es ist auch kein Betrug in seinem Mund gefunden worden;**
> **23. als er beschimpft wurde, schimpfte er nicht zurück, als er litt, drohte er nicht, sondern er übergab es dem, der gerecht richtet.**

Hat dein Mann dich beschimpft und bedroht? Du wirst ermahnt, so zu reagieren, wie Jesus es tat. Als Er beschimpft und bedroht wurde, litt Er, indem Er sich einem höheren Richter anbefahl, der da gerecht richtete. Du musst dich dem unterordnen, der dich unter die Herrschaft deines Mannes gestellt hat. Dein Mann wird sich vor Gott verantworten, und du musst dich vor Gott dafür verantworten, wie du auf das Verhalten deines Mannes reagierst, auch dann, wenn es dir Leiden verursacht.

Meine Auslegung ist nicht abstrus oder aus dem Zusammenhang gerissen, denn der Text in 1. Petrus geht damit weiter, dass dieses Prinzip der Autorität und Unterordnung ausgebaut wird, indem es auf den Gehorsam der Frauen ihren Männern gegenüber bezogen wird. Das erste Wort in Kapitel 3 ist **„ebenso"**, welches den Abschnitt mit der vorigen Belehrung aus Kapitel 2 verbindet – die Verse, die wir eben betrachtet haben.

1. Petrus 3,1-6

1. Ebenso sollt ihr Frauen euch euren Männern unterordnen, damit, wenn auch einige dem Wort noch nicht gehorchen, sie durch den Lebenswandel der Frauen ohne Wort gewonnen werden,

2. indem sie euer respektvolles, vorbildliches Leben ansehen.

3. Nicht der äußerliche Schmuck mit Haarflechten und Goldketten oder Anziehen von prächtigen Kleidern,

4. sondern der verborgene Mensch des Herzens im unvergänglichen Schmuck des sanften und stillen Geistes ist kostbar vor Gott.

5. Denn so haben sich einst auch die heiligen Frauen geschmückt, die ihre Hoffnung auf Gott setzten und sich ihren Männern unterordneten,

6. wie Sara Abraham gehorsam war und ihn „Herr" nannte; deren Töchter ihr geworden seid, wenn ihr Gutes tut und euch nicht fürchtet und einschüchtern lasst.

Dieser Schriftabschnitt ist eindeutig für alle, die Augen haben, zu verstehen. „Ebenso [wie wir alle Gesetze der Regierung befolgen und Diener ihren Herren gehorchen sollen, auch solchen, die beleidigend und mürrisch sind], **sollt** ihr Frauen euren Männern gehorsam sein ...", auch solchen, die die Heilige Schrift nicht befolgen – also keine Achtung vor Gott haben. Der Text geht soweit, dass die Frau aufgefordert wird, ihrem verlorenen Mann dieselbe Verehrung entgegen zu bringen und ihn „Herr" zu nennen, wie Sara es tat. Du kannst deinen Mann freiwillig „Herr" nennen, denn du weißt, dass du damit den ansprichst, der von dir verlangt hat, unter den Händen deines Mannes zu leiden, so wie unser Heiland unter den Händen einer ungerechten Autorität litt. Lehnte Jesus den Willen Gottes ab und floh, nur weil der Weg des Gehorsams mit Leiden verbunden war? Jesus sagte: **„Denn ich bin vom Himmel herabgekommen, nicht um meinen Willen zu tun, sondern den Willen dessen, der mich gesandt hat"** (Johannes 6,38). Frauen, die ihren eigenen Willen tun, mögen aus einer freudlosen Ehe fliehen, aber Frauen, die Gottes Willen tun, betreten einen Pfad des Segens, der nur den Gehorsamen bekannt ist.

Ich weiß, dass diese Lehre viele von euch bestürzt. Dennoch ist sie nicht weniger radikal, als Jesus radikal war und es ist der von Gott bestimmte Plan. Der Text sagt, dass ihr **„euch nicht fürchte[n] und einschüchtern lass[en sollt]"** (3,6). Jesu Lehre ist so ge-

gensätzlich zur menschlichen Natur, dass sie einen manchmal ängstigen und bestürzen kann. Niemand aus dem Fachgebiet der Psychologie würde je auf so etwas kommen. Nie wirst du solches von Dr. Laura oder den meisten deiner modernen Prediger hören, aber es ist der Weg zur Herrlichkeit, der Pfad zu einem Wunder, das deinen Mann verändern kann, nachdem es schließlich dich verändert hat.

Gott sucht deine Ehre. **Ehre bekommt man, wenn man das Ungewöhnliche, das Tapfere, das Wunderbare tut, das Gegenteil von dem, was üblicherweise getan wird.** Wenn eine christliche Ehefrau tut, was eine weltliche Frau nie tun würde, – einem Mann, der es nicht wert ist, fröhlich zu gehorchen, einfach, weil Gott es befohlen hat – wird Gott im Himmel verherrlicht. Kinder sollen ihren Eltern „in dem Herrn" gehorchen und Frauen sollen ihren Männern gehorchen, so, als würden sie Gott gehorchen. Fahre fort mit dem Lesen des Textes und staune darüber, wozu du berufen bist, ohne Angst zu haben.

1. Petrus 3,9-17

9. Vergeltet nicht Böses mit Bösem oder Scheltwort mit Scheltwort, sondern im Gegenteil segnet, und wisst, dass ihr dazu berufen seid, damit ihr Segen ererbt.

Wenn du Böses und Scheltworte duldest, ohne es mit Bösem zu vergelten, wirst du gesegnet; nicht als Märtyrer, sondern als jemand, der Gott anbetet.

10. Denn wer das Leben lieben und gute Tage sehen will, der hüte seine Zunge vor Bösem und seine Lippen, dass sie nicht lügen.

11. Er wende sich vom Bösen ab und tue Gutes; er suche Frieden und jage ihm nach.

12. Denn die Augen des Herrn achten auf die Gerechten und seine Ohren auf ihr Gebet; das Angesicht des Herrn aber richtet sich gegen die, die Böses tun.

13. Und wer könnte euch schaden, wenn ihr dem Guten nachkommt?

Wenn du das Leben liebst und ein reifes, hohes Alter in Ruhe und Zufriedenheit erreichen willst, dann sieh davon ab, auf Schimpfworte mit Schimpfworten zu erwidern. Denn die Augen des Herrn sehen alles, was geschieht. Seine Ohren sind offen für deine Gebete, wenn du Ihm und deinem Mann gehorchst. Und dann gilt für dich das Versprechen: Wenn du Gott nachfolgst und tust, was gut ist, wird kein Unglück über dich kommen.

14. Und wenn ihr auch leidet um der Gerechtigkeit willen, dann seid ihr glückselig. Fürchtet euch aber nicht vor ihrem Drohen und erschreckt nicht;

Du wirst Segen erfahren, wenn du um der Gerechtigkeit willen leidest, das heißt, wenn du Gott gehorchst, dadurch, dass du deinem Mann gehorchst und nicht Böses mit Bösem vergiltst. Du wirst froh sein, darum fürchte dich nicht vor den Dingen, die du dulden musst.

15. heiligt aber Gott den Herrn in euren Herzen. Seid jederzeit bereit zur Verantwortung jedem gegenüber, der von euch Rechenschaft über die Hoffnung fordert, die in euch ist,

16. und das mit Sanftmut und Respekt; und habt ein gutes Gewissen, damit die, die euch als Übeltäter bezeichnen, beschämt werden, weil sie euren guten Lebenswandel in Christus verleumdet haben.

17. Denn es ist besser, wenn es Gottes Wille ist, dass ihr wegen guter Taten leidet als wegen böser Taten.

Wenn schon nicht deinem Mann, dann leide wenigstens Gott zuliebe für dein Wohlergehen.

Wenn du nicht sehr gut in der Heiligen Schrift und in dem Willen und den Wegen Gottes bekannt bist, dann wird dich die Lehre vom stillen Erdulden der Leiden und Schmähungen zur **Verherrlichung Gottes bestürzen**. Es ist ein Jammer, dass heutzutage so viele so wenig über den Willen Gottes wissen. Es ist das normale christliche Leben, von dem wir hier sprechen. Gottes Weg ist der Weg der überfließenden Freude und des Friedens. Für Ihn zu leiden, bringt **„unaussprechliche und herrliche Freude“** (1. Petrus 1,8). Andererseits aber, raten wir nicht zu einer langgesichtigen „Ich Arme, schau wie ich leiden muss“ – Haltung, die so viele an den Tag legen. Du wirst nie einen ungeretteten Mann gewinnen können, wenn er denkt, dass du Elend als Teil deines Glaubens akzeptierst und ich würde ihm dafür auch keine Vorwürfe machen. Wenn deine Reaktion ihm gegenüber dich unglücklich macht, kannst du sicher sein, dass du in dieser Angelegenheit nicht nach Gottes Willen handelst. Du musst ein Anbeter Gottes sein und dich an Seiner Gegenwart erfreuen, wenn du um Seinetwillen leiden willst und großer Ruhm daraus entstehen soll.

-Michael Pearl

Praktische Beispiele

Es mag dich immer noch etwas verwirren, wann du nun gehorchen sollst und wann nicht. Im Folgenden sind einige der Fragen und Angelegenheiten, die wir per Mail geschickt bekommen, aufgelistet, welche wir eine nach der anderen besprechen werden.

Sodomitisches Raubtier (E-Mail wurde unmittelbar beantwortet)

Liebe Pearls,

etwas Schreckliches geschieht, und wir haben keine Freunde, an die ich mich wenden kann. Ich muss JETZT HILFE HABEN! BITTE lest diesen Brief und antwortet HEUTE. Vor einer Woche wurde mein Sohn 13 Jahre alt. Mein Mann wollte, dass er ab jenem Zeitpunkt abends regelmäßig mit ihm ausgehen sollte, damit sie ein Mann-zu-Mann-Verhältnis aufbauen könnten. Ich freute mich. Nach dem ersten Ausgang bat mein Sohn (der aus einer Beziehung vor meiner Ehe mit Dan stammt) mich, ihn nicht zu zwingen, ein weiteres Mal mit seinem Vater auszugehen. Mein Mann wird wirklich böse, wenn ich oder die Kinder ihm widersprechen, aber er ist liebenswert, wenn wir tun, was er verlangt. Er prahlt gern mit unserem Gehorsam. Ich sagte meinem Sohn, er müsse Dan gehorchen. Heute erzählte er mir, dass Dan ihn zu internationalen Raststätten mitnimmt, wo sich Homosexuelle befinden, die miteinander „machen" und Jungen abpassen, die die Toilette betreten. Mein Sohn sagte, Dan hätte ihn gezwungen, mit ihm und anderen Männern daran teilzunehmen. Er wusste zuviel, als dass er hätte lügen können, er weinte, flehte und drohte, wegzulaufen, wenn ich ihn nicht schützen würde. Ich habe Angst. Ich habe schon lange den starken Verdacht gehegt, dass mein Mann sich mit Pornographie beschäftigt, aber ich dachte, es wäre besser, mich da nicht einzumischen. Jetzt passiert diese schreckliche Sache. BITTE, lieber Gott, ich flehe dich an, lass sie mir heute antworten. Ich befahl meinem Sohn, sich heute abends krank zu stellen, bis ich weiß, was ich tun soll.

Jean, Mutter von 7 Kindern

Hier ist ein klares Beispiel eines Vaters und Ehemannes, der die Grenzen seines Autoritätsbereiches übertrat. Weder die Frau noch der Sohn waren verpflichtet, ihm in dieser Angelegenheit zu gehorchen. Wir rieten ihr, die Polizei zu rufen, damit sie sich darauf vorbereiten konnte, die Sodomiten, ihren Mann mit eingeschlossen, auf der Raststätte gefangen zu nehmen. Sie tat es. Ihr Mann sitzt nun für mehrere Jahre im Gefängnis und die Kinder können ohne einen Perversen als Vater aufwachsen. Manchmal ist es eine grobe Sünde, sich NICHT dem Mann zu widersetzen.

> AIDS ist heutzutage ein Faktor, der in Betracht gezogen werden muss, sowohl bei deiner eigenen Gesundheit als auch bei der Gesundheit deiner Kinder.

Transvestismus

Liebe Pearls,

mein Mann hat angefangen, sich abends Frauennachthemden anzuziehen und will, dass ich mich beim Geschlechtsverkehr so verhalte, als sei er eine Frau. Er versucht, mich davon zu überzeugen, dass das, was in unserem Schlafzimmer geschieht, OK ist, und das Bett unbefleckt ist. Er lehrt in der Kirche und ist hoch angesehen. Ich weiß, dass er der Herr im Haus ist und ich habe ein paar Mal mitgemacht, aber es macht mich krank. Wie handle ich richtig?

Anna

Gott hat dem Mann nicht die Macht gegeben, seine Frau zu imaginärem Lesbianismus zu zwingen. Wenn sie ihm in dieser Angelegenheit gehorchen würde, würde sie in ihrem Herzen homosexuellen Geschlechtsverkehr begehen – eine klare Übertretung des Moralgesetzes Gottes. Der Ehemann – oder was auch immer er/es war – bemächtigte sich eines Autoritätsbereiches, der nur Gott allein gehört (5. Mose 22,5). **Wir baten die Frau, sich zu weigern, an seiner Perversion teilzunehmen und ihren Ekel vor seiner Verkleidung zum Ausdruck zu bringen.** Wenn sie seine Sünde als eine Vorliebe von ihm betrachten würde, würde sie damit zeigen, dass sein Verhalten normal ist. Sie muss ihn wissen lassen, dass er ein ungeretteter Mann auf dem Weg zur Hölle ist und dass sie ihren Herrn nicht entehren wird.

Diebstahl

> *Liebe Frau Pearl,*
>
> *ich habe mit aller Kraft versucht, Gott und meinem Mann zu gehorchen, aber ich habe Angst, dass ich ins Gefängnis kommen werde, wenn ich ihm noch länger behilflich bin. Ich muss auf Lkw-Raststätten Wache stehen, während er in Lkw-Anhänger einbricht, die dort parken. Wie kann ich ihn ehren und mich gleichzeitig seinen Forderungen widersetzen?*
>
> *Betty*

Wir befahlen ihr, ihren Mann wegen seines kriminellen Handelns anzuzeigen und somit zu helfen, seinem Treiben ein Ende zu setzen. Sie tat es und er sitzt nun im Gefängnis. Sie besucht ihn, bringt ihm Leckereien und erzählt von dem Tag, an dem er nach Hause zu seiner Familie kommen wird. Er weiß, dass er im Unrecht war. Er brauchte kein Wörterbuch, das es ihm erklärt. Wenn dein Mann dir befiehlt, das Gesetz Gottes und das der Menschen zu brechen und du weißt, dass du ins Gefängnis kommen wirst oder andere verletzt werden können, dann darfst du dich respektvoll weigern, denn Gott hat deinem Mann nicht uneingeschränkte Macht gegeben.

Falsche Steuerklärungen

Wir bekommen viele Briefe von Frauen, die uns erzählen, dass ihre Männer falsche Steuerklärungen einreichen und sie sich weigern, ihre Unterschrift zu geben, was die Männer sehr wütend macht. Die Ehefrau ist der Meinung, sie sei besser gesinnt, als ihr Mann. Wenn wir sie ausfragen und die Einzelheiten erfahren, ist es meistens der Fall, dass die Frau wütend darüber ist, dass ihr Mann ein wenig Geld nicht angegeben hat, das er mit Rasenmähen oder dem Reparieren von Fahrzeugen seiner Freunde und Nachbarn verdient hatte. Es hat noch nie eine Frau geschrieben, dessen Mann ein großer Betrüger war. Es waren belanglose Dinge, die in ihren Portemonnaies geblieben waren. Sie achtet auf jede einzelne Kleinigkeit und erinnert ihn an die paar Sachen, die er praktisch vergessen hatte zu erwähnen, als er sein Jahreseinkommen angab. Das setzt die Ehe unter großen Druck. Der Ehemann spürt, dass mehr dahinter steckt, als ihre religiöse Überzeugung. **Er vermutet, dass sie diese Gelegenheit nutzt, um ihn zurechtzuweisen und die Zügel in ihre Hand zu nehmen, und das setzt ihm viel mehr zu, als jeder Einkommensverlust.**

In den meisten Fällen haben wir es mit einem Mann zu tun, der nie stehlen würde. Der Schriftabschnitt, der ihm einfällt, wenn er an die Bibel denkt, ist die Feststellung, die Jesus machte, als der Zöllner ihn und seine Jünger suchte: **„So sind die Kinder frei“** (Matthäus 17,26). Das heißt, sie sind frei vom Zahlen der Steuern an eine Regierung, die nicht vertrauenswürdig ist. Um des Zeugnisses willen jedoch, zahlte er die Steuern. Manche Männer empfinden keinen moralischen Zwang, alles in Erinnerung zu rufen, wenn die Zeit kommt und „freiwillig“ einen Betrag an ein Steuersystem, das illegalen Diebstahl betreibt, abzugeben. Sie fühlen sich vor Gott keinerlei dazu verpflichtet, Geld zu zahlen, um Abtreibungen, staatliche Schulen, in denen Homosexualität an der Tagesordnung ist, Programme für Familienplanung, die Aushändigung von Kondomen an Kinder, Spritzen zum Aufpäppeln Süchtiger oder die sogenannten Geisteswissenschaften und den sogenannten öffentlichen Rundfunk mit seinen sozialistischen Ansichten zu unterstützen. Wir möchten eine solche Einstellung nicht gutheißen und auch keine Unaufrichtigkeit rechtfertigen, aber es hilft einer Frau, die Perspektive ihres Mannes zu verstehen.

Gott beauftragte die Frau nicht dazu, das Gewissen ihres Mannes zu sein. Eine Frau hat kein Recht, die Motive ihres Mannes zu beurteilen. Sie hat jedoch eine Verpflichtung ihrem eigenen Gewissen gegenüber. Wenn von ihr verlangt wird, ein Dokument zu unterschreiben, das sagt: „Das ist das Einkommen, das wir gehabt haben, und kein Cent mehr“, dann ist es ihre Aufgabe vor Gott und sich selbst, die Wahrheit zu sagen. Mit deiner Unterschrift einer Steuererklärung bezeugst du außerdem dessen Richtigkeit. Doch durch alle Briefe, die wir zu diesem Thema bekommen haben, sind wir zu der Überzeugung gelangt, dass diese finanziellen Angelegenheiten der Frau eine gute Gelegenheit bieten, das Gewissen ihres Mannes zu sein und immer noch das Gefühl beizubehalten, eine tugendhafte Frau zu sein. Sie wird eines Tages vor dem OBERSTEN GERICHT stehen, welches ihre wahren Beweggründe richten wird.

Als Christin hast du das Verlangen danach und die Verantwortung dafür, in allen Dingen aufrichtig zu sein; aber du musst deinen Mann mit allem, was du tust, ehren. Denn wenn du deine Unterschrift nicht unter ein Dokument setzen kannst, da es dich zu einem Lügner machen würde, musst du dich mit Taktgefühl und Demut weigern. Es kann auch andere Möglichkeiten geben, wie man in solchen Fällen handelt. Vielleicht könntest du dein Einkommen separat einreichen, was dir ersparen würde, deine Unterschrift unter seine Angaben zu setzen und du würdest nicht in seinem Handeln miteinbezogen sein.

Mein Mann will nicht, dass ich in die Kirche gehe

Liebe Debi,

mein Mann verbietet mir, abends in die Kirche zu gehen. Ich aber befürchte, dass ich nicht fähig sein werde, treu vor Gott zu wandeln, wenn ich diese aufbauende Gemeinschaft mit anderen Gläubigen nicht mehr haben darf. Gottes Wort sagt, dass wir die Versammlungen nicht verlassen sollen, also wäre es direkte Übertretung des Wortes Gottes, wenn ich nicht gehen würde. Mein Mann sagte, ich sollte dich fragen.

Carla

Liebe Carla,

es kommt häufig vor, dass unbekehrte oder entmutigte Männer ihren Frauen verbieten, in die Kirche zu gehen. In fast allen Fällen sind des Mannes Einwände aber nicht auf dem Wunsch gegründet, zu vermeiden, dass die Frau Gott anbetet. Er sieht ihre Mitgliedschaft in der Gemeinde vielmehr als eine zweite Liebe, vielleicht ihre bevorzugte Liebe, und sich selbst als den abgewiesenen Partner. Er ist eifersüchtig. Er ist ein unbefriedigter Mann und

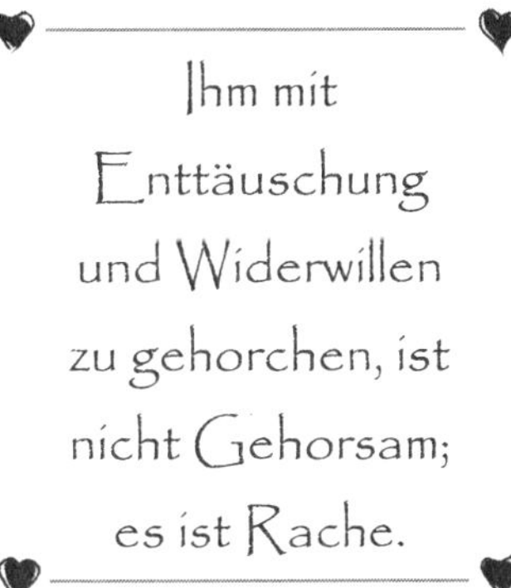

glaubt, dass die Kirche bei ihr Vorrang hat. Nun mag eine unweise Frau vielleicht Genugtuung über seine Eifersucht verspüren und Gott an die erste Stelle setzen wollen, aber wahre Anbetung Gottes vernachlässigt andere Beziehungen nicht. Gott zu lieben und Ihm zu dienen, sollte aus dir eine aufmerksamere Ehefrau und eine bessere Liebhaberin deines Mannes machen.

Also, wenn dein Mann nicht will, dass du in die Kirche gehst, dann bleibe zuhause und streiche mit ihm zusammen das Haus. Geht angeln oder einkaufen oder was auch immer er möchte und tue es mit Freude. Ihm mit Enttäuschung und Widerwillen zu gehorchen, ist nicht Gehorsam; es ist Rache.

-Debi

Die Grundlinie

Wenn eine Frau eine rebellische Einstellung hat, kann sie tausend verschiedene Einwände gegen das Gehorsamsein finden. Aber wenn eine Frau wirklich Gottes Willen tun möchte und Ihn um Weisheit bittet, wird **Gott ihr die seltenen Fälle, in welchen ihr Mann die Grenzen seiner Autorität überschreitet – wo ein gerichtlicher Eingriff nötig ist – offenbaren.** Frauen, die drohen, „ihn bei der Polizei anzuzeigen" oder Frauen, die sich weigern, am Telefon anders zu antworten, als: „Er ist zuhause, aber wird nicht an das Telefon gehen", sind rebellisch. Sie werden es nie bis zur himmlischen Stadt, von der wir in Hebräer 11 lesen, wo auch Sara verzeichnet war, schaffen, noch werden sie hier auf Erden eine himmlische Ehe führen können. Sie werden ins Grab gehen als ungeliebte, ungeschätzte Frauen, ein totaler Fehlschlag als Frau, als die Gott sie erschaffen hatte. Die Weisheit gibt uns die Fähigkeit, unseren Verstand und unseren Geist dazu zu gebrauchen, kleine Probleme mit Taktgefühl und Würde zu lösen.

Wir wissen, dass ihr, die ihr verbale oder körperliche Misshandlung erdulden müsst, vermutlich bei euren Männern bleiben werdet. Deshalb ist es umso wichtiger für euch, dass ihr lernt, so zu reden und zu handeln, dass ihr in physischer und seelischer Sicherheit bleibt und damit euren Mann am Ende gewinnen könnt.

Die Bibel gibt uns mehrere Beispiele von Frauen in entsetzlichen Umständen, die Ideen hatten, wie sie in Ehrfurcht handeln und immer noch gehorchen konnten. Zum

Beispiel hielt Ester, die einem gottlosen, geschiedenen Mann als Braut gegeben wurde, Unglück und Tod durch schnelles Denken und Mut ab, als ihr Mann einen törichten Befehl gab. (Lies die ganze Geschichte im Buch Ester in der Bibel nach und informiere dich auf *www.nogreaterjoy.org* für das *Ester-Studium*.)

Abigajils Geschichte

In der Heiligen Schrift ist uns ein Ausnahmefall aufgezeichnet, wo eine Frau vom Landesgesetz und um der Bewahrung ihrer Leute willen gezwungen wurde, gegen den Willen ihres Mannes zu handeln. Es ist die berühmte Liebesgeschichte von David und Abigajil.

Als David, der gesalbte König Israels, in Verbannung lebte und vor König Saul floh, stellte er eine Armee von Männern auf und bildete sie als Polizisten aus, um die Leute des Landes, in dem sie lebten, zu beschützen. Diese Miliz war von den Farmern und Viehzüchtern abhängig, da diese sie mit Essen versorgen mussten – als Bezahlung für den Schutz. Aus diesem Grund sandte David eine Botschaft zu einem der lokalen Viehzüchter namens Nabal, in der er verlangte, dass die Nahrungsmittel, die sie benötigten, mit seinem Botschafter mitgeschickt werden sollten. Nabal weigerte sich, die verlangten Nahrungsmittel zu schicken. In seinem Zorn nahm David sich vor, sich an diesem Mann, der Gott beleidigt hatte, zu rächen (David war Gottes „Waffe" der Gnade, Sein Gesalbter), indem er Nabal mit all seinen unschuldigen Leuten vernichten wollte.

1. Samuel 25,13-38

13. Da sagte David zu seinen Männern: „Jeder gürte sein Schwert um!" Und jeder gürtete sein Schwert um, und auch David gürtete sein Schwert um. Und es zogen hinauf, hinter David her, etwa vierhundert Mann, und zweihundert blieben bei dem Gepäck.

14. Aber zu Abigajil, Nabals Frau, sagte einer von den jungen Männern: „Sieh, David hat Boten gesandt aus der Wüste, um unseren Herrn zu grüßen, er aber hat sie angeschnaubt.

15. Und sie sind uns doch sehr nützliche Leute gewesen und haben uns nichts zuleide getan, und wir haben nichts vermisst,

solange wir bei ihnen herumgezogen sind, als wir auf dem Feld waren; (Diese Männer waren Davids Soldaten, die die Farm vor Diebeshänden schützten.)

16. sondern sie sind Tag und Nacht eine Mauer um uns gewesen, solange wir die Schafe bei ihnen gehütet haben.

17. So bedenke nun und sieh zu, was du tust; denn es ist gewiss ein Unglück beschlossen über unseren Herrn und über sein ganzes Haus! Er ist ein heilloser Mann, dem niemand etwas sagen darf.“

Die Knechte dieses Mannes nannten ihn einen Sohn Belials, einen Sohn des Teufels. Die Arbeiter, die zurückgeblieben waren, um das Land zu hüten, befürchteten, dass ihr selbstsüchtiger, böser Herr durch sein Verhalten alle in den Tod bringen würde und deshalb baten sie Abigajil, ihr Leben zu retten. Abigajil nahm den Rat dieser Männer, denen ihr Ehemann die Aufsicht seines Hauses überlassen hat, an.

18. Da eilte Abigajil und nahm zweihundert Brote, zwei Schläuche Wein, fünf zubereitete Schafe, fünf Maß geröstetes Korn, hundert Rosinenkuchen und zweihundert Feigenkuchen, lud alles auf Esel

19. und sagte zu ihren Jünglingen: „Geht vor mir her; seht, ich komme hinter euch her“. Und sie sagte ihrem Mann Nabal nichts davon.

Dann stieg Abigajil auf den Esel und ritt David entgegen, bevor er die Gelegenheit hatte, zu kommen und ihre Knechte und alle Leute, die auf ihrer großen Viehfarm lebten und arbeiteten, zu töten. Es war ihre einzige Chance, die Menschen, die unter ihrer Obhut waren, zu retten.

23. Als nun Abigajil David sah, stieg sie schnell vom Esel, fiel vor David auf ihr Gesicht, beugte sich nieder zur Erde,

24. fiel ihm zu Füßen und sagte: „Ach, mein Herr, auf mir sei diese Schuld, lass deine Magd vor deinen Ohren reden und höre die Worte deiner Magd!

Abigajil war bereit, für die Sünden ihres Mannes zu leiden, um die Menschen, für die sie verantwortlich war, zu retten. Beachte, dass sie die Sünden ihres Mannes nicht verleugnete oder so tat, als habe er einen einwandfreien Charakter und ihm nie ein Missverständnis unterlaufen würde. Nabal war als abscheulicher Mann bekannt und sie bestätigte diese Tatsache. Es war ihres Mannes Selbstsucht, die das Problem auslöste und sie kommt Nabal durch ihre Bitte an David entgegen.

25. Mein Herr richte sein Herz nicht gegen Nabal, diesen heillosen Mann; denn wie sein Name, so ist er: Er heißt ‚Narr', und Narrheit ist bei ihm. Ich aber, deine Magd, habe die jungen Männer meines Herrn nicht gesehen, die du gesandt hast.
26. Nun aber, mein Herr, so wahr der HERR lebt und so wahr deine Seele lebt, der HERR hat dich daran gehindert, in Blutschuld zu kommen und dir mit eigener Hand zu helfen. So müssen deine Feinde und die, die meinem Herrn übelwollen, wie Nabal werden."

Davids Dankbarkeit für Abigajils Mut und Bereitschaft, ihr Leben zu riskieren, um den Mord an unschuldigen Menschen zu verhindern, war offensichtlich. Denn hätte er seinen Plan ausgeführt und die Menschen getötet, wäre er sehr traurig gewesen, wenn er hinterher seinen Fehler eingesehen hätte.

32. Da sagte David zu Abigajil: „Gelobt sei der HERR, der Gott Israels, der dich heute mir entgegengesandt hat;
33. und gesegnet sei deine Klugheit, und gesegnet seist du, dass du mich heute davon abgehalten hast, in Blutschuld zu kommen und mir mit eigener Hand zu helfen."

Nachdem Abigajil David in einer Situation begegnete, in welcher es um Leben und Tod ging, kehrte sie um, um sich dem Zorn ihres gottlosen Mannes zu stellen. Sie wusste, dass ihr Mann sie töten könnte, ohne Angst vor Vergeltung zu haben, und dennoch ging sie zu ihm zurück. Als sie bei ihm ankam, war er dabei, ausgelassen zu feiern und so wartete sie, bis er seine Trunkenheit ausgeschlafen hatte. Am nächsten Morgen erzählte sie ihm, was sie getan hatte, als sie David und seinen Männern Nahrung gab. Und nun sieh, was Gott tat.

36. Als Abigajil zu Nabal kam, sieh, da hatte er in seinem Hause ein Mahl zubereitet wie das Mahl eines Königs, und sein Herz war guter Dinge, und er war sehr betrunken. Sie sagte ihm aber

nichts, weder Kleines noch Großes, bis zum lichten Morgen.
37. Als am Morgen der Wein von Nabal gewichen war, sagte ihm seine Frau alles. Da erstarb sein Herz in seinem Leib, und er wurde wie ein Stein.
38. Und nach etwa zehn Tagen schlug der HERR den Nabal, sodass er starb.

Was für eine große Barmherzigkeit zeigte Gott, als Er den gemeinen alten Mann an einem Herzinfarkt oder Schlaganfall sterben ließ. Als David hört, dass der gottlose Mann tot ist, schickt er seine Männer, um Abigajil zu ihm zu bringen, damit sie seine Frau wird. Als Erstes wäscht sie Davids Knechten die Füße und eilt dann mit ihnen, um David zu begegnen. **Abigajil war eine mutige Dame.**

Nachsinnen über ...

Gehorchen oder nicht gehorchen

➢ *Eigenschaften einer guten Gehilfin*

- Eine gehorsame Frau ist nachgiebig, eifrig und bereitwillig, Anordnungen und Wünsche zu erfüllen und enthält sich Verbotenem.
- Sie sucht nach Wegen, ihrem Mann zu gehorchen und ihn zu verehren.
- Sie lenkt ihre Gedanken dahin, stets auf positive Art „Ja" sagen zu können.
- Sie betrachtet sich selbst nie als Ausnahme, wenn es darum geht, eine Gehilfin ihres Mannes zu sein.

➢ *Werde stille vor Gott*

Gehe durch deine Bibel und suche alle Schriftabschnitte heraus, die wir zum Thema Autorität ausgelegt haben. Bitte Gott, dir ein bereitwilliges Herz zu geben, das freudig Seinen Willen tut, unabhängig von jeglichen daraus folgenden Nachteilen.

➢ *Realitätsprüfung*

„Die Frucht aber des Geistes ist Liebe, Freude, Friede, Geduld, Freundlichkeit, Güte, Treue, Sanftmut, Selbstbeherrschung. Gegen all das ist das Gesetz nicht" (Galater 5,22.23).

Wenn der Geist Gottes in dir wohnt, wirst du Früchte des Geistes hervorbringen, erst zuhause, in deinem Verhältnis zu deinem Mann und deinen Kindern, dann auch in gesellschaftlicher Umgebung außerhalb des Hauses. Dein wahres Ich wird daheim offenkundig und ist denen bekannt, die dich am besten kennen.

Kapitel 24

Miterben der Gnade des Lebens

Sara, die Schöne

Wenn ich diejenige gewesen wäre, die die Befugnis hatte, Ausnahmen festzulegen, hätte ich Sara mindestens in zwei Gelegenheiten von ihrem Gehorsam Abraham gegenüber befreit, aber ich wäre im Unrecht gewesen. Sara traf die Entscheidung, Abraham zu gehorchen, auch wenn er log und ihr befahl zu lügen, weil er Angst vor dem hatte, was passieren könnte, wenn der König erfuhr, dass Sara seine Frau war. Hebräer 11 beschreibt Sara und Abraham als Glaubenshelden. **In 1. Petrus 3 wird sie als die Frau geehrt, die ihren Mann *Herr* nannte.**

Abraham war Gottes Mann. Gott hatte ihn dazu bestimmt, Vater eines großen Volkes zu sein. Dennoch, als Abraham um sein eigenes Leben bangte, befahl er seiner Frau, zu lügen; eine Lüge, die sie in die Gefahr brachte, von anderen Männern sexuell missbraucht zu werden. Erinnerst du dich daran, wie Sara in diesen Situationen handelte? Es geschah zweimal. Einmal, als sie jung und hübsch war, und einmal als sie schon ziemlich alt, aber dennoch eine liebliche und begehrenswerte Frau war.

Eines Tages trat Abraham ins Haus und verkündete seiner Frau den Befehl Gottes, dass sie ihre Familien verlassen und in ein fernes Land ziehen müssten. Als gefragt wurde, in welches Land, konnte Abraham keine Antwort geben, denn er wusste es nicht. Abraham hatte viel Zeit in seinem Leben damit verbracht, umherzureisen und die Stadt zu suchen, dessen Bauherr und Schöpfer Gott war. Er fand die Stadt niemals, und es gab viele Anfechtungen und Beschwerden auf seinem Weg. Wie wärst du zu diesem Lebensstil eingestellt? Würdest du deinen Mann als einen Mann Gottes unterstützt haben angesichts solch einen Mangels an Hinweisen?

1. Mose 12,10-17

10. Es kam aber eine Hungersnot in das Land. Da zog Abram nach Ägypten hinab, um sich dort als Fremder aufzuhalten; denn die Hungersnot war groß im Land.

Als die Stadt Ägypten in Sicht kam, blickte Abraham über die Schulter auf seine wunderschöne, lächelnde Frau, und sein Herz zerschmolz vor Furcht – eine sinnliche Reaktion auf einen Gott, der versprochen hatte, ihn zu segnen und zu behüten.

11. Und als er nahe an Ägypten war, sagte er zu seiner Frau Sarai: „Sieh doch, ich weiß, dass du eine Frau von schönem Aussehen bist.

12. Wenn dich nun die Ägypter sehen, so werden sie sagen: ‚Das ist seine Frau!', und werden mich umbringen und dich leben lassen.

13. Sag doch, du seist meine Schwester, damit es mir um deinetwillen gut geht und meine Seele um deinetwillen am Leben bleibt."

> Ich bin fasziniert, wenn ich sehe, wie Gott eine Frau von ihres Mannes Torheit befreit, sei es durch Träume, Plagen, Krankheit oder gar den Tod.

Was für eine schwere Last, die Abraham seiner Frau auferlegt hat. Ihr befehlen, zu lügen, um ihres Mannes Leben zu retten. Sie muss auch gewusst haben, dass sie in Gefahr stand, von einem anderen Mann genommen zu werden. Freilich hatte Abraham Recht: die Ägypter waren von Saras Schönheit beeindruckt.

16. Und er tat Abram Gutes um ihretwillen. Und er hatte Schafe, Rinder, Esel, Knechte und Mägde, Eselinnen und Kamele.

Sara wurde in eine spezielle Herberge gebracht, die für „wartende Bräute" reserviert war. In welch einer Verfassung muss Sarah gewesen sein! Ihr Mann sollte sie lieben, schätzen und beschützen. Wo war er jetzt? Abraham war irgendwo da draußen und bekam Gegengaben für seine schöne Frau. Hätte sie mich um Rat gefragt, hätte ich mir schwer damit getan, ihr zu sagen, sie solle ihrem Mann gehorchen und sich ruhig verhalten, aber Gott belohnte Saras Gehorsam.

17. Aber der HERR plagte den Pharao und sein Haus mit großen Plagen um Sarais, Abrams Frau, willen.

Weil Abraham furchtsam war, musste Gott Sara auf übernatürliche Weise retten. Erlaubst du Gott, Herr in deinem Leben zu sein? Es werden Zeiten kommen, wo dein Mann völlig im Unrecht ist, wie Abraham es war, und du wirst deinem Mann gehorchen und deinen Weg Gott anvertrauen müssen.

Hätte Abraham nur dieses eine Mal so gehandelt, könnten wir sagen: „Nun hat er etwas daraus gelernt." Aber nein, er beging denselben Fehler nochmals. In 1. Mose 20 lesen wir, dass Sara alt geworden ist, aber trotzdem muss sie noch eine begehrenswerte Frau gewesen sein. Die Bibel sagt uns, dass Abraham in den Süden zog. Der König von Gerar bekam Sara zu sehen und fragte den Mann nach ihr. Abraham, selbstbezogen, wie er war, sagte: „Sie ist meine Schwester." So nahm der König Sara zu sich, mit dem Ziel, sie zu seiner Braut zu machen. Wieder ging Sara mit und gehorchte ihrem Mann. Wäre ich es gewesen, hätte ich Abraham ein wenig „geistliche Erziehung" gegeben – so wie: „Abraham, warum glaubst du nicht einfach, dass Gott für uns sorgen wird? Bitte, bringe mich nicht erneut in diese Lage." Die Bibel berichtet nur, dass Sara einfach tat, was ihr befohlen wurde.

Bist du unglücklich über die Situationen, in die dein Mann dich bringt? Sage mir: Wie würdest du reagieren, wenn dein Mann so etwas täte? Würdest du dich weigern, zu gehorchen? Würdest du die Autorität in deine eigenen, „geistlicheren" Hände nehmen? Die Bibel sagt uns, dass Gott dem König einen Traum gab, in welchem er sagte:

„Sieh, du bist des Todes um der Frau willen, die du genommen hast; denn sie ist die Ehefrau eines Mannes“ (1. Mose 20,3). So sorgte Gott für Sara und erhielt sie rein.

Ich bin fasziniert, wenn ich sehe, wie Gott eine Frau von ihres Mannes Torheit befreit, sei es durch Träume, Plagen, Krankheit, und gar den Tod. Wie konnte Abraham, solch ein großer Glaubensheld, so treulos sein? Wie konnte Abraham, der Gott in großen und gewaltigen Dingen vertraute, nicht besser für seine Frau sorgen? Wir wissen, dass er sie inniglich liebte.

Abraham war nur das – er war ein Mann.

Alle Männer machen Fehler. Eine Frau soll einfach um Gottes willen, nicht um des Rechts willen, gehorchen. Wenn du wartest, bis du dir gewiss bist, dass dein Mann mit seiner Entscheidung im Recht ist, bevor du ihm gehorchst, wirst du ihm nur selten gehorchen, und nie wirst du die Wunder Gottes erleben.

Gott erwählte eine Frau aus

Während Abraham lernte, Gott zu gehorchen, **lernte Sara, ihrem Mann zu gehorchen,** und Gott tat viele Wunder an beiden. Gott erwählte Sara genauso aus, wie Er Abraham auserwählte. **Nur eine gehorsame Frau konnte Er zur Mutter eines großen Volkes machen.** Sara war nicht Abrahams einzige Frau; noch war Isaak Abrahams einziger Sohn. Hagar, Saras Magd, die Abraham den Sohn Ismael geboren hatte, bekam von ihm nur sehr wenig Achtung. Als Sara Abraham in eifersüchtigem Zorn befahl, Hagar mit ihrem Sohn allein in die Wüste zu schicken, gebot Gott ihm, seiner Frau zu gehorchen. Auf diese Weise zeigte Er Abraham, dass sich allein durch Isaak alle Verheißungen erfüllen würden. Nachdem Sara gestorben war, heiratete Abraham nochmals, doch jene Frau wurde von niemandem erwähnt. Die sechs Kinder, die Abraham mit Ketura hatte, werden nur an einer Stelle in der Bibel erwähnt, nämlich im Zusammenhang damit, dass er noch andere Kinder gehabt hatte.

Ich weiß, dass Sara für Abraham, damit er der Mann werden konnte, der er war, eine mächtige *Mutmacherin* gewesen sein musste. Es muss Zeiten gegeben haben, wo Abraham ganz mutlos wurde. „Ich suche schon so lange nach der Stadt, dessen Bauherr und Schöpfer Gott ist, aber es ist immer noch keine in Sicht!“ „Hör mal, Abraham“, mag Sara lachend zu ihm gesagt haben, „unser Leben ist durch die Suche viel reicher geworden und wir haben nichts Besseres zu tun; deshalb werden wir es morgen weiter versuchen."

Wer und was würde mein Mann sein, wenn er eine andere Frau geheiratet hätte? Habe ich es ihm ermöglicht, ein starker, vertrauensvoller, kämpferischer Mann Gottes zu sein?

Habe ich Gott erlaubt, über meines Mannes Leben und Arbeit zu verfügen? Habe ich seinen Ruf und seine Interessen anerkannt? Bin ich eine Gehilfin für meinen Mann gewesen? Ist er ein besserer, stärkerer, fähigerer Mann geworden, dadurch, dass er mich zur Frau genommen hat? **Wenn Gott die perfekte Frau für ihn erschaffen hätte, wäre ich es gewesen?**

Wenn Gott die perfekte Frau für ihn erschaffen hätte, wäre ich es gewesen?

Im Laufe der Jahre habe ich viele scheinbar gute Frauen kennen gelernt, die mit Männern verheiratet waren, die wertlose Taugenichtse zu sein schienen. Schließlich, nach vielen Jahren der Misshandlung, lässt sich die „gute" Frau von ihrem trunksüchtigen Mann scheiden, und alle sind der Meinung, es sei das Beste, was sie hätte tun können. Ein Jahr später heiratet der nichtsnutzige Trunkenbold wieder. Einige Monate nach der Hochzeit hört er mit dem Trinken auf – ohne Hilfe eines Entzugsprogramms – und verbringt den Rest seines Lebens mit zuverlässigem Arbeiten, erfreut sich an seiner neuen Familie, liebt seine zweite Frau, und nimmt nie wieder einen Tropfen Alkohol. Ich habe genug Menschenverstand, um zu erkennen, dass einige Männer nach Alkohol, Pornographie und Faulheit süchtig sind, ungeachtet derer Frauen, aber ich habe die vorhin beschriebene Situation zu oft miterlebt, um sie als unbedeutend abzutun. Auf keinen Fall heiße ich Ehescheidung und Wiederverheiratung gut. Vielmehr bin ich der Meinung, dass Männer nicht so wertlos wären, wenn diese „wertlosen" Männer Frauen hätten, die ________(fülle du die Lücke) wären.

Gott erwählte diesen einen besonderen Mann und diese eine besondere Frau als Vater und Mutter eines großen Volkes aus. Sara wurde nicht als wunderbare Mutter geehrt. Sie verbrachte fast ihr ganzes Leben ohne Kinder und war eine alte Frau, als ihr einziger Sohn geboren wurde und starb, bevor Isaak erwachsen war. **Sie wurde geehrt, weil sie an Gott glaubte und ihren Ehemann *Herr* nannte.** Sie war die Art Frau, die Gott brauchte, um *die Art Mann* zu schaffen, die Gott als Vater einer großen Nation auserwählte.

Gott sagt über Abraham: **„Denn ich habe ihn dazu ausersehen, damit er seinen Kindern und seinem Haus nach ihm befehle, dass sie die Wege des HERRN halten und Gerechtigkeit und Recht üben ..."** (1. Mose 18,19). Sind deine Kinder rebellisch? Ist dein Heim ein heilloses Durcheinander und bekommst du keine Hilfe von deinem Mann? Vielleicht liegt das Problem in deinem Verhalten deinem Mann gegenüber. **„Wie Sara Abraham gehorsam war und ihn ‚Herr' nannte; deren Töchter ihr geworden seid, wenn ihr Gutes tut und euch nicht fürchtet und einschüchtern lasst"** (1. Petrus 3,6).

Wenn zwei eins werden

Liebe Freunde in Christus,

ich bin Pastor. Ich hörte mir neulich eine Kassette von einem anderen Pastor an, der berichtete, wie eine Frau lernen sollte, ihren Mann zu ehren und zu respektieren. Es war eine Botschaft an Frauen, aber ich dachte, ich musste ja lernen, verheiratete Paare zu verstehen, also hörte ich aufmerksam zu.

Ich merkte, dass mich die Botschaft seltsam bewegte. Ich habe eine wunderbare Frau und Kinder, die mich lieben und respektieren. ***Dennoch realisierte ich, dass ich das Verlangen hatte, von ihnen auf eine Weise respektiert und geehrt zu werden, wie es bis jetzt nicht der Fall war.*** *Obzwar es mir schwer fiel (ich bin nicht sehr rührselig, aber ich kann die Intensität meines Verlangens und Gefühle nicht leugnen), teilte ich meiner Frau mit, dass ich ein Bedürfnis danach hatte, von ihr und den Kindern respektiert zu werden. Ich teilte ihr auch mit, dass ich mir eine Gemeinschaft mit ihr wünschte, so wie die Kassette es beschrieb. Ich hätte es meiner Frau nie sagen können, wenn ich die Kassette nicht gehört hätte. Meine Frau war empfänglich dafür und sagte, ihr sei nicht bewusst gewesen ist, wie wichtig dies mir war. Sie war erfreut und sogar gesegnet, zu wissen, welch eine große Rolle ihre Beteiligung in „meinem" Amt hat.*

Ich gab die Kassette an einige andere Männer weiter und die hatten interessanterweise ähnliche Gefühle wie ich und bekamen auch ähnliche Reaktionen von ihren Frauen. Nochmals: ***Das Bewusstsein dessen, dass dieser Mann, den die Frau geheiratet hat, sich ohne deren Beteiligung und Respekt nicht vollständig fühlt, gab diesen Frauen einen wirklichen Lebenszweck.***

Ich erkenne jetzt, wie sehr ich sie brauche. Ich brauche sie wirklich! Nicht nur, damit ich jemanden habe, der für mich das Essen kocht und mein Bett wärmt, sondern damit ich eine Mutmacherin meiner Seele habe. Ohne sie hier immer in meiner Gegenwart zu haben, würde ich mich leer fühlen. Jetzt erkennen wir beide, wie kostbar es für uns ist, zu wissen, wie sich das Einswerden wirklich anfühlt.

Pastor Ben

*„**Eine weise Frau** ist bestrebt, ein Teil ihres Mannes Lebens zu sein. Seine Interessen werden ihre Interessen. Sie sucht nach Wegen, ihm bei all seinen Bemühen zu helfen. Wenn er eine helfende Hand braucht, ist es ihre Hand, die als Erstes da ist."*

Miterben der Gnade des Lebens

Pastor Ben hatte das Verlangen, seine Frau als Miterbin der Gnade Gottes an seiner Seite zu haben. **Sein unerfülltes Bedürfnis, König über sein Königreich zu sein** und das Fehlen der Achtung und Ehrerbietung, die zu dieser Stellung gehören, bewirkten, dass er sich einsam fühlte. Er hatte das Bedürfnis nach einer Königin, die ihn unterstützte. **Zweifellos war sie so sehr damit beschäftigt, eine GUTE Ehefrau und Mutter zu sein, dass sie die eigentliche Bestimmung ihres Lebens vergaß. „Ebenso, ihr Männer, wohnt bei ihnen mit Einsicht, und gebt dem weiblichen als dem schwächeren Gefäß seine Ehre, als solchen, die auch Miterben der Gnade des Lebens sind, damit eure Gebete nicht verhindert werden"** (1. Petrus 3,7). In der heutigen Zeit versuchen wir Frauen, so vieles außerhalb unseres Heimes zu erledigen. Das meiste davon ist nicht nach dem Willen Gottes. Sie sind nur eitle Beschäftigungen, die unsere Gedanken und unseren Geist ablenken, damit wir vergessen, dass wir für den Mann, den wir geheiratet haben, erschaffen

wurden. Wir müssen Tätigkeiten außerhalb des Heimes, die uns und die Kinder bis zum Rand der Erschöpfung und Verwirrung treiben, beiseitelegen. Hausunterricht ist nicht das Problem. Es sind die hochgesteckten Ziele, die du dir stellst. Gottes Wille für alle verheirateten Paare ist, dass sie den Lebensweg Hand-in-Hand gehen. Viele Männer und Frauen laufen im Kreis umeinander herum und begegnen sich nur selten in der Mitte. Wir sind so beschäftigt damit, unsere Kinder zu diesem Treffen oder jener Veranstaltung zu fahren, dass wir vergessen, zusammen Miterben der Gnade des Lebens zu sein. Sogar kirchliche Aktivitäten können uns dessen berauben, was Gott für uns als Paar geplant hat.

Komme vom Telefon los, lege die Romane beiseite, schalte den Fernseher aus, meide das Internet, reduziere die Unternehmungen außerhalb deines Heimes und konzentriere dich darauf, deine Zeit darin zu investieren, dich um deinen Mann und deine Kinder zu kümmern. So kannst du seine Bedürfnisse besser erfüllen, und **fängst an zu lernen, mit ihm zusammen Miterbe der Gnade des Lebens zu sein**.

Er wollte nicht, dass seine Frau eine Schauspielerin in der Kirche oder den besten Haushaltungspreis gewann; er wollte eine Frau, die ihm sagte, dass er wunderbar ist.

Pastor Bens Seele war ausgehungert nach einer echten *Seelenfreundin*. Er wollte nicht, dass seine Frau eine Schauspielerin für die Kirche, Leiterin des Hausunterrichts-Vorstandes war oder den ersten Platz für die Haushaltsführung gewann; er wollte eine Frau, die ihm sagt, dass er wunderbar ist. Er brauchte eine Frau, die ihn an der Tür mit einem Lächeln begrüßt. Er hatte das Verlangen danach, die allerwichtigste Beschäftigung in ihrem Leben zu sein. Er brauchte sie neben sich. **„... die Frau aber <u>fürchte den Mann</u>“** (Epheser 5,33). Er hatte das Bedürfnis, IHR König zu sein.

Viele Paare leben das ganze Leben zusammen und vereinigen sich niemals wirklich. Sie sind nur zwei Leute, die ein Haus und Verantwortungen miteinander teilen. Sie leben zusammen, streiten sich nicht und regen sich nicht auf, erziehen ihre Kinder, und funktionieren dennoch nie als Team. Er kümmert sich um seine, und sie sich um ihre Sachen. Sie weiß nicht wirklich was über seine Angelegenheiten oder Sorgen. Ihn langweilen ihre „vielen" alltäglichen Beschäftigungen. Es gibt nicht vieles in ihrem Leben, das sie zusammen tun. Wenn er zum Geschäft fährt, fällt es ihm nicht einmal ein, sie mitzunehmen. Wenn sie für ein paar Minuten ausgeht, wäre es eine Belästigung, ihm noch zu sagen, wohin sie geht, oder wann sie zurück sein wird. Sie sind verheiratet, schlafen miteinander, erziehen Kinder, teilen Pflichten und Hausarbeiten, aber sind zwei einzelne Personen, die ihr Leben leben. Die Frau ist mit ihren Kindern und der Kirche beschäftigt und bindet sich an ihre beste Freundin aus der Kirche. Auf emotionaler Ebene teilt sie mehr mit ihrer Freundin, als mit ihrem Mann. Frauen binden sich an andere Frauen? Anstatt eines vollkommenen Bildes von Christus und Seiner Gemeinde, haben wir heute ein verdrehtes Bild von Frauen, die Frauen befriedigen. Was für ein ekelhafter Dreck!

Der Mann arbeitet und findet in seinem Erfolg Erfüllung, dennoch ist sein Herz so, wie Adams war, bevor Eva erschaffen worden war: unvollständig – und **wie Adam, ist er alleine und es ist „nicht gut."** Das Leben geht an ihm vorüber und lässt ihn unerfüllt zurück. Die Kinder werden erwachsen und irgendwann, wenn er 40 oder 50 ist und der Mann sein persönliches Reich aufgebaut hat, erwacht der verloren gegangene Wunsch nach **einer *wahrhaften* Seelenfreundin** wieder. Plötzlich scheinen seine Ziele und Leistungen nicht mehr so wichtig zu sein. Der Mann, der anderen Frauen sein ganzes bisheriges Leben lang sexuell widerstanden hat, ist plötzlich machtlos gegen Frauen, die für ihn, als Mensch und als Mann, Interesse zeigen. Er kann jetzt die „fremdartige" Gesellschaft irgendeiner Dame genießen, die ihm durch ihr Interesse an seinen Träumen, Hoffnungen und Freuden Ehrerbietung darbringt.

Dein Mann braucht dich als seine Gehilfin, seine Liebhaberin, seine beste Freundin. Du musst deine eigene Tagesordnung beiseitelegen und seine Königin werden.

Ich stehe erstaunt da

> *Liebe Debi,*
> *ich habe eure Webseite gefunden! Was für ein Segen! Ich habe so viel von*

den Beiträgen über den unterwürfige-Frau-Typ gelernt. Ich bin dabei zu lernen, wie man eine unterwürfige Frau sein kann und es ist erstaunlich zu sehen, wie mein Mann vor meinen Augen aufblüht. Wir sind seit 15 Jahren verheiratet, aber es ist das erste Jahr, dass ich meinen Mund halte. Jedes Anliegen, das ich habe, bringe ich vor Gott im Gebet und Er sorgt dafür durch meinen Mann. Es ist sooo gut. Vieles hat sich sehr schnell verändert. Wenn du wüsstest, wie das Leben vorher war. Ich werde keine Einzelheiten beschreiben, aber wollen wir sagen, es ist jetzt Harmonie in mein Leben eingetreten. Und es ist absolut Gottes Werk. Ich weiß, dass ich damit nichts zu tun hatte, und darüber bin ich froh. **Mein Mann gehört Gott allein** *und Gott wird mir nicht erlauben, ihn zu verändern. Manchmal kann ich fast hören, wie Er zu mir sagt: „Schau, Tochter, du hast ihn schließlich Mir übergeben und Ich werde ihn besser hinkriegen, als du es je für möglich gehalten hättest! Er ist mein Sohn und Ich habe Freude daran, an ihm zu arbeiten. Behalte den Glauben, dass Ich weiter am Leben deines Mannes arbeiten werde, denn noch bin Ich mit ihm nicht fertig; und Ich bin auch noch nicht fertig mit dir. Erhebe dein Haupt und lobpreise Mich mit Freuden, während Ich dieses Werk beende. Dies ist deine Aufgabe, Tochter; lobe ihn immer mit Freuden für die Arbeit, die Ich in ihm tue".*

Wenn mir etwas schwer fällt, preise ich Gott und übergebe Ihm die Umstände. Ich habe gelernt, dass Gebete nicht beantwortet werden, wenn wir Bitterkeit in uns haben. Deb, mein Heim verändert sich von Woche zu Woche. Ich kann sehen, wie das Werk vor meinen Augen seinen Lauf nimmt und ich stehe erstaunt da. Je mehr ich in meinem Herzen vergebe, desto wunderbarer sind die Veränderungen. Bitte, lass deine Leute wissen, dass Vergebung wirklich der Schlüssel ist, und ja, unaufhörliche Vergebung, damit unsere Gebete beantwortet werden. 1. Petrus 3,7: **„Ebenso, ihr Männer, wohnt bei ihnen mit Einsicht, und gebt dem weiblichen als dem schwächeren Gefäß seine Ehre, als solchen, die auch Miterben der Gnade des Lebens sind, damit eure Gebete nicht verhindert werden"**. *Als ich endlich aufhörte, Gott die Antworten vorzuschreiben, erhielten einige der Fragen bessere Antworten, als ich sie mir überhaupt erhofft hatte. Wenn du wüsstest, wo ich vor ein paar Jahren steckte. Gott ist so gut. Sei gesegnet.*

Jill

Frühe Wurzeln

Die Saat für die Bindung in der Ehe wird schon früh ausgestreut. Die junge Frau braucht sich nicht langweilen alleine zuhause, sie verbringt ihre Tage mit Vorbereitungen für die Heimkehr ihres Mannes am Abend und freut sich auf das gemeinsame Wochenende. Sie füllt ihre Zeit, in der sie allein ist und sich nach ihm sehnt, damit, für ihn zu planen, zu kochen und sauber zu machen. Sein Geist gedeiht und seine Liebe wächst, wenn er ihr Bedürfnis nach ihm sieht. Es ist ein Prozess, in dem die jungen Eheleute lernen, voneinander abhängig zu sein.

Wenn eine junge Frau dann zum Telefon greift und ihre Freunde anruft oder sich auf ihre Mutter stützt, bekommt sie nie das Bedürfnis, emotional von ihrem Mann abhängig zu sein. Ihr Mann hat seine Jugend ohne sie verbracht und so ist er geneigt, weiter als unabhängiger Mann zu leben. Er ahnt ihre Bedürfnisse nicht instinktiv, und sie weiß noch nicht, dass es er ist, den sie braucht. Zu oft landen Eheleute als zwei Personen im selben Haus, erziehen ihre Kinder, sind Leiter in der Kirche und sind, wie die Welt es sieht, eine perfekte Familie. Dennoch wissen beide, dass etwas fehlt.

Sich verbinden und zusammen Miterben zu werden, beginnt mit dem Verhalten der Frau.

Sich zu verbinden und zusammen Miterben zu werden, beginnt mit dem Verhalten der Frau, weil sie das schwächere Werkzeug ist und das größte Bedürfnis hat. Es ist ihr „sichtbares" Bedürfnis nach ihm, dass ihn weckt. **Wenn sie ihr Leben damit zubringt, ihm zu gefallen und ihrem Mann zu dienen, wird er das Bedürfnis bekommen, sie zu beschützen und für sie zu sorgen.** Während seine Zuversicht dessen, dass sein Herz bei ihr sicher ist und dass sie sein Wohlergehen an die erste Stelle setzt, wächst, wird er anfangen, ihr von ganzem Herzen zu vertrauen. Die Frau aus Sprüche 31 hatte bemerkenswerten Erfolg in vielen Bereichen ihres Lebens, aber um den Grund für ihren Erfolg zu verstehen, müssen wir die folgenden Verse lesen: **„Das Herz ihres Mannes kann sich auf sie verlassen, und an Nahrung wird es ihm nicht fehlen. Sie tut ihm Liebes und kein Leid ihr Leben lang"** (Sprüche 31,11.12).

Ohne dieses Fundament wird ein Mann sich nie an eine Frau binden. Erinnerst du dich an meine königliche Freundin, die eine Krone für ihren Mann war? Sogar in seinem ungeretteten Zustand wusste er, dass sie ihn durch Launigkeit oder Unfreundlichkeit nicht beschämen würde, wenn er die Männer mit nach Hause brachte.

Eine Frau bekommt ihres Mannes Festigkeit und Stabilität, wenn sie sich an ihn bindet. Sie können als Paar mehr vollbringen, als alleinstehend. Er gibt ihr emotionale Kraft, mit den Aufgaben des Lebens fertig zu werden. Wenn er ihren Urteilen trauen kann, wird es ihm helfen, weiser zu sein und ihn empfindsamer für die Nöte anderer Menschen machen.

Ein Mann braucht kein netter, lieblicher Kerl zu sein, der nie einen besonderen Anlass vergisst. Er braucht nicht einmal erlöst zu sein, aber wenn er darauf vertrauen kann, dass seine Frau ihm nur Gutes tut, wird er sich an sie binden. Wenn sie sich ihm öffnet, wird er ihre Bedürfnisse erfüllen. Die Frau braucht gar nicht niedlich, fleißig oder klug zu sein, aber *wenn sie ihren Mann ehrt und liebt, wird sie seine Stärke haben, die aus ihr eine Frau macht, die sie ohne ihn niemals hätte werden können.* **Was er braucht, ist eine Frau, die ihm ihr Leben anvertraut, damit er seine Seele in sie hineingießen kann.** Aber wenn sie abseits steht und sich darüber beklagt, dass er ärgerlich, faul und kein guter Vater ist oder zu viel arbeitet, wird er nie seine Seele in sie hineingießen. Wenn sie ihre Tage damit zubringt, von einer Veranstaltung zur anderen oder von einer Person zur anderen zu laufen und emotionalen Trost bei ihren Töchtern, ihrer Mutter oder Freundinnen sucht, wird er seine Kraft nicht in sie hineinschütten. Eines Tages werden ihre Töchter heiraten und die Mutter nicht länger brauchen. Irgendwann wird ihre Mutter aus dem Leben scheiden, ihre Freunde werden wegziehen, und sie wird entdecken müssen, dass ihr Ehemann jemand anderen als Seelenfreundin und Gehilfin gefunden hat, weil er sie nicht in ihr fand.

Doch wenn eine schlichte, gewöhnliche Frau mit einer glanzlosen Persönlichkeit ohne besondere Fähigkeiten, sich selbst, ihre Zeit, Freude, Dankbarkeit, und sogar ihr Lob, ihre Angst und Unsicherheit in einen schlichten, gewöhnlichen Mann hineinschüttet, werden sie beide zu stärkeren, fähigeren und weiseren Menschen. Andere Leute werden zu ihnen kommen, um Hilfe und Ermutigung zu bekommen.

Es passiert so leicht, dass man das Leben damit verbringt, ständig zu klagen: „Ach, wenn mein Mann doch nur erlöst, geistlicher oder nicht so ärgerlich wäre." Egal wer oder was dein Mann ist, *es ist deine Aufgabe, seine Gehilfin zu sein*. Wenn du dich ihm mit strahlenden Augen näherst, wird dieses Strahlen auf dich zurückgeworfen.

Zusammen Miterben der Gnade des Lebens zu werden, ist Gottes höchster Plan für Mann und Frau. Es ist das große Geheimnis, das Bild von Christus und Seiner Gemeinde. Das Erbe ist große Leidenschaft, Liebe, Stabilität, Weisheit, Freude und Ausgewogenheit. Gottes Segnungen sind so viel wundervoller, als je eine Zunge oder ein Schriftsteller sie beschreiben könnte.

Gott ist der Meister in der Schaffung himmlischer Ehen.

Von einer dankbaren Gehilfin

(Dies ist ein Brief, den mir eine dankbare Frau geschrieben hat.)

> *Lieber Herr Pearl,*
> *liebe Frau Pearl,*
>
> *ich denke, es wird Sie interessieren, wie mein Mann heimgegangen ist und was für ein Segen es war, mit einem Mann verheiratet zu sein, der das auslebte, was ihr lehrt. Als er am Nachmittag des 24. Septembers hinausging um im Garten zu arbeiten, drehte er sich noch einmal zu mir um, nachdem er zur Tür herausgegangen war und sagte: „Es ist ein wunderschönes Leben mit dir gewesen." Das waren die letzten Worte, die ich von ihm gehört habe. Er kam ein paar Minuten später herein, ging ins Wohnzimmer, fiel dort zu Boden und starb an einem Herzinfarkt. Er hatte mir immer gesagt, wie er mich liebte und mir immer für das Essen und alle Dinge, die ich für ihn tat, gedankt. Er war ein wunderbarer, gottesfürchtiger Ehemann, und es ist so schön, diese Worte als Erinnerung zu haben.*
>
> *Wir waren 56 Jahre verheiratet.*
>
> *Erinnert die Menschen daran, dass die Ehe die wertvollste Beziehung auf dieser Erde ist; und es ist NUR FÜR DIESE ERDE, darum macht das Beste dar-*

aus und verschwendet keine Zeit. Im Herrn habe ich Genüge, und ich bekomme von Ihm alles, was mir fehlt, aber, ach, wie vermisse ich die Hälfte von mir, die gegangen ist.
Aus Liebe zum Herrn,
Marian

> Eine Ehe ist die wertvollste Beziehung, die wir auf dieser Erde haben.

Nachsinnen über …

Die Dinge, die wir gelernt haben

- ***Dinge, die dem Mann den Verstand rauben und eine Ehe ruinieren können:***
  - Eine Frau, die bezüglich geistlicher Angelegenheiten kritisch ist.
  - Eine unzufriedene Frau.
  - Eine Frau, die die acht Regeln für eine Ehefrau, die in Titus 2 aufgelistet sind, nicht erfüllt.
- ***Acht Dinge, die eine Frau <u>tun</u> kann oder <u>sein</u> muss, um zu verhindern, <u>dass Gottes Wort gelästert wird</u>.***

Titus 2,3-5

[1] züchtig sein, [2] ihren Mann lieben, [3] ihre Kinder lieben, [4] besonnen sein, [5] rein, [6] häuslich, [7] gütig, [8] ihrem Mann untergeordnet sein

- ***Mittel für eine himmlische Ehe sind:***
  - Freude
  - Dankbarkeit
  - Zufriedenheit
  - Ehrerbietung
  - Unterordnung
  - Gebet
  - Glaube an Gottes Wort

„Und Gott der Herr sagte: ‚Es ist nicht gut, dass der Mann allein ist; ich will ihm eine Gehilfin machen …‘ Gott der HERR … brachte sie zu ihm“ (1. Mose 2,18.22).

„Wer eine Frau findet, findet etwas Gutes und kann guter Dinge sein im Herrn“ (Sprüche 18,22).

Wie hat Gott dich verändert?

Gehe zurück zu der Liste mit den 10 Dingen, die du am Anfang dieses Buches aufgezeichnet fandst. Wo du einst unwissend über Gottes Plan warst, hast du nun die Wahrheit, die deine Rolle als Gehilfin anbetrifft, erkannt? Nichts wird je wieder so sein wie es war. Vertraue Gott.

Ich bin sein Wasser

von Debi Pearl

Ich bin sein Wasser;
Er schaut mich an, wie ich über die Steine plätschere,
Wie die Sonne an tausend Stellen auf meiner Oberfläche glitzert,
Ich tanze und spiele,
erfreue ihn Tag für Tag;
So wunderschön! Höre ihn sagen,
Ich sei sein Wasser, lieblich und lachend.

Er dürstet nach mir
wie ein Mann in der brennenden Wüste,
heißer, trockener Sand brennt in seiner Kehle,
die glühend heiße Sonne hämmert auf ihn ein.
Er sucht mich.
Ich bin sein tiefer Brunnen, gefüllt mit frischem, reinem
überfließendem Wasser;
Immer da, wartend darauf, seinen Durst zu stillen;
Ich bin sein Wasser, rein, frisch und überfließend.

Er sucht nach Frieden;
Seine Seele wird unruhig.
Mit zahlreichen Gerüchten kämpft er;
Er kommt zu mir;
Er liegt in dem weichen grünen Teppich meiner Ufer;
Ich bin sein tiefes, stilles Wasser.
Obzwar er mich nicht berührt, gebe ich ihm doch die Ruhe.
Trost.
Ich bin sein Wasser, tief, still; ich bringe ihm Frieden.

Er hat vergessen, wer er ist;
Er sucht nach Realität, um seine Persönlichkeit zurückzugewinnen.
Er stolpert und fällt neben mir auf seine Knie;
Er starrt in meine Tiefe, suchend nach der Wahrheit.
Ich liege still und widerspiegele den Mann, der er ist,
gut, stark, treu;
er sieht es und ist beruhigt,
ich bin sein Wasser, widerspiegelnd, beruhigend,
ihn daran erinnernd, wer und was er ist.

Er hat gelernt, mir zu vertrauen;
Ich habe sein Vertrauen erworben.
Ich habe für ihn getanzt und gelacht.
In dem klaren Sonnenschein fand er mich wunderschön.
Ich bin reines, frisches und überfließendes Wasser gewesen;
Habe immer das Verlangen gehabt, seinen Durst zu stillen;
Wasser, überfließendes Wasser.

Ich bin still und tief gewesen;
Ich habe seine bekümmerte Seele besänftigt;
Neben mir hat er Ruhe gefunden.
Wenn er suchend in meine Tiefe spähte,
widerspiegelte ich Stärke und Ehre.
Mit mir hatte er keine Furcht;
Er war sicher, der Mann zu sein, zu welchem er erschaffen wurde.
Jetzt taucht er in mein kühles, tiefes Wasser;
Ich höre ihn lachen, wenn er wieder auftaucht;
Ich fühle, wie seine Muskeln sich entspannen;
Ich sehe, wie er Ruhm und Ehre findet –
Andere Männer staunen.
Ich bin ... sein Wasser.

Zum Schluss

Gott ist Ehrfurcht gebietend und grausam in Seinen Urteilen. Er ist aber auch voller Gnade und Huld. Sein starker Wunsch ist, Seine Menschen zu segnen, aber unser Leichtsinn zwingt Ihn zu oft, uns zu richten. Ich glaube, Er wird müde vom Richten.

Er sucht und ruft die, die auf Ihn hören. Er ruft deinen Namen, so wie er vor langer Zeit den Jungen Samuel rief. So wie Er zu der Magd Maria kam, ruft Er auch dich beim Namen. Wirst du Ihn hören?

Gott sucht nach *Gehilfinnen*, Frauen, die auf das achten, was Er in Seinem „Brief über Anweisungen" gesagt hat, damit Er sie als Werkzeuge des Segens gebrauchen kann. Segnungen! Er hat so viel Segnungen bereit, aber so wenig willige Werkzeuge.

Ich sehe im Geiste, wie Er dort steht und sich über das Tor des Himmels lehnt, wachend, wartend und horchend nach der lieblichen Musik des frohen Lachens, die durch die Himmel weht. „Ja, ich höre einen Ruf. Bringt den Becher her." Ein Engel überreicht Ihm den Becher der Strafe und des Gerichts und Gott erwidert: „Nein, nicht DEN Becher; den großen, der voller Segen ist, den braucht dieses kleine Frauchen." Und der Engel lächelt, als er den großen Segnungsbecher in Gottes eifrige Hände gibt. Lächelnd beginnt Gott, den Segen auszuschütten; schneller, als er empfangen werden kann. Auch der Engel lehnt sich herüber, um etwas zu sehen und dann hört er auch den wunderschönen Ton der Danksagung, der allzeit wie ein süßer Duft zu Gott nach oben steigt. Er ist ein Ehrfurcht gebietender Gott des Segens und der Freude. Er ist immer bereit, die zu segnen, die Ihn ehren.

Hörst du Ihn? Sanft und weich ruft Er deinen Namen: „Sei die *Gehilfin*, zu welcher Ich dich erschaffen habe. Glaube Mir, vertraue Mir, gehorche Mir, und du wirst erfahren, was Ich dir Gutes tun werde."

Ströme des Segens!

Mögen sie doch heute fließen.

Bibelstellen

Diese Liste von Schriftstellen wird für diejenigen von euch, die die Rolle der Frauen im Wort Gottes, selber studieren möchten, miteingeschlossen.

SCHRIFTSTELLE	TEXT
1. Mose 1,27.28	... und schuf sie als Mann und Frau
1. Mose 2,15	... setzte ihn in den Garten Eden
1. Mose 2,18	Ich will ihm eine Gehilfin machen
1. Mose 2,20	... für den Menschen wurde keine Gehilfin gefunden
1. Mose 2,22.23	... der Herr formte eine Frau
1. Mose 3,1-24	Aber die Schlange war listiger ...
1. Mose 12,10-20	Abraham lässt zu, dass Sara genommen wird
1. Mose 18,12	... Nachdem ich alt bin, soll mir noch Wonne werden
1. Mose 18,19	Denn ich habe ihn dazu ausersehen, damit er seinen Kindern und seinem Haus nach ihm befehle
1. Mose 19,26	Ungehorsame Frau
1. Mose 20	Abraham lässt es zu, dass Sara genommen wird
1. Mose 20,18	Verschlossener Mutterschoß
1. Mose 24	Eine Braut finden
1. Mose 29,31	Er machte sie fruchtbar
1. Mose 41,33.34	... sehe nach einem verständigen und weisen Mann
2. Mose 2,1-22	Moses Mutter
2. Mose 34,14	Denn der Herr heißt „Eiferer"
3. Mose 18	Sexuelle Perversität
5. Mose 22,5	Männerkleidung
5. Mose 24,1-4	ihr erster Mann, der sie entließ ...
5. Mose 28,28	Der Herr wird dich mit Wahnsinn schlagen
5. Mose 28,47.48	Weil du dem Herrn, deinem Gott, nicht gedient hast ...
Richter 13	Wundergeburt (Simson)
Ruth	Die Geschichte von Ruth
1.Sam. 1	Wundergeburt (Samuel)
1.Sam. 25	Abigajils Geschichte
2.Sam. 11u.12	Die Geschichte von David und Bathseba
1. u. 2. Könige	Isebels Geschichte und ihre Rebellion
1. Könige 17,9-24	Geschichte von einer Witwe
Neh. 8,10	... die Freude am Herrn ist eure Stärke
Ester	Esters Geschichte
Hiob 5,2	Einen Toren bringt der Kummer um
Ps. 33,18	Sieh, das Auge des Herrn ...
Ps. 37,3-8	Befiehl dem Herrn deine Wege ...
Ps. 51	Ein Psalm Davids, Reue über seine Sünde
Ps. 90,12	Lehre uns bedenken, dass wir sterben müssen ...
Ps. 100	Jauchzt dem Herrn, alle Welt ...
Ps. 107,22	Dankopfer bringen und mit Freuden ...
Ps. 111,10	Die Furcht des Herrn ist der Anfang ...
Ps. 139,13-16	Die Ungeborenen
Spr. 1,3	Um Verständnis zu bekommen
Spr. 1,7	Die Furcht des Herrn ist der Anfang ...
Spr. 2,2	Indem dein Ohr auf Weisheit achtet
Spr. 2,10.11	Denn Weisheit wird in dein Herz einziehen ...
Spr. 4,7	Denn der Anfang der Weisheit ist ...
Spr. 5,15-19	Eheliche Treue
Spr. 6,21	Binde sie allezeit zusammen auf dein Herz ...
Spr. 6,24-35	Ehebrecherische Frauen
Spr. 7,1-27	Untreue Frauen
Spr. 9,10	Der Anfang der Weisheit ist die Furcht des Herrn
Spr. 9,13	Frau Torheit ist unbändig ...
Spr. 11,16	Eine anmutige Frau erlangt Ehre ...
Spr. 11,22	Eine schöne Frau ohne Anstand ...
Spr. 12,4	Eine tüchtige Frau ist eine Krone ...
Spr. 13,24	Wer seine Rute schont ...
Spr. 14,1	Durch weise Frauen wird das Haus erbaut ...
Spr. 14,18	... aber es ist die Krone der Klugen
Spr. 15,13-15	Ein fröhliches Herz macht das Gesicht heiter ...
Spr. 16,3	... dann werden deine Pläne gelingen
Spr. 16,21	Ein Verständiger wird als weiser Mann gerühmt
Spr. 17,22	Ein fröhliches Herz macht ...
Spr. 18,9	Wer lässig ist in seiner Arbeit ...
Spr. 18,15	Ein verständiges Herz ...
Spr. 18,22	Wer eine Frau findet, findet etwas Gutes ...
Spr. 19,13	... und eine zänkische Frau ...
Spr. 19,14	... aber eine vernünftige Frau kommt vom Herrn

Spr. 20,5	Der Rat im Herzen eines Mannes ...
Spr. 21,9	... als mit einer zänkischen Frau zusammen in einem Haus
Spr. 21,19	... einer zänkischen und zornigen Frau
Spr. 22,8	... die Rute seiner Bosheit wird ein Ende haben
Spr. 22,15	Torheit steckt einem Knaben im Herzen ...
Spr. 23,7	Denn wie gespalten ist er inwendig ...
Spr. 27,15	Eine zänkische Frau und stetiges Triefen ...
Spr. 29,15	Rute und Ermahnung verleihen Weisheit ...
Spr. 30,18.19	... den Weg eines Mannes mit einer Jungfrau
Spr. 30,21-23	... eine Verschmähte, wenn sie geheiratet wird ...
Spr. 31,10-31	Wem eine tüchtige Frau beschert ist ...
Pred. 7,20	Denn es ist kein Mensch so gerecht auf Erden
Pred. 10,13	... das Ende ist schädliche Torheit
Pred. 11,5	Der Mutterleib
Hoh. 2,4	... die Liebe ist sein Banner über mir
Hoh. 3,4	... da fand ich, den meine Seele liebt
Hoh. 8,6	... Eifersucht ist fest wie das Totenreich ...
Jes. 3,16.17	Sich selbst schmücken
Jes. 14,12-20	Du hast in deinem Herzen gesagt ...
Jes. 32,9-11	... ihr unbekümmerten Frauen, hört meine Stimme ...
Jes. 33,6	Es wird zu deiner Zeit geben ... Weisheit und Klugheit
Jes. 51,3	... sodass Mann Wonne und Freude darin findet
Jes. 55,8	Denn meine Gedanken sind nicht eure Gedanken
Hosea 4,6	Mein Volk kommt um aus Mangel an Erkenntnis
Jona 2,10	Ich will dir mit Lob Dankopfer bringen
Mt. 5,27-32	Ehescheidung und Wiederheirat
Mt. 5,28.29	Wer eine Frau ansieht, um sie zu begehren ...
Mt. 13,33	... einem Sauerteig, den eine Frau nahm ...
Mt. 15,19	Denn aus dem Herzen kommen böse Gedanken ...
Mt. 19,9	Wer sich von seiner Frau scheidet ...
Mt. 22,15-22	Dann gebt dem Kaiser, was dem Kaiser gehört ...
Mk. 3,29	... gegen den Heiligen Geist lästert ...
Mk. 10,2-12	Ehescheidung
Lk. 1,39-44	Die Ungeborenen
Lk. 6,31	Und wie ihr wollt, dass euch die Leute ...
Lk. 6,45	Ein guter Mensch bringt aus dem guten Schatz ...
Lk. 6,49	Wer aber hört und nicht tut ...
Lk. 7,36-50	Sünderin salbt Jesu Füße
Lk. 10,39-42	Maria und Marta
Lk. 16,18	Ehescheidung
Lk. 17,2	Es wäre besser für ihn, dass ein Mühlstein ...
Joh. 3,16	Denn so sehr hat Gott die Welt geliebt ...
Joh. 4,6-18	... denn fünf Männer hast du gehabt ...
Joh. 5,18	Jesus des Lästerns beschuldigt
Apg. 5,1-10	Hananias und Saphira
Apg. 5,29	Man muss Gott mehr gehorchen als den Menschen
Apg. 26,20	... rechtschaffene Werke der Buße zu tun
Röm. 1,26-28	Gott gab sie dahin zu ihren schändlichen Begierden
Röm. 1,27	... haben den Lohn ihrer Verirrung, wie es denn sein musste ...
Röm. 2,4	... Gottes Güte dich zur Buße leitet
Röm. 4,18-22	Unmögliche Hoffnung
Röm. 5,20	Wo aber die Sünde mächtig geworden ist
Röm. 7,2.3	Ehebrecherin oder Witwe
Röm. 8,9	... wenn Gottes Geist wirklich in euch wohnt ...
Röm. 8,14	Denn alle, die sich vom Geist Gottes leiten lassen ...
Röm. 12,1.2	Ich ermahne euch nun, Brüder ...
Röm. 15,4	Denn alles, was früher geschrieben wurde
1.Kor. 6,16	Oder wisst ihr nicht, dass ...
1.Kor. 7,2-5	... ebenso aber auch die Frau dem Mann
1.Kor. 7,10-17	Ehescheidung
1.Kor. 7,14	Denn der ungläubige Mann ist geheiligt ...
1.Kor. 7,15	Wenn aber der Ungläubige sich scheidet, so lass ihn ...
1.Kor. 7,20	Jeder bleibe in der Berufung ...
1.Kor. 7,27	Bist du an eine Frau gebunden, dann suche nicht ...
1.Kor. 7,34	... damit sie dem Mann gefällt
1.Kor. 10,6.11	... es ist aber uns zur Warnung geschrieben ...
1.Kor. 10,24	Niemand suche das Seine ...
1.Kor. 11,2-16	Führerschaft/ Befehlskette
1.Kor. 11,3	... der Mann aber ist das Haupt der Frau ...
1.Kor. 13,4-7	Die Liebe ist langmütig und freundlich ...
1.Kor. 14	Die geistlichen Ämter der Gemeinde
1.Kor. 14,34-36	... Frauen sollen schweigen in der Gemeinde ...

1.Kor. 15,9	… nicht wert bin, ein Apostel genannt zu werden …
1.Kor. 16,4	Wenn es … wert ist, dass ich auch hinreise …
2.Kor. 10,5	… nehmen alles Denken gefangen …
2.Kor. 11,2	Ich eifere um euch …
Gal. 5,22.23	Die Frucht aber des Geistes ist Liebe, Freude …
Gal. 6,7	… was der Mensch sät …
Eph. 5,22-33	Gott gebraucht geschlechtlichen Verkehr, um die Gemeinde darzustellen
Eph. 5,22	Ihr Frauen ordnet euch … unter …
Eph. 5,23	Denn der Mann ist das Haupt der Frau …
Eph. 5,24	… so auch die Frauen ihren Männern …
Eph. 5,31	… DIE ZWEI WERDEN EIN FLEISCH SEIN
Eph. 5,32.33	… die Frau aber fürchte den Mann
Eph. 6,12	Denn wir haben nicht gegen Fleisch …
Phil. 1,7	Es ist für mich recht, so von euch …
Phil. 2,5	Denn ihr sollt so gesinnt sein, wie …
Phil. 3,14	… jage nach dem vorgesteckten Ziel …
Phil. 4,6	Sorget euch um nichts …
Phil. 4,8	… was wahrhaftig ist …
Phil. 4,11	… ich habe gelernt, genügsam zu sein …
Kol. 1,12	… der uns befähigt hat zum Erbteil …
Kol. 3,15	… seid dankbar
Kol. 3,18	Ihr Frauen, ordnet euch euren Männern unter …
2.Thes. 1,3	Wir schulden Gott allezeit Dank …
1.Tim. 2,9.10	… dass sich die Frauen … schmücken …
1.Tim. 2,11	Eine Frau lerne in der Stille …
1.Tim. 2,12-15	Einer Frau aber gestatte ich nicht …
1.Tim. 3,11	Genauso sollen die Frauen ehrbar sein …
1.Tim. 5,3-16	Witwen – jüngere und ältere
1.Tim. 6,6-8	Es ist aber ein großer Gewinn …
2.Tim. 1,5	Großmutter Lois
2.Tim. 1,7	Denn Gott hat uns nicht den Geist der Furcht …
2.Tim. 2,21	… für den Hausherrn brauchbar …
2.Tim. 3,6	… leichtfertige Frauen verführen …
Titus 2,3-5	… damit das Wort Gottes nicht verlästert wird
Titus 3,14	… sich eifrig zu erzeigen in guten Werken …
1.Petr. 1,8	… und euch freut mit …
1.Petr. 2,13-23	Ordnet euch um des Herrn Willen …
1.Petr. 3,1-17	… sollt ihr Frauen euch euren Männer unterordnen …
1.Petr. 4,8	… Liebe wird eine Menge Sünden bedecken
1.Petr. 4,9	Seid gastfreundlich …
2.Petr. 1,13	Ich halte es aber für richtig …
3.Joh. 1,4	Ich habe keine größere Freude …
Heb. 6,7	… und nützliches … hervorbringt …
Heb. 11,11	… denn sie achtete den für treu …
Heb. 13,4	Die Ehe soll … in Ehren gehalten werden …
Heb. 13,5	… begnügt euch mit dem, was da ist
Heb. 13,8	Jesus Christus ist derselbe …
Jak. 1,5	Wenn aber jemandem unter euch Weisheit mangelt …
Jak. 2,25	Ebenso auch die Hure Rahab …
Jak. 3,1-12	… die Zunge ist auch ein Feuer …
Jak. 3,1	Werdet nicht in großer Zahl Lehrer …
Jak. 3,17	… die Weisheit von oben her ist …
Jak. 4,17	Wer nun Gutes zu tun weiß …
Offb. 2,20	… Isebel … die sich selbst als Prophetin bezeichnet …

„Wer nun Gutes zu tun weiß und es nicht tut, dem wird es als Sünde angerechnet“ (Jakobus 4,17).